›Das Tibetische Totenbuch‹ hat mehrere Dimensionen. Nach buddhistischem Verständnis tritt das Bewußtsein eines Verstorbenen nach dem Austritt aus dem Körper in den Bardo des Sterbens ein, einen »Zwischenzustand« zwischen dem vergangenen Leben und der Wiederverkörperung in einem neuen Körper. In diesem Zwischenzustand manifestieren sich die im Bewußtsein latenten karmischen Tendenzen in überwältigenden friedvollen und schrecklichen Visionen, die wie die Traumwelt vom Träumenden als »Realität« erfahren werden. Der Text, der dem Verstorbenen während der ersten Tage nach seinem Ableben vorgelesen werden soll (sein Bewußtsein verweilt nach tibetischer Vorstellung dann noch in der Nähe des Körpers und kann hören, was gesprochen wird), ist zuerst einmal eine Art Führer durch die intensiven und zum Teil beängstigenden Erfahrungen im Bardo-Zustand. Die Erinnerung an die Bardo-Lehren ist eine Chance, die von allen Buddhisten erstrebte »Befreiung« zu erlangen, wenn die Bardo-Visionen als Projektionen des eigenen Bewußtseins und damit als letztlich »leer« erkannt werden und der Verstorbene unerschütterlich im »klaren Licht«, seiner essentiellen Natur, verweilt. Gelingt ihm das nicht, dann sollen ihn die späteren Lehren des ›Totenbuchs‹ wenigstens in Richtung auf eine positive und seiner weiteren Entwicklung förderliche Wiedergeburt lenken.
Robert A. F. Thurman hat seine Übertragung mit kenntnisreichen Kommentaren und einer Einführung in die Meditationspraxis des Totenbuch-Zyklus versehen.

›Das Tibetische Totenbuch‹ wurde verfaßt von Padmasambhava (»Der Lotosgeborene«), der im 8. Jahrhundert den Buddhismus von Indien nach Tibet brachte und von allen Schulen des tibetischen Buddhismus als zweiter historischer Buddha verehrt wird.

Robert A. F. Thurman, der mehrere Jahre als Mönch in einem tibetischen Kloster lebte, ist Professor für Indo-Tibetische Buddhistische Studien an der Columbia Universität in New York und Präsident des American Institute for Buddhist Studies.

Unsere Adresse im Internet: www.fischer-tb.de

Das Tibetische Totenbuch

oder
Das Große Buch der Natürlichen Befreiung
durch Verstehen im Zwischenzustand

Neu übersetzt und kommentiert
von Robert A. F. Thurman

Mit einem Vorwort des Dalai Lama

Aus dem Amerikanischen
von Thomas Geist

Fischer Taschenbuch Verlag

Veröffentlicht im Fischer Taschenbuch Verlag,
ein Unternehmen der S. Fischer Verlag GmbH,
Frankfurt am Main, Juni 2002

Lizenzausgabe mit Genehmigung des
Wolfgang Krüger Verlages, Frankfurt am Main
Die amerikanische Originalausgabe erschien 1994
unter dem Titel ›The Tibetan Book of the Dead‹
im Verlag Bantam Books, New York
Coyright © by Robert A. F. Thurman 1994
Für die deutsche Ausgabe:
© Wolfgang Krüger Verlag GmbH, Frankfurt am Main 1996
Gesamtherstellung: Clausen & Bosse, Leck
Printed in Germany
ISBN 3-596-15150-3

Widmung

Dieses Buch ist den mutigen und friedfertigen Menschen Tibets gewidmet, die seit vielen Jahren eine der großen Tragödien unserer Tage erleiden. Aus Angst und Gier wendet die ganze Welt den Blick ab, während die chinesische Regierung ihren systematischen Genozid bis zum heutigen Tage konsequent weiterverfolgt. Möge das Gewissen aller Völker in einem gemeinsamen Aufschrei seine Stimme finden! Mögen die Menschen Chinas endlich entdecken, daß sie von ihrer eigenen Regierung belogen werden und daß sie in fürchterlichem Widerspruch zu den Gesetzen der Menschlichkeit und der Natur handeln! Möge sich ihr Herz erweichen, und mögen sie konkrete Schritte unternehmen, den Schaden, den sie diesem unschuldigen Volk zugefügt haben, wiedergutzumachen. Möge das tibetische Volk bald seine frühere selbstbestimmte Freiheit wiedererlangen! Und möge das Sonnenlicht der spirituellen Wissenschaft Tibets hell über einer erneuerten Welt strahlen!

Inhalt

Vorwort von Seiner Heiligkeit dem XIV. Dalai Lama 11
Vorbemerkung 13

Erster Teil Vorbereitungen für die Reise

1. Hintergrund 21
Ein Abriß der tibetischen Geschichte 21
Tibet: eine spirituelle Zivilisation 29
Tibets gegenwärtige Notlage 32
Der Buddhismus in Kürze 34
Tibetische Ansichten über den Tod 41

2. Die tibetische Wissenschaft vom Tod 47
Was ist der Tod? 47
Die sechs Daseinsbereiche 56
Die drei Buddha-Körper 63
Der Körper-Geist-Komplex 66
Stufen des Todes 75
Die Realität der Befreiung 82

3. Die tibetische Kunst des Sterbens 90
Einführung 90
Gewöhnliche Vorbereitungen auf den Tod 91
Außerordentliche Vorbereitungen 101
  Die Vorbereitungsstufe 103
  Meister und Initiation 109
  Die Erzeugungsstufe 117
  Die Vollendungsstufe 124

4. Die Literatur der natürlichen Befreiung 137
Die Geschichte der Texte 137
Die Abschnitte des Buches 144

Zweiter Teil Der Reiseführer
Das Große Buch der Natürlichen Befreiung durch Verstehen im Zwischenzustand

5. Die Gebete für den Zwischenzustand 153
Das Gebet des Drei-Körper-Guru-Yoga 155
Das Gebet der Anrufung der Buddhas und Bodhisattvas um Hilfe 163
Gebet um Erlösung von den Nöten des Zwischenzustands 166
Das Gebet um Zuflucht vor allen Schrecken des Zwischenzustands 171
Die Wurzelverse der sechs Zwischenzustände 175

6. Der Reiseführer für die Zwischenzustände 178
Das Gebet des Zwischenzustands der Realität 178
Vorbereitungen 178
Anwendung des Buches der Natürlichen Befreiung ... 180
Erkennen des Klaren Lichts im Zwischenzustand des Todesmoments 181

Der Zwischenzustand der Realität der Milden Gottheiten 196
Der erste Tag 199
Der zweite Tag 202
Der dritte Tag 203
Der vierte Tag 205
Der fünfte Tag 207
Der sechste Tag 210
Der siebte Tag 215

Der Zwischenzustand der Realität der Grimmigen
Gottheiten 220
Der achte Tag 220
Der neunte Tag 227
Der zehnte Tag 228
Der elfte Tag 229
Der zwölfte Tag 229

Einweisung in den Zwischenzustand des Werdens 243
Grundlegende Einführung 243
*Kräfte und Probleme eines Wesens im Zwischen-
zustand* 246
Begegnung mit dem Herrn des Todes 252
Loslösung vom vorigen Leben 256
*Die trüben Lichter meiden und die Wiedergeburt
verhindern* 259
Das Tor des Mutterleibs verschließen 262
Einen guten Mutterleib wählen 269
Zuflucht zu den Drei Kostbarkeiten 279

Dritter Teil Ergänzende Übersetzungen

7. Die Dharma-Praxis der Natürlichen Befreiung
der Instinkte 289
Die zehn Zweige der Ansammlung von Verdienst 290
Erleuchten, Schützen und Reinigen 294
Reinigung durch Vajrasattva 295
Die eigentliche Visualisation 296
Selbst-Erschaffung 296
Das innere Mandala der Milden Gottheiten 297
Das innere Mandala der Wissenshalter-Gottheiten ... 303
Das innere Mandala der Grimmigen Gottheiten 306

**8. Die Natürliche Befreiung durch Nackte Schau,
Aufzeigen der Urintelligenz** 317
Die Quintessenz 319
Die Notwendigkeit für diese Einführung 320
Die detaillierte Einführung 323
   Der dreifache Zugang 324
   Die kraftvolle Methode 325
   Die vier Untrüglichkeiten und die vier Nägel 328
   Die Einheit der Zeiten 329
   Sicht, Meditation, Ethik, Frucht 330
   Dies Erkennen 332
   Geist ist alles 334

Glossar 339

Der Dalai Lama

Vorwort

Das *Bardo Thödol* (*Bardo thos grol*), das im Westen unter dem Titel »Tibetisches Totenbuch« bekannt wurde, ist eines der wichtigsten Bücher, die unsere Zivilisation hervorgebracht hat. Wir Tibeter stehen in dem Ruf, sehr spirituell zu sein, obwohl wir uns selbst eher als recht geerdet und pragmatisch empfinden. Wir sehen daher in unserem systematischen analytischen Studium des menschlichen Todesprozesses nur eine sorgfältige und praktische Vorbereitung auf das Unvermeidliche. Schließlich gibt es nicht einen einzigen unter uns, der nicht früher oder später sterben wird. Wie sich also auf den Tod vorbereiten? Wie den Todesprozeß mit dem geringstmöglichen Trauma erleben? Was folgt auf den Tod? – Dies sind Fragen von lebenswichtiger Bedeutung für jeden von uns. Diesen Fragen nicht mit der größten Sorgfalt nachzugehen und keine von Geschicklichkeit, Mitgefühl und Menschlichkeit getragenen Methoden zum Umgang mit Tod und Sterben zu entwickeln, wäre höchst unpraktisch.

Das *Buch der Befreiung durch Verstehen im Zwischenzustand* ist in Tibet seit nunmehr vielen Jahrhunderten sehr populär. Es ist ein Handbuch mit nützlichen Unterweisungen für Menschen, die ihrem Tod ins Auge sehen, und ebenso für ihre Verwandten und Freunde. Es ist Teil einer umfangreichen tibetischen Literatur, die sich mit der größten Genauigkeit der Untersuchung des Phänomens Tod widmet. In der Tat ist die Realität des Todes in allen buddhistischen Gesellschaften stets Ansporn zu tugendhaftem und intelligentem Handeln gewesen. Über den Tod zu kontemplieren, gilt durchaus nicht als morbide, sondern im Gegenteil als etwas, das von Furcht befreit und sogar der Gesundheit förderlich ist.

Ich bin hoch erfreut, daß mein alter Freund, Professor Robert Thurman, eine Neuübersetzung dieses wichtigen Werkes unternimmt. Ich bin sicher, daß er in diesem Text eine einzigartige Kombination aus verläßlicher Wissenschaftlichkeit und persönlicher Überzeugung zum Tragen bringen und so dem westlichen Leser eine akkurate, ausdrucksstarke und luzide Übersetzung an die Hand geben wird. Ich hoffe, die Leser werden das Buch so essentiell nützlich und erhellend finden, wie seit Jahrhunderten die Tibeter.

Tenzin Gyatso, der XIV. Dalai Lama

Vorbemerkung

Vor Jahren gab mir mein erster Meister, der Ehrwürdige Geshe Ngawang Wangyal des Labsum Shedrub Klosters, ein Exemplar eines in Indien gedruckten tibetischen Textes mit dem Titel »Das Tibetische Totenbuch«. Er hatte eine Art, bestimmte Dinge mit einer spziellen Betonung so zu sagen, daß man sich sehr lange an sie erinnerte, als stünden seine Worte außerhalb der Zeit. »Hier, das wirst du noch brauchen!« Zur damaligen Zeit hatte die Arbeit an diesem Text keine Priorität für mich. Dennoch bewahrte ich ihn sorgfältig auf, weil ich um den Weitblick meines Lehrers wußte und dachte, daß ich ihn eines Tages wohl tatsächlich brauchen würde.

Lange schon kannte ich die alte Übersetzung desselben Textes von Kazi Dawa Samdup und W. H. Y. Evans-Wentz, die für den im Westen bekannten falschen Titel »Tibetanisches Totenbuch« verantwortlich ist. Ich hatte sie gelesen und benutzt, wenn Freunde und Verwandte gestorben waren. Der Text beschrieb einen realen Prozeß, den wir alle nach unserem Tod und vor einem neuen Leben höchstwahrscheinlich werden durchlaufen müssen. Ich hatte auch die Version von Francesca Freemantle und Chögyam Trungpa gelesen und sogar eine Besprechung für ein wissenschaftliches Journal geschrieben. Abgesehen von seiner psychologisierenden Metaphysik und Terminologie stellte er eine deutliche Verbesserung gegenüber der früheren Übersetzung dar.

Das »Tibetische Totenbuch« wurde im achten oder neunten Jahrhundert von dem großen Meister Padmasambhava für indische und tibetische Buddhisten verfaßt. Es wurde von ihm selbst für spätere Zeiten verborgen und von einem berühmten Schatzfinder, Karma Lingpa, im vierzehnten Jahrhundert entdeckt. Es organisiert die Erfahrungen des Zwischenzustands – das tibetische Wort *»bardo«* bezieht sich gewöhnlich auf den Zustand zwischen Tod und Wiedergeburt – gemäß den Erwartungen von Menschen, die in ein spezielles esoterisches Mandala (ein geheiligtes Universum) initiiert wurden, nämlich das Mandala der hundert Milden und Grimmigen Buddha-Gottheiten.

In den vergangenen Jahren habe ich die Unübertroffenen Yoga-Tantras studiert, speziell die Tradition des *Guhyasamaja* (»Esoterische Kommunion«), in der luziden Erklärung von Lama Jey Tsongkhapa (1357–1419). Das Unübertroffene Yoga-Tantra stellt eine höchst technische Herangehensweise an innere Erfahrungen dar, eine alte Tradition spiritueller Techniken, von denen jede einzelne ebenso ausgefeilt ist wie die modernen materialistischen Technologien. Es werden spezielle, durch Yoga herbeigeführte Zustände genutzt, um die Natur des Selbst und des Geistes, des Todes, des Lebens und der Zwischenzustände zu erforschen. Sie beschreiben den Tod in großer Detailgenauigkeit: seine Physiologie, seine Psychologie, seine normale Erfahrung und seine simulierte Erfahrung in experimentellen Yogas von Trance-Zuständen. Ich habe diese Erklärungen luzid und nützlich gefunden, nicht nur für das Erforschen des Todes, sondern auch für das Erforschen des Lebens, der Gesundheit und sogar des Atems. Wenn ich dem Tod begegnet bin, indem ich über meinen eigenen nachdachte oder den von Freunden miterlebte, gab mir diese spirituelle Wissenschaft einen Rahmen, in dem ich den Prozeß verstehen konnte.

Als ich mir nach dem Studium der Unübertroffenen Yogas das »Tibetische Totenbuch« wieder vornahm, schien es mir nicht sonderlich relevant für mich selbst und für die moderne Erfahrung von Tod und Sterben. Schließlich war es als populäres Handbuch für gewöhnliche tibetische Laien gedacht und nicht für yogische Adepten. Auch hatte ich zur Kenntnis genommen, daß Stephen Levine und andere, die an der Entwicklung von Übungen für sterbende westliche Zeitgenossen arbeiteten, die

Bildersprache des »Totenbuches« für zu umständlich und fremdartig für den gewöhnlichen Menschen im Angesicht seines oder ihres Todes hielten. Wie viele Menschen in New York oder München können mit einem Heruka (einer heldischen männlichen archetypischen Gottheit) oder einer Dakini (einer dynamischen weiblichen Gottheit) etwas anfangen? Oder mit einer milden Gottheit, einer grimmigen Gottheit? Wäre es nicht nützlicher, wenn man Sterbehandbücher entwickeln würde, die auf dem angestammten jüdischen oder christlichen Glauben dieser Menschen beruhten? Die technischen Beschreibungen des Todes in der Literatur des *Guhyasamaja* schienen mir klarer und systematischer; allerdings waren sie nicht für den Gebrauch gewöhnlicher Menschen in der Begegnung mit ihrem Tod geschrieben.

Als dann Bantam Books bei mir anfragte, ob ich bereit sei, eine neue Übersetzung des Basistextes anzufertigen und mit einem allgemeinverständlichen Kommentar zu versehen, zögerte ich sehr, das Projekt in Angriff zu nehmen. Vielleicht hätte ich mich überhaupt nicht weiter damit beschäftigt, wären mir nicht die Worte meines Lehrers in Erinnerung gekommen. So schaute ich mir die Übersetzungen von Evans-Wentz und Freemantle/Trungpa noch einmal näher an. Ich las Abschnitte der tibetischen Ausgabe, die ich von meinem Lehrer erhalten hatte. Ich erkannte, daß westliche Menschen, die im Sterben liegen, etwas brauchen, das klarer, nützlicher und zugänglicher ist, als diese Ausgaben es sind.

Zuerst müssen wir endlich den irreführenden Titel ändern oder ihn wenigstens nur zu einem Untertitel machen. Kein tibetischer Ausdruck kann als »Totenbuch« übersetzt werden. Im tibetischen Titel, *Bardo thos grol,* bedeutet das Wort *bardo* einfach »Zwischenzustand«. In der Umgangssprache bezieht sich der »Zwischenzustand« auf den gesamten Prozeß zwischen Tod und Wiedergeburt. Technisch unterscheiden die Tibeter sechs Zwischenzustände: drei Zwischenzustände im Zusammenhang mit dem Leben – die Intervalle zwischen Geburt und Tod (Zwischenzustand des Lebens), Einschlafen und Aufwachen (Zwischenzustand des Traums), Wachen und Trance (Zwischenzustand der Trance) – und drei Zwischenzustände während des Prozesses von Tod und Wiedergeburt (die Zwischenzustände des »Todesmoments«, der »Realität« und des »Werdens«). *Thos pa* bezieht sich auf eine von drei Arten der Weisheit oder des Verstehens, die sich durch Lernen, Nachdenken und Meditation entwickeln. Die Worte *thos grol* besagen, daß die Lehren dieses Textes »befreien«, einfach indem sie »gelernt« oder »gehört« werden. Sie geben dem Menschen im Zwischenzustand ein so natürliches und tiefes Verständnis seiner Situation, daß langwierige Reflexion oder Kontemplation nicht erforderlich sind. Der gebräuchlichste tibetische Titel für das Werk lautet daher *Das Große Buch der Natürlichen Befreiung durch Verstehen im Zwischenzustand (Bardo thos grol chen mo)*. Es ist selbst ein Unterabschnitt eines größeren Werkes mit dem Titel *Die Tiefgründige Unterweisung der Natürlichen Befreiung durch Kontemplation der Milden und Grimmigen Buddha-Gottheiten.*

All diese Überlegungen inspirierten mich schließlich. Ich entschloß mich zu versuchen, eine Version zu erstellen, die einfach und nützlich sein sollte, einfach genug, daß die trauernden Hinterbliebenen sie würden lesen können, und einfach genug, daß die verlorenen Seelen, die ängstlich über ihrem verlorenen Körper schweben und sich fragen, was wohl mit ihnen geschehen ist, sie würden hören und verstehen können. Gleichzeitig wollte ich im Kommentar eine aus der umfassenderen tibetischen Literatur des Unübertroffenen Yoga entlehnte technische Beschreibung des Todesprozesses mitliefern.

Das Ergebnis liegt nun in diesem Buch vor. Während ich am Text arbeitete, fand ich weitere tibetische Ausgaben, die verläßlicher zu sein schienen als die indische Ausgabe, die ich von meinem Lehrer erhalten hatte, und die häufig Ungereimtheiten klären konnten. Ich stieß ebenfalls auf einige bis dato unübersetzte Abschnitte des größeren Textes, die die Unterweisungen weiter verdeutlichten. Ich habe sie hier im Anhang zugänglich gemacht. Die Arbeit an diesem Text war eine faszinierende und lohnende Aufgabe – und ich bin meinem frühen Lehrer erneut zutiefst dankbar. Ich hoffe, daß auch die Leser das Ergebnis nützlich finden werden.

Robert A. F. Thurman
Ganden Dekyi Ling
Woodstock, New York

Anmerkung: In der folgenden Arbeit habe ich bewußt auf Fußnoten verzichtet, um den Text für den Laien einfach zu halten und damit der Leser alles, was er braucht, auf der Seite findet, die er gerade liest. Natürlich kommen eine Reihe unvertrauter Begriffe und Konzepte vor. Ich habe diese am Schluß des Buches in einem Glossar zusammengefaßt.

Begriffe aus dem Sanskrit und dem Tibetischen habe ich in vereinfachter phonetischer Umschrift wiedergegeben, die einem westlichen Laien eine annähernd richtige Aussprache ermöglicht. Ich habe die Konventionen der wissenschaftlichen Transliteration bewußt nicht beachtet. Ich habe auch alle Längenzeichen der Vokale weggelassen und den Vokallaut *r* mit »ri« wiedergegeben.

Erster Teil

Vorbereitungen für die Reise

1. Hintergrund

Ein Abriß der tibetischen Geschichte

Die Menschen Tibets haben ihr Heimatland seit jeher Bö genannt, manchmal mit dem Zusatz Khawajen, »Land des Schnees«. Ihre eigenen geschichtlichen Aufzeichnungen reichen etwa 2300 Jahre zurück, bis in die Zeiten des mazedonisch-griechischen Königreiches im Westen Tibets, des Maurjanischen Reiches in Indien und der späten Zhou-Dynastie in China. Während der ersten acht Jahrhunderte wurde Tibet von einer Kriegerdynastie regiert. Es herrschte ein animistisches Religionssystem unter der Führung einer Priesterkaste von Schamanen mit besonderem Geschick in Divination, Zauberei und Opferkult. Das Gemeinwesen gruppierte sich um die Nachkommen einer königlichen Familie, deren Ursprünge man in den Himmeln vermutete. Die ersten sieben Könige waren direkt aus den himmlischen Bereichen herabgekommen. Dabei waren sie über eine im leeren Raum hängende magische Leiter hinabgestiegen, über die sie die Erde auch wieder verlassen hatten, wenn ihre Herrschaft abgelaufen und der Zeitpunkt ihres Todes gekommen war. Infolge einer Streitigkeit bei Hofe hatte der achte König diese Himmelsleiter dann abgeschnitten, worauf die folgenden Könige nun – ähnlich den ägyptischen Pharaonen – unter Beigabe von Besitz und Gefährten in großen Grabhügeln bestattet wurden.

Die frühe Dynastie hatte ihren Sitz im Yarlung-Tal, einem Flußtal, das sich vom nach Osten fließenden Tsang-chu (Brahmaputra) in südlicher Richtung erstreckte, nahe dem heutigen Tsetang. Im Laufe der folgenden Jahrhunderte verleibte sich diese Dynastie immer mehr Stämme und Territorien ein und vereinigte die Führer der Nachbarkönigreiche in einem feudalen, militärischen Verbund. Die Stämme, die von den frühen Regenten geeint wurden, waren bereits durch drei starke Gemeinsamkeiten verbunden: Territorium, Sprache und Religion. Sie alle bewohnten das etwa zweieinhalb Millionen Quadratkilometer große tibetische Hochplateau mit einer durchschnittlichen Höhe von 4000 Metern. Das Überleben in derartiger Höhe erfordert starke körperliche Anpassung. Wer sich unter diesen Bedingungen wohl fühlen will, muß dort geboren sein und aus einer seit langem akklimatisierten Familie stammen. Die tibetische Sprache gehört zur tibeto-burmesischen Sprachfamilie, die sich von den Sprachen der Inder, Darden, Türken, Mongolen und Chinesen der benachbarten Tiefebenen deutlich unterscheidet. Auf religiösem Gebiet neigten die Tibeter zu einer Vergötterung von Elementen der sie umgebenden Natur – speziell Bergen und Himmel – und unterhielten ein komplexes System von Ritualen zur Opferung, Divination und Besänftigung eines vielgestaltigen Pantheons von Gottheiten, die Unterwelt, Erdoberfläche und Himmel bevölkerten.

Die Kultur dieser Höhenlage unterschied sich von den Kulturen ihrer tiefer lebenden Nachbarn durch eine »spirituellere« Ausrichtung. Die Lebenserwartung in dieser Höhe ist geringer und die öde, spektakuläre Berglandschaft begünstigt Reflexion und Kontemplation besonders. In den frühen Jahrhunderten war diese Spiritualität sehr praktisch ausgerichtet. Wie in den meisten schamanistischen Traditionen suchte man weltlichen Erfolg, Sieg, Gesundheit, Reichtum und Fruchtbarkeit herbeizuführen und zu erhalten. Während der Zeit kriegerischer Expansion scheint eine Art Königskult geherrscht zu haben, der von schamanistischen Adepten und Priestern unterstützt wurde. Da der König aus den Himmeln herabgestiegen war, also eine Art Gottheit auf Erden darstellte, war er der Garant von Macht und Ordnung. Die Schamanen unterstützten diese Ordnung, indem sie die Herabkunft des Königs erflehten, seine Präsenz zelebrierten, das Zusammenwirken der Gottheiten von Unterwelt, Erde und Himmel sicherstellten und für den geschmeidigen Übergang vom alten König zum neuen sorgten. Der Schamane machte die Reise ins Land der Toten und zurück, um persönliche Erfahrungen für die chaotische Zeit des Interregnums zu sammeln. Seine Rolle war es, das Chaos, von dessen Macht er zehrte, in seinen Schranken zu halten und die Fortdauer seiner Trennung vom Reich der Lebenden, der Welt der Ordnung, zu garantieren.

Die dynastische Kultur Tibets war für viele Jahrhunderte recht erfolgreich. Keines der rivalisierenden Königreiche der benachbarten Tiefebenen konnte sich lange auf der Hochebene halten; die Kultur entwickelte sich also relativ ungestört. Der Kampf der Tibeter untereinander und mit ihrer feindlichen Umwelt hatte sie stark gemacht. Im sechsten Jahrhundert schließlich waren alle Stämme des Hochlandes geeint und zu einem Reich geworden, mit dem man rechnen mußte. Die tiefergelegenen Länder wurden nun in alle Richtungen mit kriegerischen Beuteexpeditionen überzogen. Zu dieser Zeit erwarb Tibet sich einen furchteinflößenden Ruf unter den Menschen Chinas, der Türkei, der Mongolei, Persiens und Indiens.

Im frühen siebten Jahrhundert schließlich stieß ein Kaiser namens Songzen Gambo an die Grenzen der natürlichen Entwicklung dieses kriegerischen Regimes. Einigkeit unter Kriegsherren ist stets eine heikle Angelegenheit, und die im Hochland lebenden Tibeter hatten keinerlei Ambitionen, auch in den Niederungen zu siedeln. Songzen Gambo begann also, der Zivilisation des feudalen Militarismus eine friedlichere, spirituellere Richtung zu geben, gegründet auf die Bildung moralischer Maxime in den Menschen. In seinem Bemühen um diese Transformation analysierte er die großen Zivilisationen des (aus seiner Perspektive) äußeren Asiens und erkannte im Mahayana-Buddhismus das kulturelle Rückgrat der Pala- und Nach-Gupta-Dynastien Indiens, der Stadtstaaten der Seidenstraße Zentralasiens sowie der Tang-Dynastie Chinas. Aus dieser Erkenntnis setzte er einen systematischen Prozeß kultureller Adaptation in Gang. Er sandte eine Gruppe von Gelehrten nach Indien, damit sie dort Sanskrit lernten, eine Schriftsprache für Tibet entwickelten und mit der Übersetzung der umfangreichen buddhistischen Literatur begännen. Er selbst ehelichte neun Prinzessinnen benachbarter Länder, einschließlich Nepal und Tang-China. Und jede seiner neuen Gemahlinnen ersuchte er, wichtige buddhistische Kunstwerke und Texte ihrer Heimat nach Tibet mitzubringen. Er erbaute – nach streng geomantischen Gesichtspunkten – ein System glanzvoller Tempel, mit dem Jokhang- und Ramoche-Tempel seiner neuen Hauptstadt, Lhasa, im Zentrum und einer Reihe von Zweigtempeln, die in sakralem Symbolismus die gesamte Nation repräsentierten.

Über die folgenden zweieinhalb Jahrhunderte führten seine Nachfolger diese Transformationsarbeit weiter, förderten Übersetzungen, hielten Forschungskonferenzen ab, erbauten Erziehungseinrichtungen und sorgten für die Bildung ihrer Untertanen. Dieser Prozeß erreichte in den Jahren ab 790 mit der Regentschaft des Kaisers Trisong Detsen einen Höhepunkt. Dieser erbaute mit Hilfe des indischen Adepten Padmasambhava und des indischen buddhistischen Abtes Shantarakshita in Samye das erste Kloster Tibets. Die Struktur des indisch-buddhistischen Hochschulsystems wurde zusammen mit dem entsprechenden Lehrplan eingeführt, und es begann ein sechzigjähriger Prozeß des Zusammentragens allen nutzbringenden Wissens des gesamten damals erreichbaren asiatischen Raums. Mathematik, Dichtkunst, Medizin, die Kunst des Regierens, bildende Künste und Architektur – sämtliche Zweige der Gelehrsamkeit wurden gepflegt, nicht nur buddhistische Philosophie und Psychologie. Gelehrte aus Persien, Indien, Uighurien, der Mongolei, den Staaten der Seidenstraße und aus Tang-China wurden eingeladen, und in ihrem Streben nach dem bestmöglichen Verständnis von Mensch und Natur entwickelten die Tibeter großes Geschick im Vergleichen und Zusammenfügen. So verbrachten zum Beispiel um das Jahr 830 Hunderte von Gelehrten aus der ganzen damals bekannten Welt ein ganzes Jahrzehnt damit, die medizinischen Systeme Indiens, Chinas, Persiens, der Mongolei und Uighuriens miteinander zu vergleichen und eine tibetische Medizin zu schaffen, die das Beste aus Psychologie, Anatomie, Neurologie, Chirurgie, Botanik, Chemie und Diätetik mit der spirituellen Technologie des Buddhismus verbinden sollte.

Diesem Höhepunkt im Aufstieg Samyes folgte eine Periode der Verwirrung, ausgelöst durch übertriebenen Druck seitens der Herrscher in ihrem Versuch, buddhistische Perspektive und Praxis in sämtlichen Bereichen des täglichen Lebens zu etablieren. In der Herrscherfamilie selbst kam es zu einem Aufstand. Eine Serie von Mordanschlägen und Umstürzen endete mit dem Zusammenbruch der Dynastie, dem Zerfall der Nation in regionale Herrschaftsbereiche und der zeitweiligen Unterdrückung des Buddhismus. Innerhalb eines Jahrhunderts jedoch kamen buddhistische Erkenntnisse und Institutionen wieder an die Oberfläche, nun jedoch in den Menschen verwurzelt und mit der Unterstützung der regionalen Fürsten. In den nächsten drei Jahrhunderten richteten die Tibeter ihr Augenmerk mehr und mehr auf die buddhistische Bildung, und im ganzen Land entstanden Klöster. Die gewaltige Aufgabe der Übersetzung der kanonischen Texte wurde zum Abschluß gebracht, und es entwickelte sich eine umfangreiche eigenständige Literatur. Eine Dynastie, die Einfluß über das ganze Land gehabt hätte, entstand nicht mehr. Der frühere Militarismus tibetischer Prägung konnte sich wegen des Einflusses des Buddhismus und seiner Ethik der Gewaltlosigkeit nicht mehr durchsetzen. In lokalen Gebieten regierten immer noch adelige Familien, doch mehr und mehr begannen auch sie, selbst ihre soziale und politische Macht mit den sich schnell entwickelnden monastischen Institutionen zu teilen.

Während des dreizehnten und vierzehnten Jahrhunderts unterwarfen die Mongolen den größten Teil Eurasiens, und Tibet wurde in der *Pax mongolica* formell Teil des mongolischen Reiches. Tatsächlich jedoch änderte sich wenig. Tibet wurde in dreizehn administrative Distrikte geteilt, die jeweils von einer ortsansässigen Herrscherfamilie in Verbindung mit einer lokalen monastischen Hierarchie regiert wurden. Khublai Khan gab der

Sakya-Hierarchie zusammen mit der Khon-Sippe zwar formell die Führung über alle anderen, doch ist der Sakya-Hierarch stets eher spirituelle Führerfigur denn aktiver politischer Verwalter gewesen. Gegen Ende des vierzehnten Jahrhunderts zerfiel das mongolische Reich, und die tibetische Dynastie von Pagmodru errang die Vorherrschaft in Tibet. Zur gleichen Zeit wurde durch das Wirken des Lama Jey Tsongkhapa eine spirituelle Renaissance eingeleitet. Diese neue Ära nationaler Orientierung auf die Praxis des Buddhismus als wichtigstem Lebensziel wurde durch seine Gründung des großen Gebetsfestes in Lhasa im Jahre 1409 besiegelt. Tsongkhapa selbst brachte der Jowo-Rinpoche-Statue des Buddha Shakyamuni im Jokhang-Tempel himmlische Ornamente dar, um so das landesweite Bewußtsein der ewigen Präsenz des Buddha zu symbolisieren. Aus dieser Zeremonie entstand die nationale Tradition, an jedem Neujahrstag des Mondjahres für zwei Wochen gemeinsamen Gebets festlich zusammenzukommen. Die Schlüssel der Stadt wurden den Äbten der Klöster übergeben, und alle gewöhnlichen Geschäfte ruhten. Dieses Gebetsfest ist seit 1409 ohne Unterbrechung in jedem Jahr das zentrale Ereignis in Tibet gewesen, bis die chinesische Okkupation ihm im Jahre 1960 ein gewaltsames Ende setzte.

Im Laufe des fünfzehnten und sechzehnten Jahrhunderts veränderte die von Tsongkhapa eingeleitete Reformation allmählich die spirituelle, soziale und physische Landschaft Tibets. In allen Regionen nahm der Bau von Klosteranlagen zu, weil immer mehr Männer und Frauen entschlossen waren, ihr »kostbares, mit Freiheit und Potential ausgestattetes, Menschenleben« der Erfüllung ihrer spirituellen Entwicklung zu widmen und Erleuchtung zu erlangen. Das soziale Klima wurde stetig friedlicher, und immer weniger Menschen standen noch für die Armeen der übriggebliebenen örtlichen Kriegsherren zur Verfügung. Einer der jüngeren Schüler Tsongkhapas, Gendun Drubpa, führte den neuen Geluk-Orden während eines langen und kreativen Lebens voll inspirierender Belehrung, schriftstellerischer und baulicher Tätigkeit. Nach seinem Tode behauptete ein junger Knabe in einer anderen Region – von dem Augenblick an, da er sprechen konnte –, Gendun Drubpa zu sein. Nach vielen Prüfungen und wundersamen Wiedererkennungen wurde er von der Gemeinschaft schließlich als Reinkarnation des großen Meisters offiziell anerkannt. Er wurde erzogen und dazu ausgebildet, die gleiche Führungsrolle zu übernehmen, die sein Vorgänger innegehabt hatte. Seine Wiedergeburt wiederum, Sonam Gyatso, der durch ähnliche Wunder, Prüfungen und erwiesene Fähigkeiten gefunden wurde, leitete den Orden im sechzehnten Jahrhundert und erhielt während eines historischen Besuchs der Mongolei im Jahre 1573 vom mongolichen Kaiser Altan Khan den Namen »Dalai Lama« (Ozeangleicher Meister). Dieser Sonam Gyatso wurde – weil seine beiden Vorgänger rückwirkend eingeschlossen wurden – bekannt als Seine Heiligkeit der Dritte Dalai Lama.

Während der Zeit Sonam Gyatsos und seines Nachfolgers begannen sich die Kriegsherren Tibets von der kontinuierlichen Woge spiritueller Renaissance, öffentlicher Ausrichtung an einer Erziehung zur Erleuchtung sowie zeit- und mittelverschlingender Klosterbauten zunehmend eingeengt zu fühlen. Mit der Wende zum siebzehnten Jahrhundert setzte eine Zeit der Unruhe ein und stellte das Schicksal der Nation in Frage. Würden sich – parallel zu den Entwicklungen in Nordeuropa, Japan und China – die weltlichen, kriegerischen Mächte der verbliebenen Feudalherren durchsetzen und den Aufstieg des monastisch zentrierten Lebensstils beschneiden? Oder würden sie ihr gewaltsames Vorgehen aufgeben, ihre Waffen niederlegen und ein für allemal den Pfad der spirituellen Entwicklung beschreiten?

Im Jahre 1642 – beinahe genau tausend Jahre nach dem Bau des Jokhang-Tempels – wurde Seine Heiligkeit der Fünfte Dalai Lama (1617–1682) zum König von Tibet gekrönt und begründete die Ganden-Palast-Sieg-Herrschaft, die von den Tibetern bis zum heutigen Tag als legitime Regierung angesehen wird. Der »Große Fünfte«, wie er auch genannt wird, schuf eine auf Tibets sehr spezielle Gesellschaft erstaunlich gut zugeschnittene einzigartige Regierungsform. Sie war nahezu vollständig entmilitarisiert, proklamierte die zentrale Rolle der monastischen Institutionen im nationalen Leben und die Priorität der Gewaltlosigkeit. Der Adel wurde praktisch enteignet, das Nutzungsrecht und die Einkünfte ihrer ererbten Güter wurde den früheren Feudalherren ausschließlich als Entgelt für den Dienst an der Regierung von Ganden gelassen. Ihre Privatarmeen wurden aufgelöst, sie verloren die feudale Gewalt über Leben und Tod ihrer Bauern, deren Status bis dahin weitgehend dem der mittelalterlichen Leibeigenen Rußlands und Europas entsprochen hatte.

Unabhängigkeit und nationale Integrität Tibets wurden international von den neuen pan-asiatischen Herrschern, den Mandschus, garantiert. Die Mandschus waren ein tungusischer Volksstamm aus den Wäldern Nordkoreas. 1644 eroberten sie den Norden Chinas und wollten auch den Rest Asiens ungestört durch Rivalen unter ihre Herrschaft bringen. Wegen des Einflusses des Dalai Lama auf die gefürchteten Mongolen sah der neue Mandschu-Kaiser in ihm einen potenten Verbündeten. Im Jahre 1651 wurde ein Bündnis zwischen dem Mandschu-Kaiser Shun Zhi und dem Großen Fünften geschlossen. Die Mandschus erkannten die weltliche Autorität des Dalai Lama über Tibet und seine spirituelle Autorität über die ganze ihnen bekannte Welt formell an. Im Gegenzug erkannte der Dalai Lama die Mandschus als legitime Herrscher der Mandschurei und Chinas sowie als internationale Schützer des Buddha-Dharma, seiner Anhänger und Institutionen an. Das Fazit dieser Vereinbarung war, daß der Dalai Lama zustimmte, die Mongolen in ihrer Praxis des Buddhismus zu bestärken; im Gegenzug versprachen die Mandschus, den Frieden für die entmilitarisierten buddhistischen Gesellschaften zu schützen. Die tibetische Befriedung der Mongolen, die Entmilitarisierung dieser militärisch so machtvollen Gesellschaft, stellt wohl eine der eindrucksvollsten sozialen Transformationen in der Geschichte dar. Allerdings ist sie durchaus nicht erstaunlicher als Tibets Selbsttransformation im Laufe des vergangenen Jahrtausends.

Tibet: eine spirituelle Zivilisation

Während der letzten drei Jahrhunderte seiner geschichtlichen Entwicklung lag in Tibet die nationale Priorität auf monastischer Ausbildung, literarischer und philosophischer Kreativität, der Praxis der Meditation, der Entwicklung der Ritualkunst und ähnlichen Aktivitäten. Spirituelle Adepten wurden als die höchste Klasse der tibetischen Gesellschaft angesehen. In ihnen sah man durch die Übung der Tantras (Tantra = spirituelle Technologie) des Unübertroffenen Yoga (Yoga = Praxis der Selbstvervollkommnung) vollkommen gewordene Buddhas. Sie galten als Abenteurer der Innenwelten von höchstem Wagemut. Sie waren das tibetische Äquivalent unserer Astronauten, und ich halte es durchaus für angebracht, das Wort »Psychonauten« zu prägen, um ihrer Leistung gerecht zu werden. Sie traten persönlich die Reise zu den äußersten Grenzen des Universums an, dessen Erforschung ihre Gesellschaft für so außerordentlich wichtig hielt, den Grenzen des Bewußtseins selbst, mit all seinen Transformationen im Leben und über den Tod hinaus.

In der westlichen Kultur liegen die letzten Grenzen der Eroberung der materiellen Welt im Weltraum. Unsere letzten Helden sind die Astronauten. Die Tibeter jedoch sind mehr an der spirituellen Eroberung des inneren Universums interessiert, dessen Grenzbereiche die Welten des Todes, des Zwischenzustands oder der kontemplativen Ekstasen sind. Aus diesem Grunde sind für die Tibeter die Lamas, die die Auflösungsphasen des Todes bewußt durchlaufen, die ihren Geist vom groben physischen Körper lösen und von einem magischen Körper Gebrauch machen können, um damit andere Universen zu bereisen, diese »Psychonauten« also, die größten Heldinnen und Helden. Die Dalai Lamas und die vielen tausend weiteren »reinkarnierten« Lamas (auch »Tulku« genannt, was »Buddha-Emanation« bedeutet) sind diese Heldinnen und Helden. Sie haben, so nimmt man an, den Tod, den Zwischenzustand und den Wiedergeburtsprozeß gemeistert und entscheiden sich kontinuierlich – Leben für Leben

– aus Mitgefühl für die Rückkehr nach Tibet, um die Tibeter in ihrem spirituellen Leben zu leiten und allen Lebewesen zu nutzen.

Aus diesen Gründen ist die tibetische Zivilisation der Neuzeit auf diesem Planeten einzigartig gewesen. Nur eine derart außergewöhnliche Zivilisation konnte die Kunst und Wissenschaft des Sterbens und des Todes hervorbringen, die in diesem Buch vorgestellt werden. Ich beschreibe den einzigartigen psychologischen Charakterzug der modernen tibetischen Gesellschaft als »innere Fortschrittlichkeit«. Dieser Ausdruck sollte als Gegensatz zum modernen psychologischen Charakterzug des Westens verstanden werden, der sich als »äußere Fortschrittlichkeit« beschreiben ließe. Gewöhnlich kontrastiert man die moderne westliche Denkweise mit dem altertümlich »traditionellen« Charakter. Dem modernen Westen werden häufig Eigenschaften wie Individualismus, Offenheit, Flexibilität der Identität, Forscherdrang und Hängen am Rationalen zugeordnet. Dieser Charakterzug des heutigen Westens geht mit einer eigentümlichen Wahrnehmung aller Dinge einher – psychische und mentale eingeschlossen –, von denen man annimmt, sie seien letztendlich reduzierbar auf quantifizierbare materielle Entitäten. Das gibt dieser Sichtweise ihre »Äußerlichkeit«. Der Charakter des Tibet der Neuzeit besitzt ebenfalls die Eigenschaften von Individualismus, Offenheit, Flexibilität der Identität, Forscherdrang und Rationalität. Allerdings wird der tibetische Charakter von der spezifischen Wahrnehmung geprägt, die sich aus der buddhistischen Zivilisation ergibt, nämlich daß alle Dinge von spirituellem Wert durchdrungen und mit mentalen Zuständen verknüpft sind. Im Gegensatz zu westlichen Vorstellungen glaubt der Tibeter, daß das Mentale oder Spirituelle keinesfalls immer auf materielle Quanten reduzierbar und als solche manipulierbar sei. Das Spirituelle selbst ist eine aktive Energie in der Natur, die zwar subtil, aber dennoch kraftvoller ist als das Materielle. Nach der tibetischen Sicht ist die »Starke Kraft« im Universum spiritueller und nicht materieller Natur. Das ist es, was dem tibetischen

Charakter seine »Innerlichkeit« gibt. Während also die westliche und die tibetische Persönlichkeit sich in der Modernität des Bewußtseins ähneln, sind sie in ihrer jeweiligen Ansicht diametral entgegengesetzt: Die eine konzentriert sich nach außen, auf die Materie, die andere nach innen, auf den Geist.

Es ist dieser Unterschied in der Ansicht, der hinter der Unterschiedlichkeit der beiden Zivilisationen steht. Während das nationale Ziel zum Beispiel Amerikas darin besteht, die materielle Produktivität ständig zu erhöhen, ist es das nationale Ziel der Tibeter, die spirituelle Produktivität zu verbessern. Das Maß für spirituelle Produktivität ist die Tiefe, zu der man seine Weisheit entwickeln kann, und die Weite, die man in seinem Mitgefühl erreichen kann. Tibetische Buddhisten glauben, daß die äußere Wirklichkeit mit der inneren, geistigen Entwicklung über eine anfanglose und endlose Reihe von Leben hinweg verwoben ist. Aus diesem Grunde sehen sie keine Grenze für die mögliche Transformation des Selbst und der Umwelt zum Besseren. Das Selbst kann zu einem Buddha werden, einem Wesen von vollkommener Weisheit und vollkommenem Mitgefühl; die Umwelt kann zu einem vollkommenen Buddha-Land werden, in dem niemand sinnlos leidet und alle für das Glück aller einstehen.

Das beste Beispiel dieser nach innen gerichteten Rationalität des heutigen tibetischen Geistes ist eben unser gegenwärtiges Anliegen: die tibetische Erkundung des Todes. Der nach außen gerichtete westliche Geist hat die Thematik des Todes und zukünftiger Leben vor langer Zeit als archaisch und nur für das abergläubisch-traditionelle Denken von Belang abgetan. Materialistische Denkgewohnheiten reduzieren den Geist auf das Materielle und eliminieren die Seele. Wenn man zukünftige Leben ausschließt, ist der Tod nur noch ein physischer Zustand – auf die »Nullinie« eines Elektroenzephalographen reduziert. Es herrscht nicht das geringste Interesse an den Stadien des Menschen oder dem Zustand des Bewußtseins nach dem Tod. Die wissenschaftliche Forschung beschränkt sich ausschließlich auf die materiellen Daten dieses einen körperlichen Lebens, die von den physischen Sinnen wahrgenommen und von Apparaten verstärkt und angezeigt werden können. Gleichzeitig hat sich der Westen an die Erforschung der äußeren Welt gemacht, der fernsten Kontinente, des Makrokosmos der äußeren Galaxien und des Mikrokosmos der Zellen, Moleküle, des Atoms und der Kernkräfte.

Die nach innen gerichtete Vernunft der Tibeter hat die materielle Welt auf Platz zwei der Prioritätenliste verwiesen. Ihr Hauptaugenmerk galt der Welt innerer Erfahrung, dem groben Bereich des Wachbewußtseins mit Kausalität, Relativität, Wahrnehmung und Begrifflichkeit und dem subtilen Bereich mit Bild, Licht, Ekstase, Trance, Traum und schließlich dem Tod und was danach kommt. Die Tibeter sahen im Bereich der inneren, allersubtilsten Erfahrung den wesentlichen Punkt der Kontrolle über sämtliche subjektiven und objektiven kosmischen Vorgänge. Folglich machten sie sich an die Aufgabe, diese innere Welt zu erkunden. Sie bedienten sich analytischer Einsicht und kontemplativer Konzentration, um ihr Gewahrsein bis in die letzten Winkel der Erfahrung auszudehnen. Sie setzten die Manipulation von Träumen und innere Visionen ein, um Licht in die Territorien des Unbewußten zu bringen. Sie machten Gebrauch von einer gezielten Dissoziierung von grober Subjektivität, um Zugang zur subtilsten Ebene des Seins zu erlangen. Und sie benutzten eine verstärkte Form von Achtsamkeit und Erinnerung, um zu Erfahrungen vergangener Leben vorzudringen, einschließlich der traumgleichen Erfahrungen der vom Tod zur Wiedergeburt durchlaufenen Zwischenzustände.

Tibets gegenwärtige Notlage

Ungeachtet einer gewissen Vernachlässigung des materiellen Fortschritts, hatte sich das moderne Tibet zu einem relativ glücklichen Land entwickelt. Die tibetische Gesellschaft war so organisiert, daß die besten Bedingungen für die innere Entwicklung des einzelnen herrschten, der ökonomische Druck war gering und innere wie äußere Konflikte selten. Trotzdem war es weit davon entfernt, ein vollkommenes Buddha-Land zu sein. Nach heutigen geopolitischen Gesichtspunkten wurde Tibet während dieses Jahrhunderts höchst verwundbar, und zwar wegen einer positiven und einer negativen Eigenschaft. Die positive Eigenschaft, die sich als verhängnisvoll erweisen sollte, war, daß Tibet seit langem entmilitarisiert war und daher für die modernen Armeen, zuerst der Briten und schließlich der Chinesen, keinen ernstzunehmenden Gegner darstellte. Als negative Eigenschaft schlug die Tatsache zu Buche, daß Tibet sich zu sehr von der Völkergemeinschaft isoliert hatte. Folglich waren die beiden einzigen Nationen, die über eine gewisse Kenntnis Tibets verfügten, Großbritannien und China, in der Lage, der Außenwelt – ganz im Sinne ihrer jeweiligen speziellen Interessen – ein verfälschtes Bild des Landes zu präsentieren. Als den Briten daran gelegen war, Handelsabkommen mit einer souveränen tibetischen Regierung abzuschließen, behandelten sie Tibet als die unabhängige Nation, die es ja war. Gleichzeitig ließen sie die Welt im Glauben, Tibet gehöre zu China, um die Russen draußen zu halten und gleichzeitig China einen Gefallen zu tun, an dessen Wohlwollen den Briten wegen der Bewahrung ihres Besitzes von Hongkong und seiner unschätzbaren Handelsmöglichkeiten sehr gelegen war. Die Chinesen wiederum wußten sehr wohl, daß sie Tibet nicht kontrollierten, daß die Tibeter sich durchaus nicht als Chinesen verstanden und daß keinem Chinesen jemals auch nur im entferntesten die Idee gekommen wäre, Tibeter für Chinesen zu halten. Gleichzeitig erklärten sie der Welt, daß Tibet (das sie *Shizang,* den »westlichen Schatz«, nannten) ihnen gehöre und schon immer Teil Chinas gewesen sei. Als dann die Regierungstruppen Maos in Tibet einmarschierten, konnte China der Welt folglich weismachen, daß man die tibetische Provinz des chinesischen Heimatlandes von Fremden (zu der Zeit hielten sich etwa ein halbes Dutzend Europäer in Tibet auf) befreien wolle. Für die Tibeter jedoch waren die Chinesen die

Fremden, und sie widersetzten sich ihrer »Befreiung« bis zum Tode. Die ganze Gewalt der Roten Armee überrollte die buddhistischen Tibeter, und seitdem kann die chinesische Okkupation ausschließlich mit brutaler Gewalt aufrechterhalten werden. Mehr als eine Million Tibeter sind mittlerweile eines gewaltsamen Todes gestorben, und die gesamte buddhistische Kultur wurde zerschlagen. Es gibt wohl keinen einzigen Tibeter, der nicht davon träumt und dafür betet, endlich wieder unabhängig und von den Invasoren befreit zu sein.

Um Tibet zu einem Teil Chinas zu machen, haben die Chinesen versucht, die tibetische Sprache, den Buddhismus und die auf ihn gegründete Kultur sowie jede Spur nationaler tibetischer Identität zu unterdrücken – ein Unterfangen, das letztlich zum Scheitern verurteilt ist, weil sich Tibeter einfach nicht in Chinesen verwandeln lassen. Der Versuch, aus Tibetern Chinesen zu machen, endet also mit der Auslöschung der Tibeter. Glücklicherweise ist es Seiner Heiligkeit dem Vierzehnten Dalai Lama unter dem Patronat der indischen Regierung in der Zwischenzeit gelungen, eine lebensfähige Gemeinschaft im Exil aufzubauen und zu erhalten. Und es besteht Hoffnung, daß die Nationen der Welt, wenn sie rechtzeitig vom Los Tibets erfahren, die Vollendung des Genozids an sechs Millionen Tibetern in den neunziger Jahren nicht zulassen werden.

Der Buddhismus in Kürze

Was ist Buddhismus? Das vorliegende *Große Buch der Natürlichen Befreiung durch Verstehen im Zwischenzustand* werden die meisten wohl für einen »buddhistischen« Beitrag zum Thema Tod und Sterben halten. Wäre es jedoch bloß »buddhistisch«, dann wäre es nur für »Buddhisten« relevant. Es hätte keinen Sinn, es für die breite Öffentlichkeit zu übersetzen, und das seit langem anhaltende Interesse des Westens an diesem »Totenbuch« wäre unverständlich. Aber nur ein Aspekt des *Buches der Natürlichen Befreiung* ist »religiös« im üblichen Sinne zu nennen, das heißt auf ein bestimmtes Glaubenssystem bezogen. In diesem Sinne ist allerdings auch am Buddhismus selbst das Religiöse nur einer von vielen Aspekten.

Der Buddhismus ist eine Lehre, die auf den Buddha Shakyamuni zurückgeht, der vor 2500 Jahren gelebt hat. Diese Lehre ist weder die Weiterführung noch die Reform einer der Religionen der alten indischen Kultur. Ebensowenig beruht sie auf der Offenbarung irgendeines göttlichen Wesens. Der Buddha lehnte die zeitgenössische indische Form des religiösen Glaubens an einen allmächtigen Weltenschöpfer schlichtweg ab. Er glaubte an keinen Gott, wie Menschen des Westens ihn verstehen. Für viele Menschen wäre er wohl ein Atheist (allerdings akzeptierte er die Existenz nichtallmächtiger, nichtewiger, übermenschlicher Wesen, die er »Götter« nannte). Im Gegensatz zu vielen anderen religiösen Menschen konnte er im Glauben auch keinen Selbstzweck sehen, obwohl er den praktischen Nutzen eines vernünftigen Glaubens für viele Menschen akzeptierte. Er ermutigte die Menschen, jede Autorität zu hinterfragen, die Kraft des eigenen logischen Denkvermögens einzusetzen und nicht auf irrationale Traditionen zu vertrauen. In seiner eigenen Suche nach der Wahrheit ging er oft recht unreligiöse Wege.

Shakyamuni wurde »Buddha« genannt, was »Erwachter« oder »Erleuchteter« bedeutet, weil er für sich in Anspruch nahm, vollkommene Einsicht in Wesen und Struktur der Wirklichkeit erlangt zu haben. Nachdem er die übliche Erziehung eines Kriegerprinzen seiner Zeit erfahren hatte, widmete er sechs Jahre konzentrierten Studiums, yogischer Disziplin und meditativer Kontemplation der Suche nach Erkenntnis der Wirklichkeit. Er hielt den menschlichen Geist für fähig – angeborene Begabung, korrekte Ausbildung und heldenhaften Einsatz vorausgesetzt –, alles vollkommen verstehen zu können. Nachdem er dieses vollständige Verstehen im fünfunddreißigsten Jahr seines Lebens selbst erlangt hatte, war er überzeugt, daß auch andere Menschen dieses Ziel würden erreichen können. Die folgenden fünfundvierzig Jahre seines Lebens widmete er ganz der Unterweisung der unterschiedlichsten Menschen. Die Geschichte vermerkt, daß aufgrund seiner Aktivitäten viele seiner Zeitgenossen hohe Ebenen der Einsicht erreichten. Die von diesen Menschen ausgehende Bewegung erfreute sich regen Zulaufs, breitete sich allmählich über den ganzen indischen Subkontinent aus und gelangte schließlich in fast alle asiatischen Länder. Diese Bewegung war häufig religiöser Art; genauso wichtig jedoch waren ihre sozialen und intellektuellen Einflüsse.

Der Buddha benutzte das Sanskrit-Wort »Dharma«, um seine Wahrheit oder Lehre zu benennen. Damit gab er dem Wort eine ganz neue Bedeutungsebene. *Dharma,* abgeleitet vom Verb /*dhr,* »halten«, besaß eine ganze Bandbreite an Bedeutungen im Zusammenhang mit Halten. Es konnte ein bestimmtes Phänomen mit spezifischem Charakter bezeichnen, aber auch diesen Charakter selbst. Es konnte einen Brauch, ein Gesetz oder eine Pflicht bezeichnen, die dem menschlichen Verhalten ein bestimmtes Muster aufdrückten. Ebenso konnte es Religion bedeuten, im Sinne eines gemeinsamen Musters von Glaube und Ritual. Im Herzen der Entdeckung des Buddha jedoch lag die Erkenntnis der essentiellen Realität von Freiheit – der Tatsache, daß hinter der gelebten Realität der Existenz die Unmittelbarkeit vollkommener Freiheit liegt, besonders der Freiheit vom Leiden, von sämtlichen Fesseln und von der Unwissenheit. Diese Freiheit kann vom menschlichen Geist als sein ureigener, tiefster und authentischster Zustand erkannt werden. Diese Erkenntnis erlaubt es der Freiheit, sich gegen das gewohnheitsmäßige Leiden persönlicher Erfahrung durchzusetzen. Der verwirklichte Mensch ist von nun an vom Leiden *abgehalten*; er wird nicht *in* etwas *gehalten,* sondern aus bindenden Mustern *herausgehalten*.

Die neue Bedeutungsebene von Dharma bezog sich also auf das *Abgehaltensein* vom Leiden. Schließlich bezeichnete Dharma auch die Lehre selbst, die in dieser Lehre vermittelte Wirklichkeit oder Wahrheit und die Freiheit dieser Realität oder

Wahrheit – Nirvana selbst. Der Dharma als Lehre teilt sich in zwei Äste: den Dharma der Schrift und den Dharma der Einsicht (die Lehre und ihre Ausübung), von denen jeder wiederum dreigeteilt ist. Der Dharma der Schrift gliedert sich in drei Arten schriftlicher Lehren: die Sammlungen der Disziplin, der Diskurse und der klaren Wissenschaft. Der Dharma der Einsicht gliedert sich in drei Arten höheren Lernens: die höhere Schulung in Ethik, in Meditation und in Weisheit. (Siehe Diagramm 1)

Diagramm 1: **Struktur des Buddha-Dharma**

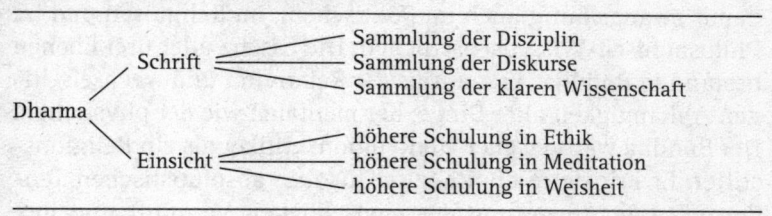

```
                  ┌── Sammlung der Disziplin
         Schrift ─┼── Sammlung der Diskurse
        ╱         └── Sammlung der klaren Wissenschaft
Dharma
        ╲         ┌── höhere Schulung in Ethik
         Einsicht ┼── höhere Schulung in Meditation
                  └── höhere Schulung in Weisheit
```

Während der restlichen fünfundvierzig Jahre seines Lebens lehrte der Buddha in ganz Indien den Dharma. Zahlreiche Menschen fanden seine Lehre heilsam und begannen in der alten Gesellschaft eine neue Gemeinschaft zu bilden. Diese neue Gemeinschaft wurde »Sangha« genannt, was einfach »Gemeinschaft« bedeutet, und sie formierte sich um eine neue Institution, die ihren Kern bildete: den monastischen Orden von Mönchen und Nonnen. Es hatte auch vor dem Buddha schon umherziehende Asketen und Einsiedler in Indien gegeben; er war jedoch der erste, der einen Orden gründete, aus dem an die Städte angegliederte Gemeinschaften seßhafter Mönche und Nonnen hervorgingen. Diese Art der Gemeinschaft war für die Entwicklung des Buddhismus von wesentlicher Bedeutung. Sie gab dem einzelnen, der dem Beispiel des Buddha folgte und sich in den Lehren übte, einen schützenden Rahmen. Diese drei Hauptaspekte des Buddhismus, Buddha, Dharma und Sangha – Meister, Lehre und Gemeinschaft – sind als die Drei Kostbarkeiten (Skrt. *tri-*

ratna), auch »Drei Juwelen« oder »Drei Kleinodien« des Buddhismus bekannt geworden, als die drei kostbarsten Dinge also für denjenigen, der nach Befreiung von Unwissenheit und Leiden strebt. In den Jahrtausenden seit der Entstehung des Buddhismus wurden Menschen zu Buddhisten, indem sie »Zuflucht« zu diesen Drei Kostbarkeiten nahmen. Sie nahmen Zuflucht, indem sie versuchten, dem Beispiel des Buddha zu folgen, den Dharma zu verwirklichen und Mitglieder der Gemeinschaft, Sangha, wurden.

Der Buddha begründete also eine Erziehungsbewegung, die sich geschichtlich auf drei Ebenen entwickelte: im Sozialen (und damit zwangsläufig auch im Politischen), im Religiösen und im Philosophisch-Wissenschaftlichen. Die Essenz aller drei Ebenen bestand in Buddhas Erkenntnis der Relativität und wechselseitigen Abhängigkeit aller Dinge, der mentalen wie der physischen. Der Buddha war viel eher ein Religionskritiker als ein Religionsstifter. Er kritisierte die Religion für ihre absolutistischen Tendenzen, ihre Abwertung der menschlichen Vernunft und ihre Rechtfertigung unvernünftiger, willkürlicher und repressiver Autoritätsstrukturen. Die Wirklichkeit, wie der Buddha sie sah, steht über dogmatischen Theorien, ist aber gleichzeitig offen für unvoreingenommene Erfahrung. Die menschliche Lebensform ist der Wirklichkeit besonders gut angepaßt und ihrer vollständigen Erkenntnis sehr nahe; wenn diese Erkenntnis schließlich erlangt wird, sind Befreiung und außerordentliches Glück das Ergebnis.

Während der Zeit des Buddha herrschten viele verschiedene Ansichten bezüglich der Natur des Lebens. Die Bandbreite reichte von in komplexe theistische Glaubenssysteme eingebetteten spiritualistischen Seelentheorien bis hin zu einem – erstaunlich modern wirkenden – materialistischen Nihilismus. Mit seiner kardinalen Doktrin der Selbst-losigkeit[*] oder Seelenlosig-

---

[*] Selbst-losigkeit im Sinne des Nichtvorhandenseins eines beständigen Selbst wird in dieser Form geschrieben, um den Unterschied zum umgangssprachlichen Sinn von Selbstlosigkeit als »Uneigennützigkeit« zu betonen. (A.d.R.)

keit *(anatma)* stand der Buddha zu allen absoluten Seelentheorien, zu jeder Postulation einer fixen, unveränderlichen Identität oder statischen Persönlichkeitsessenz im Widerspruch. Er lehrte, daß das gewohnheitsmäßige Annehmen einer festgelegten Subjektivität, einer unveränderlichen Identität, eines der Haupthindernisse für ein gutes Leben sei. Niemals jedoch verneinte der Buddha die Präsenz eines lebendigen Selbst auf der relativen Ebene. Er bestand auf der Kontinuität eines veränderlichen, im Fluß befindlichen Kontinuums von Leben zu Leben. Er lehnte den zeitgenössischen Nihilismus, der selbst die relative, konventionelle, gelebte Seele oder Identität auf eine zufällige Begleiterscheinung der Materie reduzierte, explizit ab. Er bestätigte entschieden die Realität, Verletzbarkeit, Verantwortlichkeit und das Entwicklungspotential des relativen Selbst. Tatsächlich führte seine Lehre von der universalen Relativität des Selbst dazu, daß die Sichtweise einer tiefen Verbundenheit des Individuums mit den grenzenlos vielgestaltigen Formen des Lebens weite Verbreitung fand. Diese Vision des unausweichlichen Verbundenseins inspirierte die in buddhistischen Gesellschaftsformen hochgeachtete Entscheidung einzelner, sich bewußt zu entwickeln, ihr volles Potential zu verwirklichen und aktiv an der Transformation der ganzen Welt in eine positive Umgebung zu arbeiten.

Die Schriften des »Universellen Fahrzeugs« (Mahayana) des Buddhismus, die etwa vier Jahrhunderte nach dem Tode des Buddha in Indien populär zu werden begannen, beinhalten die Lehre, daß ein Buddha ein kosmisches Wesen ist, dessen Verwirklichung drei Aspekte hat, welche als drei Körper beschrieben werden können. Die vollkommene Weisheit eines Buddha wird zum *Wahrheitskörper*, einem Körper letztendlicher Wirklichkeit, in dem ein erleuchtetes Wesen das gesamte Universum als eins mit seinem eigenen Sein erlebt. Das vollkommene Mitgefühl eines Buddha wird zu einem Formkörper, einer unbegrenzten Verkörperung, die von der glückseligen Einheit des erleuchteten Wesens mit der letztendlichen Wirklichkeit der

Freiheit ausstrahlt, um zahllosen anderen Wesen zu helfen, ebenfalls dem Leiden zu entkommen, indem sie ihr eigenes Einssein mit der Freiheit erkennen. Dieser Formkörper wiederum ist zweigeteilt. Es gibt den *Seligkeitskörper*, eine Art feinstofflicher, ätherischer Körper, bestehend aus der schieren Freude eines Buddha, frei zu sein von Leid und das absolute Wesen der Wirklichkeit erfahren zu haben. Dieser Körper ist so unendlich wie die Wirklichkeit, eine subtile, strahlende Allgegenwart der Freude eines Buddha in allen Dingen. Dann gibt es den *Emanationskörper*, der sich aus der Hintergrundenergie des Seligkeitskörpers bildet, sobald ein Buddha mit gewöhnlichen Wesen umzugehen wünscht, welche die sie stets umgebende Präsenz der Seligkeit nicht wahrnehmen können und die Leiden und Entfremdung erfahren. Buddhas emanieren – erschaffen auf magische Weise – alle groben stofflichen Verkörperungen, die nötig sein mögen, um mit Lebewesen eine Beziehung herzustellen, sie von ihrem Leiden zu befreien und sie letztlich zur Entdeckung ihrer eigenen Erleuchtung und Glückseligkeit zu inspirieren. Shakyamuni Buddha, der historische Buddha, war ein Emanationskörper-Buddha. Von dem Buddha, der die Emanation des Shakyamuni hervorbrachte, glaubt man jedoch, er besitze die unerschöpfliche Kraft, sich noch in unzähligen weiteren Formen zu zeigen, welche jeweils den Bedürfnissen der Lebewesen entsprechen. Alle Buddhas haben diese drei Körper:

Wahrheitskörper, Seligkeitskörper und Emanationskörper. Diese Kategorien liefern uns einen guten Rahmen zum Verständnis der tibetischen Sicht der unfaßbaren Wirklichkeit und Präsenz erleuchteter Wesen.

Nach der Lehre des Buddha soll der Mensch die relative Welt der materiellen und mentalen Natur erforschen, um sie gut verstehen und das Leben aller Wesen verbessern zu können. In dieser Untersuchung soll der Mensch sich nicht nur auf seine Sinne verlassen, sondern auch vom subjektiven menschlichen Intellekt selbst intensiven Gebrauch machen: Er soll logische Analyse und Innenschau benutzen und kritisches Denken und einsgerichtete Konzentration bis zu einem Grad der Genauigkeit entwickeln, der für normale, ungeübte Menschen unvorstellbar ist.

Der Buddha gründete und förderte eine Tradition der Wissenschaft des Inneren, des Geistes (*adhyatmavidya*). Man kann in diesem Zusammenhang von einer »Wissenschaft« sprechen, weil es sich um eine exakte und wohlstrukturierte Disziplin zur Suche nach Erkennen des Geistes handelt, welche auf die Befreiung des einzelnen von seinen negativen Potentialen und seiner Befähigung zur Verwirklichung der positiven Potentiale zielt. Der Buddha gründete Erziehungs- und Forschungsinstitutionen, die sich schließlich zu Klöstern und Konventen entwickelten. In den Jahrhunderten nach dem Tode Buddhas fanden diese einer höheren Bildung dienenden Institutionen in Indien und im übrigen Asien weite Verbreitung. In allen asiatischen Gesellschaften wurden sie zu einer permanenten Einrichtung, bis sie entweder durch den aufkommenden Islam oder den internationalen Säkularismus ausgelöscht wurden. Die Forscher dieser Institutionen der Wissenschaft des Geistes pflegten ganz besonders das Studium des Todes, des Zwischenzustands und des Wiedergeburtsprozesses und sammelten ihre Untersuchungsergebnisse in einer gewaltigen, kumulierenden wissenschaftlichen Literatur zum Thema. Diese wissenschaftliche Literatur über den Tod ist unter den Zivilisationen der Welt einzigartig. Sie ist die eigentliche Quelle des *Buches der Natürlichen Befreiung*.

Tibetische Ansichten über den Tod

Die tibetische Einstellung gegenüber Tod und Zwischenzustand ist weder mystisch noch mysteriös. Der vorliegende Reiseführer durch den Zwischenzustand zeigt uns, wie die Realität des Todes in das Weltbild der Tibeter paßt, und vermittelt ein lebendiges Bild der Kontinuität zwischen vergangenen, gegenwärtigem und zukünftigen Leben. Ihre Perspektive vieler Leben hat nicht mehr (und nicht weniger!) von einem religiösen Glaubenssystem als unsere moderne Ansicht von der Struktur des Sonnensystems oder vom Muster des Kreislaufs der Jahreszeiten. Für die Tibeter war und ist es eine Sache des gesunden Menschenverstandes und zugleich wissenschaftliches Faktum, daß lebende Wesen in einem Kontinuum von mehreren Leben existieren und daß Tod, Zwischenzustand und der Prozeß der Wiedergeburt einem vorhersagbaren Muster folgen. Sie verfügen über glaubhafte Berichte erleuchteter Reisender, die bewußt durch die Erfahrung des Zwischenzustandes gegangen sind, die Erinnerung daran bewahrt und dann von ihren Erfahrungen berichtet haben. Die Tibeter glauben den Berichten ihrer Psychonauten ebenso wie wir denen der Astronauten, die uns von ihren Erlebnissen auf dem Mond berichten. Die Tibeter glauben auch, daß die meisten Menschen – durch eine ziemlich elementare Meditationsweise – Erinnerungen an frühere Leben wiederentdecken können. Die Tibeter gehen mit dieser buddhistischen Perspektive sehr pragmatisch um. Sie nutzen ihr Leben, um sich dazu zu erziehen, die Welt zu verstehen und sich auf den Tod und zukünftige Leben vorzubereiten, indem sie ihr ethisches Handeln, ihre emotionalen Gewohnheiten und ihre kritische Einsicht bilden.

In gewissen Aspekten teilen die Tibeter unsere westliche Einstellung zum Tod, in anderen sehen sie den Tod völlig unterschiedlich. Auf der menschlichen Ebene sehen sie im Tod, genau wie wir, die Tragödie am Ende des Lebens. Sie haben Methoden entwickelt, einen vorzeitigen Tod vorauszusehen und abzuwenden und sogar den zur rechten Zeit kommenden Tod zu überlisten und das kostbare menschliche Leben auch dann noch zu verlängern. Auf dieser menschlichen Ebene fürchten sie den Tod sogar noch mehr als wir Materialisten oder Humanisten von heute, die wir ein automatisches, schmerzloses Vergessen erwarten. Tibeter halten solch ein betäubendes Vergessen für sehr unwahrscheinlich. Sie sehen im Tod eher das Tor zu einem Übergang, der sich für alle, die nicht vorbereitet oder durch schlechte Gewohnheiten mißgeleitet sind, als verheerend gefährlich erweisen kann. Sie sehen im Tod daher natürlich einen bösartigen, mächtigen Vernichter, der auf sie lauert und sie jederzeit erwischen kann.

In Übereinstimmung mit ihrem indischen Erbe stellen sie sich diesen Schrecken als einen furchterregenden, schrecklichen Gott des Todes vor: Yama, König der Unterwelt und Richter der Toten. Auf Darstellungen ist er von blauschwarzer Farbe, mit einem Stierkopf und zwei Armen; er hält eine weiße Keule aus einer Wirbelsäule mit Schädel sowie eine Fangschlinge und steht nackt, mit aufgerichtetem Phallus auf dem Rücken eines feuerschnaubenden Büffels. Manchmal wird er von seiner Gefährtin begleitet, der schrecklichen Chamunda, die man auch als weibliche Personifizierung seiner Energie interpretieren kann. Er gebietet über Horden zahlloser Lakaien, die umherstreifen und die Seelen der Sterbenden zusammentreiben. Yamas mächtigem Ruf kann sich niemand widersetzen, alle müssen ihm in die Unterwelt folgen. Und dort, in seiner eisernen Halle, die keine Fenster hat und keine Türen, werden ihre guten und bösen Taten in einer großen Waage gegeneinander aufgewogen. Yama spricht das Urteil und sendet die Verstorbenen an die Orte ihrer nächsten Bestimmung, in verschiedene himmlische Bereiche, wenn die guten Taten überwiegen, in die Tier- oder Höllenbereiche, wenn üble Taten vorherrschen. Wenn sie großes Glück haben und ihr heilsames Verhalten viel Empfindsamkeit, Großzügigkeit und Intelligenz aufweist, dürfen sie in den Daseinsbereich der Menschen zurückkehren, was für die spirituelle Praxis viel besser ist als sämtliche Himmel der Götter. Tibeter haben panische Angst vor Yama und rufen die Buddhas und Bodhisattvas an, sie vor einer Verurteilung durch ihn zu bewahren. Sie dramatisieren seine Präsenz auf Festen und Maskentänzen als finstere Gottheit, die von einem riesigen Mönch mit erschreckender Maske und eindrucksvollem Kostüm dargestellt wird. Immer wird seine letztendliche Zähmung durch den Buddha gezeigt, entweder durch den Bodhisattva der Weisheit, Manjushri, oder den Bodhisattva des Erbarmens, Avalokiteshvara, in seiner Form des Padmasambhava, des großen Adepten und historischen Retters Tibets.

Obwohl die Personifizierung des Todes in der tibetischen Tradition also recht lebhaft ausfällt, läßt sich doch sofort erkennen, daß nicht die Person des Yama selbst die eigentliche Ursache des Schreckens ist, sondern vielmehr sein Urteil und das möglicherweise negative Schicksal, zu dem es verdammt. Die Tibeter haben die vernünftige Ansicht, daß das Leben grenzenlos ist, daß wir weder aus dem Nichts kommen, noch einfach zu Nichts werden können. Wir sind sowohl anfanglos als auch endlos. Da wir stets in den Bereich der Bezogenheiten verwickelt sind, müssen wir unsere innere Freiheit kennenlernen. Erkennen wir sie nämlich nicht und werden durch unsere Unwissenheit weiter gezwungen, unsere unvermeidlichen Beziehungen als endlose Fessel zu empfinden, als permanente Frustration, dann wird unser Leben zur grenzenlosen Qual.

Das menschliche Leben zeichnet sich dadurch aus, daß es in der Mitte zwischen exzessivem Schmerz und exzessiver Seligkeit liegt. Ein Wesen aus anderen Daseinsbereichen erlangt also eine Geburt als Mensch, indem es gewaltige Mengen an Verdiensten durch Großzügigkeit, moralisches Handeln und Toleranz erwirbt sowie ein entsprechendes Maß an Intelligenz durch die lange Entwicklung von kritischer Weisheit und durchdringender Konzentration. Die menschliche Form ist relativ frei von fest programmierten instinktiven Reaktionen. Aus diesem Grunde ist der Mensch auf einzigartige Weise mit der Fähigkeit und Möglichkeit ausgestattet, seine Situation zu durchschauen, sich vollständig zum Positiven hin zu reprogrammieren, die unübertroffene, vollkommene Erleuchtung der Buddhaschaft zu erlangen und damit grenzenlos glücklich, lebendig, strahlend und hilfreich für andere Wesen zu werden. Unerleuchtet zu sterben und die Freiheit und Gelegenheit der menschlichen Verkörperung zu verlieren, bevor man Befreiung erlangt hat, um dann unzählige weitere Male unfreiwillig unter äußerst erbärmlichen Umständen wiedergeboren werden zu müssen, wäre die absolute Tragödie.

Hat man einmal verstanden, daß das menschliche Leben die Muße und Gelegenheit zu evolutionärer Freiheit und altruistischer Erleuchtung bietet, ist sein Verlust viel schwerwiegender als ein Verlust, der bloß als schiere Auslöschung im Nichts oder als sicherer Übergang in den Himmel gesehen wird. Der Tod bekommt dann ähnliches Gewicht wie bei der Annahme, daß der Verlust des Lebens auch die Möglichkeit eines Übergangs in die Hölle oder ins Fegefeuer mit sich bringt, denn das wäre der Eingang in nahezu grenzenlose Qualen. Für die Tibeter ist also das Bewußtsein von der anfanglosen und unbegrenzten Natur des Lebens alles andere als eine Besänftigung der Furcht vor dem Tod. Es verleiht diesem Leben eine bezwingende Intensität. Das ist es, was die starke Religiosität und Spiritualität der Tibeter letztlich beeinflußt, nicht ihre Umwelt aus Hochland-Wüsten und Schneebergen.

Auf einer spirituelleren Ebene haben die Tibeter jedoch gelernt, im gewöhnlichen furchterregenden Tod eine dem Leben nahestehende starke Kraft zu sehen, einen mächtigen Anstoß zum Guten, einen Verstärker positiver Einstellungen und Handlungen. Sie tendieren nicht dazu, sich in einer Verdinglichung des Todes zu einer Kraft des Bösen schlechthin, einer Art radikaler, gefühlloser, willkürlicher Bosheit zu verfangen. Sie machen sich eher eine Sichtweise zu eigen, die die Nichtexistenz des Todes als im Gegensatz zum Leben stehendes Ding an sich erkennt. Dieses Gefühl der Einbezogenheit selbst des Todes ermutigt sie, ihn auf der höchsten Ebene als das unmittelbare, omnipräsente Reich einer Freiheit zu sehen, die nicht nur Teil des Lebens sondern seine Grundlage selbst ist.

Die Tibeter sind sich darüber im klaren, daß jeder beliebige Mensch zu jeder beliebigen Zeit an jedem beliebigen Ort sterben kann. Unser Gefühl der Verläßlichkeit der Lebenssituation, der Solidität der Welt des Wachbewußtseins und der fünf Sinne mit ihren Objekten, ist ein völliger Irrtum. Nichts von dem, was wir zu sein, zu tun, zu fühlen oder zu haben glauben, besitzt irgendeine Essenz, Stabilität oder Solidität. All die Dinge in und um uns, mit denen wir von früh bis spät so beschäftigt sind, sind im Grunde kein Halt für uns. Wenn wir sterben, entschlüpfen sie selbst unserem festesten Griff, entschwinden sie aus unserem Geist. Was in unserem Besitz war, geht verloren, was unser Körper und Geist war, verdämmert zu bloßer Gefühllosigkeit. Erstaunlicherweise fühlen wir uns zutiefst befreit, sobald wir uns mit der omnipräsenten Möglichkeit des Todes im Leben vertraut gemacht haben. Wir erkennen, daß wir zu allen Zeiten und in allen Situationen stets im wesentlichen frei sind. Wir erkennen, daß alle Zwanghaftigkeit nur auf der Illusion substantieller Kontinuität, dauerhafter Substanz, verbindlicher Wesenhaftigkeit basiert. Wir tauchen vollständig in die Freiheit ein. Unsere Beteiligung an allen Beziehungen wird, in Wirklichkeit, völlig freiwillig. Dieses Gefühl unmittelbarer Freiheit ist erhebend. Dieses höhere Verständnis des Todes wird von Yamantaka symbolisiert, dem Bezwinger des Todes, der grimmig-eindrucksvollen Personifizierung der Weisheit der Selbst-losigkeit, der Erkenntnis der Leerheit des Nichts.

Vielen Menschen ist aufgefallen, wie bunt die tibetische Kultur ist und was für fröhliche, lebensprühende und schwungvolle Menschen die Tibeter insgesamt sind. Sie sind einzigartig, unberechenbar und in jeder Hinsicht und auf allen Ebenen freiheitsliebend. Sie haben ihre Unabhängigkeit genutzt, um sich in der Erleuchtungslehre des Buddha zu üben, statt sich ausschließlich materiell oder militärisch zu entwickeln. Sie haben ihr menschliches Leben gut genutzt und sein ganzes Potential für den evolutionären, nicht nur den materiellen Fortschritt eingesetzt. Die einzigartige Schönheit ihrer Zivilisation ist weitgehend auf das lebendige Bewußtsein des in jedem Moment drohenden Todes zurückzuführen und auf die Freiheit, die diese Erkenntnis mit sich bringt.

2. Die tibetische Wissenschaft vom Tod

Was ist der Tod?

Was ist der Tod? Das ist eine wissenschaftliche Frage. Nach Ansicht der westlichen Wissenschaft zeigt eine »Nullinie« im EEG an, daß Herzschlag und Hirnaktivität aufgehört haben und damit der Tod eingetreten ist. Die Illusion des subjektiven »Ich« im individuellen Bewußtsein, von dem die Materialisten annehmen, es sei an die Anwesenheit von Hirnstromaktivität gebunden, sollte mit dem Aufhören der Hirnstromwellen also ebenfalls zu Ende sein. Dieses Bild des Todes als eines Nichts im Bewußtsein ist jedoch keine wissenschaftliche Erkenntnis. Es ist eine konzeptuelle Annahme. Es gibt viele Fälle, in denen Menschen einige Zeit nach Eintritt der Nullinie wiederbelebt werden konnten, und sie berichten uns von intensiven subjektiven Empfindungen.

Als Ergebnis moderner naturwissenschaftlich orientierter Schulbildung wird der Tod heutzutage zumeist als terminaler Zustand gesehen, als ein Nichts, ein Vergessen, eine Leere, die das Leben zerstört, es auf immer verschluckt. Er wird mit Schlaf, Dunkelheit und Bewußtlosigkeit in Verbindung gebracht, und von den Glücklichen – oder von denen, die glauben sich glücklich fühlen zu müssen – gefürchtet; von den Leidenden, den von unerträglichem Schmerz und von Verzweiflung Heimgesuchten jedoch wird er als endgültige Betäubung herbeigesehnt. Die Wissenschaft sollte allerdings nicht versäumen, diese Ansichten zu hinterfragen. Tatsächlich beginnt die Wissenschaft vom Inneren mit der Analyse des Nichts. Nichts ist schließlich nur Nichts. Es kann folglich nicht der Ort für die Idee eines Nichts sein. Ein Ort beinhaltet Raum oder Ausdehnung; er wird von Koordinaten und Grenzen bestimmt. Er ist nicht Nichts. Er ist Raum. Nichts hat weder Raum, noch kann im Nichts irgend etwas ausgemacht werden. Nichts kann weder ein Innen noch ein Außen besitzen. Es kann nicht zerstören, verschlingen oder beenden. Als Nichts hat es weder Energie noch Wirkung. Als Nichts kann es kein Ding, kein Bereich, kein Zustand oder irgend etwas anderes sein. Es ist nichts, was man fürchten müßte. Es ist nichts, auf das man hoffen könnte.

Dieses ultimative Ende von allem, dieses allem diametral Entgegengesetzte ist selbst nichts. Und trotzdem denken wir uns das Nichts als Etwas. Nichts ist die vorgestellte Entität, die den illusorischen Charakter aller vorgestellten Entitäten am deutlichsten demonstriert. Es als »existierend« zu bezeichnen, wäre ein Mißbrauch der Sprache. Auf Nichts mit »es«, »dies«, »das« oder was auch immer – ohne Anführungszeichen – Bezug zu nehmen, wäre ein Fehler, da man nur auf die Vorstellung verweisen kann. Doch »Nichts« ist kategorisch unvorstellbar; es ist daher inkorrekt, Nichts als einen Bestimmungsort darzustellen. Es ist eine falsche Vorstellung, Nichts als Grundzustand zu sehen, der keine meßbaren Daten mehr hergibt und daher als Nullinie im EEG erscheint. Ebensowenig haltbar ist die Vorstellung einer völligen Betäubung im Anschluß an den Verlust aller Eindrücke. Es ist falsch, sich Nichts als einen Ort der Stille vorzustellen, an den das Bewußtsein entschlüpfen könnte. Es gibt keinen Zugang zu Nichts.

Wenn wir uns Nichts auf eine der oben beschriebenen Arten vorstellen, tun wir nichts anderes, als zu versuchen uns zu trösten. Wir bauen unser Bild eines Zustands des Nichts auf unsere gewohnheitsmäßige Empfindung des Tiefschlafs. Wenn wir in Schlaf fallen, verlieren wir Interesse, Sorgen, Sinneseindrücke und schließlich das Bewußtsein selbst. In Schlaf »fallen« hat die Bedeutung des Sich-Entspannens in einen Grundzustand hinein. Wir haben vielleicht im letzten Augenblick das Gefühl wegzugleiten, wir empfinden einen ersten Moment des vollständigen

Aufwachsens, vielleicht mit der Erinnerung an einen Traum. Aber wir haben keinerlei direkte Erfahrung des Bewußtlos-Seins, wir können uns an Bewußtlosigkeit also nicht erinnern. Unser Gefühl, in einem Zustand des Nichts des Bewußtseins geruht zu haben, ist also eine auf die letzten und ersten Augenblicke an der Schwelle des Bewußtseins gegründete Schlußfolgerung.

Wir assoziieren Schlaf mit Erfrischung, Ruhe, Frieden und Stille. Von jemandem, der wegen einer geistigen oder körperlichen Krankheit nicht schlafen kann, nimmt man an, er leide Qualen, und Schlafentzug schädigt den Körper in relativ kurzer Zeit. Wir lieben den Schlaf. Tatsächlich korrespondiert der Schlaf nicht mit dem Nullinienzustand der absoluten Abwesenheit von Hirntätigkeit. Unser Gehirn kann in gewissen Traumphasen sogar wesentlich aktiver sein als in bestimmten Wachzuständen. Der Schlaf ist also von dem Todeszustand eines Leichnams sehr verschieden. Wenn wir uns den Tod als Eintritt ins Nichts vorstellen, versuchen wir nur uns zu trösten. Unser Gefühl vom Tod als einer Art Schlaf ist schon materiell gesehen eine bloße Analogie. Wahrscheinlich ist sogar das dualistische Modell der »Befreiung«, das die Motivation der Buddhisten des »Individuellen Fahrzeugs« (Hinayana) sowie mystisch orientierter Hindus, Taoisten und westliche Monotheisten darstellt – ein Modell der Befreiung als Zustand völliger Abgelöstheit von der Welt des Lebens –, aus der universellen menschlichen Erfahrung des Schlafes abgeleitet. In den meisten Kulturen gilt der Schlaf als seliger Rückzug in einen distanzierten Zustand des Friedens, als erholsame Trennung von den Sorgen, Nöten, Schmerzen und Verwicklungen des Alltags. Religiöse Ideale eines Nirvana, das als getrennter Zustand, als endgültige Befreiung von Schmerzen und Sorgen oder als erhabene Erlösung gedacht wird, entspringen vielleicht nichts anderem als der Sehnsucht nach Zuständen garantiert permanenten, glorreich unbewußten Schlafs.

Wenn wir diese Gleichung aufmachen, verstehen wir augenblicklich, warum sich Materialisten über spirituelle oder religiöse Formen der Befreiung lustig machen. Wozu sollten sie selbst etwas Derartiges nötig haben? Sie haben sich ja bereits ewige Ruhe garantiert. Auf sie wartet ja garantiertes Nichts, das ohne die geringste Mühe ihrerseits erreicht wird, ohne ethische Opfer, ohne Erkenntnis, ohne irgendeine Fähigkeit oder ein Wissen erwerben zu müssen. Sie brauchen bloß einzuschlafen, eine Fähigkeit, die sie schon in Tausenden von Nächten unter Beweis gestellt haben.

Was aber gibt ihnen die Garantie, daß nach dem Tod ein erholsames Nichts auf sie wartet? Haben sie irgendeinen glaubwürdigen Beweis? Niemand ist je zurückgekehrt und hätte von einem Eintritt ins Nichts berichtet. Sie besitzen kein Aufzeichnungsgerät, keinen Monitor, keine Verlängerung ihrer Sinne in die Subjektivität eines Toten. Es gibt keine Möglichkeit, den Hirntod-Zustand eines Lebewesens physisch zu sondieren. Sie haben keine überzeugende Beschreibung des Nichts, das ja einleuchtenderweise keinerlei Merkmale besitzt. Sie haben niemals irgendein materielles Ding zu Nichts werden sehen. Aus welchem Grunde sollte gerade die energetische Realität eines Bewußtseinszustandes, und sei es nur das Minimalgewahrsein vollkommener Ruhe, die Ausnahme für das physikalische Gesetz sein, daß Energie niemals verlorengeht, sondern sich nur verwandelt? Was läßt die Materialisten so hartnäckig an das Nichts gerade dieses einen Energiekontinuums glauben?

Die Antwort ist, daß sie offensichtlich nicht den geringsten Grund für diese Annahme haben. Es ist lediglich ein auf kühner Behauptung basierender Glaube, bestätigt von vielen Glaubensgenossen, ohne die Spur eines Beweises, verstärkt durch dauernde Wiederholung und dogmatisches Insistieren. Er vermittelt endgültige Beruhigung und befriedigt den religiösen Drang, ein geschlossenes Bild von der Wirklichkeit zu besitzen. Diese Tröstlichkeit könnte möglicherweise Verdacht oder Zweifel erregen; daher wird sie für Materialisten getarnt, indem man vorgibt, Nichts sei etwas Furchterregendes, Unerwünschtes, eine bittere Pille, die der tapfere, aufgeklärte Erwachsene zu schlucken gelernt hat.

Aus diesen Gründen weigern sich die materialistischen Wissenschaftler auch so dogmatisch, jedem Anzeichen, das auf eine Kontinuität des Bewußtseins nach dem Tode hindeuten könnte, nachzugehen. Sie können ein solches Anzeichen nicht einmal beiläufig erwägen, weil schon das ihre eigenen Glaubenssätze in Frage stellen würde. Wie bei jedem religiösen Dogmatismus handelt es sich auch bei ihren Behauptungen um einen logisch auf schwachen Füßen stehenden Glauben, oft zugegebenermaßen irrational und auf keinerlei glaubwürdigen Beweis gestützt. Darum darf auch nicht die geringste Infragestellung zugelassen werden, aus Angst, das Glaubenssystem könnte den resultierenden Zweifeln nicht standhalten.

Tatsächlich stützt eine bemerkenswerte Anzahl von glaubhaften Zeugnissen die Wahrscheinlichkeit einer Weiterexistenz von Bewußtsein nach dem Tode und einer Kontinuität in zukünftigen Leben als empfindungsfähiges Wesen. Erstens ist es das, was ganz natürlich anzunehmen wäre, denn alles andere in der Natur beweist Kontinuität durch Wandel. Zweitens berichten viele glaubhafte Zeugen von verschiedenen Nachtod-Erlebnissen. Einige konnten nach einem klinisch festgestellten Exitus wiederbelebt werden, andere erinnerten sich in der Kindheit an Details und Umstände aus einem früheren Leben, und einige dieser Erinnerungen wurden von anderen bestätigt und hielten sogar der Untersuchung angesehener Wissenschaftler stand. Einige haben die gesammelten Daten auf verschiedene Weise kodifiziert und zu Texten zusammengestellt, die in den Sterbetraditionen vieler Kulturen Anwendung finden. Die Mehrheit der Menschen in den meisten Zivilisationen der Welt hält es für nötig, sich um den Zustand ihres Bewußtseins in zukünftigen Leben zu kümmern.

Kein geistig gesunder Mensch hat Angst vor Nichts. Es mag langweilig sein. Es mag nicht unbedingt Spaß machen. Aber zumindest sollte es ruhevoll, friedlich und schmerzlos sein. Und verglichen mit all den Sorgen des Wachzustandes wird es als angenehm empfunden, und jeder von uns strebt es an. Was wir jedoch fürchten und vernünftigerweise auch fürchten sollten, sind

Schmerz und Leiden. Wir arbeiten unser ganzes Leben hart daran, Schmerz und Leiden für uns und unsere Lieben abzuwenden. Wir haben also nicht deshalb Angst vor dem Tod, weil wir wissen, daß er Nichts *ist*, sondern weil wir bis ins Mark hinein wissen, daß er uns nicht automatisch Nichts *bringen* kann. Wir fürchten die vielen unangenehmen Dinge, die er uns bescheren könnte. Darum will unsere empfindliche menschliche Vorsicht ganz genau wissen, was er uns bringt, damit wir uns vorbereiten können, die üblen Dinge abzuwenden und die guten zu gewinnen. Wir wissen: Unser Einschlafen heute kann das Morgen und seine Herausforderungen nicht verhindern. Wir bereiten uns also auf morgen vor, so gut wir können. Je besser wir vorgesorgt haben, desto zufriedener schlafen wir ein. Wir wissen ebenso, daß der Schlaf des Todes nicht automatisch neue Situationen für das Bewußtsein verhindern wird. Also bereiten wir uns auch auf diese neuen Situationen vor. Und je besser wir vorgesorgt haben, desto entspannter werden wir sein, wenn wir sterben müssen.

Selbst für den hartnäckigsten Materialisten ist Pascals berühmte »Abwägung« noch zwingend: Wenn wir nach dem Tod Nichts werden, gibt es niemanden mehr, der bedauern könnte, sich auf Etwas vorbereitet zu haben. Wenn wir aber nach dem Tod Etwas werden und uns gar nicht oder nur ungenügend vorbereitet haben, werden wir es für lange Zeit bitter und schmerzlich bereuen. Wenn wir uns nicht vorbereiten, haben wir also alles zu verlieren und nichts zu gewinnen; indem wir uns vorbereiten, haben wir alles zu gewinnen und nichts zu verlieren. Sollte unsere Vorbereitung für Nichts sein, wird das bißchen Zeit, das wir in diesem Leben dafür aufwenden, nicht auf ewig zu bedauern sein. Sollte unsere Vorbereitung für Etwas sein, werden wir jeden Moment, den wir für irgendwelche Geschäfte oder Vergnügungen dieses Lebens abgezweigt haben, auf ewig als Verschwendung vitaler Ressourcen bedauern.

Diejenigen unter uns, die entweder genug Besonnenheit oder Abenteuerlust besitzen, um mit der Situation eines Lebens vollkommener Relativität in Raum und Zeit umgehen zu können, können ihren Weg sicher fortsetzen. Es gibt keinerlei Grenze für unser Verbundensein mit zahllosen Dimensionen und Universen. Es gibt keine Grenzen für die Kontinuität unserer Entwicklung – zum Guten oder zum Schlechten. Aus der Erkenntnis, daß wir uns unvermeidbar in unendlicher Relativität und Kontinuität befinden, entsteht eine kraftvolle Entschlossenheit, die Situationen, in denen wir uns mit anderen befinden, zu verbessern. Wenn wir von jeglicher Verdinglichung des Nichts ablassen, bleibt uns nur noch eine absolute Beschäftigung mit der Qualität relativer Situationen. Diese Beschäftigung verlangt von uns den Einsatz aller uns zur Verfügung stehenden Mittel zu ihrer Verbesserung ab.

Ist es Tatsache, daß die Wahl unserer Handlungen unendliche Konsequenzen hat, dann wäre es nicht vernünftig, sich auf irgendeinen religiösen Glauben zu verlassen. Warum sollten wir – nachdem wir uns schon von der Versuchung befreit haben, Nichts zu verdinglichen – jetzt an einen unbeweisbaren Seelenzustand glauben, der wieder die Eigenschaften eines angenehmen Nichts aufweist – selige Betäubung, Trennung von der Bindung an Ursachen, ewige Absonderung von Empfindung. Und all das auch noch garantiert von einer absoluten, die Relativität kontrollierenden, ihr selbst jedoch nicht unterworfenen Macht? Hier sollten wir Pascals Abwägung im umgekehrten Sinne gebrauchen. Wenn es die unvermeidliche Bestimmung der Seele ist, daß wir von einem allmächtigen Wesen gerettet werden, egal, was wir tun, dann würden wir es nicht bereuen, unnötigerweise ein bißchen Zeit in die Vorbereitung investiert zu haben, uns selbst zu retten. Gibt es ein solches Wesen jedoch nicht, oder gibt es göttliche Wesen, mächtiger als wir, die uns helfen könnten, wenn wir nur darauf vorbereitet wären, ihre Hilfe anzunehmen, dann würden wir es sehr lange Zeit zutiefst bereuen, wenn wir versäumt hätten, uns vorzubereiten.

Es gibt keinen Grund, warum ein gesunder Glaube irrational sein muß. Ein nützlicher Glaube sollte niemals blind, sondern sich seiner Grundlage klar bewußt sein. Ein gesunder Glaube sollte in der Lage sein, wissenschaftliche Untersuchung zu seiner Festigung einzusetzen. Er sollte offenherzig genug sein, nicht am Buchstaben zu kleben. Ein nährender, nützlicher und gesunder Glaube sollte kein Hindernis für die Entwicklung einer Wissenschaft des Todes darstellen. In der Entwicklung einer solchen Wissenschaft obliegt es dem Forscher, alle bisher gemachten Versuche in dieser Richtung zu berücksichtigen, ganz besonders natürlich die Traditionen mit einer langen Entwicklung und reichhaltiger Literatur. Die Wissenschaft vom Tode, wie wir sie in der indo-tibetischen Tradition überliefert finden, ist von all diesen vielleicht die fruchtbarste.

Geht man von einer grenzenlosen Verbundenheit aller Lebensformen aus – ohne Anfang und ohne Ende und sich durch die Unendlichkeit des Raumes erstreckend –, so ist das Bild der Materialisten von der Evolution als natürlichem Auswahlverfahren, das von einem definitiven Anfangspunkt ausgeht und im Rahmen einer endlichen Bühne aus Himmelskörpern ohne Sinn abläuft und doch durch zufällige Mutationen erfolgreich Lebensformen hervorbringt, mit Sicherheit revisionsbedürftig. Zuerst einmal ist das Postulat eines definitiven Anfangs und endlicher Rahmenbedingungen von vornherein verdächtig. Die materialistische Interpretation beschreibt den kausalen Entwicklungsprozeß von Materie ganz vernünftig. Warum aber soll sich nicht der Geist ebenso wie der Körper entwickeln und verändern?

Die buddhistische Perspektive dieser Zusammenhänge, die Interpretation psychobiologischer Entwicklung, die als »Karma-Theorie« bekannt ist, ist der Evolutionsvorstellung Darwins recht ähnlich. Die Karma-Theorie beschreibt eine »große Kette des Seins«, die eine Verwandtschaft zwischen allen beobachteten Spezies von Lebewesen postuliert sowie ein Entwicklungsmuster von einer Lebensform in eine andere. Menschen sind in der Vergangenheit Affen gewesen und alle Tiere irgendwann Einzeller. Der Unterschied in der Karma-Theorie besteht darin, daß sich Individuen von Leben zu Leben in andere Formen verwandeln. Eine subtile, geistige Ebene von Leben trägt die in einem Leben entwickelten Muster in ein nächstes. Spezies entwickeln und verändern sich in Beziehung zu ihrer Umgebung, und Individuen entwickeln und verändern sich von einer Spezies zur anderen. Diese karmische Entwicklung kann willkürlich stattfinden: Lebewesen können sich ebenso zu niedrigeren Formen entwickeln wie zu höheren. Werden sich Lebewesen dieses Prozesses jedoch bewußt, können sie ihre Evolution durch Wahl ihres Handelns und Denkens aktiv beeinflussen. Da man offensichtliche Unterschiede findet, gibt die Karma-Theorie eine entwicklungsbezogene Erklärung dafür, wie die Lebewesen so werden wie sie sind. Aus diesem Grunde habe ich Karma durchgängig als »Evolution« oder »evolutionäres Handeln« übersetzt.

»Karma« bedeutet also »Entwicklung und Veränderung bewirkendes Handeln« und kommt damit dem sehr nahe, was wir unter Evolution verstehen. Es besteht keine Notwendigkeit, auf das indische Wort *karma* zurückzugreifen. Einige Übersetzer behalten den Ausdruck bei, weil sie das Gefühl haben, es gebe in der Zielsprache keinen Ausdruck, der die einzigartige Bedeutung des ursprünglichen Begriffes wiederzugeben in der Lage wäre. Andere Menschen des Westens, die sich in östliches Denken vertiefen, behalten den Begriff ebenfalls bei, weil sie sich unter Karma etwas Mystisches vorstellen, eine Art Schicksal. Karma hat jedoch in der Wissenschaft des Buddhismus nicht das geringste mit Schicksal zu tun – es ist ein unpersönlicher, natürlicher Prozeß von Ursache und Wirkung. Unser Karma in einem bestimmten Augenblick des Lebens, des Todes oder des Zwischenzustands ist das Gesamtmuster der Ursachenimpulse, die, als Ergebnis früherer Handlungen, in Verbindung mit unserem Lebenskontinuum stehen. Diese Impulse bilden einen Komplex, der unserem Körper, unserem Handeln und Denken seine Wirkungen einprägt. Unser weiteres Handeln mit Körper, Sprache und Geist bildet wiederum neue Ursachenimpulse, die das Wesen und die Qualität unseres Lebens in Zukunft bestimmen. Diesen

Wirkkomplex könnte man als *evolutionären Impetus* bezeichnen. Es gibt ein altes tibetisches Sprichwort: »Du mußt dich nicht fragen, wie wohl deine vergangenen Leben beschaffen waren; schau dir nur deinen jetzigen Körper an! Du mußt dich nicht fragen, wie wohl deine zukünftigen Leben aussehen mögen; schau dir nur deinen gegenwärtigen Geist an!« Dieses Sprichwort gibt die Ansicht wieder, daß unser jetziger Körper das Ergebnis einer langen, von früheren Handlungen angetriebenen Entwicklung ist und unsere zukünftigen Verkörperungen davon geformt werden, wie wir jetzt denken und welche Richtung wir unseren gegenwärtigen Handlungen geben.

Die Zeit des Zwischenzustands, der Übergang vom Tod zu einer neuen Wiedergeburt, ist die beste Zeit, den bewußten Versuch zu machen, dem kausalen Prozeß der Evolution eine Wende zum Besseren zu geben. Unser evolutionärer Impetus ist während des Zwischenzustands zeitweilig flüssig, und wir können während dieser Krise viel Boden gutmachen oder verlieren. Die Tibeter sind sich dieser Tatsache in hohem Maße bewußt. Aus diesem Grund schätzen sie das *Buch der Natürlichen Befreiung* auch als Führer zur Verbesserung ihres Schicksals.

Die sechs Daseinsbereiche

Buddhisten haben die möglichen Lebensbereiche in ein Schema von sechs Hauptkategorien gegliedert. Die Möglichkeit, negative Erfahrungen zu machen, kann ins Grenzenlose anwachsen und zu Formen und Verkörperungen von Erfahrung führen, die man nur als zutiefst höllisch beschreiben kann, Bereiche, die sich die östliche wie die westliche Vorstellungskraft in den lebhaftesten Farben ausgemalt hat. Die Buddhisten haben – aus den schmerzhaften Erfahrungen von Hitze, Kälte, Druck und Zerstückelung – ein phantasievolles, detailliertes Bild von acht heißen Höllen, acht kalten Höllen, acht zerquetschenden Höllen und acht zerschneidenden Höllen abgeleitet. Daneben existieren Vorstellungen unerträglich qualvoller mentaler Höllen, die unerschöpflich sind in ihrer erschreckenden Vielgestaltigkeit und erlebten Negativität. Diese Höllen werden von negativen evolutionären Handlungen, die in diesem Fall hauptsächlich von Haß motiviert sind, geschaffen. Sie sind Rückkoppelungs-Konstrukte und Verstärkungen grenzenloser Kontinua des Hasses. Zum Glück kann auch der Aufenthalt in einer Hölle logischerweise niemals ewig dauern, obwohl er den gequälten Kreaturen dort endlos vorkommt. Ich habe die Wesen dieser Bereiche »Höllenwesen« genannt.

Als nächstes kommen die Bereiche der Pretas, oft »Hungergeister« genannt. Pretas sind zwar mit Sicherheit hungrig und durstig, aber sie sind keine Geister. Sie gelten als in Bereichen extremer Frustration gefangene Lebewesen. Ich habe ihnen einfach ihren indischen Namen gelassen. Gier, die Sehnsucht, sich mit etwas oder jemandem zu vereinigen, erzeugt, verstärkt und rückgekoppelt, die Welt der Pretas, so wie der Haß die Hölle. Pretas erleiden eine unendliche Reihe von Tantalusqualen. Einige haben riesige Bäuche in der Größe von Fußballstadien, enge, kilometerlange Schlünde vom Durchmesser eines Nadelöhrs und unstillbaren Hunger und Durst. Wenn sie überhaupt etwas Nahrungsähnliches finden, ist es schwer zu ergattern, schwer zu essen und zu schlucken, es brennt innerlich und verursacht statt Befriedigung unvorstellbaren Schmerz. Pretas sind Inkarnationen von Hunger, Durst, Gier und Frustration.

Sind die Höllenwesen Inkarnationen des Hasses und die Pretas der Gier, so sind die tierischen Lebensformen Schöpfungen kumulierter Ignoranz, Beschränktheit oder Sturheit. Tiere sind uns vertrauter, weil sie der menschlichen Lebensform näher stehen. Sie leiden unter einem relativen Mangel an Intelligenz und begrenzter Kommunikationsfähigkeit. Sie sind hauptsächlich an unfreiwillige, instinktgetriebene Reaktionen auf Situationen gebunden. Ihr Potential für Freiheit ist extrem begrenzt. Buddhisten sehen allerdings nicht auf sie herab und halten sie für minderwertiger als Menschen; auch sie sind Lebewesen, die leiden und ebenfalls irgendwann Erleuchtung erlangen werden. Aber ihre Situation ist, wegen der Unausweichlichkeit ihrer instinktiven Ignoranz, für eine intensive positive Entwicklung nicht gut geeignet. Sie bedürfen einer besonderen Fürsorge und Hilfe, um sich entwickeln zu können, eines fürsorglichen Beistands, den nur ein Mensch wirkungsvoll gewähren kann, der selbst beinahe schon zu einem Buddha geworden ist.

Die Menschen, deren Daseinsbereich in unmittelbarer Nachbarschaft zu dem der Tiere angesiedelt ist, sind ebenfalls Inkarnationen all dieser Negativitäten. Allerdings unterliegen sie nicht mehr den extremen Formen von Haß, Gier und Ignoranz, die die Höllenwesen, Pretas und Tiere fesseln. Die menschliche Lebensform ist das Evolutionsprodukt nicht nur dieser Negativitäten, sondern auch ihrer Gegenkräfte: Geduld, Großzügigkeit und intelligente Empfindsamkeit. Während langer evolutionärer Zeiträume vor der Geburt als Mensch – über Billionen von Leben – haben infinitesimale Quentchen von Geduld die Gewalt des höllenerzeugenden Hasses abgemildert und sind als leichte Abschwächung der Haßreaktionen auf Verletztwerden fühlbar geworden. Unmerkliche Quentchen von Unvoreingenommenheit oder Großzügigkeit haben die Gewalt der preta-erzeugenden Gier gemildert und sind als leichte Abschwächung der Gierreaktionen auf gewohnheitsmäßige Objekte des Begehrens fühlbar geworden. Und sowohl Toleranz als auch Großzügigkeit wurden durch kaum wahrnehmbare Quentchen erhöhter Empfindsamkeit gegenüber anderen Lebewesen verstärkt und haben der selbstzentrierten Verblendung entgegengewirkt, die für den Bereich der Tiere bestimmend ist. Sie sind als winzige Abschwächung der selbstbezogenen Absorption im Verfolgen instinktiver Programme fühlbar geworden und haben so zu Augenblicken momentanen Erkennens der Bedürfnisse anderer Tiere geführt. Die kumulative Wirkung dieser winzigen Abweichungen vom Drang der Instinkte der Wesen in den drei »schlechten Ständen« oder »gräßlichen Bereichen« (Höllen, Pretas und Tiere) erzeugt den evolutionären Impetus, der ein Wesen schließlich zur Wiedergeburt in einer menschlichen Lebensform führt. Das ist der Grund, warum das Menschsein als unermeßlich kostbar gilt, eine hart erkämpfte, großartige Errungenschaft, die keinesfalls achtlos vergeudet werden darf. Das Menschenleben zeichnet sich durch eine relative Freiheit vom Druck unfreiwilligen Getriebenseins durch instinktive Reaktionen aus sowie durch die Möglichkeit, diese Freiheit mit Intelligenz und Empfindsamkeit zum Erreichen endgültiger Freiheit und verläßlichen Glücks zu nutzen.

Nach dem Bereich der Menschen kommt die Welt der Gegengötter oder Titanen, wie ich ihren indischen Namen, *Asura*, übersetzt habe. Ihre Freiheit und ihre Möglichkeiten gehen über die menschlichen Wesen hinaus; tatsächlich sind sie gewöhnlich von der Ebene des Menschseins in ihren Stand aufgestiegen, haben allerdings ihre Großzügigkeit, Toleranz und Empfindsamkeit zur Vermehrung von Macht eingesetzt. Sie sind in die Fänge des Konkurrenzdenkens geraten und werden von ehrgeizigem Neid getrieben. Sie möchten andere Wesen übertreffen. Sie lieben den Kampf. Sie leben in himmelsähnlichen Bereichen in Nachbarschaft zu den Himmeln und versuchen ständig, mit den Göttern zu konkurrieren und ihnen die Himmelswelten wegzunehmen. Da ihr Leben dauernden Kämpfens, Tötens und Sterbens die Gewohnheit des Zorns fördert, fallen sie am Ende gewöhnlich in die Höllen.

Die höchsten egozentrischen Lebensformen im Sinne von Verdienst und Intelligenz sind jene der Götter. Infolge ihrer langen evolutionären Praxis von Großzügigkeit, Empfindsamkeit und Toleranz, gepaart mit der Meisterung geistiger Kontrolle, steigen sie von der Lebensform der Menschen in verschiedene Paradiese auf. Auch sie besitzen mehr Freiheit und größere Möglichkeiten als Menschen, aber in eben diesem Reichtum ihrer Fähigkeiten liegt auch ihre größte Gefährdung: Sie fühlen sich so großartig und überlegen, sie genießen so große Freuden, Annehmlichkeiten, Kräfte und Herrlichkeiten, ihre Lebensspanne ist so lang, die niedrigen Bereiche und möglichen Leiden egozentrischen Lebens sind ihnen so fern, daß es ihnen sehr schwerfällt, ihre Freiheit kreativ zu nutzen. Sie sind vom Stolz bestimmt und fallen gewöhnlich unter den menschlichen Bereich zurück, wenn ihr extrem langes Leben den evolutionären Impetus verliert, der es geschaffen und erhalten hat.

Innerhalb der Götterwelt gibt es drei Regionen: die Bereiche von Begierde, Reiner Form und Formlosigkeit. Der Bereich der Begierde besteht aus sechs Himmeln. Davon sind zwei irdisch, können von Menschen jedoch nicht wahrgenommen werden. Die vier überirdischen Himmel bieten den dortigen Göttern immer noch eine Art Landschaft. Die Gottheiten dieser Himmel erleben eine paradiesische Existenz, verlieren in diesem Kreislauf scheinbar unendlicher Seligkeit und Lust jedoch jedes Streben nach endgültiger Freiheit und letztem Glück. Über den sechs Himmeln des Begierdebereichs liegen die sechzehn Himmel der Reinen Form, in denen die Götter in Körpern aus reiner Energie existieren. Man spricht von »Brahma-Körpern«, eine Art intergalaktische Energiewolken von Glückseligkeit und Brillanz. Ihr Hauptfehler ist ihr völlig selbstbezogener Genuß, und obwohl sie über gewaltige Intelligenz verfügen, ignorieren sie gewöhnlich sowohl ihre eigene Vergangenheit als schwächere, leidende Wesen als auch die Notlage der unzähligen anderen Wesen im gesamten Multiversum und die Möglichkeit ihrer eigenen zukünftigen Verletzlichkeit.

»Jenseits« dieser Himmel der Reinen Form – obwohl der Begriff »jenseits« in einem räumlichen Sinn spätestens hier seinen Sinn verliert – sind die vier formlosen Himmel, namens Unendlicher Raum, Unendliches Bewußtsein, Absolutes Nichts und Jenseits von Bewußtsein und Bewußtlosigkeit. In diesen Himmeln weilen zahllose Billionen von Göttern, die sich – getrieben vom Streben nach dem Absoluten – aus jeder Beschäftigung mit Formen zurückgezogen haben. Nach dem immer Friedvolleren, dem immer Tiefgründigeren und dem immer Wahreren strebend, werden sie nicht von einem kritischen Gewahrsein des Zusammengesetztseins aller Zustände, ihrer Leerheit und Relativität vor dieser evolutionären Sackgasse bewahrt. Sie bleiben für unvorstellbar lange Zeiträume in Welten toter Ruhe, unberührt von irgendwelchen Belangen, sicher in ihrem Gefühl, das Letztendliche erreicht zu haben, mit dem Absoluten eins geworden zu sein. Sie sind von Stolz und Verblendung zutiefst in eine selbstgeschaffene Welt von Entfremdung und Selbstbezogenheit eingeschlossen, wie sie subtiler nicht mehr vorstellbar ist. Die Buddhisten halten diese Himmel und ihre Lebensformen der Götter für die gefährlichsten Fallen auf dem Weg der Meditation, weil sie dem so nahe kommen, was der philosophisch Ungeschulte für das Absolute hält: unendliche Objektivität, unendliche Subjektivität, Nichts, und unendliche Undefinierbarkeit. Ausschließlich die tiefe Einsicht in die Leerheit, die Relativität aller Phänomene und Zustände, schützt davor, der scheinbaren Ruhe und Transzendenz dieser Himmel zu verfallen und für sehr lange Zeiträume dort wiedergeboren zu werden.

Die »sechs Welten des Wandelns« werden überall in Tibet und in der gesamten übrigen buddhistischen Welt mit dem »Rad des Lebens« bildlich dargestellt, das man häufig auch an Tempelwänden findet. Diese Darstellung symbolisiert die Erfahrung des sterbenden Menschen, der in den »Rachen des Todes« fliegt (der Gott Yama hält das Rad in Rachen, Händen und Füßen) und – entsprechend dem jeweiligen eigenen evolutionären Impetus – im Rad ichzentrierten Lebens landet.

Das *Buch der Natürlichen Befreiung* setzt diesen kosmologischen Kontext als Schauplatz für die Reise des Verstorbenen durch den Zwischenzustand voraus. Hat man einmal die grenzenlose Verbundenheit aller Lebensformen erfahren, wird der inspirierende unendliche Horizont positiver Entwicklung zur Buddhaschaft kontrastiert vom erschreckend unendlichen Horizont negativer Evolution oder Degeneration hin zu den Lebensformen als Tier, Preta oder Höllenwesen. Die schrecklichen Bereiche sind in der Tat erschreckend und unbedingt zu vermeiden. Ein Nichts wäre ihnen bei weitem vorzuziehen. Das Bewußtsein der Möglichkeit, in die schrecklichen Bereiche zu fallen, ist ein mächtiger Antrieb für die eigene positive Entwicklung und ein wirksamer Katalysator für die Entwicklung von Mitgefühl für andere. Es ist unentbehrlich für die Entwicklung des altruistischen Antriebs, andere Wesen vom Leiden befreien zu wollen, den man auch den Wunsch nach oder das Herz der Erleuchtung nennt. Dieser Antrieb ist die spirituelle Idee, die ein gewöhnliches ichzentriertes Wesen in einen altruistischen Bodhisattva verwandelt.

Einige asiatische Lehrer haben in letzter Zeit gesagt, die schrecklichen Bereiche seien bloß metaphorisch zu verstehen, beschrieben ausschließlich zu vermeidende Geisteszustände und sollten nicht wörtlich genommen werden. Natürlich liegt darin eine gewisse Wahrheit, besonders da ja das gesamte Universum aus Geisteszuständen besteht. Es hatte für diese Lehrer aber auch einen praktischen Nutzen, weil ihre Schüler, zumeist westliche Menschen mit einem bestimmten Bildungshintergrund, von der Aussicht auf ein loderndes, schwefliges Höllenfeuer, dem sie seit langem entkommen zu sein glaubten, höchstwahrscheinlich vom erzieherischen Pfad des Lernens und der Meditation abgeschreckt worden wären. Letzten Endes ist der metaphorische Ansatz jedoch irreführend; außerdem ist er eigentlich auch gar nicht notwendig. Die ganze Welt ist in gewissem Sinne geistgeschaffen, vom unendlich Positiven bis zum unendlich Negativen. Wenn Sie sich vor einen nahenden Güterzug stellen, findet auch Ihr schmerzliches Zerquetschtwerden nur im Geist statt. Ein befreiter Mensch, der sich bis in die Eingeweide hinein der wahren Bedeutung dieses »Bloß-im-Geist-Seins« bewußt ist, hätte keinerlei Probleme, sich einem solchen Güterzug in den Weg zu stellen, wenn es von irgendeinem Nutzen für die Lebewesen wäre. Ausschließlich ein Mensch von derartiger Fähigkeit kann die Möglichkeit von Höllen, Preta-Welten, Tierbereichen oder auch den schlimmeren Formen des Menschseins – ohne Freiheit und Möglichkeiten – ignorieren. Für uns andere ist es wesentlich gesünder, das Zerquetschtwerden durch Güterzüge zu fürchten – es gibt uns die Energie, ihnen aus dem Weg zu gehen. Wegen der unendlich negativen Konsequenzen, die sie für uns haben kann, ist es gesund, sich davor zu hüten, daß Negativität ungezügelt ihren Lauf nehmen kann – es gibt uns die Energie, die Negativitäten im Keim zu ersticken.

Wenn wir die Wissenschaft des Todes nutzen wollen, um die Kunst guten Sterbens zu entwickeln, müssen wir einsehen, daß all diese Daseinsbereiche ebenso real sind wie unser gegenwärtiges Leben in der Welt der Menschen. Diejenigen, die sich an vergangene Leben erinnern, haben eindeutig berichtet, daß dem so ist. Und es ist auch unter dem Gesichtspunkt der Logik sinnvoll anzunehmen, daß die Lebensformen im Ozean der Evolution wesentlich zahlreicher sind als die Spezies auf diesem einen winzigen materiellen Planeten, den wir um uns herum wahrnehmen. Die Ermutigung, die sich aus dem Ansatz des »es ist alles in deinem Geist« ergibt, kann nützlich sein. Wir dürfen allerdings nicht vergessen, daß er nicht selektiv nur auf jene Aspekte der Realität angewendet werden darf, die uns unangenehm sind. Die *gesamte* Realität ist im Geist, und der Geist läßt sie uns so erfahren, als seien sie »dort draußen«. Wir sollten also immer noch darauf bedacht sein, daß das »Dort-Draußen« schön wird und nicht schrecklich; wir müssen das Schreckliche verhindern und das Schöne entwickeln.

Die drei Buddha-Körper

Die sechs Daseinsbereiche geben einen statischen Querschnitt des gewöhnlichen Kosmos wieder, wie ihn der Buddhismus versteht. Wir brauchen aber ebenfalls ein Gefühl für die buddhistische Sicht des grenzenlosen Existenzprozesses, wie er von einem Erleuchteten erfahren wird. Der kontinuierliche Lebensprozeß des Geistes durchläuft endlos die Phasen von Tod, Zwischenzustand und Leben. Diese Phasen lassen sich mit den Zuständen des Schlafs, des Traums und des Wachzustandes innerhalb eines Lebens vergleichen. Und innerhalb des Wachzustandes gibt es parallel noch einen dritten Zyklus, den Zustand tiefer Trance, den Zustand des feinstofflichen Geist-Körpers (ein bewußt herbeigeführter und ausgerichteter Zustand der Außerkörperlichkeit, der magischer Körper genannt wird) und den Zustand des Wiedereintritts in den grobstofflichen Körper. Diese Dreiergruppen stehen in Beziehung zur Standardanalyse des Buddha-Zustandes in die drei Buddha-Körper: den Wahrheitskörper, den Seligkeitskörper und den Emanationskörper.

Diagramm 2: **Die drei Buddha-Körper und ihre Entsprechungen**

Wahrheitskörper	*Seligkeitskörper*	*Emanationskörper*
Tod	Zwischenzustand	Leben
Schlafzustand	Traumzustand	Wachzustand
wache Trance	wacher magischer Körper	wacher grober Körper

Die Praxis des tantrischen Yoga zielt auf die Ausrichtung gewöhnlicher Zustände auf die Körper eines Buddha und ihre Transformation in diese Körper ab. Die gewöhnlichen Zustände von Tod, Schlaf und Trance werden in den Wahrheitskörper eines Buddha transformiert. Die gewöhnlichen Zustände von Zwischenzustand, Traum und wachem feinstofflichem, magischem Geist-Körper werden in den Seligkeitskörper eines Buddha und die gewöhnlichen Zustände von Leben, Wachzustand und integriertem grobstofflichem Körper in den Emanationskörper eines Buddha verwandelt.

Im Zusammenhang mit Übungen, wie sie im *Buch der Natürlichen Befreiung* vorgestellt werden – Übungen, die der Vorbereitung auf eine erfolgreiche Nutzung des gewöhnlichen Zwischenzustandes zur Beschleunigung des Fortschreitens zur Buddhaschaft dienen –, kann auch ein einzelnes Leben in »sechs Zwischenzustände« eingeteilt werden: Leben, Traum, Trance, Todesmoment, Realität und Werden. Dieses Schema wird benutzt, um im Praktizierenden das Gewahrsein zu schärfen, daß alle Augenblicke der Existenz »Zwischenzustände« sind: instabil, flüssig und transformierbar in die Erfahrung befreiter Erleuchtung. Der Zwischenzustand des Lebens ist das normale Leben, die Existenzspanne zwischen Geburt und Tod. Der Zwischenzustand des Traums ist der Zustand zwischen Einschlafen und Aufwachen. Der Zwischenzustand der Trance liegt zwischen dem Wachzustand dualistischen Bewußtseins und dem erleuchteten Gewahrsein transzendenter Weisheit. Der Zwischenzustand des Todesmoments ist das momentane Aufblitzen oder die mehrere Tage dauernde Periode der Bewußtlosigkeit zwischen dem Leben und dem Zwischenzustand der Realität. Der Zwischenzustand der Realität ist der verlängerte Bewußtseinszustand (manchmal bis zu zwei Wochen dauernd) zwischen Todesmoment und Werden. Der Zwischenzustand des Werdens ist der zweite verlängerte Bewußtseinszustand des Reisenden im Zwischenreich, bestehend aus den Erfahrungen der Begegnung mit den verschiedenen Geburtsmöglichkeiten aus Mutterschoß, Ei, Feuchtigkeit oder Lotos, und er erstreckt sich zwischen dem Zwischenzustand der Realität und der Empfängnis, der Geburt in den Zwischenzustand des Lebens. Diese Art der Beschreibung aller Aspekte des gewöhnlichen Lebenszyklus ist in Diagramm 3 schematisch dargestellt.

Diagramm 3: Der Lebenszyklus als die sechs Zwischenzustände

Die sechs Zwischenzustände	*werden erfahren zwischen*
Leben	Geburt und Tod
Traum	Einschlafen und Aufwachen
Trance	dualistischem Bewußtsein und erleuchtetem Gewahrsein
Todesmoment	Leben und Realität
Realität	Todesmoment und Werden
Werden	Realität und Geburt

Diese Einteilung in sechs Zwischenzustände soll deutlich machen, daß *alle* Momente der Existenz im gesamten Lebenskontinuum des Individuums von vergänglicher Natur sind. Die Konzepte der Drei Körper und sechs Zwischenzustände liefern einen gedanklichen Rahmen, welcher Bemühungen unterstützt, den gewöhnlichen Leidenskreislauf von in egozentrierter Selbstbezogenheit festgefahrenen Menschen in eine Erfahrung von Liebe und Glück zu verwandeln.

Der Körper-Geist-Komplex

Nachdem wir die Grundzüge des dem *Buch der Natürlichen Befreiung* zugrundeliegenden Kosmos dargestellt haben, wollen wir uns nun mit der Frage beschäftigen: Wie sieht das tibetische Modell des Körper-Geist-Komplexes aus? Die buddhistischen Wissenschaften haben eine ganze Reihe von Modellen zu unterschiedlichen Zwecken hervorgebracht. In dem uns interessierenden Zusammenhang müssen wir folgende Konzepte verstehen: die drei Ebenen von grobem, subtilem und äußerst subtilem Körper und Geist; die fünf Aggregate; die fünf Elemente und die sechs Sinne. Bevor wir diese Modelle näher untersuchen, sollten wir uns vor Augen halten, daß es sich bei allen Einteilungen im Buddhismus immer um heuristische Hilfsmittel handelt, leicht zu behaltende Muster. Es muß nicht notwendigerweise nur fünf oder sechs von diesem oder jenem geben. In jedem Fall könnte man die Dinge ebensogut auch in mehr oder weniger Kategorien gliedern. Die Tibeter benutzen die Einteilungen und Gruppierungen, die sich in ihrer langen Erfahrung als die nützlichsten erwiesen haben; solche konzeptuellen Schemata kann man mit den Objektiven einer Kamera vergleichen. Eine Szenerie sieht durch ein 105-Millimeter-Objektiv betrachtet anders aus als durch ein 35-Millimeter-Objektiv. Es gibt keinen Grund darüber zu streiten, welches Bild der Wahrheit dort draußen näher kommt. Es handelt sich lediglich um verschiedene Grade der Vergrößerung.

Die drei Ebenen des Körper-Geist-Komplexes liefern einen Rahmen, der es den buddhistischen Praktizierenden möglich macht, ihre subtilen kontemplativen Erfahrungen in Relation zu ihren gewöhnlichen Erfahrungen zu setzen. Das befähigt sie, in den gewohnheitsmäßigen Prozeß ihrer Selbst-Identifikation einzugreifen und bewußt in gewöhnlicherweise unbewußte Zustände einzutreten. Wenn wir nämlich etwas sehen oder eine Empfindung verspüren, erleben wir normalerweise nur die oberflächliche Ebene der Erfahrung, etwa den Baum dort draußen oder den Schmerz hier drinnen. Nichts bemerken wir davon, wie auf der mikroskopischen Ebene der Vorgänge im Sehnerv die Photonen des Lichts auf die Neuronen des Empfindungsapparates treffen. Wir sind uns nicht bewußt, wie die Neurotransmitter Signale durch das Zentralnervensystem blitzen lassen, um das Hirn zu informieren, daß es im Magen Schmerzen gibt. Die buddhistischen Wissenschaftler des Innern jedoch, die Psychonauten, versuchen sich dieser normalerweise unbewußten Vorgänge bewußt zu werden. Sie benötigen für diese innere Forschung das Äquivalent eines Mikroskops. Daher entwickeln sie ein subtiles Modell des Selbst und üben, sich damit zu identifizieren, so daß sie die subtileren inneren Prozesse direkt erfahren können.

Der Körper-Geist-Komplex wird in drei Ebenen gegliedert: grob, subtil und äußerst subtil. Der grobe Körper ist der Körper aus Fleisch, Blut, Knochen und weiteren Stoffen, die wiederum in die fünf Hauptelemente Erde, Wasser, Feuer, Wind und Raum untergliedert werden können. Eine weitergehende Aufgliederung bis hinunter zur Ebene moderner Elementarchemie würde in diesem Zusammenhang zu weit führen, da damit eine Ebene der Differenzierung erreicht würde, die nichts mehr zu einem Verständnis der eingebildeten Identifizierung mit einem Selbst beitrüge. Der diesem Körper entsprechende grobe Geist ist das Bewußtsein der Sinne von Sehen, Hören, Riechen, Schmecken, Fühlen und, als sechstem Sinn, dem Denken, das im Zentralnervensystem wirkt und alle Eindrücke der anderen fünf Sinne mit

Hilfe von Konzepten, Gedanken, Bildern und Willensregungen koordiniert.

Der subtile Körper entspricht grob dem, was wir uns als Zentralnervensystem vorstellen. Es geht dabei allerdings nicht so sehr um das Stoffliche (Hirnmasse) des Systems, sondern eher um das Strukturmuster, das es zu einem Gefäß für Erfahrungen macht. Die Nervenkanäle bilden eine Struktur von Energieleitungen aus Tausenden von Fasern, die von fünf, sechs oder sieben Knotenpunkten ausgehen. Sie werden Chakras, Räder, Gefüge oder Lotosse genannt und liegen ihrerseits auf einer dreikanaligen Zentralachse, die von einem Punkt zwischen den Augenbrauen über den Scheitel des Kopfes und die Basis der Wirbelsäule bis zur Spitze der Genitalien verläuft. Innerhalb dieses Netzwerks von Leitungen finden sich subtile »Tropfen« gewahrseinsübertragender Substanzen, die von subtilen, »Winde« genannten Energien bewegt werden. Der diesen Strukturen und Energien entsprechende subtile Geist besteht aus drei inneren Zuständen, die in dem Augenblick im Bewußtsein entstehen, in dem die subjektive Energie von den groben Sinnen abgezogen wird. Diese drei Zustände heißen: Leuchten, Strahlen und Bevorstehen (der tiefste Zustand des subtilen Geistes) und werden mit reinem Mondlicht, reinem Sonnenlicht und reiner Dunkelheit verglichen. In unerleuchteten Personen sind diese drei Zustände mit normalerweise unterbewußten instinktiven Triebmustern vermischt, die als die achtzig natürlichen Instinkte bekannt sind (eine lange Liste verschiedenster Arten von Begierden, Aggressionen und Verwirrungen).

Unter dem äußerst subtilen Körper versteht man den »unzerstörbaren Tropfen« – ein winziges Energiemuster, das gewöhnlich nur im Zentrum des Herz-Knotenpunkts existiert. Auf dieser äußerst subtilen Ebene wird keine Trennung von Körper und Geist mehr vorgenommen, da die beiden hier praktisch untrennbar sind. Dieser unzerstörbare Tropfen transparenten Gewahrseins ist die buddhistische »Seele«, der tiefste Sitz des Lebens und des Gewahrseins, dessen Kontinuität unzerstörbar ist, obwohl er in der Bewegung von Leben zu Leben ständigem Wandel unterworfen ist. Bewußte Identifikation mit diesem Körper-Geist zu erlangen, die Wirklichkeit von dieser extrem subtilen Ebene des Gewahrseins her zu erfahren, ist gleichbedeutend mit dem Erlangen der Buddhaschaft. Und das ist das endgültige Ziel der mit dem *Buch der Natürlichen Befreiung* verbundenen Praxis.

Diagramm 4: **Der grobe, subtile und äußerst subtile Körper-Geist-Komplex**

Ebene	*Körper*	*Geist*
grob	Körper der fünf Elemente	Bewußtsein der sechs Elemente
subtil	Nervenkanäle, neurale Energien, neurale Tropfen	drei Leucht-Intuitionen im Zusammenhang mit 80 Instinkten
äußerst subtil	die Klares Licht tragende Energie im unzerstörbaren Tropfen	Geist der Energien des Klaren Lichts oder unzerstörbarer Tropfen

Eine weitere wichtige Weise, den groben Körper-Geist-Komplex zu gliedern, ist das Schema der fünf Aggregate oder Prozesse: die Prozesse individuellen Lebens aus Materie, Gefühl, Konzepten, Willensregungen und Bewußtsein. Das Sanskritwort für diese Aggregate, *Skandha*, bedeutet wörtlich »Anhäufung«. »Aggregat« ist der Standardausdruck in den meisten buddhistischen Übersetzungen; allerdings bevorzuge ich »Prozeß«, weil es die dynamische Qualität der Skandhas besser zum Ausdruck bringt. Der erste dieser Prozesse entspricht dem groben Körper; die folgenden vier gliedern den Geist und seine Funktionen in Einheiten, die konzeptuell einleuchten und introspektiv nachvollziehbar sind. Das ursprüngliche Anliegen des Systems der Einteilung in Aggregate war die Erforschung von Körper und Geist; es gab die Möglichkeit: a) das zu lokalisieren, was gewöhnlich als fixiertes Selbst erfahren wird; b) die Unfindbarkeit von irgend etwas Mentalem oder Physischem zu entdecken, das tatsächlich als fixiertes Selbst dienen kann und c) aus dieser Einsicht dann Befreiung vom Gebundensein an das gewohnheitsmäßige Gefühl einer fixierten Identität zu erlangen. Das folgende Diagramm faßt das Schema der fünf Aggregate oder Prozesse des Körper-Geist-Komplexes zusammen.

Diagramm 5: **Die fünf Aggregate individuellen Lebens**

Aggregate	Bestandteile
Materie	fünf Elemente (Erde, Wasser etc.) oder fünf Sinnesobjekte und Sinnesorgane
Gefühle	Wohlgefühl, Schmerz und indifferentes Gefühl in Verbindung mit den fünf Sinnen
Konzepte	alle Bilder und Worte zur Organisation von Erfahrung
Willensregungen	Begierden, Abneigungen, Verblendung und viele weitere Emotionen
Bewußtsein	Bewußtsein der fünf Sinne und mentales Bewußtsein

Aus der Sicht dieser Einteilungssysteme beginnt der grobe Körper-Geist-Komplex mit der Geburt und endet mit dem Tode, mit Ausnahme des mentalen Bewußtseins, das sich, da es nicht mehr in grobe Materie eingebettet und mit den Eindrücken der fünf Sinne beschäftigt ist, in den Zwischenzustand verwandelt. Im normalen Leben ist das Traumbewußtsein eine Zeitspanne, in der das mentale Bewußtsein unabhängig von den groben Sinneseindrücken arbeitet. Es ist daher eine wichtige Analogie, vielleicht sogar der Vorläufer des Zwischenzustandsbewußtseins: Die fünf groben Sinne stellen ihre Arbeit während des Schlafes ein, und das mentale Bewußtsein wird subtiler. Während der meisten Traumerfahrungen erzeugt das mentale Bewußtsein aus sich selbst heraus Simulationen von Augen und Ohren, ja sogar einer Umwelt, damit das Traumwesen etwas zu hören und zu sehen hat. Die Empfindung, einen Körper zu besitzen, die manchmal in Träumen entsteht, ist eine Entsprechung zum Selbstgefühl eines Wesens im Zwischenzustand. Gewöhnliche Menschen ohne spezielle Schulung haben eine solche Empfindung nur äußerst selten. Viele erinnern sich kaum an ihre Träume, so gut wie niemand erinnert sich an den ersten Moment oder an die Auflösung eines Traumes, und nur sehr wenige Menschen haben die Fähigkeit zu luziden Träumen, das heißt der Fähigkeit, sich während des Träumens bewußt zu sein, daß man träumt, ohne jedoch aufzuwachen. Die Entwicklung dieser Fähigkeiten ist von primärer Bedeutung für die Entwicklung der Fähigkeit *luzid zu sterben* – sich während dieser Übergangserfahrungen stets voll bewußt zu bleiben, wer und wo man ist.

Ein wichtiger erster Schritt zur Fähigkeit luziden Sterbens ist die Entwicklung einer Empfindsamkeit für die Übergänge zwischen diesen verschiedenen Zuständen. Die Schemata des subtilen Geist-Körpers dienen genau diesem Zweck. Die Gliederung des subtilen Körpers in Kanäle, Winde und Tropfen hilft dem mentalen Bewußtsein, den Prozeß der Entfaltung verschiedener innerer Sensibilitäten voranzutreiben. Die Kanäle beinhalten die 72 000 Kreislaufgefäße, die im Körper um eine Zentralachse aus drei Zentralkanälen gruppiert sind. Diese Zentralachse verläuft von einem Punkt zwischen den Augenbrauen nach oben zum Scheitelpunkt und dann von der Wirbelsäule abwärts, über das Steißbein bis zum Ausgang des Sexualorgans. Dabei werden die fünf Nexus-Räder in Hirn, Kehle, Herz, Nabel und Genitalien durchquert. Es gibt die verschiedensten Darstellungen dieser Räder und Kanäle, weil der Praktizierende sie – abhängig von den speziellen inneren Sensibilitäten, die er oder sie zu entfalten wünscht – auf jeweils verschiedene Weise visualisieren kann.

Diagramm 6: Die Intuitionen, Erfahrungen und Instinkte des subtilen Geistes

Intuitionen des subtilen Geistes	*Erfahrungsanalogien*	*Verbundene Instinktmuster*
Leuchten	Mondlicht	33 begierdebetonte Instinktmuster
Strahlen	Sonnenlicht	40 aggressionsbetonte Instinktmuster
Bevorstehen	Dunkles Licht (Dunkelheit)	7 ignoranzbetonte Instinktmuster

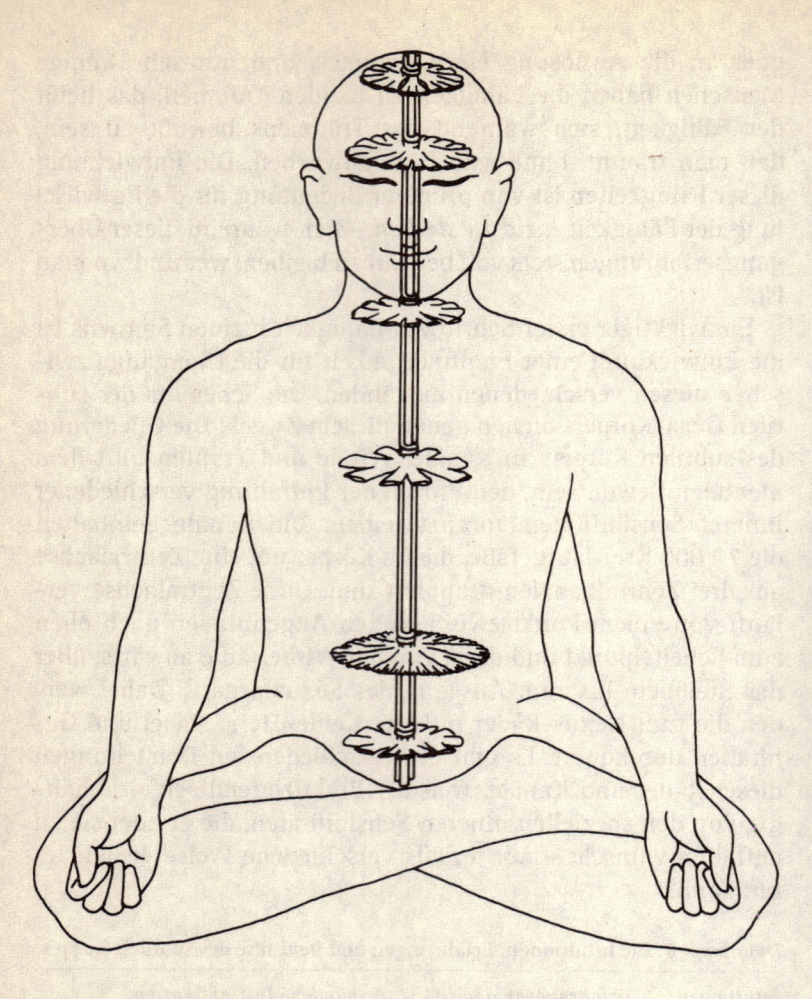

Abbildung 1: **Die Nexus-Räder und Kanäle des subtilen Körpers**
Hier handelt es sich um eine verallgemeinernde Darstellung der Physiologie der Kanäle des subtilen Nervensystems. Es gibt die dreifache Zentralachse und fünf, sechs oder mehr auf ihr aufgereihte Nexi. Von diesen Knotenpunkten ausgehend erstrecken sich Energiefasern durch den ganzen Körper, 72 000 an der Zahl (hier nicht dargestellt). Das Selbstbild, dessen sich der Praktizierende während der subtilen Yoga-Formen bedient, besteht also in einer empfindsamen, gyroskopartigen Struktur, in der Energie und Gewahrsein dynamisch zirkulieren.

Die in diesen Kanälen strömenden Energien, die subtilen Winde, werden in fünf Haupt- und fünf Nebenwinde geteilt, denen jeweils eigene Grundlagen, Bereiche, Farben, Funktionen und Eigenschaften zugeordnet sind. Die näheren Einzelheiten spielen in diesem Zusammenhang keine Rolle. Es genügt hier zu wissen, daß die Schlüsseltechnik des Prozesses, Kontrolle über die Lebens- und Todesfunktion zu gewinnen, in der Bewußtwerdung der Körperfunktionen im Sinne dieser Energien besteht. Die Tropfen schließlich sind die gewahrseinsübertragenden Substanzen, chemische Essenzen, die mit dem genetischen Material in Verbindung stehen. Sie bilden die Basis für spezifische Bewußtseinsarten an besonderen Orten, zu verschiedenen Zeiten, in unterschiedlichen Zuständen. Im Kalachakra-Tantra zum Beispiel findet sich ein besonderes System von vier Arten von Tropfen. Wachzustands-Tropfen bilden sich im Bereich der Brauen oder des Nabels während der Zeit wacher Aktivität und liefern den Fokus des Gewahrseins oder das Zentrum des Selbst-Gefühls während der Wacherfahrung. Traumzustands-Tropfen bilden sich im Bereich der Kehle oder an der Basis der Wirbelsäule während des Träumens und bilden den Fokus des Gewahrseins während der Traumerfahrung.

Schlafzustands-Tropfen bilden sich im peripheren Herzzentrum oder im Zentrum in der Mitte der Genitalien und liefern den Fokus für die Erfahrung tiefer Ruhe. Schließlich bilden sich Tropfen eines vierten Zustands tiefer im Herzzentrum oder im Zentrum am Ausgang der Genitalien und sorgen für den Fokus für Erfahrungen von Glückseligkeit während fortgeschrittener Erleuchtungserfahrungen oder während des Orgasmus. Das Verständnis der Funktionsweise der Tropfen befähigt den Praktizierenden, sein Gewahrsein zu fokussieren und Erfahrungen und Verwirklichungen zu verstärken.

Der subtile Geist ist die dem subtilen Körpermuster von Kanälen, Winden und Tropfen entsprechende Subjektivität. Diagramm 6 faßt seine Einteilung in drei Hauptzustände in Verbindung mit achtzig Instinktmustern oder »Naturen« zusammen.

Diese Zustände treten auf, wenn spezifische subtile und physische Prozesse im subtilen Körper ablaufen. Nach tibetischer Sicht besitzt jeder Mensch einen solchen subtilen Geist und durchläuft damit die entsprechenden Erfahrungen. Es bedarf allerdings einer besonderen Schulung, um ein Gewahrsein dieser Zustände zu entwickeln und sie luzid zu erleben.

Schließlich gibt es noch den äußerst subtilen Geist-Körper, für den die Körper-Geist-Dualität keine Rolle mehr spielt. Hierbei handelt es sich um den unzerstörbaren Tropfen, der »der von der Transparenz des Klaren-Lichts untrennbare Energie-Geist« genannt wird. Überaus schwer zu beschreiben oder zu verstehen und keinesfalls als rigide, festgelegte Wesenhaftigkeit zu verstehen, geht dieser subtilste, essentiellste Zustand individuellen Seins über die Dualität von Körper und Geist hinaus. Er besteht aus der feinsten, empfindsamsten lebendigen und intelligenten Energie im Universum. Es ist der tiefste Zustand reinen Geistes eines Wesens, das in diesem Zustand intelligentes Licht ist, lebendig und singulär, kontinuierlich, doch sich verändernd, seiner unendlichen Verbundenheit mit allem gewahr. Dieser Zustand ist jenseits aller Instinktmuster von Lust, Aggression oder Verblendung, jenseits aller Dualität, eins mit der Wirklichkeit und eins mit dem Wahrheitskörper aller Buddhas. Das ist es, was mit »Buddha-Natur« gemeint ist, und diesen Zustand in der Erfahrung zu aktualisieren, ist das Ziel des *Buches der Natürlichen Befreiung*. Das ist der Schlüssel zur besonderen Methode der Entspannung in den eigenen tiefsten natürlichen Zustand, die auf der höchsten Ebene in der Nyingma-Schule des tibetischen Buddhismus als »Große Vollkommenheit« (siehe Glossar und Kapitel 8) gelehrt wird. Jedes Lebewesen ist in Wirklichkeit bloß dieser unzerstörbare Tropfen auf der äußerst subtilen Ebene. Er ist die lebendige Seele eines jeden Lebewesens. Er ist es, der den grenzenlosen Prozeß der Reinkarnation möglich macht. Er ist das Tor zur Befreiung, stets offen, essentiell frei, auch dann, wenn das Lebewesen, das sich um ihn herum entwickelt hat, sich mit den überaus turbulenten Zuständen des Leidens identifizieren sollte. Dieser Zustand ist friedvoll, transparent, sorgenfrei und ungeschaffen. Die Erkenntnis dieses Zustandes hat den Buddha lächeln lassen. Es ist diese Essenz, die Lebewesen und Buddhas gleichmacht.

Dieser äußerst subtile unzerstörbare Tropfen ist der hinduistischen Vorstellung des Selbst (*atman*) oder Höchsten Selbst (*paramatman*) sehr ähnlich, das als absolute Negation jedes kleinlichen, individuellen, personalen Selbst gesehen wird. Der Buddha ist niemals dogmatisch mit Formeln umgegangen, selbst mit seiner stärksten Formel, der »Selbst-losigkeit«, nicht. Im Gespräch mit Absolutisten pflegte er die Selbst-losigkeit zu betonen, im Gespräch mit Nihilisten jedoch betonte er ein Selbst. Es ist also durchaus nicht so, daß der frühe Buddhismus kein Selbst kennt und der tantrische und tibetische Buddhismus dann wieder zu einem Selbst zurückgekehrt sind. Buddha hat immer von etwas Reinkarnierendem gesprochen, einem selbst-losen Kontinuum relativen, veränderlichen, ursachenbezogenen Gewahrseins. Um zu einer luziden Erfahrung dieses äußerst subtilen unzerstörbaren Tropfens zu gelangen, bedarf es der vollen Erkenntnis der Leerheit oder Selbst-losigkeit. Er ist, mit den Worten des Autors Maitreyanatha, »das Erhabene Selbst der Selbst-losigkeit«. Uns allerdings geht es hier nicht um die philosophischen Feinheiten des äußerst Subtilen, sondern um eine klare Darstellung dieser Schemata, die ja wichtige Werkzeuge für das Yoga des kreativen Sterbens darstellen.

Stufen des Todes

Nachdem wir die Grundzüge der drei Ebenen von Körper und Geist untersucht haben, können wir uns nun dem Schema der Stufen des Todesprozesses zuwenden. Seine Kenntnis ist für das *Buch der Natürlichen Befreiung* von zentraler Bedeutung, da der Verstorbene, den wir zu erreichen suchen, sie angeblich alle durchläuft. Das Schema der Einteilung des Todesprozesses wird »die acht Stufen des Auflösungsprozesses« genannt. Tibetische Forscher haben berichtet, daß ein sterbender Mensch durch die folgenden Stufen geht und dabei zu folgenden Erfahrungen neigt. Jede Auflösung drückt eine bestimmte Sequenz subjektiver Erfahrungen aus.

Dieses Modell des Todesprozesses ist von Generationen von Yogis und Yoginis – männlichen und weiblichen Praktizierenden des buddhistischen Yoga der Verbindung der eigenen Lebensenergien mit dem eigenen Wissen und Verstehen – als äußerst hilfreich für die Entwicklung von Verständnis und Kontrolle des Todes-Übergangs empfunden worden. Die ersten vier Stufen werden noch weiter aufgegliedert in ein Schema, das als die »fünfundzwanzig groben Elemente« bekannt ist. In diesem Schema werden sie mit den fünf Aggregaten und mit den grundlegenden Weisheiten oder Erleuchtungsenergien der Aggregate in Zusammenhang gebracht. Indem wir die ersten vier der insgesamt acht Auflösungen mit diesen fünfundzwanzig groben Elementen kombinieren, erhalten wir eine noch vollständigere Beschreibung des Todesprozeses.

Wenn Erde sich in Wasser auflöst, fühlt man sich versinkend, schwach und wie schmelzend. Das Aggregat Materie löst sich auf, und der Körper scheint zu schrumpfen. Die »Spiegelgleiche Weisheit« (die verwandelte Energie der Verblendung) löst sich auf, während die Formen ununterscheidbar werden. Der Sehsinn verfällt, und alles erscheint verschwommen. Alles erscheint wie das Trugbild von Wasser auf dem heißen Asphalt einer Straße.

Wenn Wasser sich in Feuer auflöst und die Körperflüssigkeiten auszutrocknen scheinen, hören Tasteindrücke auf, und man wird unempfindlich. »Ausgleichende Weisheit« (verwandelte Anhaftung) löst sich mit dem Verschwinden von Eindrücken auf. Der Hörsinn läßt nach, und man wird zunehmend taub. Man fühlt sich wie in Rauch gehüllt.

Wenn Feuer sich in Wind auflöst und man sich kalt fühlt, verschwindet mit den Wahrnehmungen im Geist gleichzeitig die

»Unterscheidende Weisheit« (die verwandelte Energie der Begierde). Das Einatmen wird schwächer, und man kann nichts mehr riechen. Man fühlt sich wie von Glühwürmchen umgeben oder inmitten stiebender Funken.

Wenn Wind sich in Raum auflöst, hören Bewußtsein und Atmung auf, und die Energiekreisläufe ziehen sich tief ins Zentralnervensystem zurück. Die willkürlichen Körperfunktionen hören zusammen mit der »Allesvollendenden Weisheit« (verwandelte Energie des Ehrgeizes) auf. Die Zunge schwillt an, und Geschmacksempfindungen geraten in Vergessenheit. Das Körpergefühl schwindet, und der Tastsinn geht verloren. Man fühlt sich wie eingehüllt von einer Kerzenflamme, die kurz vor dem Verlöschen ist.

Ab diesem Augenblick gilt man als klinisch tot. Die groben physischen Elemente haben sich alle aufgelöst, und in Hirn oder Kreislaufsystem findet keinerlei Bewegung mehr statt. Das grobe Bewußtsein jedoch mit dem Geistsinn und seinen achtzig Instinktmustern, die die drei Bereiche des subtilen Geistes stimulieren, löst sich erst auf der fünften Stufe auf. Die Winde, die die achtzig Muster bewegen, lösen sich in den Zentralkanal auf, und der weiße Gewahrseinstropfen (oder die männliche Essenz, der weiße »Erleuchtungsgeist«) sinkt im Zentralkanal vom Hirn zum Herzzentrum herab. Innerlich nimmt man im Geist-Raum einen grenzenlosen, von weißem Mondlicht durchfluteten Himmel wahr.

Danach steigt der rote Gewahrseinstropfen (oder die weibliche Essenz, der rote »Erleuchtungsgeist«) vom Genital-Knotenpunkt zum Herzzentrum hin auf. Die innere Wahrnehmung gleicht einem von orangenem Sonnenlicht durchfluteten Himmel.

In der siebten Auflösungsphase, der Stufe des Bevorstehens, treffen die beiden Tropfen am Herzen aufeinander und schließen das Bewußtsein ein. Die innere Empfindung ist die von intensivem schwarzen Licht oder Dunkelheit. Und damit verliert man das Bewußtsein.

Schließlich geht man in den Bereich der Transparenz des Klaren Lichts über und gewinnt eine ungewohnte Art nichtdualistischen Bewußtseins. An diesem Punkt beginnt die Schlüsselstruktur des gewöhnlichen Lebens, die als »sechsfacher Knoten im Herznexus« bezeichnet wird, sich zu entwirren. Der rechte und der linke Seitenkanal haben den Nexus des Herzkomplexes vom Augenblick unserer Empfängnis in dieses Leben an eng eingeschnürt, und als Folge davon hat sich das Zentralnervensystem um diesen sechsfachen Herzknoten herum entwickelt. Wenn er sich vollständig entwirrt, flieht unser äußerst subtiles Bewußtsein, getrieben von unserer evolutionären Orientierung, aus seinem Aufenthaltsort. Das ist dann der wirkliche Augenblick des Todes; das ist der Zwischenzustand des Todesmoments. Das ist der subtilste Zustand, in dem ein Lebewesen sich befinden kann. Was man auch über ihn sagen könnte, würde ihm nicht gerecht. Das äußerst subtile Bewußtsein des Klaren Lichts ist jenseits der Dualitäten von Endlichkeit und Unendlichkeit, Zeit und Ewigkeit, Subjekt und Objekt, Selbst und Anderem, Bewußtsein und Bewußtlosigkeit, selbst jenseits von Unwissenheit und Erleuchtung. Dieser Zustand ist so transparent, daß jemand, der nicht auf ihn vorbereitet ist, glatt durch ihn hindurchsieht und ihn nicht einmal bemerkt. Man erlebt den Verlust des Bewußtseins im späteren Teil der Stufe des Bevorstehens und die Rückkehr des Bewußtseins der Dunkelheit, wenn man – bei umgekehrter Entwicklungsrichtung auf dem Weg zur Verkörperung – wieder den Zustand des Bevorstehens durchläuft, ohne jedes Gefühl, in einem anderen Zustand gewesen zu sein, beziehungsweise mit einem Gefühl der Desorientierung und Unsicherheit, wie wir sie manchmal haben, wenn wir zu plötzlich aus dem Schlaf gerissen werden. Die ganze Wissenschaft und Kunst der Navigation durch den Zwischenzustand zielt auf diesen Augenblick ab. Sie hilft dem Menschen, den Übergang zwischen den von Gewohnheiten bestimmten Leben zu nutzen, um in dieses äußerst subtile Gewahrsein einzutreten, das mit glückseliger Freiheit, vollkommener Intelligenz und grenzenloser Empfindsamkeit ganz natürlich eins ist – mit anderen Worten, in die vollkommene Erleuchtung.

Diagramm 7: **Die Stufen des Todes: Auflösungen und Erfahrungen**

Auflösung	Erfahrung
1. Erde in Wasser	Trugbild
2. Wasser in Feuer	Rauch
3. Feuer in Wind	Glühwürmchen
4. Wind in Bewußtsein (manchmal »Wind in Raum«; Ende der groben Körper-Geist-Erfahrung)	Reine Kerzenflamme
5. grobes Bewußtsein in Leuchten	Klarer Himmel voll Mondlicht
6. Leuchten in Strahlen	Klarer Himmel voll Sonnenlicht
7. Strahlen in Bevorstehen	Klare schwarze Finsternis
8. Bevorstehen in Durchsichtigkeit	Klares Licht eines klaren Himmels vor der Morgendämmerung

Viele Menschen verbringen einige Tage an diesem entscheidenden Punkt, häufig allerdings in einem Zustand völliger Unbewußtheit. Verwirrung über das, was mit ihnen geschehen ist, Reste der Unbewußtheit von der Stufe des Bevorstehens und der Schrecken darüber, haltlos im Universum ausgesetzt zu sein, verhindern, daß sie in dieser durchscheinenden Sphäre des Klaren Lichts ihr wahres Heim erkennen, ihre spirituelle Einheit mit den liebevollsten, mächtigsten und geborgensten Wesen des Universums. Das ist die Zeit, zu der die Überlieferungen des *Buches der Natürlichen Befreiung* ihre größte Wirksamkeit entfal-

Diagramm 8: **Die Aggregate und Weisheiten in bezug auf die frühen Stadien des Todes**

Aggregat	Weisheit	Element	Medium	Objekt
Materie (verliert sich in der ersten Auflösung)	Spiegelgleiche W.	Erde	Sehsinn	Sichtbares
Gefühle (verliert sich in der zweiten Auflösung)	Ausgleichende W.	Wasser	Hörsinn	Klang
Konzepte (verliert sich in der dritten Auflösung)	Unterscheidende W.	Feuer	Riechsinn	Geruch
Willen	Allesvollendende W.	Wind	Geschmackssinn	Geschmack
			Tastsinn	Oberflächen
(verliert sich in der vierten Auflösung)				
Bewußtsein	W. der Endgültigen Wirklichkeit		Geistsinn	

ten. Im Idealfall hat der Verstorbene sie noch zu Lebzeiten kennengelernt und geübt. Andernfalls können sie auch zur Zeit des Todes noch gelehrt werden, obwohl es unwahrscheinlich ist, daß ein völlig ungeschulter Mensch die instinktiven egozentrischen Triebe sowie Angst und Schrecken dieser hochenergetischen Krise überwinden und völlige Befreiung finden kann. Ganz besonders wegen der Schwierigkeit, den sechsfachen Herzkomplex-Knoten aufzulösen, muß ein Mensch schon zu Lebzeiten daran gearbeitet und ihn bereits etwas gelockert haben, um zu verhindern, daß die plötzliche Öffnung dieses Knotens im Todesprozeß ein überwältigend verstörendes Trauma verursacht.

Die meisten Menschen durchlaufen diese Auflösungen ohne zu erkennen, was mit ihnen geschieht. Sie sind nicht fähig, im Klaren Licht zu ruhen, und können ihre essentielle Freiheit und Glückseligkeit ebensowenig erkennen wie die natürliche und grenzenlos freudige Teilnahme am Leben aller Wesen. Sie schießen mental einfach durch das Klare Licht der Leerheit hindurch und bewegen sich wieder auf die grobe Körperlichkeit zu, indem sie die acht Auflösungen in umgekehrter Reihenfolge durchlaufen. Sie verlieren das Bewußtsein wieder im Bevorstehen, kehren durch die Dunkelheit, die Strahlung des Sonnenlichts, das Leuchten des Mondlichts ins instinktgebundene Bewußtsein zurück. Dann verbinden sie sich wieder mit Wind, Feuer, Wasser und Erde, strukturiert durch Vorstellungen, die als Überbleibsel ihrer evolutionären Muster durch frühere Handlungen in ihre spirituellen Gene (die Gene, die ein Individuum aus früheren Leben mitbringt) kodiert wurden. Diese Strukturen bleiben in der traumgleichen Existenz des mentalen Körpers im Zwischenzustand noch flüssig, und sie verfestigen sich erst wieder auf der gröbsten stofflichen Ebene, wenn sie Wiedergeburt entweder im Lotos, im Mutterschoß, im Ei oder durch Feuchtigkeit annehmen. Wegen der Flüssigkeit und Subtilität ihrer energetischen Verkörperung besitzt ihr Bewußtsein während der Zeit im Zwischenzustand magische Kraft und äußerste Intelligenz. Aus diesem Grund können sie besonders gut Nutzen aus den

Lehren der Natürlichen Befreiung ziehen, wenn sie ihnen vorgelesen oder mental übertragen werden. In diesem Prozeß der sicheren Leitung des Strebens nach Wiedergeburt erfüllt das *Große Buch der Natürlichen Befreiung durch Verstehen im Zwischenzustand* den glorreichen Zweck, den sein Autor im Sinn hatte, indem es die Wesen vor einem Fall in wirklich destruktive Existenzzustände schützt und sie zu förderlichen Lebensumständen führt.

Während des Zwischenzustands befindet sich das Bewußtsein in einem geisterähnlichen Zwischenzustandskörper, der aus feinstofflichen Energien besteht, welche von unseren geistigen Bildern strukturiert werden – ähnlich den subtilen Verkörperungen, die wir im Traum erfahren. Es handelt sich hier um eine, wenn auch subtile, Verkörperung des Bewußtseins. Dieser Körper entwickelt sich durch die Umkehrung der oben beschriebenen Stufen der Auflösung, und wenn das Individuum ihn verläßt, um einen grobstofflichen Körper durch Empfängnis in einem Mutterschoß anzunehmen, geschieht das wiederum durch eine Art Kurzform des Todesprozesses. Die acht Auflösungsprozesse werden von der Zwischenzustands-Verkörperung bis zum Bewußtsein des Klaren Lichts durchlaufen, und vom Klaren Licht, in umgekehrter Reihenfolge, wieder bis hin zur neuen Verkörperung. Tatsächlich sind diese Auflösungsprozesse auch immer dann feststellbar, wenn ein Wesen einschläft, zu einem Traum erwacht, sich aus dem Traum löst, und wieder im groben Körper erwacht – allerdings meist verdichtet zu einer blitzschnellen Abfolge unbemerkter und fast augenblicklicher Phasen. Die mit der Vorbereitung auf den Zwischenzustand verbundenen Meditationsübungen sind entscheidend für die Schärfung der Aufmerksamkeit, damit man sich des Prozesses bewußt werden, die Übergänge verlangsamen und sich der auftretenden Verwandlungen klar bewußt bleiben kann. Es ist von vitaler Bedeutung, diese über Jahrhunderte in der tibetischen Wissenschaft vom Tod entwickelten Schemata zu begreifen und im Sinn zu behalten.

Die Realität der Befreiung

Die Wissenschaft vom Tod ist die Grundlage für die Kunst des Sterbens – so, wie die Wissenschaft der Medizin Grundlage für die Kunst des Heilens ist. Um das *Buch der Natürlichen Befreiung* bestmöglich nutzen zu können, müssen wir klar die Möglichkeiten erkennen, die uns ein bewußter Umgang mit dem Todesprozeß bietet. Was bedeutet »Befreiung« im Ausdruck »Natürliche Befreiung«? Was bedeutet die Aussage, daß die grundlegende und endgültige Wirklichkeit aller Dinge Leerheit oder Freiheit ist? Was meint das *Buch der Natürlichen Befreiung*, wenn es »natürliche Befreiung« (tib. *rang grol*) sowie Eigenschaften wie »Vollkommenheit«, »natürliche Glückseligkeit«, »keine weitere Wiedergeburt« und »Aufhören des Leidens« verspricht? Ist der Buddhismus vielleicht doch ein eskapistisches System? Ist das *Buch der Natürlichen Befreiung* eine Anleitung zur Flucht?

Manchmal mag es so scheinen. Es gibt im Buddhismus mehr als eine Vorstellung von Befreiung und Freiheit. In den ursprünglichen Lehren des Buddha von den Vier Edlen Wahrheiten lautet die dritte Edle Wahrheit *Nirodha*, was wörtlich »Aufhören« bedeutet und das Aufhören des Leidens meint. Nirvana, der Name für die von einem erleuchteten Wesen verwirklichte endgültige Wirklichkeit, bedeutet wörtlich »ausgelöscht«, »ausgeblasen« oder »ausgegangen«. Das spirituelle Umfeld zur Zeit Buddhas setzte sich aus zahlreichen Bewegungen asketischer Intellektueller zusammen, die von den Fesseln unerleuchteten Lebens, das sie für unendlich qualvoll hielten, genug hatten und nach Auslöschung sowohl des Geistes als auch des Körpers durch intensiven, transzendenten *Samadhi* (ein Zustand der Versunkenheit) strebten. Um diesen Suchenden zu helfen, präsentierte der Buddha das von ihm gefundene Nirvana in einem leicht dualistischen Licht, als sei es das endgültige Verlöschen, nach dem sie sich so inständig sehnten. Er war bereits ein Buddha und als Buddha ungetrennt vom Nirvana. Auch während er in ganz Indien unterwegs war und lehrte, war er zwar einerseits gegenwärtig, andererseits jedoch transzendent. Dennoch nannte er seinen schließlichen Tod *Parinirvana* oder »endgültiges Nirvana«, um für die stark individualistisch und dualistisch orientierten Suchenden, welche die Befreiung als Auslöschung verstanden, die Verlockung eines Zieles jenseits allen Lebens aufrechtzuerhalten.

In der Tat hat der nach einem im Zentrum stehenden Ego süchtige Mensch, der gewohnheitsmäßig auf ein isoliertes Wesenszentrum hin orientiert ist, welches er für seine wahre Persönlichkeit hält – der also intuitiv die Richtigkeit des »Ich denke, also bin ich!« empfindet, mit anderen Worten, die meisten von uns –, eine geheime Sehnsucht nach totalem Vergessen. Totales Vergessen ist jedoch nur der vollständige Eintritt in eine in sich zurückgezogene Realität des vollständigen Getrenntseins von allen Problemen. Sicherlich erwarten wir dort keinen Spaß, vermissen vielleicht die wenigen Menschen, an denen uns etwas liegt, und müssen wohl auf unsere paar echten Freuden verzichten, aber zumindest erwartet uns doch mit Sicherheit kein schlimmer Schmerz und keine Todesqual, nicht die Aussicht auf unendliche Gefahr und Verletzbarkeit. Einige Zeitgenossen, die jede Andeutung, sie seien emotionale Nihilisten und versteckte Eskapisten, voller Entrüstung zurückweisen und kühn ihre existentielle Verpflichtung zu unermüdlichem Engagement erklären, sind vielleicht nur deshalb so mutig, weil sie sich im Grunde sicher sind, daß, egal was auch geschieht, am Ende sowieso völliges Vergessen auf sie wartet. Tatsächlich mögen sie sogar glauben, daß sie sich vor diesem Vergessen fürchten und sich damit selbst beweisen, daß es um die Möglichkeit einer Hölle überhaupt nicht gehe. Auf der ganzen Welt suchen unzählige Menschen wie die Lemminge das Verlöschen: durch selbstmörderische Kriege, durch Heroinsucht, durch die Sucht nach Zigaretten und Alkohol... Es ist überhaupt keine Frage, daß die Sucht nach völligem Vergessen in unserer Welt in voller Blüte steht.

Aus diesen Gründen ist es durchaus keine unwirksame Lehrtaktik, Nirvana so erscheinen zu lassen, als sei es der höchste Zustand glückseligen Vergessens; das ist geschickt und nützlich. Das gilt besonders, weil der mit dem Nichts verschmelzende, ins Samadhi der Leere abhebende Suchende erkennen wird, daß es durchaus nicht alles Leben ist, was verlischt, sondern seine Unwissenheit, Mißverständnisse, Ichbezogenheit – jegliche subjektive und objektive Selbstsucht. Glücklicherweise führt Befreiung – das Aufhören der Selbstsucht – zu machtvollem und dauerhaftem Glück, einer dynamischen, stärkenden Seligkeit. Diese besondere überfließende Freude läßt die kleinen weltlichen Freuden, die man im engen Kerker der Selbstsucht bisher erfahren hatte, fahl und jämmerlich erscheinen. Und schließlich erkennt dieses relativ endgültige Glück, diese erhabene Seligkeit wahrer Freiheit ganz natürlich, daß die Abwesenheit eines isolierten, fixierten und unabhängigen Selbst gleichbedeutend ist mit der Präsenz aller Dinge und Lebewesen in vollständiger Bezogenheit, endlos verflochten in unermeßlicher Ewigkeit und grenzenloser Unendlichkeit. Ist man von jeglicher Sehnsucht nach Nichts und Vergessen frei, bleibt eine persönliche Bestimmung zu endloser Beschäftigung mit unendlich vielen anderen. Alles das spornt uns an, unser Glück zu teilen und unsere Liebe strömen zu lassen, ohne die geringste Verminderung unseres endgültigen Nirvana von untrennbarer Seligkeit und Freiheit.

Obwohl diese Art unmittelbar in vollkommenes Engagement einfließender Freiheit – der individuellen Seligkeit untrennbar von liebevoller Einheit mit allen anderen – in ihrer wahren Bedeutung nicht in dualistischen Vorstellungen faßbar ist, ist doch klar genug, was hier gefordert wird. Aufhören, Verlöschen, Vernichtung der und Freiheit von Selbstsucht sind ein höchst plausibler Eingang zu echtem Glück, wahrer Liebe und grenzenloser Seligkeit. Ist das erst klar, wird es leichter zu verstehen, was der Autor unter Befreiung versteht. Wenn wir das nicht begriffen haben, laufen wir Gefahr, die Sprache der Großen Vollkommenheit dahingehend mißzuverstehen, daß wir dazu aufgefordert würden, Befreiung in der Art automatischen Vergessens zu suchen, wie sie scheinbar jeden Materialisten erwartet – ohne die geringste Notwendigkeit einer wissenschaftlichen Grundlage oder transformativen Lehre.

Um diesen wesentlichen Fokus der Lehren noch deutlicher zu machen, habe ich einen kurzen philosophischen Text übersetzt, der zur Literatur der Natürlichen Befreiung gehört: *Die Natürliche Befreiung durch Nackte Schau, Aufzeigen der Urintelligenz* (siehe Kapitel 8). In der unten zitierten Passage aus diesem Text (siehe S. 324 bis S. 325) hat Padmasambhava gerade ausgeführt, daß die Wirklichkeit der Freiheit, Nirvana, Wahrheit oder wie man jenes »Dies-Selbst« auch nennen mag, das höchste Ziel jeder buddhistischen Lehre sei.

Dies als Einführung in den dreifachen Zugang zu diesem Dies-Selbst:
Erkenne den vergangenen Geist als spurlos, klar und leer,
den zukünftigen Geist als ungeschaffen und neu
und das gegenwärtige Gewahrsein als natürlich bleibend, unverfälscht.
So erkenne Zeit in ihrer ganz gewöhnlichen Weise.
Wenn du nackt dich selbst betrachtest,
ist dein Schauen transparent, und nichts ist zu sehen.
Dies ist nackte, unmittelbare, klare Urintelligenz.
Es ist klare Leerheit ohne Festlegungen,
Reinheit der nichtdualen Klarheit-Leerheit;
nicht-dauerhaft, frei von jedem wesenhaften Status,
nicht-vernichtet, strahlend und erkennbar,
keine Einheit, vielfältig unterscheidende Klarheit,
ohne Vielheit, unteilbar, von einem einzigen Geschmack,
nicht-abgeleitet, selbst-gewahr, ist es eben diese Wirklichkeit.

Hier wird die endgültige Wirklichkeit von Nirvana vorgestellt, die Große Vollkommenheit, der Bereiche der Wahrheit, die endgültige Freiheit, die evolutionäre Vollkommenheit der Buddhaschaft. Diese Erkenntnis ist das Ziel aller Lehren des *Buches der Natürlichen Befreiung*. Sie ist uns prinzipiell zugänglich, weil sie bereits die tiefste Wirklichkeit der Gegenwart darstellt, die eigentliche Verfassung selbst des Allergewöhnlichsten. Wir müssen »nackt« uns selbst anschauen, die Ausrichtung des Sehens auf das Sehen selbst umkehren. Wir suchen nach diesem fixierten, unabhängigen, isolierten Selbst, das sich wie unser Wesenskern anfühlt, aus dem unsere Triebe und Gedanken zum Vorschein kommen. Wenn wir unseren Blick um 180 Grad umwenden, um in das Schauen selbst zu blicken, finden wir nichts von wesenhaftem Status, nichts unabhängig aus sich selbst Bestehendes.

Selbst Descartes hat das erkannt: Er fand heraus, daß am Ursprungspunkt der Gedanken nichts aufzufinden ist. Irrtümlicherweise nahm er an, dem sei so, weil ein Subjekt kein Objekt sein könne. Und dann gingen die Pferde mit ihm durch, und er behauptete, daß eben dieses Subjekt, dieses eine, das er nicht finden, zeigen oder irgendwie feststellen konnte, *genau jenes einzige Ding sei, dessen er sich grundsätzlich sicher sein könne!* Er konnte alles in Zweifel ziehen, er konnte jedoch nicht bezweifeln, daß er zweifelte! Darum: Ich denke, also bin ich. Nur ein besonders denkfauler buddhistischer Philosoph würde eine derartige Aussage machen.

Descartes' Fehler vermeidend, schauen wir nackt und finden keinerlei festgelegtes Ding an sich vor. Wir erinnern uns, es geht um unser Sehen selbst. Nicht einmal hinter dem Sehen von Nichts können wir etwas Substantielles erkennen. Wir drehen uns wieder und wieder, kreisen im Deuten auf den Ursprungspunkt des Deutens. Unser Sehen wird für sich selbst transparent. Nichts Unabhängiges oder Objektivierbares ist zu erkennen. Und diese Durchsichtigkeit erstreckt sich ins Unendliche. Descartes hatte in einer Hinsicht recht: Das Subjektive ist unauffindbar. Wie können nun aber, nach dem Verschwinden des Subjekts, Objekte weiterhin substantiell bleiben? Es geht nicht an, daß eine Subjektivität, die sich selbst nicht finden kann, aus einem Gefühl der Selbstsicherheit heraus im Finden von Objekten schwelgt. *Sowohl* Subjektivität *als auch* Objektivität lösen sich unter durchdringender Untersuchung dieser Art einfach auf, und alles, was bleibt, ist freie, klare Transparenz. Diese Durchsichtigkeit ist nackte, reine Intelligenz selbst. Sie ist Klarheit, Unmittelbarkeit, Nichtdualität und Leerheit von jedem wesenhaften Status, einschließlich irgendeines wesenhaften Status, selbst der Leerheit. Dieses strahlende und klare intelligente Gewahrsein ist keine Vernichtung, es ist kein Versinken in die Einheit völliger Vergessenheit, und es ist nicht rigide, festgelegte Abhängigkeit, steckt nicht in einer Pluralität zwar in Beziehung stehender, doch wesenhaft unabhängiger Einheiten fest. In der Erfahrung genießen wir den einen Geschmack der Freiheit, ohne uns in Isolation zu verlieren. Das ist die Demantene Wirklichkeit des Klaren Lichts, das ist unser aller Wahre Natur, die natürliche Befreiung möglich macht. Unsere Wahre Natur, unsere Buddha-Essenz, muß nicht mühsam geschaffen werden – sie ist bereits überwältigend präsent als unser tiefster Wesensgrund.

Dieser Wesensgrund aber ist ebenfalls nicht wesenhaft in sich selbst gegründet, im Sinne eines Bereichs der Leerheit, in den sich alle Inhalte aufgelöst hätten. Er ist vielmehr ein Bereich der Leerheit, in dem alle Wesen und Dinge transparent präsent sind – keines unabhängig in sich selbst gegründet, doch jedes relativ präsent im unermeßlichen Netzwerk von Schönheit und Seligkeit, den man die Leerheit nennt. So ist der Buddha-Wahrheitskörper unserer Freiheit-Weisheit gleichzeitig unser Buddha-Seligkeitskörper der Freude und unser Buddha-Emanationskörper der Liebe, der ausstrahlt, um anderen Wesen zu helfen, ihre eigene freie, lichte, selige und liebevolle Natur wiederzuentdecken. Wie es in der *Natürlichen Befreiung durch Nackte Schau* heißt (Seite 325):

Diese objektive Identifikation der Aktualität der Dinge
enthält die Drei Körper vollständig in einem:
den Wahrheitskörper, die Leerheit, frei von wesenhaftem
Status;
den Seligkeitskörper, strahlend von der natürlichen Energie
der Freiheit;

den Emanationskörper, unaufhörlich überall erscheinend.
Ihre Wirklichkeit ist diese drei vollständig in einem.
Inzwischen sollte klargeworden sein, daß Nirvana, die Freiheit auf die das *Buch von der Natürlichen Befreiung* abzielt, nicht völliges Vergessen bedeutet. Der Wahrheitskörper ist keine absolute, abgetrennte Transzendenz, weit außerhalb unseres Fassungsvermögens. Er ist die unendliche Strahlung seliger Weisheitsenergie – Schönheit, die sich grenzenlos an sich selbst freut. Gleichzeitig ergießt sich diese Schönheit als Liebe und Güte und umfaßt alle Wesen, die sich in ihrer selbstsüchtigen Isolation herzergreifend abgetrennt und entfremdet fühlen. Wesen wie wir.

Das *Buch der Natürlichen Befreiung* ist das Wort Padmasambhavas, des Lotosgeborenen Meisters, der selbst als Wahrheits-Seligkeits-Emanations-Körper der Buddhas gilt, die uns zu erreichen suchen. Er segelt nicht einfach in poetischer Selbstbeweihräucherung seiner eigenen Glückseligkeit über uns hinweg, sondern versucht unermüdlich, uns unter unseren gegenwärtigen Umständen zu erreichen, sucht uns da zu finden, wo wir sind, und uns einen praktischen Zugang zu unserer eigenen Freiheit an die Hand zu geben. Er stellt unsere gewohnheitsmäßige Selbstentfremdung von unserer eigenen Wirklichkeit in Frage. In einer anderen Passage der *Natürlichen Befreiung durch Nackte Schau* heißt es:

Dies als Einführung in die kraftvolle Methode, in eben diese Wirklichkeit einzutreten:
Dein eigenes Gewahrsein, gerade jetzt, ist eben dies!
Da es einfach diese unverfälschte, natürliche Klarheit ist,
warum sagst du: »Ich verstehe die Natur des Geistes nicht«?
Da es in dieser ununterbrochenen, klaren Intelligenz
nichts zu meditieren gibt,
warum sagst du: »Ich erkenne die Aktualität des Geistes nicht«?
Da es einfach der Denker im Geist ist,
warum sagst du: »Selbst wenn ich suche,

kann ich es nicht finden«?
Da es nichts zu tun gibt,
warum sagst du: »Was ich auch tue, es hat keinen Erfolg«?
Da es genügt, unverfälscht zu bleiben,
warum sagst du: »Ich kann nicht stillhalten«?
Da es in Ordnung ist, mit Nichtaktivität zufrieden zu sein,
warum sagst du: »Ich kann es nicht tun?«
Da klar, gewahr und leer automatisch untrennbar sind,
warum sagst du: »Übung ist nicht wirksam«?
Da es natürlich, spontan, frei von Ursache und Bedingung ist,
warum sagst du: »In der Suche ist es nicht zu finden«?
Da Gedanken und natürliche Befreiung gleichzeitig sind,
warum sagst du: »Heilmittel sind wirkungslos«?
Da deine eigene Intelligenz eben dies ist,
warum sagst du: »Ich kenne Dies nicht«?

Diese Worte, jeder Satz einfach genug, machen es möglich, daß sich die Freiheit in unseren alltäglichen Sorgen zeigt. Wie die Führungen durch die Zwischenzustände im *Buch der Natürlichen Befreiung* lassen sie jede Lücke in unserer süchtigen Selbstbesessenheit zu einer Tür in selbstlose Freiheit werden. Sie wirken, indem sie unser Schwelgen in selbstmitleidigem, künstlichem Getrenntsein von unserer Erlösung hinterfragen. Sie können uns nicht schaden, es sei denn, wir mißverstehen sie als Bestätigung des so hartnäckig in unserer Kultur verwurzelten spirituellen Nihilismus. Um genau vor diesem Mißverständnis zu schützen, haben wir uns in diesem Kapitel die Mühe gemacht, sehr sorgfältig zwischen Leerheit und Nichts, zwischen Freiheit und Vergessen zu differenzieren.

Lassen Sie uns, von dieser sicheren Grundlage aus, nun zur tibetischen Kunst des kreativen Sterbens weitergehen.

3. Die tibetische Kunst des Sterbens

Einführung

Es ist wichtig, die Lehren des *Buches der Natürlichen Befreiung durch Verstehen im Zwischenzustand* als eine Wissenschaft des Inneren zu verstehen, um es praktisch angehen und nutzbringend einsetzen zu können. Das Original ist den Tibetern in zweierlei Hinsicht von Nutzen. Zuerst gilt es als wissenschaftliches Handbuch der Realitäten und Erfahrungen des Todes. Es liefert den Menschen Anleitungen zum Todesprozeß, erklärt, wie ihre gegenwärtigen Handlungen ihn beeinflussen und wie sie mit ihm umgehen sollen, wenn er geschieht. Dieser Leitfaden hilft ihnen darüber hinaus auch, mit dem Tod ihrer Lieben umgehen zu lernen, ihn zu verstehen und sich darauf vorzubereiten. Zweitens gilt das Buch als Leitfaden für spirituelle Praxis auf zwei Ebenen: Es hilft dem Yogi und der Yogini die Fähigkeiten zu entwickeln, die sie benötigen, um die Krise des Todes mit Geschick und Vertrauen zu meistern; und es gibt denjenigen, die sich unfähig fühlen, sich vollständig auf den Tod vorzubereiten, und die kein volles Vertrauen in ihre Fähigkeiten besitzen, ein religiöses Empfinden für die Unterstützung durch erleuchtete, spirituelle Wesen. Kein kluger Tourist wird in ein fremdes Land aufbrechen, ohne sich anhand eines guten Reiseführers über wichtige Vorbereitungen, notwendige Ausrüstung, Gefahren und Hindernisse informiert zu haben. Kein kluger Tibeter wird das bekannte Territorium dieses Lebens verlassen, ohne einen guten Reiseführer für den Zwischenzustand.

In einem früheren Abschnitt habe ich die tibetische Analyse der Vorgänge beim Sterbeprozeß beschrieben. Im Folgenden stelle ich die nötigen Vorbereitungen auf den Tod vor: Wie man den ethischen Impetus, die kontemplativen Fähigkeiten und die realistische Einsicht entwickelt, die man braucht, um den Zwischenzustand erfolgreich durchqueren zu können. Dabei bleibe ich hauptsächlich im Rahmen des *Buches der Natürlichen Befreiung*, füge jedoch hier und da klärende Vorstellungen aus anderen tibetischen Lehren ein.

Gewöhnliche Vorbereitungen auf den Tod

> *Höre! Nun, da mir der Zwischenzustand des Lebens dämmert,*
> *will ich die Faulheit aufgeben, für die in diesem Leben*
> *keine Zeit ist,*
> *und unbeirrt den Pfad von Lernen, Nachdenken und*
> *Meditation beschreiten.*
> *Indem ich die Projektionen und den Geist zum Pfad mache,*
> *will ich die Drei Körper der Erleuchtung verwirklichen!*
> *Nun, da ich einmal einen Menschenkörper erlangt habe,*
> *bleibt keine Zeit, auf dem Pfad der Ablenkung zu verharren.*
> (*Die Wurzelverse der sechs Zwischenzustände*, Seite 175)

Die Kunst des Sterbens beginnt mit der Vorbereitung auf den Tod. Wie bei jeder Reise, gibt es auch hier unzählige Möglichkeiten, sich vorzubereiten. Das *Buch der Natürlichen Befreiung* schlägt zumindest fünf Hauptarten der Vorbereitung zu Lebzeiten vor: die informative, imaginative, ethische, meditative und intellektuelle.

Die Hauptvorbereitung besteht darin, sich ein klares Bild von dem zu machen, was einen erwartet. Das können wir tun, indem wir die von der inneren Wissenschaft gelieferten Beschreibungen des Todes studieren, die Hauptmuster verstehen und uns darin üben, sie so gut zu erinnern, daß wir jederzeit für die Krise bereit sind.

Die zweite Art der Vorbereitung, bei deren Betonung das *Buch der Natürlichen Befreiung* mit anderen buddhistischen Traditionen übereinstimmt, besteht in der positiven Imagination möglicher zukünftiger Daseinsbereiche. Die buddhistischen Texte sind – wegen des relativ toleranten sozialen Milieus der buddhistischen Länder, besonders Indiens – voll von visionären Beschreibungen von Himmeln, verborgenen Paradiesen und so weiter. Ähnliche Beschreibungen finden sich sicher in allen religiösen Traditionen, besonders jedoch in den esoterischen Lehren der Mystiker dieser Traditionen. Die autoritären, militaristischen und produktivitätsorientierten Gesellschaften des Westens und des Fernen Ostens neigten eher dazu, die individuellen Vorstellungen himmlischer Bereiche der Freude zu unterdrücken und die Visionäre himmlischer Schönheit zu verfolgen. Erst in neuerer Zeit, in der die Modernisierung in Teilen des Westens und des Fernen Ostens zu größerem Wohlstand und einer entsprechend lässigeren sozialen Kontrolle geführt hat, konnte sich die strenge Kontrolle populärer Vorstellungen lockern, und sowohl weltliche als auch religiöse Kunstformen, welche die Imagination seliger Bereiche anregen, konnten sich ausbreiten.

Eine wichtige Vorbereitung auf den Tod ist das Lesen der buddhistischen Sutras und Abhandlungen, die himmlische Buddha-Länder beschreiben, wie zum Beispiel Buddha Amitabhas Sukhavati, das »Reine Land der Seligkeit«. Der Ausdruck »Buddha-Land« bezieht sich auf die Umwelt eines Buddha und macht deutlich, daß die evolutionäre Verwandlung eines endlichen Individuums in einen unendlichen Gewahrseinskörper die Umwelt mitnimmt, Selbst und Andere also ununterscheidbar sind. Wir müssen versucht haben, uns einen der in den Sutras beschriebenen Bereiche vorzustellen, damit es uns etwas bedeuten kann, wenn es im *Buch der Natürlichen Befreiung* heißt, daß ein bestimmter Buddha aus einer bestimmten Richtung erscheint, um uns in sein Buddha-Paradies einzuladen. Die Beschreibungen der Buddha-Länder sind unglaublich prächtig und stimulierend für die Vorstellungskraft. Sie öffnen uns für die Möglichkeit überirdischer Schönheit und grenzenlosen Glücks.

Das bloße Lesen und Imaginieren dieser Bereiche erweitert unsere Vorstellungskraft und bereitet sie auf eine Herrlichkeit vor, die uns sonst in ihrer Großartigkeit möglicherweise einschüchtern würde.

Wer stark in einer anderen Religion verwurzelt ist, sollte die Visionen der Mystiker seiner eigenen Tradition nachlesen, um sich für die außerordentliche Schönheit der Tore des Himmels bereit zu machen. Und die nichtreligiösen Menschen sollten sich mit der Literatur über Leben nach dem Tod auseinandersetzen, besonders mit den Berichten der Nahtod- oder Nachtoderfahrungen. Auch in der Science-fiction-Literatur finden sich reiche Beschreibungen von Welten überirdischer Schönheit.

Eine dritte Art der Vorbereitung ist die ethische. Sie beinhaltet eine selektive Revision unserer Lebensgewohnheiten im Lichte des jederzeit drohenden Todes. Das muß nicht zu einem morbiden »Sich-ängstlich-in-eine-Ecke-Verkriechen« führen. Es kann Sie dazu bringen, sich Ihres Lebens mehr zu freuen, intensiver zu leben und Ihren Lieben mehr Glück zu bringen. Wenn wir sterben, verlieren wir nicht nur unseren gesamten Besitz und alle unsere Beziehungen, sondern auch unseren Körper. Warum also nicht jetzt damit beginnen, sich von all den Dingen, von denen man oft so besessen ist, schon ein wenig zu lösen?

Die drei wichtigsten ethischen Übungen sind die Entwicklung von Großzügigkeit, von Empfindsamkeit für andere und von Toleranz. Sie sind entscheidende Vorbereitungen für den Tod. Im *Buch der Natürlichen Befreiung* werden sie allerdings nicht einmal erwähnt, und zwar deshalb nicht, weil sie in buddhistischen Gesellschaften für selbstverständlich gehalten werden. Die Religionen des Westens lehren dieselben Tugenden, und sogar nichtreligiöse Menschen können sie als vernünftig anerkennen, weil sie sowohl das Leben bereichern als auch auf die Konfrontation mit dem Endgültigen vorbereiten.

Üben wir uns also darin, Dinge wegzugeben, nicht bloß Sachen, an denen uns nichts liegt, sondern Dinge, die wir mögen. Denken wir daran, daß es nicht die Größe eines Geschenks ist, was zählt, sondern seine Qualität und wieviel geistige Anhaftung wir überwinden mußten, um es herzugeben. Verausgaben Sie sich also wegen eines momentanen positiven Impulses nicht gleich bis zum Bankrott, nur um es dann später zu bereuen. Geben Sie kleine Dinge mit Bedacht, und beobachten Sie dabei die geistigen Prozesse, die mit dem Loslassen dieser geliebten Kleinigkeit verbunden sind.

Üben Sie sich darin, in Ihren Beziehungen gelassener zu werden. Denken Sie daran, daß Sie auch tot und überhaupt nicht mit dem Menschen zusammensein könnten und daß Ihr Hauptanliegen ja das Glück des geliebten Menschen ist und nicht, was Sie von ihm bekommen können. Beobachten Sie die Gefühle der Eifersucht, die dauernd ohne guten Grund entstehen. Erkennen Sie wie einengend diese Emotionen sind, wie ungut sie sich anfühlen und wie unterdrückt sich Ihr Partner oder Ihre Partnerin vorkommen muß. Konzentrieren Sie sich auf Handlungen, die Ihre Freunde und geliebten Menschen glücklich machen – die ihnen wirkliches Glück, nicht nur oberflächliches Vergnügen bereiten. Denken Sie zuerst an andere. Erkennen Sie, daß jede Beziehung nur zeitweilig besteht, und investieren Sie möglichst viel gute Energie in sie, solange sie dauert.

Üben Sie sich darin, entspannter mit Ihrem Körper umzugehen. Machen Sie nicht soviel Aufhebens um ihn. Verschwenden Sie nicht Zeit und Geld für Dinge und Behandlungen, die nicht wirklich nötig sind. Erinnern Sie sich daran, daß Sie immer dann am schönsten und hinreißendsten sind, wenn Sie vergessen, an Ihr Aussehen zu denken. Wenn Sie sich im Spiegel betrachten, denken Sie daran, daß Sie tot sein könnten, Ihre Haut blau, Ihre Lippen eingefallen, Ihr Fleisch schlaff und verwesend. Steigern Sie sich nicht morbide in diese Gedanken hinein, aber lassen Sie einen Seufzer der Erleichterung los, daß Sie noch am Leben und gesund sind. Machen Sie sich weniger Sorgen um kleine Makel. Sorgen Sie für Ihren Körper, aber seien Sie nicht von ihm besessen: Seien Sie vernünftig, nicht fanatisch. Und entwickeln Sie eine große Toleranz für Schwierigkeiten. Regen Sie sich nicht so auf, wenn jemand Sie versehentlich verletzt. Seien Sie nicht böse auf die Mücke, die Sie sticht. Sie folgt ihrer Natur. Wehren Sie sich gegen Verletzungen, treiben Sie es aber nicht zu weit. Sie können üben, indem Sie Schmerz und Schwierigkeiten nutzen, um Toleranz und Geduld zu entwickeln und besser mit größeren Härten fertig zu werden. Aber entwickeln Sie sich allmählich, Schritt für Schritt; Selbstverleugnung führt zu Rückschlägen, mit dem Ergebnis noch stärkerer Selbstbesessenheit.

Die vierte Art der Vorbereitung ist die meditative. Obwohl es gut ist, einen kundigen Lehrer zu haben, ist es nicht nötig, sich einer Gruppe anzuschließen, die Religion zu wechseln, die gewohnten Ziele und Lebensumstände aufzugeben und so weiter. Tatsächlich sind in jedem Bemühen um Selbstdisziplin extreme Maßnahmen von nur kurzer Lebensdauer und erreichen selten ihr Ziel. Frühere Übersetzungen des *Buches der Natürlichen Befreiung* geben keine richtige Anweisung zur Meditation. Es wurden stets nur die Abschnitte übersetzt, die im Moment des Todes und kurz danach verwendet werden. Die meditativen Vorbereitungen sollten von dem Zeitpunkt an geübt werden, da man zu dem Entschluß gekommen ist, daß ihre Anwendung sinnvoll ist. Wieder jedoch setzt das *Buch der Natürlichen Befreiung* die Vertrautheit der meisten Mitglieder der tibetischen Gesellschaft mit der Meditationspraxis voraus und beschreibt die grundlegenden Techniken daher nicht im Detail.

Die erste Art der Meditation, mit der Sie beginnen können, ist die beruhigende Meditation, Eingerichtetheit genannt. Sie lernen, in ausgewogener Haltung bequem zu sitzen – die Haltung mit gekreuzten Beinen ist eigentlich recht einfach und gut für die Gesundheit, jede andere ausgewogene Haltung ist aber ebenso geeignet. Sie üben in kurzen Sitzungen, fünf oder zehn Minuten lang. Beginnen Sie mit der Beobachtung Ihrer Atemzüge, zählen Sie sie, entspannen und beruhigen Sie sich, lassen Sie den Gedanken ihren Lauf, ohne sich jedoch von ihnen mitziehen zu lassen. Beenden Sie Ihre Sitzungen immer, solange Sie noch Freude machen – verlängern Sie die Übung nie bis zur Ermüdung. Es geht darum, sich daran zu gewöhnen, Freude an der Praxis zu empfinden und gern zu ihr zurückzukehren. Wenn Sie anfangen, Freude an der Übung zu haben, können Sie sich ein Meditationsobjekt aussuchen. Sollten Sie Buddhist sein, wäre ein kleines Bild des Buddha Shakyamuni zu empfehlen, sind Sie Christ, ein Bild von Christus, sind Sie Moslem, eine geheiligte Silbe. Gehören Sie keiner Religion an, wählen Sie ein Kunstwerk wie die Mona Lisa, eine Blume oder ein Satellitenfoto des Planeten. Dann konzentrieren Sie sich für kurze Zeit ohne Ablenkung auf das gewählte Objekt. Sie lernen mit dieser Übung, die Identifikation mit Gedanken und Emotionen aufzuheben, und wenn sie hier und da im Feld des Geistes entstehen, bringen Sie Ihre Aufmerksamkeit einfach sanft, aber bestimmt zum Meditationsobjekt zurück. Zuerst werden Sie sich von Ihrer großen Zerstreutheit entmutigt fühlen. Aber nehmen Sie das nicht zu ernst; versuchen Sie einfach, einen Augenblick länger konzentriert zu bleiben, Ihre Aufmerksamkeit einen Augenblick früher zum Objekt zurückzubringen und so weiter. Schritt für Schritt, lautet die Parole. Hauptsächlich geht es darum, Ihre Fähigkeit zur Beobachtung des Geistes zu schulen, ihn effektiv zur Konzentration auf etwas nutzen zu lernen und mehr Kontrolle über Emotionen und Reaktionen zu entwickeln. Nebenbei handelt es sich bei der Meditation um ein bewährtes System, Streß zu vermindern, die Gesundheit zu verbessern, effektiver handeln zu lernen und so weiter. Wenn Sie es mit dieser Praxis versuchen möchten, gibt es eine Vielzahl guter ausführlicher Anleitungen in kürzlich erschienenen Büchern.

Beruhigende Meditation zu üben gleicht der Entwicklung eines Werkzeugs, es führt nicht notwendigerweise zu höherer Einsicht. Die nächste für die Vorbereitung wesentliche Art der Meditation ist die Einsichtsmeditation. Einsichtsmeditationen nutzen den beruhigten und ausgerichteten Geist, um zu einem besseren Verständnis der Wirklichkeit, der Umgebung und des Selbst zu gelangen. Sie beginnen mit der Entwicklung von Achtsamkeit oder Wachheit durch Selbstbeobachtung ohne Reaktion.

Diese Übung ähnelt der Beruhigungsmeditation, mit dem Unterschied, daß das Objekt der Meditation in diesem Falle der gesamte Körper-Geist-Prozeß ist. Man geht ganz langsam durch Körper und Geist, beobachtet alles, was vorgeht, ohne auf irgend etwas zu reagieren. Nach einer Anfangsphase des besseren Vertrautwerdens mit den verschiedenen Körper-Geist-Prozessen benutzt man ein Schema wie das der oben aufgeführten fünf Aggregate. Mit Hilfe dieser Landkarte sucht man nun überall nach seinem wahren Selbst. Bald kommen wir zu der Überzeugung, daß es in uns keinerlei festgelegte Identität gibt, keinen unabhängigen Punkt der Subjektivität. Diese Entdeckung wird zur Erkenntnis der Selbstlosigkeit, dem Tor zur Befreiung.

Diese Meditationsform wird äußerst komplex, und es gibt ausführliche Unterweisungen dazu. Es geht darum, mehr Achtsamkeit für das ganze System von Körper und Geist und seine Arbeitsweise zu entwickeln; das ist für die Entwicklung der Fähigkeit ständigen Gewahrseins sehr hilfreich. So kann diese Praxis zum Beispiel zu luziden Träumen führen, was wiederum eine wichtige Vorbereitung für den Versuch ist, den Zwischenzustand bewußt zu erleben. Wichtig ist, daß die Einsichtsmeditation die Fähigkeit erhöht, sich nicht länger mit Einsichten, Gedanken und Emotionen zu identifizieren, infolge der Erkenntnis, daß das, was ein absolutes »Ich« zu sein schien, nur ein zeitweiliges Konstrukt ist. Bis zu welchem Grad Sie diese Fähigkeit auch entwickeln mögen, sie wird äußerst wichtig im Augenblick des Todes. Die vielen Ermahnungen im *Buch der Natürlichen Befreiung,* dieses oder jenes nicht zu fürchten, sich von dieser oder jener Wahrnehmung nicht täuschen zu lassen und so weiter, verlangen alle nach einer gewissen Fähigkeit, sich nicht zu identifizieren, einer gewissen Lockerung im gewohnheitsmäßigen Gefühl eines Selbst.

Die dritte Art der Vorbereitung, die man üben kann, ist therapeutisch und beabsichtigt, den Geist in eine positive Richtung zu konditionieren. So gibt es zum Beispiel Meditationen über Liebe, in denen man die eigene Verbundenheit mit allen Wesen kontempliert, wie gut sie zu einem gewesen sind, wieviel Nutzen man aus der Beziehung mit ihnen gezogen hat, wie schön sie sind und so weiter. Man dekonditioniert dabei seine Aversionen und stärkt die Wertschätzung anderer. Auf diese Weise wird die eigene liebevolle Haltung gegenüber anderen intensiviert. Dann gibt es Meditationen über Geduld, in denen man seinen gewohnheitsmäßigen Zorn abbaut und sich zu Toleranz erzieht. Es gibt Meditationen zum Abbau von Anhaftung, die den Tod zum Grundthema haben und einen zunehmend freier von der Besessenheit von Besitz und weltlichen Aktivitäten machen.

Viertens gibt es imaginative Meditationen, Visualisationen positiver Orte oder Vorgänge, die in der Entwicklung von Offenheit für die unerwarteten, beispiellosen Situationen, die einen im Tod erwarten, sehr nützlich sein können. Ihre Bandbreite ist groß und reicht vom Aufbau eines vorgestellten Heims, eines sicheren Ortes der Ruhe und des Friedens, über die Entwicklung von Selbstbewußtsein im Umgang mit allen Situationen und die Überwindung unterbewußter pessimistischer Haltungen bis zur Erzeugung des diamantenen Selbst in der strahlenden Umgebung des esoterischen Mandala-Bereichs, der vollkommenen Umwelt eines Buddha.

Schließlich gibt es Meditationen, die im Alltag angewandt werden können. Sie zielen darauf ab, eine spirituelle Orientierung mit den täglichen Verrichtungen zu verbinden und so Zeit und Aufwand nutzbar zu machen, die sonst – aus der Sicht der Natürlichen Befreiung – nur für dieses Leben allein verschwendet würden. Die allergewöhnlichsten Situationen können Gelegenheit zu kontemplativer Praxis bieten.

Höre! Nun, da mir der Zwischenzustand des Träumens dämmert,
will ich den leichengleichen Schlaf der Verblendung aufgeben und mich achtsam, ohne Ablenkung in die Erfahrung der Realität begeben.
In bewußtem Träumen will ich den Wandel als Klares Licht genießen.

*Ich will nicht achtlos schlafen wie ein Tier,
sondern mich darin üben, Schlaf und Erkenntnis zu
vereinen!«*
(*Die Wurzelverse der sechs Zwischenzustände*, Seite 175)
Hier wird Schlaf als Zeit zur Praxis genutzt. Sie können den Prozeß des Einschlafens zu einer Probe des Todesprozesses machen, indem Sie sich vorstellen, wie Sie vom gewöhnlichen Wachbewußtsein durch die acht Auflösungsstufen in die Transparenz des Klaren Lichts im Tiefschlaf sinken. Und weiterhin können Sie den Traumzustand zu einer Übung des Zwischenzustands machen, indem Sie sich darauf vorbereiten, sich im Traum selbst als Träumenden zu erkennen. Es ist recht schwierig, das alles auf einmal zu machen, aber wenn Sie nur dabeibleiben und allmähliche Fortschritte machen, ist es nicht unmöglich. Es ist eine sehr wichtige Übung, denn wenn es Ihnen durch die Praxis luziden Träumens gelingt, sich im Traum Ihrer selbst bewußt zu werden, haben Sie eine sehr viel größere Chance, im Zwischenzustand nach dem Tod Ihre Situation zu erkennen.

Eine weitere sehr einfache Art von Alltagsmeditation ist die verbreitete tibetische Praxis der Mantra-Rezitation. OM MANI PADMA HUM* ist das »Mantra des Großen Mitgefühls«. Wörtlich bedeutet es: »OM – (das) Juwel – (im) Lotos – HUM«. Für einen Tibeter bedeutet es, daß mit dem Universum alles in Ordnung ist, daß die Kräfte des Guten und der Liebe allgegenwärtig sind und fähig, allen Wesen aus allen erdenklichen Schwierigkeiten zu helfen. Das Mantra schwingt also mit der positivsten Aussicht, die nur möglich ist. Die Tibeter entwickeln die Fähigkeit, das Mantra unaufhörlich leise oder kaum hörbar zu wiederholen. Sie werden mit dem Mantra und mit Avalokiteshvara, dem Herrn des Mitgefühls, vertraut, fühlen sich seiner positiven Energie nah und üben das Wiederholen der Silben in der Meditation. Indem sie also eine Ebene gewohnheitsmäßigen mentalen Wie-

---

* Von den Tibetern »OM MANI PEME HUNG« ausgesprochen. [A. d. R.]

derkäuens abstellen, nutzen sie die freigewordene Bandbreite geistiger Aktivität für den Strom des Mantra – *omanipemehung-omanipemehung-omanipemehung*... Manche können die Rezitation zusätzlich mit einer Visualisation verbinden, in der sie die sechs Silben auf einem sich drehenden Rad in ihrem Herzzentrum sehen, wie sie das Regenbogenlicht der fünf Weisheiten ausstrahlen, um alle Wesen im Universum zu segnen. Der Strom des Mantra verbindet sich dann mit der konstanten Vision von strahlend farbigem Licht, das in liebevoller Energie aus und ein strömt. Auf gleiche Weise kann man auch andere Mantras benutzen. Sei es ein jüdisches, christliches oder islamisches Mantra, Sie können jedes nutzen, um diese Art positiver Strömung in Ihrem Geist zu erzeugen. Diese Form der Übung wird in der Krise des Todes ganz besonders wertvoll. Weil Sie gelernt haben, sie von selbst fließen zu lassen, kann die Praxis Sie ganz leicht selbst über grobe Unebenheiten in den Übergängen des Sterbens und des Zwischenzustandes hinwegtragen.

Eine weitere Art von Alltagsmeditation ist die bewußte Verbindung einer gewöhnlichen Aktivität mit einer spirituellen Übung. Wenn Sie Geschirr abwaschen, stellen Sie sich den Reinigungsprozeß als das Wegwaschen der geistigen Abhängigkeiten vor. So machen Sie den Abwasch zum Gebet. Wenn Sie ein Gebäude errichten, sehen Sie es als Bau eines Mandala des Reinen Landes. Wenn Sie in der U-Bahn einem Menschen begegnen, stellen Sie sich vor, Sie seien ein Buddha und ganz für diesen Menschen da. Wenn Sie eine Tür öffnen, denken Sie, es sei die Tür zur Erleuchtung.

Die fünfte Art der Vorbereitung ist die intellektuelle. Im Gegensatz zu einigen heute weitverbreiteten Mißverständnissen ist der Buddhismus alles andere als intellektfeindlich. Der Intellekt ist ein Fahrzeug zur Befreiung. Schließlich ist er die Quelle der Weisheit, und Weisheit ist die einzige Kraft, die Sie zur Befreiung führen kann. Meditation, Liebe, Ethik – nichts davon kann allein, also ohne Weisheit, Erleuchtung bringen. Lernen sollte man sein Leben lang; niemand schließt seine Ausbildung nach ein paar Schuljahren ab. Die Schule kann eigentlich nur das richtige Lernen lehren. Damit beginnt das Lernen aber erst richtig. Eine Vielzahl von buddhistischen Texten macht es uns möglich, über das Wesen des Lebens, die Essenz der Befreiung, die Natur des Selbst und die Natur der Umgebung zu lernen. Von besonderer Wichtigkeit sind dabei die Aussagen zu Leerheit, Selbstlosigkeit und Relativität sowie die Lehren über den Erleuchtungsgeist von Liebe und Mitgefühl. Das Lesen der Sutras hat darüber hinaus noch den Vorteil, daß es zusätzlich eine Art der dritten Form der Vorbereitung, der therapeutischen, darstellt, weil die ausführlichen Beschreibungen der Reinen Länder, der unermeßlichen Verwirklichungen der Buddhas und ihrer Schüler und so weiter eine prägende Wirkung auf das Bewußtsein ausüben. Wenn Sie mehr an einer anderen Religion oder Philosophie interessiert sind, lesen Sie regelmäßig deren Schriften, und suchen Sie besonders nach Texten über den Tod und das Leben danach, über andere Daseinsbereiche und über Methoden zur Entwicklung des ethischen, religiösen und intellektuellen höheren Selbst. Nichtreligiöse Menschen können großen Gewinn aus den Wissenschaften ziehen, besonders den kritischen und offenen, sowie aus der Literatur der modernen Psychologie zur Selbstentwicklung.

Außerordentliche Vorbereitungen

Höre! Nun, da mir der Zwischenzustand der Meditation dämmert,
will ich die Vielzahl der Ablenkungen und Verwirrungen aufgeben,
will in der Erfahrung äußerster Freiheit ruhen, ohne Lösen und Greifen,
und will Sicherheit gewinnen in den zwei Stufen:
Erzeugung und Vollendung!

Zu dieser Zeit der Meditation, einsgerichtet und frei von Aktivität,
will ich der Macht verwirrter Abhängigkeiten nicht verfallen!
(*Die Wurzelverse der sechs Zwischenzustände*, Seite 175)

Wenn sie zu einer neuen Betrachtungsweise des Todes und der sich daraus ergebenden Ausrichtung auf ein spirituelles Leben gelangen, werden manche Menschen sich vielleicht nicht mehr mit den eben beschriebenen Vorbereitungen, die in einen gewöhnlichen, auf Familie, Karriere und Konsum ausgerichteten Alltag integrierbar sind, zufriedengeben können. Sie werden ihr Leben ändern wollen, es als »Zwischenzustand des Lebens« behandeln und alles tun, um ihre positive Evolution zu beschleunigen. In einer buddhistischen Gesellschaft würden diese Menschen wohl Mönche oder Nonnen werden, um ihre ganze Zeit dem Streben nach Erleuchtung widmen zu können. Sie würden also versuchen, ihre Beschäftigung mit den sogenannten »Ansprüchen dieses Lebens«, Familie und Freunden, Essen, Trinken, Wohnung, Kleidung, Reichtum, Ruhm, Macht und anderen gewöhnlichen Freuden zu reduzieren. In der modernen westlichen Gesellschaft jedoch gibt es nur wenig Einrichtungen und soziale Unterstützung für jemanden, der auf diese Weise Entsagung üben möchte. Praktizierende mit einem außerordentlichen Engagement müssen also besondere individuelle Arrangements treffen, um sich ganz und gar der transformativen spirituellen Entwicklung widmen zu können.

Die Schulung, der die solcherart Entschlossenen in der tibetischen Tradition zu folgen hätten, beinhaltet vier Stufen: Erstens die Vorbereitungsstufe der exoterischen Erleuchtungslehren; zweitens den Aufbau einer Beziehung mit einem qualifizierten Meister und Initiation in fortgeschrittene, zur Beschleunigung der persönlichen Entwicklung notwendige esoterische Praktiken; drittens die Entwicklung der Fähigkeit zur Visualisation, wie sie in der Erzeugungsphase, der Ebene des Aufbaus kreativer Imagination, gelehrt wird; und viertens die Meisterung der Vollendungsphase – der Stufe, auf der die transformative Reise tatsächlich beginnt – mit ihren yogischen Disziplinen, auf der die Übergänge des Todes tatsächlich simuliert und geprobt werden.

Die Literatur der Natürlichen Befreiung weist auf die ersten beiden der vier Stufen nur beiläufig hin, da sie davon ausgeht, daß alle Tibeter mit ihnen vertraut sind. Was die dritte Stufe angeht, beinhaltet sie eine ausführliche Mandala-Visualisations-Praxis, die ich erstmals übersetzt habe (siehe *Die Dharma-Praxis der Natürlichen Befreiung der Instinkte,* Seite 289). Spezielle Instruktionen für die Übungen der Vollendungsphase schließlich sind in der Literatur nicht explizit enthalten, sie finden sich nur implizit in den Anweisungen zu den Zwischenzustandsprozessen und in der allgemeinen Philosophie der Großen Vollkommenheit selbst (siehe *Die Natürliche Befreiung durch Nackte Schau, Aufzeigen der Intelligenz,* Seite 317). Zahlreiche andere esoterische Traditionen Tibets enthalten jedoch vollständige Instruktionen für alle vier Stufen. Am wichtigsten sind in diesem Zusammenhang die »Unübertroffenen Yoga-Tantras«, die Traditionen den Tod überschreitender, transformativer Disziplinen, von denen man annimmt, daß sie sich aus den esoterischen Lehren des Buddha ableiten, und die von den großen Adepten Indiens, wie Padmasambhava, entwickelt und nach Tibet gebracht wurden. Ohne allzu sehr ins Detail zu gehen, möchte ich einen Überblick über die Hauptpraktiken dieser Tantras geben, um dem Leser einen Eindruck von der vollen Bandbreite möglicher Vorbereitungen für die Reise durch den Zwischenzustand zu vermitteln.

Die Vorbereitungsstufe
Dies ist die Stufe intensiver Praxis der gewöhnlichen, exoterischen buddhistischen Lehren, durchgeführt im Zusammenhang mit der Vorbereitung auf die subtile esoterische Praxis der Unübertroffenen Yoga-Tantras. In den meisten tibetischen Schulen finden sich anstrengende Vorbereitungen auf die esoterische Praxis – gewöhnlich die »vier Hunderttausend« genannt. Dabei

handelt es sich um je einhunderttausend Wiederholungen folgender vier Übungen: Formelle Niederwerfung, Rezitation des Hundert-Silben-Reinigungsmantras von Vajrasattva (einer der archetypischen milden Buddha-Gottheiten, und zwar die archetypische männliche Form, die der Buddha annimmt, wenn er Tantra lehrt), rituelle Darbringung des gesamten Universums an die erleuchteten Wesen und Kontemplation des Guru-Yoga. Diese Übungen müssen gewöhnlich abgeschlossen sein, bevor Initiation in irgendeine Praxis erteilt wird. Die wichtigeren grundlegenden Vorbereitungen bestehen jedoch in den Übungen des Individuellen und des Universalen Fahrzeugs, den Pfaden des monastischen und altruistischen Buddhismus. Tibetische Meister haben diese Übungen speziell als die drei Grundlagen der Erleuchtung formuliert: die transzendente Entsagung, der Erleuchtungsgeist von Liebe und Mitgefühl und die transzendente Weisheit der Selbst-losigkeit. Das erste ist eine besondere Betonung des Individuellen Fahrzeugs, das zweite des Universellen Fahrzeugs, und leicht unterschiedliche Formen des dritten sind der Schlüssel zur Befreiung in beiden.

Transzendente Entsagung wird durch Meditation auf die Kostbarkeit der menschlichen Geburt entwickelt, indem man über den Ozean evolutionärer Möglichkeiten, die Gegenwärtigkeit des Todes, die Unvermeidlichkeit evolutionärer Kausalität und die Leiden des von Unwissenheit getriebenen Rades der unfreiwilligen Wiedergeburt nachdenkt. Wenn man seiner wahren existentiellen Situation aufrichtig ins Auge blickt und eine ehrliche Sympathie für sich selbst entwickelt, weil man es aufgegeben hat, so zu tun, als sei das Gefängnis gewohnheitsmäßiger Emotionen und Verwirrungen ganz in Ordnung, ist Entsagung das automatische Ergebnis. Die Meditation über die systematischen Unterweisungen, die in diesem Zusammenhang gegeben werden, läßt schnell den Entschluß entstehen, vollständige Kontrolle über Körper und Geist zu gewinnen, um zumindest dem Tod vertrauensvoll entgegensehen zu können, in dem Wissen, daß man der Lage ist, sicher durch die Gefahren zukünftiger Reisen zu navigieren. Man erkennt, wie lächerlich es ist, Zeit zu verschwenden, indem man sein Leben Dingen widmet, die »man nicht mitnehmen kann«, und wenn man die Prioritäten radikal neu setzt, empfindet man ein Gefühl tiefer Befreiung von der Last der Sorge um belanglose Dinge.

Der Erleuchtungsgeist von Liebe und Mitgefühl ist die energetische und freudige Aura, die man um sich erschafft, indem man nicht mehr die Selbstsucht, sondern das Streben nach Erleuchtung zum Wohle aller Wesen in den Mittelpunkt des eigenen Lebens stellt. Dieses Kraftfeld entwickelt sich, wenn man erstmalig voller erstaunter Erleichterung und Glück den Geschmack wahrer Befreiung von allen Sorgen erfährt, was sich aus der vorangegangenen Verwirklichung transzendenter Entsagung ergibt. Am Anfang meditiert man systematisch über die Verbundenheit mit allen Lebewesen und erzeugt ein Gefühl tiefer Vertrautheit mit allem, indem man zu Kindheitserinnerungen zärtlichen, liebevollen Umsorgtseins zurückgeht und dieses Gefühl auf alle Wesen überträgt, während man gleichzeitig über die gegenseitigen anfang- und endlosen evolutionären Beziehungen nachdenkt. Fühlt man sich erst allen Wesen in einem Netzwerk naher Verwandtschaft verbunden, erkennt man, wie sehr sie alle dauernd leiden – Leben um Leben. Daraufhin erzeugt man einen machtvollen Willen, sie alle zu befreien. Im Abschluß dieses meditativen Prozesses festigt man diesen Entschluß mit dem heroischen Eid, allen Wesen zu dienen. Man verwandelt den Wunsch, der Welt zu helfen, in einen festen Entschluß. In diesem Augenblick hat man den Erleuchtungsgeist von Liebe und Mitgefühl erzeugt: Man ist zu einem Bodhisattva, einem altruistischen Helden, einer altruistischen Heldin geworden. Der Erleuchtungsgeist ist insgesamt eine Sache der Orientierung und Entschlossenheit.

Die für das tatsächliche Erlangen der Befreiung wesentliche Weisheit entwickelt sich systematisch aus der Meditation über die zweifache Selbst-losigkeit. Die beiden Arten der Selbst-losigkeit sind die subjektive und die objektive Selbst-losigkeit.

Man beginnt mit der Entwicklung des Bewußtseins der subjektiven Selbst-losigkeit, indem man das gewohnheitsmäßige Gefühl, ein solides Wesenszentrum, eine festgelegte, definitive und unveränderliche Identität zu besitzen, unter die Lupe nimmt. Sorgfältig versucht man zu beobachten, wie absolut und unbestreitbar dieses Selbst zu sein scheint, wie alle Antriebe, Impulse und Gedanken aus ihm zu kommen scheinen, wie sehr seine Existenz außer Frage zu stehen scheint. Wenn man sich wirklich bewußt wird, wie tief man ein solches Zentrum empfindet, beginnt man intensiver nachzugraben, um es zu finden, den Finger draufzulegen, es wirklich zu erkennen, endlich herauszufinden, wer und was man eigentlich ist. Es sind viele subtile Systeme entwickelt worden, die bei diesem schwierigen Unterfangen von Nutzen sein können. Man lernt sie kennen und meditiert mit ihrer Hilfe. Man analysiert die inneren Bestandteile von Körper, Geist, Gefühlen, konzeptuellen und emotionalen Mechanismen und den Komplex des Bewußtseins selbst. Systematisch muß man die Kraft seiner Konzentration erhöhen, um diese Analyse auf immer tieferen Ebenen anwenden zu können. Durch das Studium versichert man sich der Hilfe von Generationen früherer Forscher, die seit Jahrhunderten aus ihrer eigenen Suche hervorgegangene Hinweise und Methoden hinterlassen haben. Man muß dazu durchaus kein Philosoph sein, man muß nur wissen wollen, wer man wirklich ist.

Schließlich führt die Untersuchung uns an einen Punkt, an dem wir erkennen, daß es uns nicht gelingen wird, die zentrale Identität des Selbst zu finden. Wir erkennen, daß das Selbst im Zentrum unseres Seins nicht so existiert, wie es scheint. Es wird Augenblicke geben, wo wir vielleicht sogar zu glauben beginnen, daß wir überhaupt nicht exitieren, aber dann erkennen wir, daß dieses Gefühl der Nichtexistenz ebenfalls keine feste Identität ist. Unterwegs müssen wir uns auf die Hilfe der Weisheitsliteratur stützen, um mit dieser Unfähigkeit irgendeine als wesenhaft identifizierbare Art der Existenz oder Nichtexistenz aufzufinden, fertig zu werden. Wir müssen uns dabei Zeit genug nehmen und geduldig und ausdauernd weiterüben, ohne auf spektakuläre Durchbrüche zu hoffen oder den Mut zu verlieren, wenn sich keine einstellen. Allmählich beginnt unser Gefühl der Absolutheit brüchig zu werden, während gleichzeitig unser Gefühl, einfach auf relative Weise da zu sein, immer freier und freier wird. Wir erkennen, daß Identität ein Konstrukt, eine relative Schöpfung ist, und wir beginnen objektive Selbst-losigkeit zu begreifen. Wir schauen auf andere und auf die Objekte der Welt und erkennen, daß auch sie bloß relativ sind, daß auch sie im Kern keine Identität besitzen. Schließlich erkennen wir, daß dieses wechselseitig abhängige Netzwerk nichtabsoluter, relativer Wesen und Dinge flüssig und formbar ist, offen für kreative Entwicklung. Und wenn schon alles wechselseitig abhängiges Konstrukt ist, dann machen wir es doch schöner. Alles ist offen für Transformation. Wenn Dinge nicht durch rigide Kernstrukturen, die ihre Identität ausmachen, festgelegt sind, beinhaltet ihre Offenheit für Transformation aber auch eine gewisse Gefahr, nämlich daß sie sich in negative Gestaltungen verwandeln, die den Lebewesen Leid verursachen. Diese Gefahr jedoch wird von der Möglichkeit, daß alles in Richtung grenzenlos positiver Gestalt, in Bereiche der Freude und Erfüllung für lebende Wesen entwickelbar ist, mehr als wettgemacht.

Diese Meditation kann so tief gehen wie die Erleuchtung selbst. Aber auf dieser anfänglichen Stufe des Pfades, auf der man sich für den speziellen Kontext der tantrischen Kunst der Reise durch die Zwischenzustände vorbereitet, muß man Schlußfolgerung und Erfahrung benutzen, um zu der Gewißheit zu gelangen, daß jede Wahrnehmung – von absolut allem – nur relativ ist, daß alles, was man überhaupt wahrnehmen kann, nur relativ ist. Das zu erkennen, bedeutet, die Äquivalenz von Leerheit und Relativität zu erkennen; man sucht nicht länger nach einer absoluten, die Welt überschreitenden Leere, und man entwertet die relative Welt nicht länger als etwas, das keinen endgültigen Wert besitzt. Man integriert diese Gewißheit in die persönliche Alltagserfahrung, und zwar in einem zweifachen Prozeß. Man läßt die eigene Erfahrung die absolute Leerheit bestätigen, im gleichzeitgen Wissen, daß alles, was man überhaupt erfahren kann, relativ und leer von wesenhafter Identität ist. Und man läßt die absolute Leerheit die relative Erfahrung bestätigen, denn um die Leerheit eines Phänomens erkennen zu können, ist sein relatives Vorhandensein unzweifelhaft recht wichtig. Von hier an ist es eine Frage der Vertiefung dieser Erfahrung nach innen, damit sie unser instinktives Mißverständnis überlagert, das uns immer noch gewohnheitsmäßig das Gefühl einer andauernden Kernidentität vermittelt.

Je mehr wir dieses Gefühl einer speziellen Identität durch fokussierte Konzentration überwältigen können, desto freier werden wir. Hier wird Meditation wirklich wichtig: *nachdem* wir eine gültige Erkenntnis erlangt haben. Hier erkennt man auch, wie tief die Instinkte verwurzelt sind. Hier beginnt man, sich nach einer noch wirksameren Technologie zur Vertiefung der Erkenntnis und Erweiterung der Freiheit zu sehnen. Wir können es nicht mehr ertragen, die Befreiung auf zukünftige Leben aufzuschieben, wir wollen den Prozeß in diesem Leben abschließen. Wir fassen den Entschluß, nach Initiation ins Unübertroffene Yoga-Tantra zu streben, um unser Leben als den Zwischenzustand des Lebens zu erkennen, die Kunst zu lernen, unser gesamtes Wesen und die Welt auf der Erzeugungsstufe neu zu imaginieren, um schließlich, auf der Vollendungsstufe, die inneren Reisen der ausgebildeten Psychonauten anzutreten.

Es ist nicht so, daß wir nun nach einer gänzlich neuen Lehre suchen, die uns eine bis dahin unerreichbare Abkürzung ermöglicht, denn im Weisheitsaspekt unterscheiden die Pfade sich nicht. Ob von der exoterischen oder der esoterischen Warte betrachtet, die Leerheit ist immer dieselbe. Die Methoden aber unterscheiden sich. Die Technik ist wirksamer, die Kunst ist weiter entwickelt. Wir suchen einen Weg, unsere Entwicklung zu beschleunigen, einen Weg, die Entwicklung vieler bewußt erlebter Tode und vieler Leben an Praxis in nur ein Leben, nur einen Tod und nur einen Zwischenzustand zu verdichten – oder höchstens in einige wenige. Die subtilen esoterischen Übungen des Tantra bieten also – auf der Basis eines bereits klaren, aber noch unvollständigen Verständnisses – eine Methode, die es erlaubt, Äonen von Leben in ein Leben, Äonen von Toden in einen Tod und Äonen von Zwischenzuständen in einen Zwischenzustand zu verdichten.

Meister und Initiation
Obwohl es möglich ist, die drei Prinzipien des gewöhnlichen Pfades mit Hilfe eines Buches zu üben, gilt es doch als wesentlich wirkungsvoller, einen spirituellen Lehrer, Mentor oder Meister zu haben, der die verschiedenen Inhalte und Techniken ganz speziell auf die Bedürfnisse des jeweiligen Schülers ausrichtet. Besonders die Lehren der Selbst-losigkeit werden viel leichter verständlich, wenn man sie von einem Meister lernt, der Selbstlosigkeit wirklich verstanden hat. Viele Menschen haben bereits einen spirituellen Lehrer, wenn sie es mit Initiation und dem Betreten der fortgeschrittenen Stufen des Pfades ernst zu nehmen beginnen. Manchmal allerdings wird man für die tantrischen Initiationen einen anderen Meister wählen. Es ist durchaus nicht ungewöhnlich, mehrere spirituelle Meister zu haben. Für die Übung der transformativen Lehren des Unübertroffenen Yoga-Tantra ist die Beziehung zu einem spirituellen Meister eine grundlegende Voraussetzung.

Die Auswahl eines echten Meisters ist Thema einer umfangreichen Literatur. Es ist keine leichte Sache. Natürlich sollte man intuitiv ein gutes Gefühl bezüglich des Lehrers haben, aber man sollte auch sorgfältig seinen Lebensstil, seine Lehraussagen und die Qualität seiner Schüler prüfen. Fehler lassen sich bei jedem finden. Es wäre zuviel verlangt, etwas zu erwarten, was für den gewohnheitsmäßig kritischen Blick nach Vollkommenheit aussieht. Aber man sollte auch seine Vernunft einsetzen. Einem spirituellen Lehrer, der die Lehren nicht klar präsentiert, dessen Meinung den traditionellen Texten häufig widerspricht, der nicht selbst übt, was er lehrt, der seine Schülerinnen und Schüler zur Vergrößerung seines eigenen Ruhms oder Reichtums ausnutzt, der wenig Selbstkontrolle besitzt, geht man am besten aus dem Weg, gleichgültig was er für einen Titel trägt oder woher er kommt. Der verläßliche Meister sollte verständlich lehren, im allgemeinen mit den traditionellen Texten in Einklang stehen und sich entsprechend verhalten, er sollte sich Mühe geben, anderen zu helfen, und er sollte auf die *Bedürfnisse* seiner Schüler eingehen, nicht auf ihre *Erwartungen*. Von Reichtum oder Ruhm sollte er unbeeindruckt sein und einen gemäßigten Lebensstil pflegen – obwohl natürlich nicht alles, was Spaß macht, auch Gift sein muß. Solch ein Lehrer ist höchstwahrscheinlich verläßlich, auch wenn er keinen großartigen Titel trägt oder einer berühmten Linie angehört.

Haben Sie einen Meister gefunden, trägt er Ihnen vielleicht zusätzliche vorbereitende Übungen auf wie die »vier Hunderttausend« oder andere, die er speziell für Sie wichtig findet. Sobald ein Meister Sie jedoch als Schüler akzeptiert hat und einverstanden ist, Ihnen Initiation und Unterweisung zu erteilen, steht Ihnen das Mandala des Unübertroffenen Yoga-Tantra offen.

Das Unübertroffene Yoga-Tantra beginnt mit der Entwicklung einer kreativen Meditation, in der die Imagination genutzt wird, um ein erleuchtetes Selbst, einen erleuchteten Körper und eine erleuchtete Umgebung zu visualisieren. Die Übung besteht darin, unser gewöhnliches Selbst und Universum imaginativ in das zu verwandeln, was wir in den Lehren als erleuchtete Persönlichkeit und Umwelt kennengelernt haben. Sinn und Zweck dieser Übung ist es, ein archetypisches Modell für unsere tatsächliche Verwandlung zu entwickeln. Um etwas zu erschaffen, müssen wir es uns zuerst vorstellen. Und die Imagination kann in der Realität des Zwischenzustands äußerst machtvoll werden. Haben wir erst verstanden, daß die endgültige Wirklichkeit von jeder wesenhaften Substantialität, Realität, Identifizierbarkeit oder Objektivierbarkeit frei ist, dann erkennen wir ihre tatsächlich erscheinende relative Natur auf jeder Ebene der Erfahrung als vollkommen konventionell und bloß konstruiert von der kollektiven Imagination der Lebewesen der Welt.

Getrieben von Ignoranz, strukturieren gewöhnliche Wesen ihr Universum in eine gewöhnliche Welt, die sie durch ihre gewöhnliche Imagination, kodiert in Sprache und Bilder, aufrechterhalten. Durch Weisheit befreit, sind erleuchtete Wesen fähig, ihr Universum so umzustrukturieren, daß es den Bedürfnissen vieler Wesen gerecht wird, indem sie viele Welten in Buddha-Länder transformieren. Der Praktizierende des Unübertroffenen Yoga-Tantra imitiert dieses Ideal, indem er eine gereinigte Wahrnehmung ausbildet, die die Umgebung als Mandala eines Buddha-Landes und das Selbst als Körper, Rede und Geist der Buddhaschaft wahrnimmt.

Initiation ist das Tor, das diese Praxis imaginativer Transformation erschließt. Der tantrische Pfad beginnt mit der Begegnung mit dem Vajra- oder Diamant-Meister. Tantra wird traditionell auch der Pfad der »Guru-Hingabe« genannt. Es wäre allerdings ein völliges Mißverständnis, wollte man glauben, man müsse, nachdem man nun einen Meister gefunden hat, nur noch zu seinen Füßen sitzen und ihn verehren. Ein guter Meister wird es kaum dulden, daß seine fähigen Schüler herumsitzen und in bloßer Verehrung schwelgen. Eines ist richtig: Wir müssen unsere Vorstellungskraft ausweiten und im Meister den tatsächlichen Buddha erkennen, in seinem Körper die Quintessenz der Emanationskörper aller Buddhas der drei Zeiten, in seiner Sprache die Quintessenz der Seligkeitskörper des Dharma und in seinem Geist den unveränderlichen, allumfassenden und unermeßlichen Körper der Wahrheit. In unserer Vorstellung müssen wir dem Meister als der lebendigen Verkörperung der Drei Kostbarkeiten von Buddha, Dharma und Sangha begegnen. Wir müssen unsere unvollkommene Vorstellung und Wahrnehmung in der vollkommenen Sicht des Meister-Buddha auflösen. Aber dann müssen wir augenblicklich auch die Sicht des Meisters annehmen, der nämlich seinerseits in uns, seinen Schülern, den Buddha erkennt, das Potential in uns bereits verwirklicht sieht. Diese erleuchtete Sicht des Meisters teilt sich uns durch das Ritual der Einweihung mit, bei der es sich um eine Art Krönungszeremonie zu einem Vajra-Kronprinzen der Erleuchtung handelt. Sie werden formell auf dem majestätischen Löwenthron der königlichen Buddhaschaft inthronisiert und erhalten einen imaginativen Vorgeschmack vom Ziel Ihrer spirituellen Suche.

Initiation wird zu Beginn der tantrischen Praxis erteilt, sie ist der unverzichtbare Eintritt, obwohl die erste Initiation den Empfänger in den seltensten Fällen wirklich vollständig ermächtigt. Es bedarf nämlich einer hoch disziplinierten Visualisationsfähigkeit, um tatsächlich in den imaginativen Mandala-Palast einzutreten, Gebäude und Ornamente in all ihren lebendigen Einzelheiten wahrzunehmen, den Meister-Buddha mit seinem gesamten Gefolge darin zu sehen und sich selbst als archetypische Gottheit mit vielen Gesichtern und Armen zu erleben. Das wahre Mandala stellt ein eigenes vollkommenes Universum dar, das nicht von dieser Welt ist. Es ist schon eine Leistung, mit der Vorstellung auch nur einen Schimmer dieser Wirklichkeit zu erhaschen, indem man sich an den tatsächlichen Objekten, Symbolen und Personen in dem Tempel orientiert, in dem die Einweihung stattfindet.

Außerdem muß man auch die mit der tantrischen Ethik verbundenen Gelübde und Versprechen verstehen und die Fähigkeit besitzen, sie einzuhalten, was wiederum einen hohen Grad an Meisterschaft über Geist, Sinne und Körper erfordert. Unsere erste Initiation ermächtigt uns jedoch entsprechend unserer Fähigkeit und erlaubt uns, nun wirklich das Studium und die Praxis aufzunehmen, die uns letztlich zur vollen Erleuchtung führen werden. Die Rituale der Initiationen sind immens kompliziert. Im Unübertroffenen Yoga-Tantra gibt es vier Hauptkategorien von Einweihungen: Die »Vasen-Initiation«, die sich auf den Körper konzentriert und den Empfänger zur Visualisationspraxis der Erzeugungsstufe ermächtigt, die »geheime Einweihung«, die sich auf die Sprache konzentriert und den Empfänger für die Anfangsphasen der transformativen Praktiken der Vollendungsstufe ermächtigt, die »Weisheits-Intuitions-Ermächtigung«, die sich auf den Geist konzentriert und den Empfänger für die höheren Praktiken der Vollendungsstufe ermächtigt, und schließlich die »Wort-Initiation«, die sich auf Körper, Sprache und Geist als untrennbare Einheit konzentriert und den Empfänger für die höchste Integrationsebene der Vollendungsstufe ermächtigt, die den Lehren der Großen Vollkommenheit entspricht.

Der Text für die Initiationen in das Mandala der milden und grimmigen Gottheiten, die im *Buch der Natürlichen Befreiung* angerufen werden, ist in den gewöhnlichen Ausgaben des Werkes nicht enthalten. Das liegt daran, daß – gemäß der esoterischen Tradition – ein qualifizierter Meister die Grundvoraussetzung für eine Initiation ist. Es gibt also keinen Grund, einen Text in Umlauf zu setzen, der ohne Meister gar nicht verwendet werden kann. Im ersten Text der Literatur der Natürlichen Befreiung, im »Drei-Körper-Guru-Yoga«, wird jedoch eine Initiationsabfolge auf kontemplative Weise beschrieben (ich zitiere in der Folge der Initiationen):

Unbeschreiblicher, selbstgeschaffener Emanationskörper-
Meister
im Palast des makellosen vollkommenen Lotos,
voller glühender Hingabe und Verehrung rufe ich dich an!
Selbstbefreit, ohne mißverstehenden Zorn aufzugeben,
empfange ich frei den mühelosen Segen des Emanations-
körpers
als selbstoffensichtliche Weisheit innenschauender Selbst-
erleuchtung!

Hier wird der Meister als Emanationskörper-Buddha angerufen. Der Initiant erhält dann seinen Segen in Form weißer Lichtstrahlen, die von einem diamantenen OM – der Keimsilbe der Körper aller Buddhas – auf seinem Scheitel ausgehen. Das diamantene Licht tritt in unseren Scheitel ein, segnet den Körper, gewährt die Vasen-Einweihung und ermächtigt uns zur Praxis der Erzeugungsstufe.

*Unsterblicher, glücklicher Seligkeitskörper-Meister
im Palast universaler Glückseligkeit strahlender, reiner
Weisheit,
voller glühender Hingabe und Verehrung rufe ich dich an!
Selbstbefreit, ohne sinnliche Begierde und Sehnen aufzugeben,
empfange ich frei den mühelosen Segen des Seligkeitskörpers
als automatische Befreiung der universalen Glückseligkeit
innerer Weisheit!*

Hier repräsentiert der Meister den Seligkeitskörper-Buddha. Rubinrotes Licht strahlt von einem roten AH – der Keimsilbe der Sprache aller Buddhas – in seinem Kehlzentrum aus, tritt durch das Kehlzentrum in uns ein, segnet unsere Sprache, gewährt die geheime Einweihung und ermächtigt uns, die Praktiken des magischen Körpers der Vollendungsstufe zu üben.

*Ungeborener, nichtfortschreitender Wahrheitskörper-Meister
im Palast des vollkommenen, allumfassenden Raums der
Wahrheit,
voller glühender Hingabe und Verehrung rufe ich dich an!
Selbstbefreit, ohne mißverstehende Verblendung aufzugeben,
empfange ich frei den vollkommenen Segen des Wahrheitskörpers
als mühelose, ungekünstelte Urweisheit!*

Hier repräsentiert der Meister den Wahrheitskörper-Buddha. Saphirfarbenes Licht strahlt von einem tiefblauen HUM – der Keimsilbe des Geistes aller Buddhas – in seinem Herzzentrum aus, tritt in unser Herzzentrum ein, segnet unseren Geist, gewährt die Weisheits-Intuitions-Einweihung und ermächtigt uns, die Praktiken des Klaren Lichts der Vollendungsstufe zu üben.

*Dreifacher-Körper-Meister unvoreingenommener, großer
Seligkeit
im Palast authentischer Innenschau Klaren Lichts,
voller glühender Hingabe und Verehrung rufe ich dich an!
Selbstbefreit, ohne den Dualismus von Subjekt und Objekt
aufzugeben,*

empfange ich frei den Segen der großen Seligkeit der Drei Körper
als die Drei-Körper-Spontaneität der Urweisheit!

Hier repräsentiert der Meister den Buddha als Integration aller drei Körper. Diamant-, Rubin- und Saphirlicht strahlt von den Keimsilben OM AH HUM in den drei Zentren, tritt in unsere drei Zentren ein und füllt uns mit weißem, rotem und blauem Licht, segnet unseren Körper, unsere Sprache und unseren Geist, gewährt die Wort-Einweihung und ermächtigt uns zum Erlangen der erhabenen Erleuchtung als Integration der Vollendungsstufe, das Große Siegel oder die Große Vollkommenheit. Dann löst sich der Meister vollkommen in dreifarbiges Licht auf und verschmilzt ganz und gar mit uns.

Das wesentliche Ergebnis der Initiation besteht darin, daß wir, sowohl auf der bewußten als auch auf der unterbewußten Ebene, imaginativ in die Aktualität unserer eigenen potentiellen Erleuchtung erhoben werden, und zwar physisch, verbal, geistig und intuitiv. Auch wenn wir vom völligen Erkennen noch weit entfernt sein mögen, geht unsere Praxis von nun an von dieser imaginativen Orientierung aus. Wir meditieren in dem imaginativen Verständnis, daß vollkommene Erleuchtung völlig unmittelbar ist und unsere Praxis allmählich die Hindernisse für die Erkenntnis dieser Tatsache beseitigt. Wir hängen nicht länger der Idee an, die Erleuchtung sei etwas Jenseitiges, das später – »weit entfernt« in Zeit und Raum – zu erreichen sei. Dieses Vorgehen nennt man »das Ergebnis zum Fahrzeug machen«. Es steht im Gegensatz zu den exoterischen Praktiken, wo im Fahrzeug die Ursache für ein späteres Ergebnis gesehen wird. Ergebnis-Fahrzeug-Praxis vollzieht sich im Spannungsfeld eines Paradoxons, einer fokussierten, kognitiven Dissonanz. Unser gewöhnlicher Geist weiß, daß wir nicht erleuchtet sind, unsere entwickelte Imagination hingegen stellt sich unsere Erleuchtung so vor, wie sie anderen erleuchteten Wesen, vertreten durch unseren Lehrer, erscheint. Unsere Visualisation der Erleuchtung übt nun einen kraftvollen kritischen Druck auf unsere gewohnheitsmäßige Wahrnehmung des Nicht-erleuchtet-Seins aus, während gleichzeitig beide Aspekte durch das Gewahrsein ihrer jeweiligen Leerheit geschmeidiger werden.

Es ist wichtig, daß wir diesen besonderen ergebnisorientierten Zugang verstehen, damit wir von den Lehren der Großen Vollkommenheit in der Literatur der Natürlichen Befreiung nicht irregeführt werden. Wenn wir nicht genau verstehen, was es mit der Kultivierung dieser speziellen kognitiven Dissonanz auf sich hat, werden wir, wenn wir hören: »Alles ist natürlich vollkommen; entspanne dich einfach, und das Klare Licht wird scheinen. Du bist bereits ein Buddha!«, zwischen zwei ungesunden Reaktionen schwanken. Zuerst fühlen wir uns vielleicht großartig und denken, daß unser wahres Ich, das angenommene zentrale Selbst, das wir gewöhnlich empfinden, nichts anderes sei als der Buddha-Geist. Das wird uns nur noch tiefer in die Selbstsucht führen, wird die instinktive Gewohnheit, ein Selbst zu empfinden, noch verstärken. Und wenn wir schließlich merken, daß wir uns doch nicht soviel besser fühlen, als zu der Zeit, da uns der Text noch nicht bestätigt hatte, wir seien vollkommen, werden wir schlußfolgern, Padmasambhava habe unrecht gehabt. Wir werden hinsichtlich unserer eigenen Praxis entmutigt sein und zum Zynismus gegenüber der Praxis im allgemeinen neigen. Damit verlieren die Natürliche Befreiung, die wunderbare spirituelle Technologie der Tantras und die subtilen Lehren der Großen Vollkommenheit jeglichen Nutzen für uns.

Wenn wir also hören, daß wir uns in der Großen Vollkommenheit befinden, erkennen wir diese Aussage als strikt initiatorisch. Sie soll uns in den Kontext unseres Zieles und unseres höchsten vorstellbaren Potentials stellen und fordert uns heraus, kritisch alle Behinderungen für die volle Erfahrung unserer eigenen Wirklichkeit aus dem Weg zu räumen. Und wenn wir uns entmutigt fühlen, sollten wir erkennen, daß wir einfach übereifrig gewesen sind; wir sollten keinesfalls in zynischem Selbstmitleid schwelgen und uns nicht von dem illusionären Selbst beeinflussen lassen, das die Erleuchtung am liebsten gestern will. Und wenn wir das Große Wort der Großen Vollkommenheit im Zwischenzustand vernehmen, wenn wir frei sind vom Gefängnis eines schwerfälligen gewohnheitskodierten Körpers, können wir viel unmittelbarer, viel natürlicher aus den Behinderungen ausbrechen. Dann können der Hinweis und die Ermutigung, daß das Klare Licht in uns das endgültige Ziel ist, eine wesentliche Hilfe sein, endlich die Selbstbesessenheit loszulassen und nicht länger auszuweichen und zu zweifeln. Wir müssen uns bewußt sein, daß Zögerlichkeit und Selbstsucht in diesem kritischen Augenblick höchst fatale Wirkung haben können, sie können zu einer Kette von Leben in unangenehmen Verkörperungen unter unerfreulichen Umständen führen.

Die Erzeugungsstufe

Im Text *Die Dharma-Praxis der Natürlichen Befreiung der Instinkte*, der sich in Kapitel 7 vollständig übersetzt findet, wird etwas gelehrt, was der Praxis der Erzeugungsstufe im System der Natürlichen Befreiung sehr ähnlich ist. Das grundsätzliche Ziel der Praxis besteht darin, die Imagination zu nutzen, um die Wahrnehmung und Vorstellung des Gewöhnlichen in die Vision und Erfahrung der Erleuchtung zu transformieren. Sämtliche Elemente der gewöhnlichen Welt – das gewöhnliche Subjekt und das gewöhnliche Objekt – werden imaginativ neu gesehen: als reine Weisheitsenergie. Tod, Zwischenzustand und Leben werden imaginativ in die drei entsprechenden Buddha-Körper – Wahrheit, Seligkeit und Emanation – verwandelt. Die fünf Aggregate von Körper und Geist stellt man sich als die fünf Buddhas vor und die fünf Geistesgifte als die fünf Weisheiten. Jedes andere Lebewesen wird als Buddha imaginiert. Jeder subtile Antrieb wird als Mikro-Buddha-Gottheit gesehen. Jede Form stellt man sich als Teil des Mandala-Juwelen-Palasts vor. Für diese Art der Übung gibt es verschiedene Systeme. Da es sich hier um einen kreativen imaginativen Assoziationsprozeß handelt, ist es nicht nötig, festgelegte Entsprechungen herzustellen. Wir werden uns an das System der Natürlichen Befreiung halten.

Diagramm 9: **Die Fünf Buddhas und die korrespondierenden Aggregate, Geistesgifte, Farben und Weisheiten**

Aggregat	Gift	Buddha	Farbe	Weisheit
Materie	Zorn	Akshobhya	Weiß	Spiegelgleiche W.
Gefühle	Stolz	Ratnasambhava	Gelb	Ausgleichende W.
Konzepte	Gier	Amitabha	Rot	Unterscheidende W.
Willen	Neid	Amoghasiddhi	Grün	Allesvollendende W.
Bewußtsein	Verblendung	Vairochana	Blau	W. der Endgültigen Wirklichkeit

Die fünf Aggregate – Materie, Gefühle, Konzepte, Willen und Bewußtsein – werden zusammen mit den entsprechenden Geistesgiften – Zorn, Stolz, Gier, Neid und Verblendung – als fünf Buddhas und fünf Weisheiten gesehen: Akshobhya und Spiegelgleiche Weisheit, Ratnasambhava und Ausgleichende Weisheit, Amitabha und Unterscheidende Weisheit, Amoghasiddhi und Allesvollendende Weisheit und schließlich Vairochana und Weisheit der Endgültigen Wirklichkeit. Die gewöhnlichsten Dinge und negativsten Emotionen und Wahrnehmungen werden mit speziellen Buddhas, Weisheiten, Energien, Farben und Symbolen assoziiert, um das Bewußtsein eines verwirklichten Buddha zu simulieren, der die Dinge tatsächlich als Gestaltungen seliger und intelligenter Energien wahrnimmt.

Wir sind vielleicht verwirrt, und dieses Gefühl der Verwirrung *ist* Vairochana; wir sind zornig, und dieser Zorn *ist* Akshobhya. Der Stoff unseres Körpers und die Objekte, die ihn umgeben, *sind* Akshobhya; unsere Gefühle *sind* Ratnasambhava; die Gruppe unserer Konzepte *ist* Amitabha; unsere Willensregungen *sind* Amoghasiddhi, und unser Bewußtsein *ist* Vairochana. Abhängigkeit vom Meister kann es jetzt nicht mehr geben, da der Meister imaginativ mit der Buddha-Gottheit verschmolzen wurde und wir selbst imaginativ ebenfalls eine Buddha-Gottheit und – dem Bedürfnis aller Wesen nach Hilfe und Befreiung entsprechend – ebenfalls ein Lehrer geworden sind. In der Initiation sind wir mit der Herrlichkeit und dem Glück der Erleuchtung geweiht worden. Wir haben die Verantwortung übertragen bekommen, Erleuchtung zu erreichen, um das ganze Universum und alle Wesen darin zu verstehen, uns um sie zu kümmern und für ihr endgültiges Glück zu sorgen.

Man kann die Visualisation der Erzeugungsstufe auch noch anders, nämlich im Sinne der fünf Vollkommenheiten beschreiben: Vollkommenheit der Umgebung, der Freuden, der Gefährten, des Körpers und des Selbst. Wir stellen uns die Umgebung als den majestätischen Mandala-Palast eines Buddha vor. Jedes Gefühl, sich in einer gewöhnlichen Umgebung zu befinden, wird durch eine solche Visualisation korrigiert. Freuden werden von erleuchteten Sinnen erfahren. Nur unreine Gewohnheiten nehmen gewöhnliche Objekte wahr. Gefährtinnen und Gefährten mögen wie gewöhnliche Wesen erscheinen, aber in Wirklichkeit sind sie Buddhas und Bodhisattvas, anwesend, um uns zu helfen, unsere eigene Erleuchtung zu verwirklichen. Unser Körper mag scheinbar aus gewöhnlichem Fleisch und Blut bestehen, tatsächlich jedoch ist er aus dem Weisheitsstoff aller Buddhas gemacht. Wir wählen eine archetypische Buddha-Gottheit, um nach ihr unser Selbstbild zu formen: die Form einer milden Gottheit, wenn diese unserem Temperament entspricht, oder die Form einer grimmigen Gottheit, wenn diese besser geeignet ist, unsere tiefsten Energien freizusetzen (siehe Glossar unter »Archetypischer Buddha«). Unser gewöhnliches Selbstgefühl als isoliertes Individuum wird als unreine Selbstwahrnehmung entlarvt. Jetzt visualisieren wir uns als die Manifestation der diamantenen Weisheit, die die Leerheit erkennt.

Das ist der kreative ästhetische Rahmen für die Übung des Unübertroffenen Yoga. Die Erzeugungsstufe ist eine kreative Meditation, die sich der Imagination bedient, um die Inhalte der inneren Sicht zu einem Universum der Erfüllung umzuformen. Sie gliedert sich um ein die »drei Verwandlungen« genanntes Schema: Verwandlung des Todes in den Wahrheitskörper, Verwandlung des Zwischenzustands in den Seligkeitskörper, Verwandlung des Lebens in den Emanationskörper. Grundlage dieser Verwandlungen sind einerseits die Kritik der gewohnheitsmäßigen Wahrnehmung der äußeren Welt als gewöhnlicher Welt des Leidens, welche schließlich dazu führt, daß diese Welt die Vollkommenheit eines Buddha-Landes annimmt, und andererseits die Kritik der gewohnheitsmäßigen Wahrnehmung des gewöhnlichen unglücklichen Selbst, welche zur Entstehung der Vollkommenheit der Buddhaschaft führt. Diese reinen Wahrnehmungen und Vorstellungen werden im Yoga der Visualisation systematisch kultiviert. Die Entwicklung einer »reinen Wahrnehmung« und eines »Buddha-Selbstbildes« öffnen die Tore zur äußeren Welt großer Glückseligkeit, in der alle Wesen Erfüllung gefunden haben, und zum inneren »diamantenen Selbst der Selbst-losigkeit«, welches großes Mitgefühl ist und tatsächlich fähig, durch vollkommene Meisterung der kosmischen Situation, allen Wesen zu helfen. Dieses Muster einer imaginativen Verwandlung von Tod, Zwischenzustand und Leben in die Drei Buddha-Körper wird in der Natürlichen Befreiung besonders im »Drei-Körper-Guru-Yoga« deutlich, wo es in Form eines Gebets präsentiert wird.

In der »Dharma Praxis der Natürlichen Befreiung der Instinkte« werden die archetypischen Buddha-Gottheiten in winzigen Mandala-Mustern im Körper des Praktizierenden – in einem sogenannten »Körper-Mandala« – visualisiert. Die sonst übliche Anordnung der Buddha-Gottheiten in einer großen Mandala-Umgebung findet sich in bezug auf das *Buch der Natürlichen Befreiung* in der mir zur Verfügung stehenden Literatur nicht. Trotzdem ist es mir auf der Grundlage des Textes *Die Dharma-Praxis der Natürlichen Befreiung der Instinkte* möglich, die Standardversion einer Erzeugungsstufen-Praxis für die hundert Buddha-Gottheiten der Natürlichen Befreiung zu konstruieren und so eine Vorstellung zu vermitteln, wie man in der Praxis größere Vertrautheit mit dem Symbolismus der Natürlichen Befreiung gewinnt.

Wir sitzen auf dem Meditationskissen, vor uns eine Abbildung einer oder aller hundert Buddha-Gottheiten oder des Urbuddha Samantabhadra oder des archetypischen Meisters Padmasambhava. Wir errichten einen bescheidenen Schrein mit symbolischen Opfergaben aus kleinen Wasserschalen, Blumen, Votivkerzen und Weihrauch und legen Vajra-Szepter und Vajra-Glocke sowie alle anderen Geräte, die wir während der Übung benötigen, vor uns bereit. Nun visualisieren wir die Präsenz der gesamten Übertragungslinie der Buddhas und Meister vor uns im Raum, von Samantabhadra (Allumfassende Güte) über Amitabha und Padmasambhava durch die ganze Vergangenheit bis zu unserem eigenen persönlichen Meister. Wir nehmen Zuflucht zu ihnen, laden die hundert Buddha-Gottheiten ein, bitten sie bei uns zu verweilen, grüßen sie, bringen ihnen Opfergaben dar, bekennen unsere Schwächen und Verfehlungen, erfreuen uns am Verdienst aller anderen, bitten die Buddhas und Meister zu lehren, bitten die Lehrer, nicht ins Nirvana zu entweichen, und widmen den Verdienst unserer Übung der letztendlichen Erleuchtung aller Wesen.

Dann visualisieren wir, wie wir selbst aus dem Raum der Wahrheit als Buddha Vajrasattva hervorgehen. Er ist von weißer Körperfarbe, mit zwei Armen und friedlichem Gesichtsausdruck, angetan mit königlicher Robe und Juwelenschmuck, wie in der *Dharma-Praxis* beschrieben. Dann rezitieren wir 21- oder 108mal das Mantra: OM VAJRASATTVA SAMAYA ... und so weiter. Dieses Mantra, so heißt es, ist besonders geeignet zur Reinigung von Verfehlungen und zur Beseitigung von emotionalen und intellektuellen Hindernissen. Bis zu diesem Punkt folgen die zehn Zweige vorbereitender Übung ganz eng der »*Dharma-Praxis der Natürlichen Befreiung der Instinkte*«. Hier müssen wir jetzt die Interpolation einer Standardabfolge der Erzeugungsstufen-Übung einschieben, bevor wir mit dem Körper-Mandala nach der *Dharma-Praxis* weitermachen.

Wir laden nun alle Meister und Buddha-Gottheiten ein, mit uns zu verschmelzen, und wir selbst lösen uns daraufhin in absolute Leerheit auf. Wir sprechen das Mantra: OM SHUNYATA

JNANA VAJRA SVABHAVA ATMAKO HAM! (»OM, ich bin die Essenz der Intuition der Leerheit.«) Wir visualisieren die Entstehung eines vollkommenen Universums aus dieser Leerheit, in seinem Zentrum erhebt sich ein unermeßlicher Palast aus fünf Arten von strahlenden Juwelen. In diesem Palast erstehen wir selbst, untrennbar von den Drei Körpern der Buddhaschaft, als die Zentralgottheit des Mandala, Samantabhadra, in Vereinigung mit unserer Gefährtin, unserem archetypischen weiblichen Gegenstück (bei Frauen umgekehrt). Dann lösen wir uns als Samantabhadra auf und erstehen als Buddha Vairochana erneut, wieder in Vereinigung mit der entsprechenden Gefährtin, wie in *Die Dharma-Praxis* beschrieben. Nach und nach visualisieren wir die Buddhas der vier Richtungen, ihre Buddha-Gefährtinnen, ihre Bodhisattva-Bediensteten, ihre Torhüter, alle umgeben von Scharen von Buddha-Gottheiten. Sobald wir die Präsenz der gesamten Gruppe im Mandala-Palast vollständig visualisiert haben, laden wir die wirklichen Buddha-Gottheiten ein, »Weisheitswesen« in Form von Duplikaten aus ihren jeweiligen Buddha-Ländern zu schicken, die dann mit den von uns visualisierten Gestalten verschmelzen. Dann stellen wir uns vor, daß wir und alle Gottheiten des Mandala von den angerufenen Weisheits-Gottheiten, die uns wie eine Wolke von Segen umgeben, Einweihung erhalten. Die überfließende Energie strahlt als Segensstrahlen von uns zu allen Lebewesen des Universums aus. Diese Wesen werden von den magnetischen Juwelenlicht-Traktorstrahlen unseres großen Mitgefühls in das Mandala gezogen, wo sie ebenfalls Einweihung erhalten, zu Buddha-Gottheiten werden und wieder hinausströmen, um ihre eigenen Mandalas zu errichten und wiederum unendlich viele Wesen im ganzen Universum zu segnen.

Dann lösen wir uns wieder in den Wahrheitskörper auf, und wenn wir erneut erstehen, enthält unser Körper zwei unermeßliche Paläste: einen mit zweiundvierzig Sitzen aus Lotos-, Sonnen- und Mondscheiben auf der Höhe unseres Herzens und einen weiteren auf der Ebene unseres Gehirns mit achtundfünfzig Sonnenscheiben. In diesen Palästen visualisieren wir die strahlende Präsenz der hundert Gottheiten: Manifestationen unserer eigenen Emotionen, Instinkte und genetischen Energien in mikrogöttlicher Form.

Ab hier können wir wieder dem Visualisationstext der *Dharma-Praxis* folgen. Wir visualisieren jede der im Text genannten Gottheiten und stellen uns vor, wie sie ihren Platz in unserem Körper einnimmt. Am Ende der Visualisation bitten wir diese Gottheiten, während unserer zukünftigen Reise durch den Zwischenzustand zu erscheinen, um uns zur Erleuchtung zu führen, was letztlich nichts anderes bedeutet, als daß sie uns zur tiefsten essentiellen Wirklichkeit unserer selbst zurückführen. Anfangs erscheint dieser Visualisationsprozeß äußerst umständlich, verwirrend und frustrierend. Beharrliche, sorgfältige Wiederholung läßt ihn jedoch immer vertrauter werden, bis wir uns – nach einigen Monaten der Übung unter der sorgfältigen Anleitung unseres persönlichen Meisters – in diesem Prozeß ganz zu Hause fühlen. Um diese Visualisationen zu erlernen, müssen wir Kunstwerke heranziehen – eine der tibetischen Thangka-Darstellungen, auf denen die hundert Buddha-Gottheiten des Zwischenzustands-Mandala der Natürlichen Befreiung abgebildet sind –, denn ausschließlich mit Hilfe linearer verbaler Beschreibungen zu visualisieren, wäre zu schwierig.

Dieses Modell der Erzeugungsstufen-Übung kann auch von Nichtbuddhisten verwendet werden, die sich zwar die tibetische Kunst des Sterbens für ihre eigene Reise durch den Zwischenzustand zunutze machen möchten, dabei aber die Verbundenheit mit den Bildern und Symbolen ihrer eigenen Religion zu vertiefen wünschen. Das spezifische Muster sollte an die individuelle Vorstellung angepaßt werden, wobei die tibetische Abfolge jedoch hilfreich sein kann: die Anrufung der Gottheit oder Gottheiten, der engelsgleichen Wesen und der Übertragungslinie der großen Patriarchen der jeweiligen Religion; die Verschmelzung dieser Symbole der Güte und Kraft mit dem Praktizierenden; die

Kanalisierung der Segenskraft durch einen selbst hin zu allen anderen Wesen; die Verbindung des Gefühls der Präsenz des Göttlichen mit jedem Aspekt des Körpers, des Geistes und der gewöhnlichen Welt; die Konzentration auf das Gefühl vollkommener Ruhe in der göttlichen Wirklichkeit von Frieden und Liebe; die Bitte des Übenden an die auserwählten Gottheiten, ihm zu Beginn des Zwischenzustandes zu erscheinen; und schließlich die Auflösung des gereinigten Universums in einer nun wieder gewöhnlichen, aber gestärkten Person und Wirklichkeit.

Die Vollendungsstufe
Die imaginative Manipulation des Juwelenplasmas der Buddha-Formen auf der Erzeugungsstufe wird in extravagantem Detailreichtum fortgesetzt. Sie wird immer subtiler, bis sie einen Punkt erreicht, an dem man fähig geworden ist, den gesamten Mandala-Palast einschließlich seiner Bewohner innerhalb eines schimmernden Tropfens in der Spitze der Nase, im Herz- oder Genitalzentrum zu visualisieren und dieses präzise Hologramm für mehrere Stunden aufrechtzuerhalten. Ist dieser Punkt erreicht, ist man für die Yogas der Vollendungsstufe gerüstet. Die Meditationssitzungen der Erzeugungsstufe enden stets mit der Auflösung aller visionär geschaffenen Welten in das Klare Licht universeller Leerheit. An einem bestimmten Punkt im Prozeß der Opferungen wird auch schon die Erfahrung der »vier Ekstasen« geprobt, die allen versammelten Buddhas dargebracht werden. Diese Ekstasen sind ein zentrales Element der Vollendungsstufe und sollen deshalb in der Folge kurz beschrieben werden.

Die Vollendungsstufe kann in fünf Phasen eingeteilt werden, deren Reihenfolge variiert. Diese Phasen sind: 1. Körper-Isolation, die Isolation des Körpers von allen Unreinheiten des Gewöhnlichen; 2. Vajra-Rezitation, die Isolation der Sprache vom Gewöhnlichen durch Vereinigung von Windenergie und Mantra; 3. Geist-Isolation oder Selbsteinweihung, die vollständige

Auflösung sämtlicher Energien und Strukturen des Bewußtseins in den Zentralkanal und das Erstehen des subtilen Energiekörpers als magischer Körper; 4. Klares Licht, das wiederholte Reisen des magischen Körpers durch die Wirklichkeit des Klaren Lichts; 5. Integration, vollkommene Buddhaschaft als die Untrennbarkeit von Klarem Licht als Wahrheitskörper, magischem Körper als Seligkeitskörper und dem früheren gewöhnlichen Körper als Emanationskörper.

In den verschiedenen tibetisch-buddhistischen Schulen sind zahlreiche Tantras in Gebrauch, die alle auf die kreative Pionierarbeit der großen Adepten Indiens zurückgehen. Jedes dieser Tantras hat seinen ganz besonderen Ausdruck für sein ganz spezifisches Verständnis des Pfades, der Erzeugungsstufe, der Vollendungsstufe und des endgültigen Zieles, der Buddhaschaft, entwickelt. Sämtliche Tantras basieren auf demselben dreifachen Pfad der transzendenten Entsagung, des Erleuchtungsgeistes universaler Liebe und der Weisheit selbstloser Leerheit. Alle beschleunigen die Vertiefung der Weisheit und die Entwicklung von Mitgefühl, um das Erreichen der Buddhaschaft in einem einzigen kostbaren Menschenleben möglich zu machen. Alle bedienen sich der Imagination, um sich dem Zustand des Zieles anzunähern und es schneller zu erreichen. Alle mobilisieren den subtilen Geist als Weisheit der großen Glückseligkeit, um endgültige Wirklichkeit zu erkennen und ihre Energien zum Wohle aller Wesen zu formen. Daß sie den Prozeß zum Erreichen des einen Ziels – der erhabenen Integration der Buddhaschaft – unterschiedlich als Große Vollkommenheit, Großes Siegel, Untrennbare Seligkeit-Leerheit und so weiter darstellen, liegt an Unterschieden im konzeptuellen Schema und der Terminologie, nicht etwa an Unterschieden im Pfad oder in seiner Frucht.

Die Erzeugungsstufe endet in einer Vorform der »Körper-Isolation«, die erreicht ist, wenn unser Körper sich von allen gewöhnlichen Erscheinungen und Selbstbildern isoliert. Wir erfahren uns dann tatsächlich als Gottheit, empfinden deren

Gesichter, Augen und Arme als unsere eigenen – genauso, wie wir jetzt unseren gewöhnlichen Körper erleben –, vielleicht zusätzlich noch mit winzigen Buddha-Gottheiten an vitalen Punkten innerhalb unseres Körpers in Form eines Körper-Mandalas. Hierbei handelt es sich immer noch um eine grobe, wenn auch beseligende Ebene des Körpergefühls. Körper-Isolation erreicht die Ebene der Vollendungsstufe, wenn das Gefühl eines eigenständigen groben Körpers überschritten wird, wenn jedes Atom eines jeden Teils des Körpers und der Sinne – in einer Explosion der Visualisation über den Bereich organisatorischer grober Imagination hinaus – als Buddha-Gottheit erfahren wird. Das Modell des Körpers ist nun nicht mehr anthropomorph, der subtile Körper wird im Sinne von Nervenkanälen, neuralen Winden und feinsten Energietröpfchen erfahren. Der Geist ist das subtile Sinnesbewußtsein der drei Lichtheiten, die, zusammen mit dem System von Nervenzentren, Winden und Tropfen, weiter oben bereits beschrieben wurden.

Die Visualisationen von Mandala-Palast und Gottheiten-Körper sind grobe Imaginationsmuster, die auf eine indirekte Öffnung innerer Empfindsamkeiten im subtilen Körper-Geist abzielen. Die Vollendungsstufe strebt diesen Prozeß innerer Öffnung nun ganz bewußt an. (Für einen Rückbezug auf das Schema des groben und subtilen Geist-Körpers siehe S. 69.) Die neuralen Windenergien werden folgendermaßen eingeteilt: fünf Hauptenergien (Vitalenergie, Atmungsenergie, Verdauungsenergie, muskulär-motorische Energie und austreibende Energie) und fünf Nebenenergien, welche die fünf Sinne belegen. Diese Energien werden jetzt als Buddha-Gottheiten wahrgenommen. Die Tropfen der subtilen Struktur sind die männliche hormonale Essenz, wie im Sperma, und die weibliche hormonale Essenz, wie im Ovum, die »weißer« und »roter Erleuchtungsgeist« genannt werden. Der äußerst subtile Geist des unzerstörbaren Tropfens ist im Zentrum des Herznexus-Abschnitts des Zentralkanals eingeschlossen. Er ist das endgültige subtile »Selbst« der Selbst-losigkeit, die endgültige Subjektivität natürlicher Ekstase, die das objektive Klare Licht universaler Leerheit erkennt. Der äußerst subtile Körper ist die Energie in diesem Tropfen, obwohl es auf dieser Ebene der Feinheit keinerlei Körper-Geist- und sogar Subjekt-Objekt-Dichotomie mehr gibt.

Durch verschiedene Konzentrationstechniken in der Körper-Isolation der Vollendungsstufe erreicht man schließlich einen Punkt stabilisierter Konzentration, an dem man nun den Prozeß simulieren kann, den man gewöhnlicherweise nur zur Zeit des physischen Todes erlebt. Die Atmung wird schwächer und setzt dann völlig aus. Wir erfahren die vier Stufen des Schmelzens von Erde in Wasser, Wasser in Feuer, Feuer in Wind und Wind in grobes Bewußtsein (in manchen Systemen Raum genannt), begleitet von den jeweils typischen subjektiven Zeichen, genannt »Trugbild«, »Rauch«, »Glühwürmchen« und »Kerzenflamme« (siehe Seite 79). Diese Übung muß gegründet sein auf ein völlig stabiles Buddha-Vertrauen – ein imaginativ erzeugtes Buddha-Selbstbild – und reine Wahrnehmung, die von allem Gewöhnlichen gereinigt ist. Anderenfalls würde die heikle neurologische Balance, die zum Durchlaufen der Auflösungen nötig ist, durch die instinktive Todesangst und den unterbewußten Widerstand gegen den Tod gestört.

Als nächstes löst sich das grobe Bewußtsein in das subtile Bewußtsein auf, das sich aus den achtzig natürlichen Instinkten zusammensetzt. Es sind eher subtile instinktive Potentiale als grobe Emotionen, die die drei als »Leuchten«, »Strahlen« und »Bevorstehen« bekannten Intuitionen (siehe Seite 71) behindern. Der vierte Zustand ist der äußerst subtile Geist, Klares Licht oder Transparenz. Die subjektiven Zeichen der von Stufe zu Stufe fortschreitenden Auflösung sind: »Himmel in Mondlicht«, »Himmel in Sonnenlicht«, »Himmel in völliger Dunkelheit« und »Himmel vor Dämmerungsbeginn«.

Während dieses Prozesses ist große Stabilität erforderlich. Da die Instinkte bei ihrer Auflösung aufgewirbelt werden, besteht die Gefahr, aus dem Gleichgewicht zu fallen, weil man sich mit ihnen identifiziert. Die Auflösung des groben Bewußtseins durch die Intuitionen der Lichtheiten bis zum Klaren Licht wird vom Eintritt aller Windenergien in den Zentralkanal begleitet. Sie nehmen alle weißen und roten Lebenstropfen aus den äußeren Nerven und dem rechten und linken Kanal mit und treten gewöhnlich über die Öffnung zwischen den Brauen aufwärts zum Hirnzentrum in den Zentralkanal ein. Wenn man durch die Initiation, Unterweisung und Übung nicht sorgfältig vorbereitet wäre, würde man jetzt tatsächlich sterben, und die Lebensenergien würden den groben Körper verlassen, sobald der normalerweise verschlossene Zentralkanal geöffnet wird. Da aber die Knoten um den Zentralkanal sorgfältig und früh genug gelokkert wurden, entgeht man dieser Gefahr nun leicht, und die subjektive Todeserfahrung wird zum Tor in die innere Welt glückseliger Erleuchtung.

In dem stabilen subjektiven Gefühl, einen subtilen Körper aus Kanälen und Zentren, Energien und Tropfen zu haben, konzentriert man seine gesamte Energie auf eine rotglühende Keimsilbe im Nabelzentrum, die man sich mit großer Klarheit und Stabilität vorstellt. Hitze strahlt von ihr aus und lodert im Zentralkanal hoch. Wenn dadurch die bewußtseinsformenden Tropfen im Hirnzentrum schmelzen und das Kehlzentrum erreichen, erfährt man Ekstase und Leerheit. Wenn sie weiter schmelzen und zum Herzzentrum gelangen, erfährt man höchste Ekstase und äußerste Leerheit. Wenn sie das Nabelzentrum erreichen, erfährt man intensive Ekstase und große Leerheit. Wenn sie das Genitalzentrum erreichen, erfährt man orgasmische Ekstase und universale Leerheit. Man ist im Klaren Licht versunken, das in diesem Zusammenhang das metaphorische Klare Licht genannt wird. Dann erfährt man die vier Ekstasen und vier Leerheiten in umgekehrter Reihenfolge, wenn die Energien und Tropfen allmählich wieder durch Nabel, Herz, Kehle zum Hirn zurückkehren, wo die orgasmische Ekstase der umgekehrten Reihenfolge zum zweiten Mal mit universaler Leerheit verschmilzt. Die vier Ekstasen sind in Diagramm 10 zusammengefaßt.

Diagramm 10: **Bewegung der Energie durch den subtilen Körper**

Bewegung im subtilen Körper	Ekstase	Leerheit	Umgekehrte Bewegung
Hirn zur Kehle	Ekstase	Leerheit	Genital zum Nabel
Kehle zum Herzen	höchste E.	äußerste L.	Nabel zum Herzen
Herz zum Nabel	intensive E.	große L.	Herz zur Kehle
Nabel zum Genital	orgasmische E.	universale L.	Kehle zum Hirn

Nachdem man den ersten Geschmack orgasmischer Ekstase und universaler Leerheit gekostet hat, entsteht man, indem man die drei Stufen durchläuft, wieder von neuem und erfährt die acht Zeichen – Himmel vor Dämmerung und so weiter – in umgekehrter Reihenfolge. Die Energien kommen dann wieder aus dem Zentralkanal hervor und beginnen im groben Körper zu zirkulieren, was man als Wiedergeburt in den alten Körper erfährt, in den man durch den Kopf wiedereintritt.

Diese Stufe ist von vollständiger Buddhaschaft immer noch weit entfernt. Denn auch wenn der Zentralkanal geöffnet wurde, ist er hier und da immer noch verengt, ganz besonders im Herzzentrum, und deshalb kann der innere orgasmische Durchdringungsprozeß von Tropfen und Energien nicht die Intensität erreichen, die zur Verkörperung der höchsten Weisheit vollkommener Buddhaschaft nötig wäre. Daher beginnt man nun mit der nächsten Stufe, der Vajra-Rezitation, mit dem erklärten Ziel, den Knoten am Herzzentrum, durch den der rechte und linke Kanal den Zentralnexus des gesamten Systems abschnüren und den äußerst subtilen Körper-Geist gefangen halten, endgültig zu lösen. Die meisten Gelehrten, die sich mit diesem Thema beschäftigt haben, haben die Öffnung des Zentralkanals als einmaliges Ereignis interpretiert: Wurde er einmal geöffnet, dann, so meinen sie, sei er offen. Es wurde dabei auch nicht genügend zwischen hinduistischem Kundalini-Yoga, taoistischen Energie-Yogas und den buddhistischen Tantra-Yogas unterschieden. Tatsache ist, daß die Öffnung des Zentralkanals, wie jede chirurgische Operation (wobei das Skalpell in diesem Falle kritische

Weisheit gepaart mit kreativer Imagination ist), mehr oder weniger vollständig sein kann. Es gibt eine Vielzahl ekstatischer Erfahrungen, die das Zentralnervensystem in vielfacher Hinsicht beeinflussen können.

Die Praxis der Vajra-Rezitation arbeitet an der Überschreitung der Gewöhnlichkeit der Zeit, die Körper-Isolation hingegen transzendiert die Gewöhnlichkeit des Raumes. Die Wurzel der Zeit ist der Atem, und darum werden die Windenergien mit dem Mantra vereint, besonders mit OM AH HUM, den Vajras oder Diamanten von Körper, Rede und Geist. Die Windenergien werden als Buddha-Gottheiten gesehen, und das geschieht in einer äußerst verfeinerten Meditationstechnik, bis man schließlich zu einem lebendigen OM AH HUM wird, ganz allein im Zentrum eines leeren Universums. Wenn sich auf diese Weise völlige Konzentration entfaltet, hört die gewöhnliche Atmung auf und der oben beschriebene Auflösungsprozeß setzt ein, mit dem Unterschied, daß die vier Ekstasen und vier Leerheiten hier auftreten, wenn die Energien und Tropfen im Zentralkanal in einer bestimmten Reihenfolge in die verschiedenen Kammern des Herzzentrums eindringen.

Die Öffnung des Herzzentrums ist ein heikler Prozeß der Entknotung, hochgefährlich wenn forciert, und darum kann die Vajra-Rezitation auch den fähigsten Yogi, die fähigste Yogini mehrere Jahre beschäftigen. Ihr Ziel ist erreicht, wenn alle Behinderungen im Herzzentrum beseitigt sind und die Auflösungen zu der Art orgasmischer Ekstase führen können, die den unzerstörbaren Bewußtseinsenergie-Tropfen im Zentrum des Herzens einbezieht. Diese Ebene wird dann »Geist-Isolation« genannt, weil der Geist von jedem Nichterfahren großer Glückseligkeit getrennt ist. Der subtilste Geist wird zum Geist großer Glückseligkeit und damit zur endgültigen Subjektivität für die Erkenntnis des immer noch metaphorischen Klaren Lichts der universalen Leerheit oder Selbst-losigkeit.

Das Erreichen des isolierten Geistes stellt eine vertiefte Form der orgasmischen Ekstase dar, des Samadhi der Vereinigung universaler Leerheit mit Klarem Licht. Aus diesem Zustand ersteht man in einem subtilen magischen Körper mit den Zeichen und Merkmalen der Buddhaschaft. Dieser magische Körper besteht aus reiner Neuralenergie, die aus dem Klaren Licht aufblitzt. Er ähnelt dem Körper im Zwischenzustand oder dem Körper, den man im Traum annimmt; seine Augen, Ohren und anderen Sinne gleichen den Sinnen im Traum oder im Zwischenzustand. Obwohl jetzt keine Notwendigkeit mehr besteht, unfreiwillig in den groben Körper zurückzukehren, kann man ihn, wenn man möchte, zum Wohle der Wesen dennoch reaktivieren. Ab diesem Zeitpunkt wird man beim Einschlafen automatisch in das Klare Licht eintreten. Wenn man träumt, entsteht man als Seligkeitskörper des Schlafes. Wenn der Traumkörper zurückkehrt und man erwacht, erlebt man den Wachzustand als Emanationskörper des Schlafes. Wenn man sich entschließt, den gewöhnlichen Körper aus bestimmten Gründen zu verlassen, bedient man sich der Auflösungs- und Entstehungsprozesse, um den Wahrheitskörper des Todes, den Seligkeitskörper des Zwischenzustands und den Emanationskörper der Reinkarnation anzunehmen.

Selbsteinweihung setzt bei der Öffnung des Herzknotens in der Isolation des Geistes ein, bei der der äußerst subtile Körper-Geist des unzerstörbaren Tropfens als endgültige Subjektivität orgasmischer Ekstase für die endgültige Objektivität des Klaren Lichts ins Spiel gebracht wird. Die Übung geht weiter unter der inneren Bedingung des Auflösungs-Verdichtungs-Prozesses und den äußeren Bedingungen der Vereinigung mit einer Gefährtin beziehungsweise einem Gefährten. Die Atmung hört auf, die acht Zeichen tauchen auf, die absteigende und aufsteigende Abfolge der vier Ekstasen und Leerheiten wird erfahren. Wenn jetzt das Wiedererstehen aus dem Klaren Licht eintritt, kontrolliert die subtilste Subjektivität die Neuralenergien als fünffache Regenbogenlichtstrahlen der fünf Buddha-Weisheiten und formt sie zu dem aktuellen magischen Körper. Der magische Körper auf dieser Stufe wird technisch »unrein« genannt und durch fünf Gleichnisse beschrieben: Traumkörper, Vajrasattvas

Spiegelbild, Mond im Wasser, Phantom, Blase. Traumkörper deshalb, weil er vom normalen Körper getrennt zu existieren scheint, aus dem er hervorgeht und in den er wieder zurückkehrt. Vajrasattvas Spiegelbild, weil er mit den 112 übermenschlichen Zeichen ausgestattet ist. Mit dem Mond im Wasser wird er verglichen, weil der magische Körper, wie der Mond, der überall erscheint, wo eine Wasserfläche ihn spiegelt, immer da erscheint, wo Lebewesen Hilfe brauchen. Einem Phantom wird er gleichgesetzt, weil er zwar gegenständlich zu sein scheint, jedoch ohne jede Substantialität ist. Einer Blase entspricht er, weil er, wie Blasen im Wasser, ununterdrückbar aus der Quelle des Klaren Lichts hervorperlt.

Die vierte Stufe, Klares Licht, setzt nach sechs bis achtzehn Monate langer Übung der dritten Stufe des magischen Körpers ein. Ununterbrochen versenkt man sich ins Klare Licht, kehrt in den gewöhnlichen Körper zurück, lehrt Wesen und so weiter. Die Tiefe dieser Versenkungen steigert sich, und schließlich erreicht man das tatsächliche, objektive Klare Licht, nicht mehr nur das metaphorische Klare Licht. Der magische Körper der dritten Stufe schmilzt, wie ein Regenbogen im Himmel verschwindet, und man erreicht den unwiderstehlichen Pfad, der den verhafteten Verblendungen direkt entgegenwirkt. Wieder erfährt man die übliche Folge von Ekstasen und Leerheiten. Im Augenblick des Übertritts aus dem objektiven Klaren Licht in die Intuition des Bevorstehens in rückläufiger Folge wird man zu einem Heiligen, gewinnt den reinen magischen Körper, erreicht den Pfad der Befreiung, der alle emotionalen Verbindungen beseitigt, und erlangt die Integration des Lernenden.

Die fünfte Stufe, Integration, wird erreicht, nachdem weitere Versenkungspraxis die intellektuellen Verblendungen besiegt hat, jene Behinderungen der Allwissenheit, die auch den Bodhisattva der höchsten Stufe noch daran hindern, alle Ebenen der Kausalität der oberflächlichen Welt der Lebewesen vollkommen zu verstehen, und die damit seine oder ihre vollkommene Meisterung der Kunst der Befreiung behindern. Diese Integration ist die Integration des reinen magischen Körpers, der Vollkommenheit des Mitgefühls als orgasmische Ekstase, mit dem objektiven Klaren Licht, der Vollkommenheit der Weisheit als Intuition universaler Leerheit. Der große indische Adept Nagarjuna beschreibt diese Integration in seinen *Fünf Stufen* (meine Übersetzung):

> Gibt man die Vorstellung sowohl vom samsarischen Lebenszyklus als auch von nirvanischer Befreiung auf, und beide werden ein und dasselbe, so nennt man das »Integration«. Wer sowohl das Verhaftete als auch das Gereinigte als das Absolute selbst erkennt, der weiß um die Integration. Wer Weisheit und Mitgefühl als dasselbe erkennt und entsprechend handelt, der hat die Integration erlangt. Freiheit von der Vorstellung sowohl der subjektiven als auch der objektiven Selbstlosigkeit ist das Wesen der Integration. Der Yogi, der frei von Achtsamkeit und Achtlosigkeit aus einem stets spontanen Charakter immer so handelt, wie es ihm beliebt, weilt auf der Stufe der Integration ... Wer die vollkommen reine Gottheit und die sogenannte »Unvollkommenheit« als untrennbar versteht, ist ein Integrierter ... Der Yogi also, der an diesem Orte weilt, weilt auf der Stufe der Integration. Er sieht die Wirklichkeit allwissend und wird »Halter der Vielseitigkeit« genannt. Buddhas, zahlreich wie Sandkörner im Ganges, haben eben dies erkannt und, Sein und Nichtsein überschreitend, die Essenz des Großen Siegels gefunden ... Ob dieser Erkenntnis handelt der Intuitive in allem ohne Zögern, mit dieser verborgenen Disziplin erreicht er alles und verwirklicht sämtliche Vollkommenheiten. Möge die ganze Welt durch das Verdienst des Lehrens der erhabenen fünften Stufe mit dem Samadhi der Integration geschmückt sein!

Die Prozesse des Yoga der Vollendungsstufe sind atemberaubend. Meine stark vereinfachte Darstellung reicht keinesfalls als Anleitung zur tatsächlichen Praxis dieser Stufe aus. Ich habe sie dennoch eingefügt, um den Lesern eine Vorstellung zu vermitteln, welch erstaunliche Künste zur Vorbereitung auf jede Eventualität in Tod, Zwischenzustand und Leben zur Verfügung stehen. Das zu wissen, mag uns inspirieren, diese Möglichkeiten irgendwann einmal zu meistern – wenn nicht in diesem, dann in einem späteren Leben.

Die *Natürliche Befreiung durch Verstehen im Zwischenzustand* liefert – zumindest in den üblichen Ausgaben – nicht die Instruktionen für die gesamte Vollendungsstufe. Die große Welt der Großen Vollkommenheit, die die kulminatorischen Realitäten der vierten und fünften Stufe beschreibt, wird als Ziel gesetzt. Für soeben verstorbene Lama-Adepten gibt es nur den kurzen Rat, sie sollten die Lehren üben, die sie gemeistert haben, dann würden sie im Todesmoment, dem Anfang des Zwischenzustandes der Realität, Befreiung finden. Das *Buch der Natürlichen Befreiung* ist aber hauptsächlich für diejenigen unter uns gedacht, denen es nicht gelingt, die Höhen geistiger Entwicklung der Psychonauten zu erklimmen.

Andererseits gibt es einen Weg, der sämtliche Aspekte der Vollendungsstufen für die gesamte Leserschaft des *Buches der Natürlichen Befreiung* subtil verfügbar macht. Immerhin ist der Zwischenzustand eine Zeit der Krise nach dem Tod, in der sich der Wesenskern (der äußerst subtile Geist-Körper) in seiner flüssigsten Form befindet. Und natürlich ist der größte Teil der Kunst des Tantra darauf zugeschnitten, mit genau diesem völlig transformierbaren subtilen Zustand zu arbeiten. Wenn ein guter Mensch, der einen starken Impetus evolutionär günstiger Handlungen aufweist, auf den Zwischenzustand nicht vorbereitet ist, kann er unglaublich viel seines evolutionären Fortschritts in nur einem winzigen Augenblick verlieren, wenn er nämlich Angst bekommt und sich in der Dunkelheit zu verbergen sucht. Andererseits kann ein schlechter Mensch mit einem Übergewicht evolutionär ungünstiger Handlungen, der aber gut auf den Zwischenzustand vorbereitet ist, Äonen vertaner Leben gutmachen, indem er sich mutig dem Licht stellt. Immerhin kann schon eine winzige Errungenschaft auf der subtilen Ebene machtvolle Wirkungen auf der groben zeitigen. Der Geist im Zwischenzustand kann – allein mit kreativer Imagination – direkt das beeinflussen, was die Buddhisten die »spirituellen Gene« nennen, die er mit sich führt. Der Reisende im Zwischenzustand besitzt zeitweilig eine immens erhöhte Intelligenz, außergewöhnliche Kräfte der Konzentration, besondere Fähigkeiten der Hellsichtigkeit und Teleportation sowie die Beweglichkeit, zu allem zu werden, was er sich nur vorstellen kann, und die Offenheit, schon von einem Gedanken, einer Vision oder einer Instruktion radikal zu werden. Das ist der Grund, warum der Reisende im Zwischenzustand augenblicklich befreit werden kann, indem er einfach nur versteht, wo im Zwischenzustand er sich befindet, wie die Wirklichkeit beschaffen ist, wer die Verbündeten sind und wo die Gefahren liegen. Gleichgültig also wie fortgeschritten die Vollendungsstufen und die Große Vollkommenheit denjenigen unter uns erscheinen mögen, ganz von den Anforderungen des alltäglichen Lebens eingenommen sind, für die Wesen im Zwischenzustand wäre es gut, wenn sie sie wenigstens auf dem Weg des Studiums einmal kennengelernt hätten. Daran dachte mit Sicherheit auch Meister Padmasambhava, als er in diesem einzigartigen Werk ohne Verletzung esoterischer Geheimhaltungsvorschriften den einfachen Menschen der tibetischen Gesellschaft von den Möglichkeiten der Vollendungsstufe kündet – genauso wie es die tibetischen Lamas heute für uns ungeschulte Menschen auf der ganzen Welt tun.

Es ist schwierig Ratschläge zu erteilen, wie ein nichtbuddhistischer Yogi die Vollendungsstufe kennenlernen und vergleichbare Übungen entwickeln könnte, die seiner Weltsicht entsprechen. Sicher gibt es in allen großen religiösen Traditionen der Erde Schulen von Adepten, die mit den grundlegenden Realitäten von Leben und Tod umgehen. Auch der echte Schamane kennt den Auflösungsprozeß, ist sich göttlicher Verbündeter und dämonischer Störungen bewußt und entdeckt gewöhnlich einen Grund des Wohlwollens und Vertrauens, eine Art Herrn des Mitgefühls. Die Mönche und Nonnen aller Zeitalter haben mit Reisen der Seele experimentiert, und einige haben ihre Erfahrungen auch in hilfreichen Schriften niedergelegt. Adepten der Sufi- und der Dao-Tradition kennen entsprechende Unterweisungen und haben Übertragungslinien am Leben erhalten. Und alle Suchenden sämtlicher Traditionen können sich der systematischen Technologien und scharfsinnigen Einsichten der tibetischen Tradition bedienen.

4. Die Literatur der natürlichen Befreiung

Die Geschichte der Texte

Nach Aussagen der Texte selbst hat der große Adept Padmasambhava das *Buch der Natürlichen Befreiung durch Verstehen im Zwischenzustand* verfaßt und seiner tibetischen Gefährtin, der Yogini Yeshe Tsogyal, diktiert. Es wurde wahrscheinlich im späten 8. Jahrhundert nach Christus geschrieben. Padmasambhava ist eine semilegendäre Figur, und seine mit Legenden ausgeschmückte Biographie enthält Episoden, die Anklänge an das Leben Buddha Shakyamunis enthalten, und andere, die ihn in die Nähe der 84 großen Adepten Indiens rücken. Padmasambhavas Name ist eines der Wurzel-Mantras der grimmigen Form von Avalokiteshvara, des mit einem Pferdekopf gekrönten Hayagriva. (Auch die grimmigen Gottheiten handeln aus Mitgefühl, jedoch in einer Art »rücksichtsloser Liebe«.) Padmasambhava soll in Form eines Regenbogenmeteors aus der Zunge des Buddha Amitabha im westlichen Reinen Land der Glückseligkeit hervorgegangen sein. Damit antwortete Amitabha auf das Ersuchen des Bodhisattva Avalokiteshvara, doch etwas mehr für die irdischen Lebewesen im Königreich Udyana zu tun, denen eine Katastrophe drohte, weil ihr König über seine Unfähigkeit, einen Erben zu zeugen, zutiefst verzweifelt war. Der Meteor raste zur Erde und landete in einem Lotossee eines schönen Tals im Nordwesten des indischen Subkontinents, dem heutigen Pakistan. An seiner Einschlagstelle wuchs ein riesiger Lotos, in dessen sich öffnender Blüte man schließlich einen wunderschönen Knaben inmitten einer Aura aus Regenbogen sitzen sah. Nach seiner Herkunft gefragt, antwortete er: »Meine Mutter ist Weisheit, mein Vater Mitgefühl und meine Heimat der Dharma der Wirklichkeit.«

Padmasambhava ist so etwas wie ein tibetischer Superheld. Er ist der Adept der großen Adepten. Er ist ein Emanationskörper-Buddha, der über den Zwischenzustand zu lehren vermag, weil er ihn willentlich selbst bereisen kann. Nachdem er bereits Hunderte von Jahren in Indien gelebt und wohltätige Wunder vollbracht hatte, kam er auf Einladung des Königs Trisong Detsen nach Tibet, um ihm und dem indischen Abt und Philosophen Shantarakshita bei der Aufgabe zu helfen, das erste buddhistische Kloster in diesem kriegerischen Land zu errichten. Er zähmte viele der Dämonen Tibets, gab vielerlei Unterweisungen – die »Natürliche Befreiung« eingeschlossen – und verschwand schließlich in sein eigenes Paradies, das sich irgendwo in Afrika, Südamerika oder Arabien befinden soll, auf dem Glorreichen Kupferberg. Dort lebt er, gemäß der mythologischen Überlieferung der Tibeter, bis zum heutigen Tage.

In Voraussicht der großen Verfolgung des neunten Jahrhunderts, die viel vom frühen tibetischen Buddhismus zerstören sollte, verbarg Padmasambhava viele Texte – die *Natürliche Befreiung* eingeschlossen – in ganz Tibet. Nach der Restauration des Buddhismus entwickelten sich Traditionen spiritueller »Schatzfinder« (*tertön*), die sich durch außergewöhnliche hellseherische Fähigkeiten auszeichneten, zu denen auch eine Art Röntgenblick gehörte. Oft hielt man sie für Reinkarnationen von Aspekten Padmasambhavas oder eines seiner fünfundzwanzig tantrischen Hauptschüler. Es gibt zahlreiche Berichte darüber, wie sie in hoch in den Klippen liegenden Höhlen, unter der Erde, in Felsen und Bäumen Texte entdeckten. Manchmal fanden sie auch in ihrem eigenen Geist Schätze, die in einem früheren Leben vom Meister dort verborgen worden waren – eingeschlossen in den Erinnerungskode ihrer spirituellen Gene, damit sie zur rechten Zeit entdeckt würden, wenn die Menschen in späteren Leben und Jahrhunderten sie brauchten.

Ein berühmter Schatzfinder des vierzehnten Jahrhunderts

trug den Namen Karma Lingpa. Einige behaupten, er sei eine Inkarnation von Padmasambhava selbst gewesen. Er war es, der das *Buch der Natürlichen Befreiung* in einer Höhle des Berges Gampo Dar in Zentraltibet entdeckte. Es hat – in Tibet ebenso wie im Westen – immer wieder Diskussionen um die Authentizität der sogenannten »Schatz-Lehren« gegeben Diese Meinungsverschiedenheiten sind für uns von keiner besonderen Bedeutung, da man einen Text, wie das *Buch der Natürlichen Befreiung,* am besten nach seinem Inhalt beurteilt und nicht nach seinem Einband. Im Falle, daß sein Inhalt allgemeiner buddhistischer Tradition widerspricht, unzusammenhängend ist, schlecht begründet und so weiter, kann ein Text zu Recht als grobe Fälschung abgetan werden. Steht allerdings sein Inhalt mit der intellektuellen, psychologischen und spirituellen Tradition des Buddhismus im Einklang, wird er auch noch vernünftig präsentiert, ist er klar, sinnvoll und nützlich, dann sollte er als authentische buddhistische Lehre akzeptiert werden, als authentische Abhandlung buddhistischer Wissenschaft und Zeugnis buddhistischen Glaubens. Ist dieser Sachverhalt erst einmal eindeutig geklärt, dann können wir ebensogut auch der Aussage der Tradition folgen, die Padmasambhava als Urheber besagten Textes bezeichnet.

Um diese Texte, diese Zeugnisse religiösen Glaubens, studieren und nutzen zu können, brauchen wir sie nicht daran zu messen, ob Padmasambhava denn nun tatsächlich der spirituelle Supermann gewesen ist, ob er wirklich heute noch lebendig ist und so weiter. Natürlich neigen wir aufgeklärten Menschen der Neuzeit nicht unbedingt dazu, solche Dinge für real zu halten – obwohl die meisten von uns insgeheim noch diesbezügliche Hoffnungen hegen.

Relevant allerdings ist die Frage, warum Karma Lingpa diese Texte wohl entdeckt hat und warum es zu dieser Zeit geschah. Tibet erlebte im vierzehnten Jahrhundert eine große spirituelle, institutionelle und soziale Renaissance, die von vielen herausragenden Meistern der Kadam-, Sakya-, Kagyu- und Nyingma-

Schulen getragen wurde und in der großen Synthese gipfelte, die Lama Jey Tsongkhapa um das Jahr 1400 n. Chr. vollzog. Alle diese Lamas waren Gelehrte, Heilige, Wissenschaftler und Psychonauten-Forscher. Sehr viele unter ihnen hatten eine Fähigkeit entwickelt, die wir »luzides Sterben« nennen könnten. Während eines ganzen, vollständig der Erleuchtung gewidmeten Lebens haben sie die oben beschriebenen Yogas der Vollendungsstufe geübt und die inneren Visionen von Mondlicht, Sonnenlicht und endgültigem Klaren Licht gemeistert – jede einzelne von ihnen ebenso herausfordernd und bedeutungsvoll wie die äußeren Mondspaziergänge unserer Astronauten!

Und wenn sie dann starben, manifestierten sie häufig genug wunderbare Zeichen für die Zurückgebliebenen, bewahrten ihr eigenes Bewußtseinskontinuum und nutzten die Gelegenheit des Todes, um ihre Verwirklichung der Drei Körper der Buddhaschaft zu festigen und zu genießen. Über all dies hinaus entschieden sie sich bewußt für ein Wiedererscheinen aus der grundlegenden Realität des Klaren Lichts, indem sie in der Begegnung der elterlichen Gene im Leib einer tibetischen Mutter Wiedergeburt nahmen. Sie hinterließen ihren Nachfolgern sogar Hinweise, wo sie wiederzufinden sein würden. Als Kleinkinder schon erhoben sie ihre Stimme und verlangten danach, in ihr Stammkloster und in den Kreis ihrer Schüler zurückgebracht zu werden.

Leben auf Leben nutzten sie so, ihre erleuchteten Fähigkeiten zu verstärken, diejenigen zur Reife zu bringen, die glücklich genug waren, ihre Schüler sein zu können, und die Gesellschaften Tibets, der Mongolei, der Mandschurei und Chinas in Richtung einer menschlichen Zivilisation zu lenken, die auf völlige Erleuchtung ausgerichtet war. Diese Lama-Adepten waren derartig erfolgreich und wurden so allgemein akzeptiert, daß für die Tibeter die Präsenz vieler Reinkarnationen völlig selbstverständlich wurde. Das ging sogar soweit, daß sie sich fast weigerten, die spirituelle Autorität irgendeines Lamas anzuerkennen, der nicht mindestens in seinem soundsovielten erleuchteten Leben arbeitete. Diese Lamas waren die am weitesten fortgeschrittenen Wissenschaftler, die charismatischsten heiligen Männer und Frauen, die angesehensten sozialen Führer und die meistgeliebten Mitglieder der tibetischen Gesellschaft.

Die Zeit des vierzehnten Jahrhunderts war also reif für Lehren, die auch breiteren Gesellschaftsschichten den Übergang vom Tod zur Wiedergeburt verständlich machen konnten. Das Phänomen des Zwischenzustands war seit langem bekannt und in der gesammelten Sutra-Literatur mit ihren umfangreichen Kommentaren, die während der ersten fünfhundert Jahre der Entwicklung des Buddhismus in Tibet aus dem Sanskrit übersetzt worden waren, auch schon vollständig beschrieben worden. Die Technologien des Reisens durch den Zwischenzustand, wie sie etwa im *Buch der Natürlichen Befreiung* gelehrt werden, standen in der umfangreichen Literatur der Tantras seit langem zur Verfügung. Die ursprünglichen Sammlungen der grundlegenden Tantras und ihrer von den großen indischen Adepten verfaßten Kommentare umfaßten insgesamt mehrere hundert Bände von etwa 2000seitigen Arbeiten (den Umfang einer Übersetzung in eine westliche Sprache zugrundegelegt), die sämtlich aus dem indischen Original übersetzt worden waren. Daneben entwickelte sich eine rasant wachsende tibetische Sekundärliteratur von Hunderttausenden tibetischer Gelehrter und Adepten, welche in den Tausenden monastischer Universitäten aller Traditionen, die in den Jahrhunderten der Blüte entstanden waren, erzogen worden waren.

Es war also an der Zeit, daß ein Schatzfinder ein weiteres Juwel der wunderbaren Hinterlassenschaft des lotosgeborenen Meisters Padmasambhava aus dem Verborgenen ans Licht brachte. Diesem Umstand ganz und gar angemessen, wurde eine Arbeit entdeckt, die das Mandala oder gereinigte Universum des *Guhyagarbha-(Esoterische-Quintessenz-)Tantra* nutzte, eines der wichtigsten der »alten« (d. h. in der frühen Phase des achten und neunten Jahrhunderts ins Tibetische übersetzten) Tantras. Dieses Mandala verwandelt die gewöhnliche menschliche Welt in eine vollkommene Umwelt erhabenen Glücks, bewohnt von einer Gemeinschaft von hundert milden und grimmigen archetypischen Buddha-Gottheiten, die die Elemente der menschlichen psychophysischen Existenz in ihrer voll entwickelten Form repräsentieren. Diese Gottheiten sind Ausdruck der Freiheit von jeglicher Zwanghaftigkeit in der Erfahrung, der vollkommenen Zufriedenheit in den selbstgewählten Funktionen und der gereiften Fähigkeit, dieses Glück mit allen anderen Wesen – entsprechend ihrer jeweiligen Auffassungsgabe – teilen zu können. Sie dienen als Schablonen für das Ziel menschlicher Entwicklung, sind also Archetypen der erleuchteten Reife sämtlicher physischen und spirituellen Energien des Menschen. Die Adepten hatten dieses Mandala schon seit langem für ihre eigenen kreativen und transzendenten Meditationen verwendet.

Der besondere Beitrag dieses neuentdeckten Werkes bestand in der Erweiterung des Zugangs zur Mandala-Welt kontemplativer Archetypen. Auch dem gewöhnlichen Menschen, der keine lebenslange Ausbildung in einer der Klosteruniversitäten genossen hatte und dem es nicht möglich war, viele Jahre in konzentrierter meditativer Praxis zu verbringen, wurde es nun möglich, dem Mandala der hundert Gottheiten seiner eigenen vervollkommneten Energien zu begegnen – und zwar dann, wenn er es am nötigsten brauchte, zur Zeit des Todes und des anschließenden Übergangs. Auch wenn diese Lehre den Menschen direkt und indirekt immer wieder auffordert, nicht bis zu diesem letzten kritischen Moment zu warten, berührte sie ihn doch, und zwar ohne Initiationen oder Studium. Sie ließ den Menschen wissen, daß seine Befähigung zum Verständnis der Wirklichkeit, seine visionäre Kraft, die Gelegenheit zur freien Wahl, seine Verantwortlichkeit für weitreichende Güte und seine Bereitschaft zur Transformation während des Zwischenzustands um etwa das Neunfache verstärkt würde. Diese Lehre bot, freizügig und einfach, unmittelbaren Zugang zur höchsten Technologie der Raumfahrt durch den Zwischenzustand. Sie vermittelte auch dem einfachen Menschen, seiner Familie und seinen Freunden ein Gefühl davon, was den Psychonauten begegnet war und was sie entdeckt und erreicht hatten. Dadurch wurde zumindest ermöglicht, daß das Vertrauen des einfachen Mannes und seiner Familie in die Psychonauten-Lamas weiter wuchs. Es machte sie offener für ihre Hilfe und wacher dafür, sie als Führer und Verbündete zu erkennen, wenn sie ihnen auf der gefährlichen Reise durch den Zwischenzustand erschienen.

Natürlich genoß der neu entdeckte Schatz-Text in Tibet jener Zeit höchstes Ansehen. Vom fünfzehnten Jahrhundert an gewann er, abgeschrieben und gedruckt, weite Verbreitung und wurde häufig nachgeahmt. Ähnliche Abhandlungen wurden verfaßt, die die Dimensionen des Wissens anderer Schriften und der mündlichen Überlieferung aller vier Schulen in sich vereinigten. Es entstanden die unterschiedlichsten Versionen solcher Texte. Auf der Ebene des einfachen Volksglaubens entstanden unter anderem Amulett-Texte, die Schutzgebete und Diagramme auflisteten, welche gedruckt und eng zusammengerollt in metallenen Amulettbehältern von Lebenden oder Sterbenden auf dem Körper getragen wurden. Es gab Ikonen-Texte, die als Repräsentationen der erleuchteten Rede des Buddha angesehen und verehrt wurden. Weiterhin Texte von Schutzmantras, die lange und kurze Mantras auflisteten, welche auswendig gelernt und rezitiert werden sollten. Auf der elitäreren Ebene entstanden Anleitungen zu Praktiken der Bewußtseinsübertragung, die es dem Adepten möglich machten, seinen Körper willentlich zu verlassen. Die archetypischen Mandala-Strukturen und die Visualisationsmethoden wurden dahingehend verfeinert, daß sie leichter zu behalten und effektiver anzuwenden waren. Und auch die Anweisungen zur Kontemplation wurden immer genauer, indem jeweils neue Ideen und verfeinerte Techniken, gewonnen aus den Erfahrungen neuer Generationen praktizierender Adepten, hinzugefügt wurden.

Die Abschnitte des Buches

Wie zu vermuten war, variiert der Text, obwohl er im Laufe der Jahrhunderte mehr oder weniger fixiert wurde, in verschiedenen Ausgaben. Die Sammlungen der Texte zur »Natürlichen Befreiung« deuten gewöhnlich an, daß der Gesamtkomplex mehr Texte umfaßt, als in einer spezifischen Ausgabe enthalten sind. Die am besten organisierte Sammlung, auf die ich bisher gestoßen bin, enthält die folgende, nach dem tibetischen Alphabet geordnete Inhaltsangabe:

Index der Werke zur »Natürlichen Befreiung durch Verstehen« aus der *Tiefgründigen Belehrung, Natürliche Befreiung durch Kontemplation der Milden und Grimmigen Gottheiten* (1 Blatt)

- **ka.** *Das Gebet des Drei-Buddha-Körper-Guru-Yoga* aus der *Natürlichen Befreiung ohne Aufgeben der Drei Gifte* (3 Blatt)
- **kha.** *Das Gebet des Zwischenzustands der Realität* aus der *Natürlichen Befreiung durch Verstehen* (36 Blatt)
- **ga.** *Art des Entstehens des Zwischenzustands der Grimmigen Gottheiten* (21 Blatt)
- **nga.** *Das Gebet der Anrufung der Buddhas und Bodhisattvas um Hilfe* (3 Blatt)
- **ca.** *Die Wurzelverse der sechs Zwischenzustände* (3 Blatt)
- **cha.** *Gebet um Erlösung von den Nöten des Zwischenzustands* (4 Blatt)
- **ja.** *Orientierung für den Zwischenzustand des Werdens* aus der *Großen Befreiung durch Verstehen* (35 Blatt)
- **nya.** *Befreiung durch Tragen am Körper, Natürliche Befreiung des Körpers* (24 Blatt)
- **ta.** *Das Gebet um Zuflucht vor allen Schrecken des Zwischenzustands* (3 Blatt)
- **tha.** *Die Dharma-Praxis der Natürlichen Befreiung der Instinkte* (26 Blatt)
- **da.** *Die Hundert Ehrerbietungen, die Natürliche Befreiung von*

	üblen Taten und Verblendungen (15 Blatt)
na.	*Die Unermeßlichkeit der Milden und Grimmigen, das Bekenntnis, die Natürliche Befreiung* (24 Blatt)
pa.	*Die Natürliche Befreiung durch Nackte Schau, Aufzeigen der Urintelligenz* (15 Blatt)
pha.	*Natürliche Befreiung durch Zeichen, Untersuchung des Todes* (25 Blatt)
ba.	*Überlisten des Todes, Die Natürliche Befreiung von Angst* (11 Blatt)
ma.	*Die Lehre der Natürlichen Form von Tugend und Laster im Zwischenzustand des Werdens, Die Natürliche Befreiung im Zwischenzustand des Werdens* (18 Blatt)
tsa.	*Zusätzliche Methode der Lehre der Natürlichen Form von Tugend und Laster im Zwischenzustand des Werdens* (8 Blatt)

Insgesamt 275 Blatt, gedruckt in Indien aus dem Shahatadara, dem Großen mNga sde, am ersten Tag des ersten Monats im Jahre 1985

Das vorliegende Buch präsentiert eine Übersetzung von 150 Blatt aus diesen 275 Blatt. Übersetzt sind die 108 Blatt des Haupttextes und 42 Blatt vorbereitender Gebete und angefügter Praktiken. Die 108 Blatt des Haupttextes sind bereits zweimal ins Englische übersetzt worden, zuerst von Kazi Dawa-Samdup und W. H. Y. Evans-Wentz und später dann von Chögyam Trungpa Rinpoche und Francesca Fremantle. Einer der beiden in Teil drei enthaltenen Abschnitte, *Die Dharma-Praxis der Natürlichen Befreiung der Instinkte,* liegt hier als Erstübersetzung vor. *Die Natürliche Befreiung durch Nackte Schau, Aufzeigen der Urintelligenz* wurde bereits von W. H. Y. Evans-Wentz übersetzt und später noch einmal von M. Reynolds. Da dieser Text einen guten Einblick in die dem *Buch der Natürlichen Befreiung* zugrundeliegenden philosophischen Sichtweisen vermittelt, habe ich ihn aus dem Tibetischen neu übersetzt und dabei meine eigene Terminologie und Interpretation verwendet, um ihn der übrigen Neuübersetzung anzupassen. Von den restlichen Abschnitten, die für dieses Buch nicht übersetzt wurden, hat Glenn Mullin den Abschnitt »*pha*«, über die Zeichen des Todes, bereits früher übersetzt. Auch die anderen Abschnitte werden zweifellos bald von Gelehrten für weiterführende Studien übersetzt werden.

Im Geiste des ursprünglichen Schatztextes, der von Meister Padmasambhava ja als praktische Hilfe für die Allgemeinheit gedacht war, habe ich mich bemüht, eine populäre, praktisch anwendbare Version des *Buches der Natürlichen Befreiung* vorzulegen. Ich habe den Text so zusammengestellt, daß er für alle, die ihn bei einem tatsächlichen Todesfall anzuwenden wünschen – entweder wenn ihr eigener Tod naht oder wenn ein Nahestehender stirbt –, so nützlich wie nur irgend möglich ist. Ich habe die wichtigen Gebete an den Anfang gestellt (in der Reihenfolge, die in den vorbereitenden Übungen des Zwischenzustands des Werdens beschrieben ist), da sie gemäß den Anweisungen ohnehin zu Beginn rezitiert werden müssen. Dann stelle ich die drei Zwischenzustände vor – Todesmoment, Wirklichkeit und Werden –, wobei die Abschnitte, die dem Verstorbenen tatsächlich laut vorgelesen werden müssen, durch eine serifenlose Schrift hervorgehoben sind. Die Abschnitte meiner Übersetzung sind folgendermaßen angeordnet:

Vorbereitender Abschnitt mit Gebeten
Drei-Körper-Guru-Yoga
Hilfe durch Buddhas und Bodhisattvas
Erlösung von den Nöten des Zwischenzustands
Zuflucht vor allen Schrecken des Zwischenzustands
Wurzelverse der sechs Zwischenzustände

Der Reiseführer durch die Zwischenzustände
Vorbereitungen
Der Zwischenzustand des Todesmoments
Der Zwischenzustand der Milden Gottheiten

Der Zwischenzustand der Grimmigen Gottheiten
Der Zwischenzustand des Werdens

Ergänzende Übersetzungen
Die Dharma-Praxis der Natürlichen Befreiung der Instinkte
Die Natürliche Befreiung durch Nackte Schau, Aufzeigen der Urintelligenz

Die beiden tibetischen Ausgaben, die mir für meine Arbeit zur Verfügung standen, waren insgesamt recht roh und unausgefeilt, was bei derart populären Texten durchaus normal ist. Druckfehler waren häufig, die Rechtschreibung unregelmäßig, und die beiden Texte wichen auch inhaltlich in kleinen Details voneinander ab. Es wäre ein nützliches Forschungsprojekt, eine große Anzahl verschiedener Ausgaben des *Buches der Natürlichen Befreiung* zusammenzutragen und eine textkritische Edition zu erstellen. Ich habe mich weder darum bemüht, noch habe ich den Text mit umständlichen Fußnoten belastet, welche die abweichenden Lesarten der verschiedenen in meinem Besitz befindlichen Ausgaben anführen. Den Verstorbenen und Trauernden steht der Sinn nicht nach derartigen gelehrten Feinheiten. Für die Gottheiten habe ich, wo immer möglich, die Sanskrit-Namen benutzt und mich dabei eines einfachen phonetischen Systems der Umschrift bedient. Diese Namen sind ohnehin indischen Ursprungs und wurden von den Tibetern in ihre eigene Sprache übersetzt, weil ihnen die Aussprache der indo-europäischen Diphthonge und Konsonanten-Gruppen zu große Schwierigkeiten bereitete. Die meisten westlichen Sprachen sind jedoch ebenfalls indo-europäischen Ursprungs und tun sich daher mit den indischen Sanskrit-Namen leichter.

Ich habe die wichtigsten Hintergrundkonzepte, die der Leser meiner Meinung nach zum Verständnis braucht, bereits vorgestellt. Zusätzlich liefere ich einen laufenden Kommentar zur Übersetzung, der durch die Normalschrift von der Übersetzung selbst abgesetzt ist. Unvertraute Begriffe werden häufig in diesem Kommentar erklärt und können ansonsten im Glossar nachgeschlagen werden.

Während ich diese Arbeit abschließe, muß ich mit Bestürzung daran denken, wie viele Schwerkranke und Alte in Amerika sich für Sterbehilfe (Euthanasie) interessieren. Eindeutig verurteilt das *Buch der Natürlichen Befreiung* den Suizid, wenn der Mensch nicht bereits Befreiung erlangt hat oder das feste Vertrauen besitzt, sie im Zwischenzustand herbeiführen zu können. Selbstmord ist die negative evolutionäre Handlung des Nehmens von Leben. Für einen Praktizierenden des Tantra ist er Deizid, Gottesmord, da der Körper selbst der Körper einer Gottheit und Aufenthaltsort vieler Mikro-Gottheiten ist. Andererseits beginnen die Menschen, ihrem Leiden weniger passiv gegenüberzustehen, und sie versuchen, eine gewisse Kontrolle über ihr Leben zu gewinnen, indem sie über ihren Tod bestimmen. Endlich erwachen sie zu der Tatsache, daß Autoritäten nur begrenztes Wissen und Geschick besitzen. Sie beginnen zu begreifen, daß die Qualität des Lebens wichtiger ist als die bloße Quantität seiner Dauer. Und mutig treffen sie ihre eigenen Entscheidungen.

Unglücklicherweise leben diejenigen, die sich für unheilbar krank halten und deshalb Anleitungen zum Suizid benutzen oder mit dem Gedanken daran spielen, höchstwahrscheinlich in dem Glauben, daß sie mit der Zerstörung ihres Gehirns bereits die »augenblickliche Befreiung« erreichen könnten, die sie sich als völliges Vergessen vorstellen. Diese Vorstellung wird sich für einige von ihnen als tragische Fehlkalkulation erweisen. Natürlich mag es einige gewohnheitsmäßig frohsinnige und zufriedene Menschen geben – Menschen, die gütig und großzügig sind und loslassen können, ohne sich viel Sorgen zu machen –, denen es gelingen könnte, das hellere Licht zu erkennen und mit ihm zu verschmelzen, auch ohne formelle Vorbereitung und trotz ihrer Überraschung, doch nicht das erwartete Vergessen vorzufinden. Aber es wird auch die Angespannteren und Rigideren geben, die um jeden Preis die Kontrolle bewahren wollen, bis sie die Garantie für ein Nichts haben, die sehr an ihrem Körper, ihrem Besitz, ihrer Identität und Bequemlichkeit haften. Diese Menschen werden im Mahlstrom des Zwischenzustands wirklich leiden, und ihre Chancen für einen guten Ausgang, für eine gute Position auf dem Rad der Möglichkeiten, stehen schlecht, vom Erlangen der Befreiung gar nicht zu reden.

Ich hoffe daher, daß zumindest einige dieser Menschen oder ihre Nächsten und Freunde auf dieses Buch stoßen werden, das *Große Buch der Natürlichen Befreiung durch Verstehen im Zwischenzustand,* und daß sie versuchen es anzuwenden – und sei es auch im Sinne von Pascals Abwägung. Wenn diese Arbeit auch nur einem einzigen Menschen hilft, erfüllt sie die Absicht von Meister Padmasambhava und seiner Kollegen, und meine Anstrengung wird der Mühe wert gewesen sein.

Mögen alle Wesen von den Drei Kostbarkeiten gesegnet sein!
Möge der Planet Frieden haben und die Erde ihre Schönheit bewahren!
Mögen alle Wesen zufrieden sein!
Möge allen Glück beschieden sein!

Zweiter Teil

Der Reiseführer

Das Große Buch der Natürlichen Befreiung durch Verstehen im Zwischenzustand

Die komplette Sammlung von Schatztexten, die im achten Jahrhundert n. Chr. von Padmasambhava in Tibet verborgen wurden, trägt den Titel *Die Natürliche Befreiung durch Kontemplation der Milden und Grimmigen Gottheiten*. Dazu gehört *Das Große Buch der Natürlichen Befreiung durch Verstehen im Zwischenzustand*, welches aus dem hier übersetzten Text besteht.

Es wurde verfaßt von Padmasambhava (dem großen Adepten aus Udyana), aufgeschrieben von seiner Gefährtin Yeshe Tsogyal und als Schatz verborgen. Entdeckt und aus dem Berge Gampo Dar in die Welt gebeten wurde es vom großen Schatzfinder Karma Lingpa.

5. Die Gebete für den Zwischenzustand

Die folgenden fünf Gebete und Verse bilden das Rückgrat des gesamten *Buchs der Natürlichen Befreiung*. Sie sind das Kernprogramm des ganzen Prozesses. Sie sollen auswendig gelernt und dann an bestimmten Punkten der längeren Instruktion rezitiert werden. Zuerst liefert der *Drei-Körper-Guru-Yoga* eine Meditation des idealen Transformationsprozesses, wie er vom *Buch der Natürlichen Befreiung* ins Auge gefaßt wird. Diese Praxis bringt das Ideal in Reichweite, indem sie es in der Person des spirituellen Mentors fokussiert, einer Persönlichkeit also, die der Übende gut kennt und sehr verehrt. Die übrigen vier Gebete bilden eine Gruppe, auf die das *Buch der Natürlichen Befreiung* immer wieder Bezug nimmt. Das *Gebet um Hilfe* ist ein sehr direktes, an die Drei Kostbarkeiten, Buddha, Dharma und Sangha, gerichtetes Flehen, einem Sterbenden oder einem Reisenden im Zwischenzustand ihr rettendes Mitgefühl zuzuwenden. Das *Gebet um Erlösung* folgt dem Erfahrungsmuster im Zwischenzustand der Wirklichkeit. Es wird darum gebeten, daß alle Elemente gewöhnlicher Existenz sich in Mittel zur Befreiung verwandeln mögen. Das *Zufluchtsgebet* ist eine Fortführung der inständigen Bitte an die erleuchteten Wesen um Beistand und Schutz. Hier liegt die Betonung der Bitte nicht so sehr auf Befreiung, sondern eher auf Zuflucht in zukünftigen Leben. Dieses Gebet steht hauptsächlich zu dem Zwischenzustand des Werdens in Beziehung, in dem es schwieriger geworden ist, noch Befreiung zu finden, und wo die Sorge schon mehr der Sicherung einer günstigen Wiedergeburt gilt. Die *Wurzelverse der sechs Zwischenzustände* schließlich geben eine abschließende Zusammenfassung der sechs Zwischenzustände; ihre Kontemplation verwandelt den gesamten Zyklus der Zeit in ein Fahrzeug der Erleuchtung.

Wenn man dieses Buch für einen Sterbenden liest oder für jemanden, der sich bereits im Zwischenzustand befindet, mag es am besten sein, man liest den *Drei-Körper-Guru-Yoga* und das *Gebet um Hilfe* zu Beginn, um einen förderlichen Rahmen zu schaffen, und geht dann direkt zum *Zwischenzustand der Wirklichkeit* selbst über und spricht die Verse der anderen Gebete erst dann, wenn sie im Rahmen der allgemeinen Anweisungen sowieso erscheinen. Im gesamten Übersetzungsteil sind die direkten Worte, die zur Durchführung der Natürlichen Befreiung laut für jemanden im Sterben oder im Zwischenzustand gelesen werden sollten, stets durch eine serifenlose Schrift hervorgehoben. Passagen in gewöhnlichem Schriftgrad kommen in zwei Varianten vor: Ein Schriftschnitt mit wenig Serifen bezeichnet direkte Übersetzungen der Anweisungen und Kommentare aus den Schatztexten, die Grundschrift markiert Kommentare und Instruktionen des Übersetzers.

Das Gebet des Drei-Körper-Guru-Yoga

Ich setze dieses spezielle Gebet aus der Natürlichen Befreiung mit dem Untertitel »Die Natürliche Befreiung ohne Aufgeben der Drei Gifte« an den Anfang. Es eröffnet auch die ursprüngliche Sammlung, und es stellt prägnant und mit großer Schönheit den Kontext her, den wir zur Anwendung der folgenden Praktiken der Natürlichen Befreiung benötigen. Die Wichtigkeit der persönlichen Beziehung zu einem Mentor oder Meister – ein Vertrauensverhältnis zu einem Menschen, der für uns die endgültige Wirklichkeit und Macht des Kosmos, wie immer wir diese auch definieren mögen, zu repräsentieren vermag – kann nicht genug betont werden.

»Guru-Yoga« ist eine Visualisations-Meditation, in der die Präsenz des spirituellen Lehrers angerufen wird, der uns in den geheiligten Raum der von uns gewählten Form der Buddhaschaft initiiert hat. Haben wir das Gefühl der Präsenz hergestellt, stellen wir uns vor, daß der Meister untrennbar mit uns verschmilzt, so daß wir selbst der Lehrer, der Buddha, die Autorität werden. Dann senden wir unseren Segen zu allen Wesen, so, wie der Buddha-Mentor uns seinen Segen gegeben hat. Da die meisten von uns keine Einweihung erhalten haben, können wir uns einfach Padmasambhava, den Autor der *Natürlichen Befreiung,* als den Meister vorstellen. Die Drei Körper eines Buddha sind Konzepte, die uns helfen, die Unermeßlichkeit eines vollkommenen Buddha vorstellbar zu machen. Sie drücken das Einssein eines erleuchteten Wesens mit endgültiger Wirklichkeit, persönlicher Glückseligkeit und Kreativität der Emanation zum Wohle anderer aus. Der Meister sollte als die Verkörperung dieser drei Aspekte des Letztendlichen visualisiert werden, damit man in seiner Präsenz ein Gefühl tiefer Inspiration entwickeln kann. Wir sollten den Meister mit unserem geistigen Auge im Raum vor uns visualisieren. Er sitzt auf einem königlichen Juwelenthron von geheiligten Proportionen, umgeben von allen Buddhas, Gottheiten und weiteren machtvollen, weisen und liebevollen Wesen. Wenn unser persönlicher Mentor ein Priester oder Heiliger irgendeiner Religion oder ein Doktor, Heiler oder Schamane ist, dann visualisieren wir ihn oder sie entsprechend.

Die drei Gifte, Gier, Haß und Verblendung, sind die drei hauptsächlichen Gewohnheitsmuster, die das Rad unerleuchteter, leidhafter Leben in Bewegung halten. Eine Befreiung, die zu erreichen ist, ohne daß diese Gifte beseitigt werden müßten, ist wahrlich eine natürliche: Solcherart ist die augenblickliche Transformation, die in den Lehren der Großen Vollkommenheit gelehrt wird.

OM – AV KAA AAH!

»OM« ist der mantrische oder magisch kreative Klang, die Schwingung transzendenter Einheit. Er wird stets an den Anfang von Mantras gesetzt, um das Transzendente oder Göttliche in die Manifestation zu rufen. »AV KAA AAH« ist schon ungewöhnlicher. »AV« bezeichnet Leerheit, die Abwesenheit einer rigiden Identität in allen Dingen und somit ihre Formbarkeit durch die kreative Geschicktheit großen Mitgefühls. »KAA« steht für den »A«-Klang kosmischer Kreativität, der aus dem »K« des Anfangs hervorgeht. (K ist der erste Konsonant des Sanskrit-Alphabets.) »AAH« ist der Mantra-Laut erleuchteter Sprache.

> Ungeborener, nichtfortschreitender Wahrheitskörper-Meister im Palast des vollkommenen, allumfassenden Raums der Wahrheit,
>
> voller glühender Hingabe und Verehrung rufe ich dich an!
>
> Selbstbefreit, ohne mißverstehende Verblendung aufzugeben, empfange ich frei den vollkommenen Segen des Wahrheitskörpers
>
> als mühelose, ungekünstelte Urweisheit!

Hier konzentrieren wir uns auf die Einheit unseres Meisters mit der absoluten Wirklichkeit. Wir fühlen uns durch die Präsenz unseres Mentors selbst mit dieser Wirklichkeit verbunden. Im selben Augenblick, in dem wir uns die Unendlichkeit des Letztendlichen vergegenwärtigen, spüren wir die überwältigende Flut der Inspiration unserer eigenen Untrennbarkeit vom Unendlichen. Wir erkennen, wie unmöglich es ist, daß irgend etwas jemals mit der unwiderstehlichen, unendlichen Präsenz des Absoluten *nicht* eins gewesen sein könnte. Augenblicklich fühlen wir uns frei, und selbst die mentale Gewohnheit der Verblendung verwandelt sich ganz von selbst in eine Empfindung der Präsenz des Absoluten und muß nicht mehr aufgegeben werden. Wir visualisieren ein tiefblaues funkelndes Saphir-HUM im Herzzentrum unseres Meisters. Von dieser Silbe strahlt saphierblaues Licht, das in unser Herzzentrum eintritt und uns mit der erhebenden Weisheit der Freiheit erfüllt. Diese Visualisations-Sequenz ist mit dem Erhalten der Initiation der Weisheits-Intuition, mit der Übung der Vollendungsstufe, mit der Transparenz des Klaren Lichts, dem Todesmoment, dem Geist und dem Wahrheitskörper verbunden.

> Unsterblicher, glücklicher Seligkeitskörper-Meister
> im Palast universaler Glückseligkeit strahlender reiner
> Weisheit,
> voller glühender Hingabe und Verehrung rufe ich dich an!
> Selbstbefreit, ohne sinnliche Begierde und Sehnen aufzugeben,
> empfange ich frei den mühelosen Segen des Seligkeitskörpers
> als unmittelbare Befreiung der universalen Glückseligkeit
> innerer Weisheit!

Wir konzentrieren uns auf das unaufhörliche Gefühl seligen Entzückens unseres Meisters, nehmen wahr, wie sein lächelnder, liebevoller Blick auf uns ruht. Augenblicklich fühlen wir uns durchflutet von derselben Freude und Glückseligkeit unserer Einheit mit dem Letztendlichen als Ausdruck unserer individuellen Freiheit und unseres individuellen Glücks, befreit von jeder Anfechtung durch sinnliche Begierde oder Sehnsucht nach einem möglicherweise außerhalb von uns liegenden Glück. Wir visualisieren ein strahlendes rubinrotes AAH im Kehlzentrum unseres Meisters, das funkelnde Strahlen von rubinrotem Licht ausstrahlt. Diese Strahlen treten in unser eigenes Kehlzentrum ein und segnen unsere Rede mit der erhebenden erleuchteten Weisheit. Diese Visualisation ist mit dem Erhalten der geheimen

Einweihung, dem Erlangen des magischen Körpers, dem Zwischenzustand, der Rede und dem Seligkeitskörper verbunden.

Unbeschreiblicher, selbstgeschaffener Emanationskörper-Meister
im Palast des makellosen vollkommenen Lotos,
voller glühender Hingabe und Verehrung rufe ich dich an!
Selbstbefreit, ohne mißverstehenden Zorn aufzugeben,
empfange ich frei den mühelosen Segen des Emanationskörpers
als selbstoffensichtliche Weisheit innenschauender Selbsterleuchtung!

Hier konzentrieren wir uns auf die grenzenlos kreative Geschicklichkeit unseres Meisters, zum Zwecke des mitfühlenden Austauschs mit anderen Lebewesen aktive Verkörperungen der Erleuchtung hervorzubringen. Augenblicklich fühlen wir unsere Beteiligung an der Aktivität der Lotos-Familie, die darin besteht, klare Verkörperungen befreiender Kunstfertigkeit hervorzubringen, frei von jeder Anfechtung oder Irritation durch Häßlichkeit oder Störrigkeit der Lebensformen. Wir visualisieren ein funkelndes diamantweißes OM im Scheitelzentrum des Meisters, das blendende Lichtstrahlen aussendet, die unser eigenes Hirnzentrum füllen. Diese Visualisation ist mit dem Erhalten der Vasen-Initiation, der Übung der Erzeugungsstufe, dem Leben, dem Körper und dem Emanationskörper verbunden.

Dreifacher-Körper-Meister unvoreingenommener, großer Seligkeit
im Palast authentischer Innenschau Klaren Lichts,
voller glühender Hingabe und Verehrung rufe ich dich an!
Selbstbefreit, ohne den Dualismus von Subjekt und Objekt aufzugeben,
empfange ich frei den Segen der großen Seligkeit der Drei Körper
als die Drei-Körper-Spontaneität der Urweisheit!

Hier konzentrieren wir uns darauf, wie wir untrennbar mit dem Meister verschmelzen, als Erleuchtungskörper des Absoluten, der Seligkeit und der Emanation in der Spontaneität der Großen Vollkommenheit. Augenblicklich fühlen wir uns vollständig und vollkommen in uns selbst. Wir fühlen uns eins mit der Unendlichkeit des Buddha-Kosmos und sind von jedem Gefühl der Dualität unserer selbst und irgendeines objektiven Universums befreit. Wir visualisieren, daß weißes, rotes und blaues Licht aus dem OM AH HUM im Scheitel-, Kehl- und Herzzentrum unseres Meisters ausstrahlt und unsere drei entsprechenden Zentren sich mit dem jeweiligen Licht und der jeweiligen Glückseligkeit füllen. Dann löst der Meister sich in Lichtstrahlen auf, die mit uns verschmelzen, und wir und unser Meister werden ununterscheidbar eins. Diese Visualisation ist mit dem Erhalten der vierten Einweihung, dem Erreichen der Integrationsstufe, der Übung der Großen Vollkommenheit, der erleuchteten Realität der Untrennbarkeit von Tod und Leben, der Untrennbarkeit von Körper, Rede und Geist sowie der Untrennbarkeit der Drei Körper verbunden.

> Erbarmen mit den leidenden fühlenden Wesen,
> die, von Verblendung getäuscht, im Rad des Lebens kreisen
> und ihren eigenen Geist nicht als den unendlichen Wahrheitskörper erkennen –
> Mögen sie alle den Körper der Wahrheit erlangen!

Jetzt sind wir zum Meister geworden und bedürfen keines Segens und keiner Gnade mehr für uns selbst. Mit dem Auge unseres Geistes schauen wir das unendliche Feld der Lebewesen und sehen, daß alle in der Hoffnung auf Hilfe und Glück zu uns aufblicken. Vor allem erkennen wir sie als letztendlich eins mit der grenzenlosen Transparenz der endgültigen Wirklichkeit. Sanft bricht aus dem tiefblauen saphirenen HUM in unserem Herzzentrum strahlend blaues Licht hervor, das in die Herzen aller Lebewesen scheint und auch sie die Einheit mit der endgültigen Wirklichkeit fühlen läßt. Das Entzücken, das sie durch den Erhalt des Segens empfinden, strahlt als weiteres blaues Licht zum HUM zurück, verstärkt sein Strahlen und läßt es noch unerschöpflicher und machtvoller werden.

Erbarmen mit den fühlenden Wesen, die, in Begierden verstrickt,
im Rad des Lebens kreisen, sich mit Gier und Anhaftung identifizieren
und ihr Selbstgewahrsein nicht als den Seligkeitskörper großen Entzückens erkennen –
Mögen sie alle den Körper der Seligkeit erlangen!

Jetzt schauen wir, der wir der Meister sind, mit unserem geistigen Auge wieder auf das unendliche Feld fühlender Wesen und sehen, daß alle in der Hoffnung auf Hilfe und Glück zu uns aufblicken. Wir empfinden die Glückseligkeit, die aus dem Gefühl ihres Einsseins mit der unendlichen Transparenz endgültiger Wirklichkeit entspringt. Sanft bricht aus dem strahlenden rubinroten AAH in unserem Kehlzentrum funkelndes rotes Licht hervor, das in die Kehlen aller Lebewesen scheint und ihr Glück noch weiter intensiviert, bis sie schließlich ganz mit dem Impuls erfüllt sind, ihrer Seligkeit auch Ausdruck zu verleihen. Die Seligkeit bricht sich in unendlichen poetischen Gesängen der Liebe und Freude Bahn, die als weitere rubinrote Lichtstrahlen zum AAH in unserer eigenen Kehle zurückkehren und es noch unerschöpflicher und machtvoller werden lassen.

Erbarmen mit in trügerische Wahrnehmung verstrickten Wesen,
die mit dualistischem Haß-Geist im Rad des Lebens kreisen
und ihren eigenen Geist nicht als den freigeborenen Emanationskörper erkennen –
Mögen sie alle den Körper der Emanation erlangen!

Jetzt schauen wir, der wir der Meister sind, mit unserem geistigen Auge wieder auf das unendliche Feld fühlender Wesen und sehen, daß alle in immer stärkerem Entzücken zu uns aufblicken. Wir bemerken, daß ihre Seligkeit unendlich vielen Wesen zufließt, die sich noch von der Großen Vollkommenheit der Wirklichkeit ausgeschlossen fühlen. Sanft bricht aus dem diamantenen OM in unserem Scheitelzentrum strahlend weißes Licht hervor, das in die Scheitelzentren aller Wesen strahlt und ihre

Seligkeit noch weiter verstärkt, bis sie schließlich ganz mit dem Impuls erfüllt sind, physische Formen zu emanieren, um mit den unendlich vielen entfremdeten Wesen in Kontakt treten zu können. Unendliche Emanationskörper entströmen dem Netzwerk diamantener Lichtstrahlen, treten mit unzähligen Wesen in Kontakt und machen sie glücklich und befreien sie. Ihr Glück wiederum flutet als noch mehr weißes Licht zurück und läßt unser eigenes diamantenes OM-Licht noch unerschöpflicher und machtvoller werden.

Erbarmen mit allen Wesen, die noch nicht Buddha sind,
gefangen in der Präsenz-Gewohnheit süchtig machender und objektivierter Schleier,
die ihren eigenen Geist nicht als die untrennbaren Drei Körper erkennen –
Mögen sie alle die Drei Körper der Buddhaschaft erlangen!

Jetzt schauen wir, der wir der Meister sind, mit unserem geistigen Auge wieder auf das unendliche Feld fühlender Wesen und sehen, daß alle in unendlich vernetzter Seligkeit zu uns aufblicken. Wir bemerken, daß das Gefühl der Seligkeit der Wesen und das Gefühl des Einsseins mit uns und allen Wesen in der endgültigen Wirklichkeit eins sind. Die Lichtstrahlen, die von den Wesen zu uns ausstrahlen, sind ebenso machtvoll geworden wie die, die wir ihnen senden. Wir fühlen die unendlich sich ausdehnende Glückseligkeit wechselseitiger Durchdringung, die als vielfache Strahlung blauen, roten und weißen Lichts diese unendliche Kommunion aller Lebewesen umwirbelt und zu OM AH HUM, dem Körper, der Rede und dem Geist aller Erleuchteten wird. Wir feiern die Unermeßlichkeit der vollkommenen Integration unserer tiefblauen, endgültigen, ungeborenen Ureinheit, unseres tiefroten, allumfassenden Kommunikationsgeschicks und unserer diamantweißen, spiegelgleichen, individualisierenden Manifestation.

Die »Präsenz-Gewohnheit« ist die tiefste Ebene von Fehlwahrnehmung. Sie hält ein Gefühl des »Jetzt-Hier-Seins« aufrecht, das sich als etwas oder jemand Endliches, von der unermeßlichen Buddhaschaft Getrenntes wahrnimmt und damit zwanghafte objektivierte Instinkte der Selbstwahrnehmung unterstützt und das Gewahrsein der von der ewigen Wirklichkeit der Erleuchtung untrennbaren Glückseligkeit-Weisheit blockiert.

Das Gebet der Anrufung der Buddhas und Bodhisattvas um Hilfe

Dieses Gebet ist das erste von vieren, die in der Literatur der Natürlichen Befreiung häufig als Gruppe genannt werden. Wir können es während der Konfrontation mit unserem eigenen Tod ebenso anwenden wie beim Tod eines anderen Menschen oder einfach immer dann, wenn wir unsere spirituelle Praxis durch die Vergegenwärtigung des Todes zu intensivieren wünschen. Die Teile, die laut rezitiert werden sollen, sind durch eine serifenlose Schrift hervorgehoben. Die erste Silbe, OM, ist der mantrische Laut, der als Anrufung der Präsenz sämtlicher unzähliger Buddhas und Bodhisattvas im gesamten grenzenlosen Universum dient.

OM

Dieses »Gebet der Anrufung der Buddhas und Bodhisattvas um Hilfe« soll zur Zeit des eigenen Todes oder zu sonstigen, beliebigen Gelegenheiten geübt werden. Zuerst bringe den Drei Kostbarkeiten materielle oder vorgestellte Opfergaben dar. Halte Weihrauch in der Hand und sprich mit großer Inbrunst.

Hier rufen Sie die Buddhas und Bodhisattvas als die erlösenden Helden oder Heldinnen an, deren einziger Lebenszweck darin besteht, alle Wesen vom Leid zu befreien. Sie rufen die fortgeschrittensten der Bodhisattvas an, jene, die der Buddhaschaft bereits sehr nah sind. Sie haben dieselben Kräfte wie Götter oder Engel. Einige von ihnen, Avalokiteshvara etwa oder Tara, die Göttin der Wunder, sind zwar bereits Buddhas, haben jedoch gelobt, den Menschen zu helfen, indem Sie als Bodhisattvas erscheinen.

Die Drei Kostbarkeiten sind Buddha, Dharma und Sangha, der kostbare Lehrer, die kostbare Lehre und die kostbare Gemeinschaft; sie gewähren Zuflucht vor dem Kreislauf unerleuchteter Leben und seinen Schrecken. Aus diesem Grund gelten sie für die leidenden Wesen als Kostbarkeiten von höchstem Wert.

Um diese Gebete auf eine bestimmte Person zu beziehen, muß der Leser an bestimmten Stellen den Namen der Person einfügen und das Geschlecht der Pronomen entsprechend berücksichtigen. Ich habe durchgehend das weibliche Geschlecht gewählt.

O ihr Buddhas und Bodhisattvas der zehn Richtungen; allwissend, allsehend und alliebend, seid ihr die Zuflucht aller Wesen! Bitte kommt kraft eures Mitgefühls an diesen Ort! Bitte nehmt die materiellen und vorgestellten Opfergaben an! Ihr Erbarmenden gebietet über unermeßliche, allwissende Weisheit, wunderbare Tatkraft aus liebevollem Mitgefühl und habt die Macht, Zuflucht zu gewähren! O ihr Erbarmenden, dieser Mensch mit Namen Soundso geht von dieser Welt ins Jenseits, verläßt diese Welt, tritt die große Reise an. Sie hat keine Freunde. Ohne Zuflucht, Schützer und Gefährten erfährt sie großes Leid. Die Erfahrung dieses Lebens läßt sie hinter sich. Sie geht in einen anderen Lebensraum, gerät in dichte Finsternis, stürzt in einen tiefen Abgrund, verirrt sich im dichten Wald. Getrieben von der Gewalt der Evolution, gerät sie in die grenzenlose Wildnis, wird verschluckt vom gewaltigen Ozean. Fortgeweht vom Wind der Evolution, gerät sie an einen Ort ohne festen Grund, kommt auf ein riesiges Schlachtfeld. Ein riesiger Dämon setzt sie gefangen, und die Boten Yamas erschrecken sie zutiefst. Sie treibt von einer evolutionären Existenz zur nächsten, ohne eigene Kontrolle. Die Zeit des Abschieds ist für sie gekommen, ohne Freunde geht sie und allein. Bitte gewährt daher, ihr Erbarmenden, dieser Hilflosen mit Namen Soundso Zuflucht! Schützt sie! Seid ihre Gefährten! Bewahrt sie vor der großen Dunkelheit des Zwischenzustands! Haltet sie fern vom scharfen roten Wind der Evolution! Rettet sie vor dem großen Schrecken Yamas! Erlöst sie von den argen Nöten des Zwischenzustands! O ihr Mitfühlenden, haltet euer Erbarmen nicht zurück! Helft ihr! Laßt sie nicht in die drei grausigen Bereiche fallen! Laßt nicht von eurem alten Schwur! Richtet die Macht eures Erbarmens auf sie! O ihr Buddhas und Bodhisattvas, umfaßt Soundso mit dem Geschick und der Macht eures Erbarmens! Kümmert euch um sie mit Mitgefühl! Laßt sie nicht der Macht negativer Evolution anheimfallen!

Inbrünstig bitte ich euch, die Drei Kostbarkeiten, sie aus dem Leid des Zwischenzustands zu erretten!

Dies rezitiere mit den Anwesenden dreimal in tiefem Vertrauen. Danach sprecht die Gebete »Erlösung von den Nöten des Zwischenzustands« und »Zuflucht vor allen Schrecken des Zwischenzustands.«

Dieses »Gebet der Anrufung der Buddhas und Bodhisattvas um Hilfe« wird sich niemals erschöpfen, bis das gesamte Lebensrad geleert sein wird. SAMAYA!

Die »Boten Yamas« sind die gespenstischen Lakaien Yamas, in Indien und Tibet ist er der Herr des Todes. Man glaubt, daß diese erschreckenden Kreaturen, häufig mit Stierköpfen dargestellt, sich zum Zeitpunkt des Todes der Seele bemächtigen und den Verstorbenen in die Unterwelt-Bereiche ziehen, wo Yama residiert. Dort wird Gericht gehalten, die guten und bösen Taten werden gewogen, und das nächste Leben in den sechs Daseinsbereichen bestimmt.

Das Rad des Lebens ist Samsara. Es ist der Existenzzustand jedes nicht völlig erleuchteten Wesens. Geleert kann das Rad des Lebens nur werden, wenn alle Lebewesen befreit sind, wenn alle zu Buddhas geworden sind. Da die Zahl der Lebewesen grenzenlos ist, wird das unendlich lange dauern, wenn man es sich auf lineare Weise denkt. Da Erleuchtung aber in der Erkenntnis der Unendlichkeit von Zeit und der letztendlichen Unwirklichkeit aller Momente von Zeit besteht, leert sich das Rad des Lebens in der Erfahrung eines jeden erleuchteten Wesens von selbst. Man sollte die Angelegenheit also nicht zu linear betrachten.

»*Samaya*« heißt auf sanskrit wörtlich »Eid, Gelübde«. Es wird häufig im Anschluß an Texte gesprochen, die als esoterisch gelten oder in denen ein starker Entschluß gefaßt wird, als Besiegelung dieser Entscheidung sozusagen.

Gebet um Erlösung von den Nöten des Zwischenzustands

Das *Gebet um Erlösung*, das darauf folgende *Gebet um Zuflucht* und die *Wurzelverse* fließen nahezu zu einem einzigen Gebet zusammen. Das erste Gebet faßt die Elemente der Existenz als personifizierte Gottheiten zusammen: die fünf Buddha-Familien als Repräsentanten der fünf Weisheiten, die Wissenshalter-Gottheiten und die Grimmigen Gottheiten. Das Gebet fleht sie um Erlösung an und konzentriert sich auf die Transmutation der fünf Gifte, Unwissenheit, Begierde, Haß, Stolz und Neid. Die Verse folgen den Erfahrungen des Zwischenzustands der Realität. Sie werden stellvertretend für den Menschen im Zwischenzustand gelesen. Wer sich auf seinen eigenen Tod vorbereiten möchte, tut gut daran, diese Verse auswendig zu lernen.

Verehrung den Meistern, Buddha-Gottheiten und Dakinis!
Bitte leitet mich mit eurer großen Liebe auf dem Pfad!
Wenn ich, aufgrund schieren Irrtums, im Rad des Lebens kreise,
mögen die Meister der mündlichen Überlieferung mich auf den unerschütterlichen Lichtpfad
von Lernen, Nachdenken und Meditation führen!
Möge ihr Gefolge von Dakinis mir auf dem Pfade beistehen,
mich von den Nöten und Gefahren des Zwischenzustands erlösen
und mich zur vollkommenen Buddhaschaft führen!

Wenn ich, von starker Verblendung getrieben, im Rad des Lebens kreise,
möge der Buddha Vairochana mich auf den Pfad
des Klaren Lichts der Weisheit Endgültiger Wirklichkeit führen!
Möge seine Gefährtin, Dhatishvari, mir auf dem Pfade beistehen,
mich von den Nöten und Gefahren des Zwischenzustands erlösen
und mich zur vollkommenen Buddhaschaft führen!

Wenn ich, von starkem Haß getrieben, im Rad des Lebens kreise,
möge der Buddha Vajrasattva mich auf den Pfad
des Klaren Lichts der Spiegelgleichen Weisheit führen!
Möge seine Gefährtin, Buddhalochana, mir auf dem Pfade beistehen,
mich von den Nöten und Gefahren des Zwischenzustands erlösen
und mich zur vollkommenen Buddhaschaft führen!

Wenn ich, von starkem Stolz getrieben, im Rad des Lebens kreise,
möge der Buddha Ratnasambhava mich auf den Pfad
des Klaren Lichts der Ausgleichenden Weisheit führen!
Möge seine Gefährtin, Buddha Mamaki, mir auf dem Pfade beistehen,
mich von den Nöten und Gefahren des Zwischenzustands erlösen
und mich zur vollkommenen Buddhaschaft führen!

Wenn ich, von starker Gier getrieben, im Rad des Lebens kreise,
möge der Buddha Amitabha mich auf den Pfad
des Klaren Lichts der Unterscheidenden Weisheit führen!
Möge seine Gefährtin, Buddha Pandaravasini, mir auf dem Pfade beistehen,
mich von den Nöten und Gefahren des Zwischenzustands erlösen
und mich zur vollkommenen Buddhaschaft führen!

Wenn ich, von starkem Neid getrieben, im Rad des Lebens kreise,
möge der Buddha Amoghasiddhi mich auf den Pfad
des Klaren Lichts der Allesvollendenden Weisheit führen!

Möge seine Gefährtin, Buddha Samayatara, mir auf dem Pfade beistehen,
mich von den Nöten und Gefahren des Zwischenzustands erlösen
und mich zur vollkommenen Buddhaschaft führen!

Der folgende Vers findet sich zwar im Text des Zwischenzustands der Realität, ist jedoch in keiner der mir vorliegenden Versionen dieses Gebets enthalten. Er faßt die fünf Gifte, fünf Buddhas, ihre Gefährtinnen und die fünf Weisheiten zusammen.

Wenn ich, von den fünf starken Giften getrieben, im Rad des Lebens kreise,
mögen die siegreichen Buddhas der fünf Familien mich auf den Pfad
des Klaren Lichts der vier Weisheiten in Verbindung führen!
Mögen die fünf Buddha-Gefährtinnen mir auf dem Pfade beistehen
und mich von den unreinen Lichtern der sechs Lebenswelten erlösen!
Durch die Rettung aus den Nöten und Gefahren des Zwischenzustands,
mögen sie mich in die fünf erhabenen Reinen Länder führen!

Wenn ich, von starken Instinkten getrieben, im Rad des Lebens kreise,
mögen die Wissenshalter-Helden mich auf den Pfad
des Klaren Lichts orgasmischer Weisheit führen!
Möge ihr Gefolge von Dakini-Gefährtinnen mich von hinten unterstützen,
mich von den Nöten und Gefahren des Zwischenzustands erlösen
und mich zur vollkommenen Buddhaschaft führen!

Das Sanskrit-Wort Vidyadhara bedeutet wörtlich »Wissenshalter«. Man könnte es auch mit »Wissenschaftler« übersetzen. Das Wort beschreibt die Wissenschaftler des Geistes im alten Indien und Tibet. Sie tragen keine weißen Mäntel, und ihre im Inneren liegenden Laboratorien lassen sich nur durch die Meisterschaft über den Geist und seine Fähigkeiten erreichen. Dennoch sind sie die Schlüsselforscher dieser nichtmaterialistischen Zivilisationen.

Ich übersetze das tibetische *lhan skyes* (Sanskrit: *sahaja*), das wörtlich »durch Kontakt erzeugt« bedeutet, mit »Orgasmus« oder adjektivisch »orgasmisch«. Häufig wird es mit »eingeboren« oder »natürlich« übersetzt, diese Worte sind jedoch zu allgemein. Der Begriff bezieht sich spezifisch auf die große Glückseligkeit des Schmelzens der gewohnheitsmäßigen Selbstwahrnehmung in der Erkenntnis der Selbst-losigkeit – eine Glückseligkeit, deren weltliche Metapher die sexuelle Ekstase ist. Der Ausdruck »orgasmisch« mag zuerst schockieren, er trifft diese, das gewöhnliche Leben und den gewöhnlichen Tod transzendierende Ganzheitlichkeit orgasmischer Seligkeit durch die unermeßliche Weisheit der Selbst-losigkeit jedoch genau.

Wenn ich, von starken Halluzinationen getrieben, im Rad des
Lebens kreise,
mögen die Milden und Grimmigen Buddhas mich auf den Pfad
des über die erschreckenden Visionen von Haß und Angst
siegreichen Lichts führen!
Mögen die Scharen der Raum-Gottheiten-Dakinis mir auf dem
Pfade beistehen,
mich von den Nöten und Gefahren des Zwischenzustands
erlösen
und mich zur vollkommenen Buddhaschaft führen!

Höre! Mögen die Elemente des Raums sich nicht als Feinde
erheben,
und möge ich das Land des Saphir-Buddha erblicken!
Mögen die Elemente des Wassers sich nicht als Feinde
erheben,
und möge ich das Land des Diamant-Buddha erblicken!
Mögen die Elemente der Erde sich nicht als Feinde erheben,
und möge ich das Land des Gold-Buddha erblicken!

Mögen die Elemente des Feuers sich nicht als Feinde erheben,
und möge ich das Land des Rubin-Buddha erblicken!
Mögen die Elemente des Windes sich nicht als Feinde erheben,
und möge ich das Land des Smaragd-Buddha erblicken!
Mögen die Elemente des Regenbogens sich nicht als Feinde
erheben,
und möge ich das Land des Regenbogen-Buddha erblicken!
Mögen Klänge, Lichter und Strahlen sich nicht als Feinde
erheben,
und möge ich das glorreiche Land der Milden und Grimmigen
Buddhas erblicken!

Möge ich alle Klänge als meine eigenen Klänge erkennen!
Möge ich alle Lichter als meine eigenen Lichter erkennen!
Möge ich alle Strahlen als meine eigenen Strahlen erkennen!
Möge ich die Wirklichkeit des Zwischenzustands als meine
eigene erkennen!
Und möge ich den Zustand der Drei Buddha-Körper verwirklichen!

Das Gebet um Zuflucht vor allen Schrecken des Zwischenzustands

Dieses Gebet ist ein allgemeiner Appell an die verschiedenen Gottheiten, die man um Zuflucht im Übergang des Todes bitten kann. Der Text folgt den Visionen im Zwischenzustand der Wirklichkeit nicht genau, sondern bereitet auf Elemente vor, die generell im gesamten Prozeß vorkommen. Das Wesen im Zwischenzustand wird auf die Schwierigkeiten der Erfahrung vorbereitet und das Gefühl der Zuflucht bis in zukünftige Leben unter verschiedensten Bedingungen hinein gefestigt. Das Gebet sollte von Menschen, die sich auf ihren eigenen Tod vorbereiten wollen, daher ebenfalls am besten auswendig gelernt werden.

    Höre! Wenn meine Lebensspanne ausläuft
und ich allein im Zwischenzustand wandern muß,
weil Hilfe von geliebten Menschen nicht über diese Welt hinausreicht,
mögen Milde und Grimmige Buddhas die Kraft ihres Erbarmens auf mich richten
und den dichten Nebel von Dunkelheit und Mißverständnis klären!

Nun, da ich allein wandere, getrennt von meinen Lieben,
und alles, was ich sehe, nur leere Bilder sind,
mögen die Buddhas die Kraft ihres Erbarmens auf mich richten
und alle angst- und haßgetriebenen Schrecken des Zwischenzustandes beenden!

Wenn die fünf Lichter strahlender Weisheit aufgehen,
möge ich in ihnen furchtlos und mutig mich selbst erkennen!
Wenn die Formen der Milden und Grimmigen Buddhas erscheinen,
möge ich furchtlos und kühn den Zwischenzustand erkennen!

Nun, da ich unter der Gewalt negativer Evolution leide,
mögen die archetypischen Gottheiten mein Leiden zerstreuen!

Wenn die Wirklichkeit mit tausendfachem Donnerschlage
zuschlägt,
möge alles zu OM MANI PADME HUM werden!

Wenn die Evolution unentrinnbar an mir zerrt,
mögen die Milden und Grimmigen Buddhas mein Leiden
zerstreuen!
Wenn meine evolutionären Instinkte mich leiden lassen,
möge mir der Samadhi der Glückseligkeit Klaren Lichts
dämmern!

Wenn ich, einfach erscheinend, in den Zwischenzustand des
Werdens geboren werde,
mögen die üblen Prophezeiungen böser Dämonen sich nicht
erfüllen!
Wenn ich kraft meiner Gedanken wer weiß wohin reise,
möge ich frei sein von Ängsten, erzeugt von negativer
Evolution!

Wenn wilde Tiere furchterregend brüllen,
möge ihr Heulen zum Dharma-Klang des OM MANI PADME HUM
werden!
Wenn Schnee, Regen, Sturm und Dunkelheit mich jagen,
möge ich die göttliche Vision strahlender Weisheit finden!

Mögen alle Wesen vergleichbarer Art im Zwischenzustand
jede Rivalität vermeiden und in hohen Bereichen Wiedergeburt nehmen!
Wenn ich hungrig und durstig bin durch meine intensiven
Süchte,
möge ich Hunger, Durst, Kälte oder Hitze nicht real erleiden!

Wenn ich die Paarung von Vater und Mutter meines nächsten
Lebens erblicke,
möge ich sie als Herrn des Mitgefühls im Vater-Mutter-Aspekt
erkennen!

Möge ich dann, frei meine Geburt zum Wohle anderer selbst zu bestimmen,
den erhabenen Körper erlangen, geschmückt mit allen Zeichen und Merkmalen!

Hier bezieht sich der Gebetstext auf die Übung der Visualisation des Elternpaares – das alle Wesen im Zwischenzustand im Prozeß der Wiedergeburt in eine menschliche Form wahrnehmen – als Herrn des Mitgefühls, Avalokiteshvara, und seine Gefährtin, die weibliche Buddha-Tara. Der Ausdruck Vater-Mutter (tibetisch: *yab yum*) wird im tantrischen Zusammenhang gewöhnlich für Buddha-Gottheiten in der Haltung sexueller Vereinigung benutzt.

Nachdem ich diesen besten Körper für mich selbst erlangt habe,
mögen alle, die mich sehen oder hören, schnell Erlösung finden!
Möge ich mich, den negativen Impulsen nicht mehr folgend, von meinen Verdiensten leiten lassen und sie mehren!

Wo immer ich geboren werde, in allen noch kommenden Leben,
möge ich meiner archetypischen Gottheit aus diesem Leben wieder begegnen!
Möge ich mich, sprechend und verstehend schon vom Augenblick meiner Geburt an, meiner früheren Leben erinnern!

Hohes oder geringes Wissen, durchschnittlich oder verschieden,
möge ich alles verstehen, indem ich es bloß höre oder sehe!
Möge dort, wo ich geboren werde, Glück vorherrschen, und mögen alle Wesen mit Zufriedenheit gesegnet sein!

Ihr Sieger, mild und grimmig, entsprechend eurem Körper, eurem Gefolge, eurer Lebensspanne, euren Reinen Ländern und euren erhabenen, verheißungsvollen Zeichen der Größe –

mögen ich und alle anderen eurem Beispiel folgen und euch gleich werden!

Durch das gewaltige Erbarmen der All-Guten, mild und grimmig,
durch die Kraft der Wahrheit vollkommener Wirklichkeit
und durch den Segen des eingerichteten Erfolgs der tantrischen Adepten –
möge ich alles verwirklichen, worum ich gebeten habe!

Die Wurzelverse der sechs Zwischenzustände

Die *Wurzelverse* fassen die sechs Zwischenzustände zusammen. Jeder Vers formuliert Einsichten und Entschlüsse, die für jedes Lebewesen den Schlüssel für eine erfolgreiche Neuorientierung darstellen: weg vom kontinuierlichen Zwischenzustand des Lebenskreislaufs, hin zur Befreiung und Erleuchtung.

Höre! Nun, da mir der Zwischenzustand des Lebens dämmert,
will ich die Faulheit aufgeben, für die in diesem Leben
keine Zeit ist,
und unbeirrt den Pfad von Lernen, Nachdenken und
Meditation beschreiten.
Indem ich die Projektionen und den Geist zum Pfad mache,
will ich die Drei Körper der Erleuchtung verwirklichen!
Nun, da ich einmal einen Menschenkörper erlangt habe,
bleibt keine Zeit, auf dem Pfad der Ablenkung zu verharren.

Höre! Nun, da mir der Zwischenzustand des Träumens dämmert,
will ich den leichengleichen Schlaf der Verblendung aufgeben
und mich achtsam, ohne Ablenkung in die Erfahrung der Realität
begeben.
In bewußten Träumen will ich den Wandel als Klares Licht
genießen.
Ich will nicht achtlos schlafen wie ein Tier,
sondern mich darin üben, Schlaf und Erkenntnis zu
vereinen!

Höre! Nun, da mir der Zwischenzustand der Meditation
dämmert,
will ich die Vielzahl der Ablenkungen und Verwirrungen
aufgeben,
will in der Erfahrung äußerster Freiheit ruhen, ohne Lösen
und Greifen,
und will Sicherheit gewinnen in den zwei Stufen:
Erzeugung und Vollendung!

Zu dieser Zeit der Meditation, eingerichtet und frei von Aktivität,
will ich der Macht verwirrter Abhängigkeiten nicht verfallen!

Höre! Nun, da mir der Zwischenzustand des Todesmoments dämmert,
will ich alles Greifen, Sehnen und Anhaften aufgeben,
will unabgelenkt in die Erfahrung der Klarheit der Lehren eintreten
und in den ungeborenen Raum inneren Gewahrseins reisen.
Nun, da ich diesen aus Fleisch und Blut geschaffenen Körper verlasse,
will ich ihn als vorübergehende Illusion erkennen!

Höre! Nun, da mir der Zwischenzustand der Realität dämmert,
will ich die Halluzinationen von Furcht und Panik loslassen,
will ich, was immer auch erscheint, als Projektionen meines Geistes erkennen
und als Vision des Zwischenzustandes.
Nun, da ich diesen entscheidenden Punkt erreicht habe,
will ich die Milden und Grimmigen, meine eigenen Projektionen nicht fürchten!

Höre! Nun, da mir der Zwischenzustand des Werdens aufgeht,
will ich meinen Geist eingerichtet konzentrieren
und mit aller Macht versuchen, die Wirkung positiver Evolution zu verstärken.
Das Tor zum Mutterleib verschließend, will ich daran denken, mich zurückzuziehen.
Dies ist die Zeit, die Standhaftigkeit und reine Gedanken erfordert.
Eifersucht will ich aufgeben und über alle Paare kontemplieren
als meinen spirituellen Meister im Vater-Mutter-Aspekt.

»Mit völlig abgelenktem Geist, das Nahen des Todes nicht bedenkend,
ganz ohne jeden Sinn sich nur dem Weltlichen zu widmen

und dann mit leeren Händen heimzukehren – das wäre tragisches
Geschick.
Erkennen des Notwendigen ist aller Götter heilige Lehre.
Warum nicht also eben jetzt, in diesem Augenblick,
den Pfad der Weisheit praktizieren?«
Aus dem Munde der Adepten kamen diese Worte.
Wenn du die Lehren deines Meisters nicht im Herzen trägst,
bist du dann nicht einer, der sich selbst betrügt?

6. Der Reiseführer durch die Zwischenzustände

Das Gebet des Zwischenzustands der Realität

> O Amitabha, grenzenloses Licht des Wahrheitskörpers,
> o milde und grimmige Lotosgottheiten des Seligkeitskörpers,
> o Padmasambhava, inkarnierter Retter der Wesen –
> ich verbeuge mich vor den Drei Körpern in den spirituellen Meistern!

Der Sanskrit-Name »Amitabha« bedeutet »grenzenloses Licht«. Er ist der Buddha des westlichen Buddha-Landes, Sukhavati genannt, und Herr der Lotosfamilie der archetypischen Gottheiten des Tantra. In dieser Anrufung wird er mit dem Wahrheitskörper assoziiert, dem Aspekt der Buddhaschaft, der sich auf die endgültige Wirklichkeit bezieht. Die Lotosgottheiten selbst werden mit dem Seligkeitskörper in Verbindung gebracht, dem subjektiven Aspekt transzendenter Weisheit der Buddhaschaft, und Padmasambhava steht für den inkarnierten Emanationskörper. So verehrt der Übende also zu Beginn die spirituellen Meister als Verkörperungen der Drei Körper der Buddhaschaft. An dieser Stelle sollten Praktizierende, die anderen Religionen anhängen, die Form von Dreifaltigkeit, Zweiheit oder Einheit einsetzen, die für sie die heiligste ist und bei der sie sich am besten aufgehoben und am sichersten fühlen.

Diese Große Natürliche Befreiung durch Verstehen ist eine Kunst, die durchschnittliche Praktizierende im Zwischenzustand befreien kann.

Vorbereitungen

Wenn Menschen von höchster Befähigung die praktischen Anweisungen befolgen, die die Kunst des Befreiens der Wesen lehren, werden sie mit Sicherheit Befreiung finden. Gelingt es ihnen dennoch nicht, sollten sie im Zwischenzustand des Todesmoments die Natürliche Befreiung durch Übertragung des Bewußtseins üben.

»Übertragung des Bewußtseins« (tibetisch: *'pho-ba*) ist eine meditative Praxis, durch die fortgeschrittene Yogis und Yoginis ihren Körper willentlich verlassen können, indem sie das allerfeinste Bewußtsein durch den Scheitel ihres Kopfes ausschleudern und es in einen Buddha-Bereich überführen. Sie lernen diese Kunst, indem sie eine entsprechende Einweihung erhalten und sich danach in langen Klausuren darin üben, die genaue Ausrichtung des Bewußtseins und der feinstofflichen neuralen Energien herbeizuführen. Die in diesem Zusammenhang erwähnte Natürliche Befreiung ist eine Version dieser Praxis im Rahmen unseres Textes. Dieser entsprechende Teil wird jedoch gewöhnlich nicht veröffentlicht, da es sehr gefährlich ist, die Praxis ohne Einweihung und sachkundige Anleitung durchzuführen.

Die Praktizierenden mit durchschnittlichen Fähigkeiten werden durch die Übung der Übertragung des Bewußtseins sicherlich Befreiung finden. Wenn nicht, sollten sie sich bemühen, diese Große Natürliche Befreiung durch Verstehen im Zwischenzustand der Realität anzuwenden.

Zu diesem Zweck untersuche zuerst die Situation mit Hilfe einer systematischen Todesanalyse, wie in der »Natürlichen Befreiung durch Zeichen des Todes« beschrieben.

Die *Natürliche Befreiung durch Zeichen des Todes* ist gewöhnlich Teil des Texts, hier jedoch nicht übersetzt. Sie enthält eine Vielzahl von Omen, Traumdeutungen und medizinischen Einsichten, die einem Menschen helfen zu erkennen, wenn in spezifischen Situationen die Gefahr des baldigen Todes besteht.

Wenn die Zeichen des Todes eindeutig und vollständig sind, wende die Natürliche Befreiung durch Übertragung des Bewußtseins an. Ist diese Praxis erfolgreich, dann ist es nicht mehr nötig, den Text der »Natürlichen Befreiung« noch zu lesen. Gelingt sie nicht, lies das »Buch der Natürlichen Befreiung,« neben dem Körper der Verstorbenen sitzend, klar und deutlich vor. Wenn der Körper schon fortgebracht wurde, sitze am Bett oder Sitzplatz der Verstorbenen. Rufe die Kraft der Wahrheit an, zitiere den Geist der Verstorbenen herbei, visualisiere sie, wie sie vor dir sitzt und dir zuhört, und lies ihr das »Buch der Natürlichen Befreiung« vor. Äußerst störend wäre es, wenn Nahestehende und Verwandte während der Zeremonie laut schluchzen oder klagen würden. Sie sollten beruhigt werden. Wenn der Körper noch anwesend ist, sollte zum Zeitpunkt, da der äußere Atem aufgehört hat, die innere Atmung aber noch weitergeht, der Lehrer, ein Mitpraktizierender oder ein vertrauter Verwandter oder Freund das »Buch der Natürlichen Befreiung« ganz nah am Ohr der Verstorbenen lesen.

Anwendung des Buches der Natürlichen Befreiung
Es ist nicht notwendig, ja, es wäre sogar verwirrend, dem Verstorbenen sämtliche Kommentare und Anweisungen vorzulesen, die für den Leser des *Buches der Natürlichen Befreiung* gedacht sind. Es sollten also nur die entsprechenden, in serifenloser Schrift gesetzten Abschnitte laut gelesen werden. Die kommentierenden Teile des Textes sollen erklären, wie und wann die anderen zu lesen sind.

Bringe den Drei Kostbarkeiten umfangreiche Opfergaben dar. Wenn du nicht über genügend Mittel verfügst, dann stelle alles an symbolischen Gaben auf, was du dir leisten kannst, und visualisiere unendliche zusätzliche Gaben. Dann rezitiere drei- oder siebenmal das Gebet »Anrufung der Buddhas und Bodhisattvas um Hilfe.« Danach rezitiere die Gebete »Zuflucht vor den Gefahren des Zwischenzustands, Erlösung von den Nöten des Zwischenzustands« und die »Wurzelverse der sechs Zwischenzustände.« Darauf lies das

»Buch der Natürlichen Befreiung durch Verstehen im Zwischenzustand« dreimal, siebenmal oder so oft es die Umstände erlauben.

Die »Drei Kostbarkeiten« sind der Buddha, seine Lehre und die heilige Gemeinschaft. Der Text empfiehlt, einen Schrein zu errichten. Dazu kann man ein Bild oder eine Statue des Buddha aufstellen und vielleicht noch einen buddhistischen Text, um die Lehre zu symbolisieren. Die Opfergaben bestehen aus Wasser in kleinen Schalen, Blumen, Räucherstäbchen, einer Kerze oder einem sonstigen Licht und so weiter. Selbst ohne materielle Objekte kann man ein ganzes Arrangement visualisieren und den erleuchteten Wesen in der Vorstellung ganze Universen voll der schönsten Dinge darbringen. Wenn Sie oder der Verstorbene einer anderen Religion anhängen, stellen Sie Bilder, Symbole oder heilige Texte und die entsprechenden Opfergaben dieser Religion auf. Wenn Sie oder der Verstorbene keiner Religion angehören, stellen Sie sich eine vom Verstorbenen bevorzugte Landschaft oder Umgebung vor, und schmücken Sie sie symbolisch oder in Ihrer Vorstellung auf eine Weise aus, die dem Verstorbenen gefallen würde und ihn anzieht. Die erwähnten Gebete finden sich im fünften Kapitel.

Erkennen des Klaren Lichts im Zwischenzustand des Todesmoments

Das Klare Licht ist eine unbeschreibliche Transparenz, ein Licht, das alle Richtungen ausleuchtet und das doch nicht der Helligkeit von Sonne oder Mond entspricht und auch nichts mit Zwielicht oder Dunkelheit zu tun hat. In diesem Teil verwendet der Text den Begriff »Zwischenzustand« auf recht verwirrende Weise. Der Abschnitt trägt den Titel *Gebet des Zwischenzustands der Realität*. Der »Zwischenzustand des Todesmoments« gehört jedoch ebenfalls zu den sechs Haupt-Zwischenzuständen und ist vom »Zwischenzustand der Realität« verschieden. Der Zwischenzustand des Todesmoments wird weiter in zwei Zwischenzustände unterteilt, von denen der eine »Klares Licht der

Realität« genannt wird und der andere ohne spezielle Bezeichnung bleibt. Der erste tritt auf, wenn das Bewußtsein sich noch im Zentralkanal des feinstofflichen Nervensystems des Verstorbenen befindet, während der zweite beginnt, sobald das Bewußtsein den Zentralkanal auf irgendeinem Wege – außer durch den Scheitel – verläßt. Ich habe ihnen folglich die Namen »Zwischenzustand des Todes, Klares Licht der Realität im Zentralkanal« und »Zwischenzustand des Todes, Klares Licht der Realität außerhalb des Körpers« gegeben. Beide treten bald nach Aufhören der Atmung ein, der erste augenblicklich danach. Es sind äußerst wichtige Zeiten, zu denen man jemandem leicht zu einem erfolgreichen Todesübergang verhelfen kann, idealerweise in einen Zustand bewußter Befreiung oder zumindest in einen positiven erleuchtungsorientierten Daseinsbereich, etwa das Reine Land eines Buddha. Zum Zeitpunkt des Todes hat nämlich jedes Wesen, ganz besonders aber Menschen, die ideale Möglichkeit, wahre Freiheit von süchtig machenden Gewohnheiten, verblendeten Wahrnehmungen und fehlgeleiteten Vorstellungen zu entdecken. Aus diesem Grunde gilt es in der tibetischen Kultur als so wesentlich, einem lieben Menschen durch den Prozeß des Todes hindurchzuhelfen, wobei ablenkende und beängstigende Orte, wie etwa die Intensivstation von Krankenhäusern, möglichst zu vermeiden sind. Man sollte vielmehr Umstände schaffen, unter denen die Helfer zumindest für mehrere Stunden nach dem Tod noch bei dem Körper bleiben können.

Um der Klarheit willen habe ich die tibetischen Titelüberschriften in der Übersetzung weggelassen, da sie Themen auflisten, die für eine Orientierung des Lesers viel zu weit gehen.

Klares Licht der Realität im Zentralkanal
»Zwischenzustand« kann mindestens in dreierlei Bedeutung verstanden werden, was leicht verwirrend wirkt. Einmal wird das Wort im allgemeinen umgangssprachlichen Zusammenhang für die gesamte Zeitspanne zwischen Tod und Wiedergeburt gebraucht. Dann wird es in seinem technischen Sinn gebraucht,

etwa in »Yoga des Zwischenzustands«, in Hinsicht auf die Hauptgruppe der sechs Zwischenzustände von Leben, Traum, Meditation, Todesmoment, Realität und Werden, von denen zumindest drei Unterteilungen des »Zwischenzustands« im umgangssprachlichen Sinn sind. Und dann wird es in diesem Text noch im Sinne einer »Phase eines Zwischenzustands« gebraucht, weil die Erfahrung einer speziellen Periode innerhalb eines Zwischenzustands auch wieder »Zwischenzustand« genannt wird. Im Zwischenzustand des Todesmoments finden wir also zwei Zwischenzustände des Klaren Lichts, und im Zwischenzustand der Realität gibt es den Zwischenzustand der Milden Gottheiten und den Zwischenzustand der Grimmigen Gottheiten, von denen jeder noch einmal in verschiedene Tage unterteilt wird. Zur Vereinfachung habe ich den Begriff, wenn er im letzten Sinn gebraucht wird, mit »Zwischenzustands-Phase« übersetzt und den Begriff im umgangssprachlichen Gebrauch hin und wieder einfach weggelassen.

Die Natürliche Befreiung sollte für alle möglichen Menschen Anwendung finden: für die, die ein gutes Verständnis besitzen, das Klare Licht jedoch noch nicht erkannt haben; ebenso für die, die es erkannt haben, diese Erkenntnis jedoch nicht durch Praxis weiterentwickelt und gefestigt haben, und selbst für egozentrische Personen, die keinerlei Unterweisung kennen. Sobald sie das objektive Klare Licht erkennen, werden sie den ungeborenen Wahrheitskörper über den gerade nach oben führenden Pfad erlangen, ohne irgendeinen Zwischenzustand zu durchlaufen.

Hier wird die Wirksamkeit der Lehre von der Natürlichen Befreiung angedeutet. Das Bewußtsein ist im Zwischenzustand derartig geschmeidig und formbar, daß das bloße Verstehen der Wirklichkeit die gesamte Struktur von Verblendung und Befreiung augenblicklich transformieren kann.

Was die Anwendung der Natürlichen Befreiung angeht, so wäre es das beste, wenn du den Meister der Verstorbenen, von dem sie die

Anweisungen erhalten hat, an das Sterbebett bringen könntest. Wenn das nicht möglich sein sollte, reichen auch spirituelle Brüder und Schwestern mit denselben Verpflichtungen aus. Können auch sie nicht anwesend sein, ist ein Meister derselben spirituellen Linie genug. Kann auch ein solcher nicht kommen, sollte irgend jemand, der in der Lage ist, diesen Text klar und deutlich zu lesen, ihn viele Male vorlesen. Wenn die Verstorbene auf diese Weise an das erinnert wird, was ihr der Meister beschrieben hat, wird sie ohne jeden Zweifel das objektive Klare Licht erkennen und augenblicklich befreit sein.

In der tibetischen Sprache benutzt man in solchen Anweisungen nur sehr selten Personalpronomen. Die dritte Person ist – ohne Geschlechtsbestimmung – in der Verbform enthalten. Obwohl es der Tatsache entspricht, daß männliche spirituelle Lehrer in Tibet zahlreicher sind, gibt es ebenso auch Meisterinnen und weibliche Lamas. Und natürlich respektiert der Tod keinerlei Geschlecht, und es sterben ebenso viele Männer wie Frauen. Daß ich hier hauptsächlich das männliche Personalpronomen verwende, läßt das Tibetische sexistischer erscheinen, als es ist. Würde ich jedoch dauernd »er oder sie«, »ihm oder ihr« und so weiter sagen, würde das den Sprachfluß stören. Ich habe mich daher dafür entschieden, das männliche und weibliche Pronomen abzuwechseln, wo es um allgemeine Erwähnungen der dritten Person geht.

Was die Zeit zur Anwendung der Natürlichen Befreiung angeht, so geschieht es am besten, nachdem der äußere Atem aufgehört hat, die neuralen Winde sich in den Zentralkanal auflösen und das Bewußtsein klar als das ungekünstelte Klare Licht erscheint. Zu diesem Zeitpunkt sollte die Natürliche Befreiung angewendet werden: bevor die Winde sich umkehren und durch den rechten und linken Kanal entweichen und die Visionen des Zwischenzustands sich einladend präsentieren; nachdem der äußere Atem aufgehört hat, der innere Atem aber noch (im Zentralkanal) verbleibt, solange, wie man braucht, um eine Mahlzeit zu verzehren.

Noch einmal zur Anwendung: Am besten ist es, wenn man die Übertragung des Bewußtseins bewirken kann, sobald der Atem im Begriff ist aufzuhören. Gelingt das nicht, so sprich folgendes:

Höre! Edle mit Namen Soundso! Jetzt ist die Zeit für dich gekommen, nach dem Weg zu suchen. Sobald dein Atem aufhört, erscheint das objektive Klare Licht des ersten Zwischenzustands, so wie dein Meister es dir beschrieben hat. Dein äußerer Atem hört auf, und du erfährst die Wirklichkeit bloß und leer wie der Raum, dein makelloses nacktes Gewahrsein dämmert klar und leer ohne Horizont oder Mitte. Nun mußt du dies als dich selbst erkennen, bei dieser Erfahrung mußt du bleiben. Ich werde sie dir zu gegebener Zeit noch einmal beschreiben.

Die Standardanweisung zum Erkennen des Klaren Lichts lautet wie eben gegeben. Die *Natürliche Befreiung durch Nackte Schau* in Kapitel 8 gibt eine wesentlich vollständigere Beschreibung. Gewahrsein ist klar und inhaltlos, unendlich und bar jeder Struktur, frei von jedem subjektiven Standpunkt oder irgendeinem Gefühl von Objektivität. Was es schwierig macht, das Klare Licht zu erkennen, ist die Macht der Gewohnheit, uns als die Präsenz einer subjektiven Perspektive wahrzunehmen und daher Angst zu haben oder das Bewußtsein zu verlieren, wenn das Gefühl, uns an etwas festhalten zu können, verlorengeht. Aus diesem Grund drängt die Anweisung den Verstorbenen, sich mit der unendlichen Transparenz zu identifizieren, in ihr das essentielle selbst-lose Selbst zu erkennen.

Bevor ihr (äußerer) Atem aufhört, flüstere ihr dies wiederholte Male ins Ohr, um es sicher in ihrem Geist zu verankern. Wenn dann der äußere Atem eben im Begriff ist aufzuhören, lege sie in die Löwenhaltung auf die rechte Seite und drücke auf die pulsierenden Wellen in den Blutgefäßen (des Halses). Drücke fest zu, und unterbrich den Kreislauf in den zwei Schlaf-Kanälen (des Halses). Dann werden die Winde in den Zentralkanal eintreten und nicht mehr umkehren können, und ihr Bewußtsein wird ohne Zweifel nach oben durch die Brahma-Öffnung entweichen.

Natürlich ist der genaue Augenblick, in dem der Atem aufhört, sehr schwierig einzuschätzen; das bedarf des Fingerspitzengefühls und des Timings eines Experten. Keinesfalls darf das irgend jemand leichtfertig versuchen. Die »Brahma-Öffnung« ist die Stelle auf der Mittellinie des Kopfes vor dem Scheitelpunkt, wo sich die weiche Fontanelle befindet. Durch Verständnis der Natürlichen Befreiung verläßt der im feinstofflichen Lebenstropfen verkörperte Geist den Körper an dieser Stelle, auf dieselbe Weise wie in der Praxis der Bewußtseinsübertragung.

Dann lies noch einmal die Beschreibung. Dieser Moment wird »Klares Licht der Realität im ersten Zwischenzustand« genannt. Alle Wesen durchlaufen im Todesprozeß ein untrügliches Erkennen des Wahrheitskörpers. Während der Zeit, nachdem der äußere Atem aufgehört hat, der innere Atem aber noch andauert, lösen sich die Winde in den Zentralkanal hinein auf. Gewöhnliche Menschen empfinden dies als »Bewußtlosigkeit«. Die Dauer dieser Zeitspanne ist ungewiß und hängt von der Qualität des Lebens der Person und dem Grad der Entwicklung ihrer neuralen Winde und Kanäle ab. Bei Menschen mit einer stabilen Praxis, guter Ausgeglichenheit oder hochentwickelten Kanälen kann dieser Zustand recht lange anhalten. Derartigen Menschen sollte man, um ihre Entschlossenheit zu stärken, die entsprechende Beschreibung solange wiederholt vorlesen, bis Lymphflüssigkeit aus den Öffnungen ihrer Sinnesorgane sickert. Bei großen Übeltätern oder denjenigen, deren Kanäle verstopft sind, dauert diese Phase nicht länger als ein Fingerschnippen. Bei einigen anderen dauert sie so lange, wie es braucht, eine Mahlzeit zu verzehren. Da die meisten philosophischen und yogischen Schriften darin übereinstimmen, daß die Verstorbenen für viereinhalb Tage bewußtlos bleiben, verweilen sie wohl gewöhnlich für diese Zeitspanne (im und um den Zentralkanal herum). Man sollte also damit fortfahren, ihnen das Klare Licht zu beschreiben.

Was die Anwendung angeht: Wenn die Verstorbene die Fähigkeit besitzt, sollte sie ihren spirituellen Entschluß von früher nun umsetzen. Vermag sie es nicht selbst zu tun, dann sollte ihr Meister, ihre spirituellen Geschwister oder gleichgesinnte Freunde bei ihr sitzen. Sie sollten die Verstorbene dann auf die Zeichen der Auflösung in der Reihenfolge ihres Auftretens aufmerksam machen.

Die Luftspiegelung, die du nun siehst, ist das Zeichen, daß Erde sich in Wasser auflöst. Der Rauch ist das Zeichen, daß Wasser sich in Feuer auflöst. Die Glühwürmchen sind das Zeichen, daß Feuer sich in Wind auflöst. Die Kerzenflamme ist das Zeichen, daß Wind sich in Bewußtsein auflöst. Der von Mondlicht erhellte Himmel ist das Zeichen, daß Bewußtsein sich in Leuchten auflöst. Der von Sonnenlicht erhellte Himmel ist das Zeichen, daß Leuchten sich in Strahlen auflöst. Der dunkle Himmel ist das Zeichen, daß Strahlen sich in Bevorstehen auflöst. Der Himmel im Zwielicht der Dämmerung ist das Zeichen, daß Bevorstehen sich in Klares Licht auflöst.

Im Text heißt es nur »die Zeichen von Luftspiegelung« und so weiter. Ich habe ihn um die vollständige Beschreibung der acht subjektiven Zeichen erweitert, weil das Erkennen dieser Zeichen für die Verstorbene so eminent wichtig ist. Es gibt ihr in einem neuen und eigenartigen Raum unbekannter Erfahrungen ein Gefühl von Orientierung.

Wenn diese Zeichen kulminieren, solltest du die Verstorbene an ihren spirituellen Vorsatz des Erleuchtungsgeistes erinnern. Ist die Verstorbene eine spirituelle Meisterin, solltest du sanft sagen:

Verehrte Meisterin! Bitte handle, ohne zu zögern, deinem spirituellen Vorsatz gemäß.

Ich übersetze den Sanskrit-Begriff *Bodhichitta* mit »Erleuchtungsgeist« und den Begriff *Bodhichittotpada* mit »spirituellem Vorsatz«. Es ist diese spirituelle Haltung, die einen Bodhisattva ausmacht – einen heldenhaften Menschen, der lebt, um alle Wesen vom Leiden zu erlösen. Sie besteht in dem Vorsatz, nach vollkommener Erleuchtung zu streben, um damit die Fähigkeit zu entwickeln, andere aus ihrem Leiden erretten und ihnen

Glück bringen zu können. Für einen Bodhisattva ist dieser Entschluß die logische Konsequenz von Liebe und Mitgefühl für die Lebewesen in Verbindung mit dem Wissen um ihre wahre Situation und um den unendlichen Horizont der wechselseitigen Verbundenheit von Selbst und Anderen. Die tibetische Psychologie hält diese Haltung der Selbstlosigkeit paradoxerweise für die beste Garantie für ein gutes Geschick des Selbst. Daher ist es wesentlich, die Verstorbene zu diesem Zeitpunkt an ihren spirituellen Vorsatz zu erinnern.

Wenn die Verstorbene eine spirituelle Gefährtin oder irgendein anderer Mensch ist, rufe sie bei ihrem Namen und sprich folgendes: Höre, Edle! Jetzt bist du zum sogenannten »Tod« gelangt, verhalte dich also deinem Vorsatz des Erleuchtungsgeists entsprechend. Du solltest deinen Erleuchtungsvorsatz folgendermaßen fassen: »Ach! Die Zeit des Todes ist nun für mich gekommen. Von jetzt an will ich, mit Hilfe dieses Todes, meinen Geist entwickeln, indem ich ausschließlich über den Vorsatz zum Erleuchtungsgeist von Liebe und Mitgefühl kontempliere. Zum Wohle aller Wesen im gesamten grenzenlosen All muß ich vollkommene Buddhaschaft erlangen.« Und besonders solltest du denken: »Zum Wohle aller Wesen will ich nun das Klare Licht des Todes als Körper der Wahrheit erkennen. In dieser Erkenntnis werde ich die erhabene Verwirklichung des Großen Siegels erlangen und das verwirklichen, was allen Wesen zum Wohle gereicht. Gelingt mir dies nicht, dann will ich, sobald mir der Zwischenzustand dämmert, ihn als solchen erkennen. Ich will diesen Zwischenzustand als den Körper des Großen Siegels der Integration erkennen und will verwirklichen, was allen unendlichen Wesen im ganzen grenzenlosen All zum Wohle gereicht, indem ich alles hervorbringe, was nötig sein mag, um wen-auch-immer zu zähmen.« Ohne jemals die Willenskraft dieses spirituellen Vorsatzes zu verlieren, erinnere dich der Erfahrung sämtlicher Unterweisungen, die du je praktiziert hast.

Ich übersetze den Sanskrit-Begriff *Mahamudra* mit »Großes Siegel«. Dieser Ausdruck bezeichnet die endgültige Wirklichkeit als einen endgültigen Liebesakt, bei dem Leerheit als die vollkommene geistige und körperliche Vereinigung von einem selbst als orgasmische Glückseligkeit und dem/der leidenschaftlichen Geliebten der unendlich umfassenden, intimen Weisheit universaler Leerheit erfahren wird. Wie der Ausdruck »Große Vollkommenheit« bezieht sich auch dieser auf den Zugang zum Endgültigen, wie er von den fortgeschrittensten Adepten tantrischer Kontemplationspraxis praktiziert wird.

Dies sollte mit den Lippen nah beim Ohr klar artikuliert werden. Auf diese Weise, ohne auch nur den kleinsten Augenblick der Ablenkung zuzulassen, bete für die Verstorbene, daß ihr diese Praxis gelingen möge.
  Wenn dann der äußere Atem aufgehört hat, drücke fest auf die Schlaf-Kanäle (am Hals) und sprich folgendes (zuerst zu einer spirituellen Meisterin oder einem spirituell Höherstehenden):
  Ehrwürdige Meisterin! Eben jetzt dämmert dir das objektive Klare Licht. Erkenne es! Bitte verbinde es mit deiner Erfahrung.
Allen anderen beschreibe es wie folgt:
  Höre, Edle mit Namen Soundso, und merke auf! Eben jetzt dämmert dir das Klare Licht der Wirklichkeit. Erkenne es! Höre, Edle, eben dies, dein gegenwärtiges bewußtes, natürliches, klares, leeres Gewahrsein, diese Präsenz in klarer Leerheit ohne Objekt oder Substanz, Merkmal oder Farbe – eben das ist die Wirklichkeit, die Mutter, Buddha Allumfassende Güte! Und eben dies, dein bewußtes Gewahrsein natürlicher Leerheit, das sich nicht einer falschen vernichtenden Leerheit hingibt, einfach dein eigenes bewußtes Gewahrsein, unaufhörlich, hell, ausgeprägt und dynamisch – eben dieses Gewahrsein ist der Vater, Buddha Allumfassende Güte! Einfach diese Präsenz der Untrennbarkeit der natürlichen, substanzlosen Leerheit deines Gewahrseins und der strahlend dynamischen Präsenz deines bewußten Gewahrseins – eben das ist der Wahrheitskörper des Buddha. Dein Gewahrsein weilt also in diesem gewaltigen Licht untrennbarer Klarheit-Leerheit. Frei bist du von Tod und Geburt – eben dies ist der Buddha Unveränderliches Licht. Es

reicht aus, dies nur zu erkennen. Die Reinheits-Natur deines eigenen bewußten Gewahrseins als den Buddha zu erkennen – du selbst erblickst dein eigenes Gewahrsein –, bedeutet, in der inneren Erkenntnis aller Buddhas zu ruhen.

»Allumfassende Güte« ist die Übersetzung des Sanskrit-Namens Samantabhadra in seiner männlichen und weiblichen Form. Die Buddhas Samantabhadra Vater und Mutter symbolisieren die unermeßliche Dimension des Endgültigen selbst, den Wahrheitskörper, dessen Erfahrung in der ewig glückseligen Vereinigung von glückseligem Gewahrsein und transparenter Wirklichkeit-Leerheit besteht. Die hier gegebene Beschreibung ähnelt den Formulierungen der Wort-Initiation, der »Großen Vierten Initiation«, die in den Unübertroffenen Yoga-Tantras als die höchste der esoterischen Einweihungen gilt. Die hier angesprochene Natur der Wirklichkeit ist ungeschaffen, durch keinerlei Mühe zu finden, weil sie nie verloren war, sie ist erleuchtetem Gewahrsein anfanglos eigen. Daher gibt es kein Fortschreiten in der Erkenntnis ihrer Präsenz. Durch bloßes Verstehen der Beschreibung ist man augenblicklich befreit.

Dies wiederhole drei- oder siebenmal, deutlich und korrekt. Bei der ersten Wiederholung wird die Verstorbene sich an die frühere Beschreibung durch ihren Lehrer erinnern. Mit der zweiten Wiederholung wird sie ihr eigenes nacktes Gewahrsein als das Klare Licht erkennen. Mit der dritten Wiederholung wird sie, ihre Natur erkennend, zum Wahrheitskörper, frei von Einheit und Trennung, und ganz bestimmt wird sie befreit. Erkennt die Verstorbene also auf diese Weise das erste Klare Licht, ist sie befreit.

Klares Licht der Realität außerhalb des Körpers
Zweifelt man jedoch und erkennt das erste Klare Licht nicht, dämmert nun das »zweite Klare Licht«. Zeitlich erscheint es so lange nach dem Aufhören des äußeren Atems, wie man braucht, um eine Mahlzeit zu verzehren. Durch die guten oder schlechten Impulse der Evolution wird der Wind entweder in den rechten oder den lin-

ken Kanal entlassen und entweicht durch eine der Körperöffnungen. Dann begibt sich das Bewußtsein auf den klaren Pfad des Zwischenzustands. Noch einmal sei gesagt: Obwohl die Zeit hier beschrieben wird als »die Zeit, die man braucht, um eine Mahlzeit zu verzehren«, hängt die Dauer doch von der Beschaffenheit der Kanäle der Verstorbenen und dem Grad ihrer Entwicklung ab.

Zu diesem Zeitpunkt fühlt die Verstorbene, wie ihr Bewußtsein aus dem Körper austritt, erkennt die Situation jedoch nicht und fragt sich besorgt: »Bin ich nun gestorben?« Sie fühlt sich, als stehe sie mit ihren Lieben noch immer in Verbindung. Sie hört ihr Wehklagen. Bevor die intensiven evolutionären Halluzinationen beginnen und der volle Schrecken des Todes eintritt, solltest du wieder die Anweisungen benutzen. Es gibt verschiedene Versionen, für Praktizierende der Vollendungsstufe und für Praktizierende der Erzeugungsstufe. Ist die Verstorbene eine Praktizierende der Vollendungsstufe, rufe sie dreimal bei ihrem Namen und wiederhole die Beschreibung des Klaren Lichts, die oben gegeben wurde. Praktiziert sie die Erzeugungsstufe, lies die Meditationsanweisungen und die Visualisationspraxis ihrer archetypischen Gottheit. Dann bete folgendermaßen:

Erinnern Sie sich, daß Sie sich immer noch am Bett der Verstorbenen aufhalten, deren Bewußtsein nun aus dem Körper ausgetreten ist und unsicher im Raum schwebt. Diese Periode beginnt etwa eine halbe Stunde, nachdem der Atem aufgehört hat, und kann über mehrere Tage anhalten. Aus diesem Grund gilt es in der tibetischen Kultur als wünschenswert, den Körper für mehrere Tage liegenzulassen, was in wärmeren Klimata wegen der einsetzenden Verwesung sicher nicht möglich ist. Es wird häufig berichtet, daß die Körper hoher Lamas ohne Zeichen einsetzenden Verfalls über mehrere Tage ihre sitzende Stellung beibehalten. Der Praktizierende der Vollendungsstufe hat die Energiekanäle des feinstofflichen Nervensystems entwickelt, seine Knoten gelöst und Erfahrungen mit subtilen inneren und außerkörperlichen Erfahrungen gesammelt. Daher wird ihm oder ihr das Klare Licht direkt vorgestellt. Der Praktizierende der Erzeugungsstufe hat große Meisterschaft in der Visualisation erlangt, und die archetypischen Gottheiten mit ihren geheiligten Mandala-Welten sind ihm zutiefst vertraut, ihre Formen und Strukturen haben unterbewußt die Winde, Kanäle und Tropfen des Gewahrseins entwickelt. Ihn will die Anweisung daher zu den archetypischen Gottheiten zurückführen, bei denen er sich sicher und offen fühlt.

> Höre, Edle! Meditiere über deine archetypische Gottheit! Sei nicht abgelenkt! Richte deine Willenskraft intensiv auf deine archetypische Gottheit! Visualisiere sie als Erscheinung ohne Realität, wie der Mond im Wasser! Visualisiere sie nicht als materiell!

Wenn die Verstorbene ein gewöhnlicher Mensch ist, weise sie folgendermaßen an:

> Meditiere über den Herrn des Großen Erbarmens!

»Gewöhnlicher Mensch« heißt in diesem Zusammenhang ein Mensch, der sich nicht systematisch in entweder der Visualisation oder der Transformation in Zustände erhöhten Bewußtseins oder subtiler physischer Energien geschult hat. Aber schon einer speziellen Kultur anzugehören, ist in sich selbst bereits ein Prozeß von Visualisation und Transformation, schafft gewohnheitsmäßige Imagination und Wahrnehmung. Wenn die Verstorbene religiös war, macht ihre lange Vertrautheit mit einem speziellen Gott, einer Göttin, einem Erlöser oder Propheten dieses Wesen für sie zu einer archetypischen Gottheit. War sie nicht religiös, hat ihre Vertrautheit mit bestimmten Menschen, Symbolen oder Orten diese zu Archetypen oder Mandalas für sie werden lassen. Der Text ruft den Herrn des Großen Mitgefühls an, den Bodhisattva Avalokiteshvara, die Erlöserfigur schlechthin für jeden Angehörigen der tibetischen Kultur, eine machtvolle Gottheit, die sich aller fühlenden Wesen annimmt und ihnen hilft, Leiden zu vermeiden und Glück zu finden. Vielleicht rufen Sie an dieser Stelle lieber Jesus an oder Moses, Mohammed, Krishna, Wakan Tanka, Odin, Zeus oder die Große Mutter in irgendeiner ihrer zahllosen Formen. Jeder Archetyp des Heiligen, jede mitfühlende Verkörperung endgültiger Wirklichkeit ist geeignet, die dem Bewußtsein Sicherheit und das Gefühl von Einheit mit der Präsenz heiliger Absolutheit vermitteln kann. Das ist notwendig, damit die Verstorbene nicht Angst vor den Halluzinationen oder unvorhergesehenen Ereignissen bekommt, sondern sich positiven Bestimmungen zuwendet. Die vorgestellte Gestalt jedes dieser großen Erlöser kann als Brennpunkt für die Konzentration des Gewahrseins dienen und macht das Bewußtsein für das aktive Mitgefühl dieser Wesen empfänglich.

Solcherart angewiesen, gibt es keinen Zweifel, daß selbst die, die sich mit dem Zwischenzustand niemals beschäftigt haben, ihn erkennen werden. Diejenigen, die im Leben zwar einen Meister hatten, der ihnen den Zwischenzustand beschrieben hat, die jedoch nur wenig Vertrautheit durch Praxis gewinnen konnten, können nicht aus eigener Kraft im Zwischenzustand Luzidität gewinnen. Sie sind darauf angewiesen, daß ein spiritueller Meister, ein Nahestehender oder Freund die Klarheit der Erkenntnis in ihnen wecken kann. Diejenigen aber, die früher Vertrautheit mit dem Pfad und Einsicht darein gewonnen haben, dann aber ihre Gelübde gebrochen und ihre grundlegenden Verpflichtungen mißachtet haben und daher wahrscheinlich in den gräßlichen Bereichen wiedergeboren würden, für sie ist diese Unterstützung von außerordentlicher Wichtigkeit.

Die Konsequenzen, die sich aus dem Bruch von Gelübden und Verpflichtungen durch jemanden ergeben, der ein gewisses Maß an Einsicht in den Pfad gewonnen hat, sind sehr schwerwiegend. Das liegt nicht etwa daran, daß es in dieser Tradition einen Hang zur Bestrafung gäbe. Es ist eher so, daß jemand, der den Pfad bis zu einer gewissen Stufe beschreitet, ein Maß an Freiheit von innerer instinktiver Getriebenheit zu gewinnen beginnt und offener wird. Das Potential seiner Lebensenergie wird geschmeidiger und formbarer, während sich sein Horizont allmählich erweitert, um auch Buddhaschaft und evolutionäre Vollkommenheit einzuschließen. Wenn so jemand sich dann radikal abwendet und sich sozusagen der »dunklen Seite« verschreibt, umfaßt der bereits erweiterte Horizont nun auch extrem negative, höllische Zustände. Ein solcher Mensch befindet sich in großer Gefahr.

Gelingt es der Verstorbenen, den ersten Zwischenzustand zu erkennen, steht alles zum Besten. Gelingt es ihr nicht, entsteht die Realität des zweiten Zwischenzustands, und wenn ihr Gewahrsein jetzt geweckt wird, ist sie befreit. Wird sie hier, im zweiten Zwischenzustand, unterwiesen, wird dem Bewußtsein, das vorher noch nicht wußte, ob der Tod eingetreten war, plötzlich alles klar. Dies nennt man den Zustand des »unreinen magischen Körpers«. Wenn die Unterweisung zu dieser Zeit erfolgreich ist, treffen sich Mutter- und Kind-Realität, und die Evolution verliert die Macht über die Verstorbene – wie wenn das Sonnenlicht die Dunkelheit besiegt. Das Klare Licht des Pfades besiegt die Kraft der Evolution, und sie ist befreit.

Der magische Körper ist, wie Sie sich sicher erinnern, der auf der dritten Ebene der Vollendungsstufe bewußt geschaffene, traumkörperähnliche feinstoffliche Energiekörper. Hier wird, durch die Kraft der Unterweisung, der evolutionär geschaffene feinstoffliche Körper des Zwischenzustands durch augenblickliche Klarheit des Verstehens in den unreinen magischen Körper der dritten Stufe transformiert. Die große Formbarkeit und Geschmeidigkeit des Bewußtseins und seiner subtilen Verkörperung im Zwischenzustand ermöglicht diese außerordentliche Beschleunigung der Evolution in Richtung Buddhaschaft. Die »Mutter-Realität« ist das objektive Klare Licht, die tatsächliche Transparenz endgültiger Wirklichkeit, direkt erfahren jenseits der Subjekt-Objekt-Dichotomie. »Mutter« wird sie genannt, weil sie die Matrix jeder Möglichkeit ist. Die »Kind-Realität« ist ein ähnliches Klares Licht – Transparenz, die noch durch Konzept gefiltert ist, von einem korrekten konzeptuellen Verständnis erzielt, aber immer noch mit einem instinktiven Gefühl von Subjektivität und Objektivität behaftet. Diese Ebene der Erfahrung Klaren Lichts paßt zur Präsenz des unreinen magischen Körpers. Wenn sie sich zum Mutter-Klaren-Licht wandelt, der magische Körper also rein wird, wird die höchste Vereinigung des Vaters, des magischen Körpers, und der Mutter, des Klaren Lichts, zur unübertrefflichen Integration, zum Großen Siegel, zur Großen Vollkommenheit – zur evolutionären Vollendung, Buddhaschaft.

Noch einmal, der sogenannte »zweite Zwischenzustand« geht plötzlich vor dem mentalen Körper auf; und das Bewußtsein wandert in Hörweite herum. Wird die Unterweisung zu dieser Zeit gegeben, erfüllt sie ihren Zweck. Zu dieser Zeit haben die evolutionären Halluzinationen noch nicht begonnen, und die Verstorbene ist zu jeglicher Transformation fähig. Selbst wenn sie also das objektive Klare Licht nicht erkannt haben sollte, kann sie immer noch das Klare Licht des zweiten Zwischenzustands erkennen und so Befreiung finden.

Der Zwischenzustand der Realität der Milden Gottheiten

Jede Phase und jeder Tag des Zwischenzustands beginnt mit der Aufforderung, die Lesung des Buches der Natürlichen Befreiung fortzusetzen – für den Fall, daß die Verstorbene immer noch nicht Befreiung gefunden hat. Jeder vorhergegangene Abschnitt endet mit Aussagen, wie sicher die Verstorbene durch Verstehen der jeweiligen Unterweisung Befreiung gefunden haben sollte. Ein Lama oder spiritueller Meister mit der Fähigkeit direkter Hellsichtigkeit ist leicht in der Lage, den Fortschritt in der Entwicklung des Bewußtseins der Verstorbenen zu überwachen. Wir anderen sollten wohl am besten einfach weitermachen und lieber riskieren, zuviel zu tun, als der Verstorbenen eine Chance zu wenig zu geben.

Wenn die Verstorbene immer noch nicht befreit ist, kommt es nun zur »dritten Phase des Zwischenzustands«. Der Zwischenzustand der Realität dämmert. Er wird zum dritten Zwischenzustand, in dem nun die evolutionären Halluzinationen beginnen. Daher ist es wesentlich, die große Unterweisung für den Zwischenzustand der Realität mit ihrer großen Kraft und ihrem unschätzbaren Nutzen in dieser Phase zu lesen. Zu dieser Zeit jammern und klagen ihre Angehörigen, ihr Platz bei Tisch wird nicht mehr gedeckt, ihre Kleider werden ausgezogen, und das Bett wird zerbrochen. Sie kann die anderen sehen, doch die anderen sehen sie nicht. Sie kann die anderen rufen hören, aber wenn sie selbst ruft, hören die Angehörigen nichts. So muß sie Abschied nehmen, und ihr Herz versinkt in Verzweiflung. Es erheben sich Wahrnehmungen von Klängen, Lichtern und Strahlen, und sie wird schwach vor Angst, Schrecken und Panik. Nun ist es an der Zeit, die große Beschreibung des Zwischenzustands der Realität anzuwenden. Rufe die Verstorbene bei ihrem Namen und sage klar und deutlich folgendes:

Höre, Edle! Lausche unentwegt mit starker Konzentration! Es gibt sechs Zwischenzustände: den Zwischenzustand des natürlichen Lebens, den Zwischenzustand des Traums, den Zwischenzustand der Kontemplation, den Zwischenzustand des Todesmoments, den Zwischenzustand der Realität und den Zwischenzustand des Werdens.

Höre, Edle, drei Zwischenzustände erlebst du nun: den Zwischenzustand des Todesmoments, den Zwischenzustand der Realität und den Zwischenzustand des Werdens. Bis gestern erschien, im Zwischenzustand des Todesmoments, das Klare Licht der Realität. Du hast es jedoch nicht erkannt, und darum bist du hierher gekommen. Nun wirst du den Zwischenzustand der Realität und den Zwischenzustand des Werdens erleben. Wenn ich sie dir beschreibe, mußt du sie unbedingt erkennen.

Höre, Edle! jetzt bist du zum sogenannten »Tod« gelangt. Du gehst von dieser Welt ins Jenseits. Das geschieht nicht dir allein, es geschieht jedem. Du darfst dich nicht dem Anhaften hingeben und dem Beharren auf diesem Leben. Selbst wenn du anhaftest und insistierst, steht es doch nicht in deiner Macht zu bleiben; du kannst dem Weiterwandern im Lebensrad nicht entgehen. Hege keine Begierden! Klammere dich nicht fest! Sei dir der Drei Kostbarkeiten achtsam bewußt!

Höre, edles Kind! Welch schreckliche Erscheinungen des Zwischenzustands der Realität dir auch begegnen mögen, vergiß niemals die folgenden Worte. Du mußt die Bedeutung dieser Worte dauernd im Sinn behalten. Darin liegt der Schlüssel zum Erkennen.

> Höre! Nun, da mir der Zwischenzustand der Realität dämmert,
> will ich die Halluzinationen von Furcht und Panik loslassen,
> will, was immer auch erscheint, als Projektionen meines
> Geistes erkennen
> und als Vision des Zwischenzustands.
> Nun, da ich diesen entscheidenden Punkt erreicht habe,
> will ich die Milden und Grimmigen, meine eigenen
> Projektionen, nicht fürchten!

Dieser Vers ist einer der *Wurzelverse der sechs Zwischenzustände*. Die Verstorbene ist jetzt in die traumgleiche Welt des Zwischenzustands eingetreten, aber mit den geisterhaften Sinnen des Zwischenzustands noch nicht vertraut. Für ihre erhöhte

Empfindsamkeit können Anblicke und Klänge eine beängstigende Intensität annehmen. Darüber hinaus können nun die fundamentalen Instinkte leicht und schnell aus dem Unterbewußten aufsteigen und jede Erfahrung mit extremen Stimmungen, entweder der Freude oder der Angst, färben. Unsere Instinkte sind so stark von Furcht vor Schmerz und der Erwartung von Schmerz geformt, daß wir leicht zu Paranoia neigen. Allein schon diese furchtsame Erwartungshaltung kann im Zwischenzustand erschreckende Manifestationen erzeugen. Würden wir uns diesen Schrecken ergeben, dann würden wir uns immer mehr in Verteidigungsstrategien verstricken, unsere Empfindsamkeit immer mehr verschließen und unvermeidlich im Strudel negativer Gewohnheitsmuster versinken. Aus diesem Grund will uns der Vers an die dringliche Notwendigkeit erinnern, unserer Furcht nicht nachzugeben, sondern sie zu durchschauen und dabei offen und gelassen zu bleiben.

Sprich diesen Vers laut, und behalte seine Bedeutung im Sinn. Vergiß es nicht, denn darin liegt der Schlüssel, alle schrecklichen Visionen klar als deine eigenen Wahrnehmungen zu erkennen.

Höre, Edle! Nun, da dein Körper und dein Geist getrennte Wege gehen, wird die reine Wirklichkeit in subtilen, strahlend hellen, natürlich beängstigenden und einschüchternden Visionen manifest, die du ganz lebendig erfährst, schimmernd, wie eine Luftspiegelung auf der Ebene im Herbst. Fürchte sie nicht. Laß dich nicht erschrecken. Gerate nicht in Panik! Du hast nun einen sogenannten »instinktiven Geist-Körper«, der nicht aus Materie, Fleisch und Blut besteht. Was immer also an Klängen, Lichtern und Strahlen dir begegnen mag, kann dich nicht verletzen. Du kannst nicht sterben. Es ist genug, sie nur als deine eigene Wahrnehmung zu erkennen. Begreife, daß dies der Zwischenzustand ist.

Höre, Edle! Gleichgültig, was für andere Meditationen und Erfolge du in der Welt der Menschen sonst erfahren haben magst, wenn du dieser Unterweisung nicht begegnet bist und die Visionen nicht als deine eigenen Wahrnehmungen erkennst, werden dich die Lichter einschüchtern, die Klänge in Panik versetzen und die

Strahlen erschrecken. Kennst du den Schlüssel dieser Unterweisung nicht, wirst du die Klänge, Lichter und Strahlen nicht erkennen und weiter im Lebensrad kreisen.

Der erste Tag

Diese Überschrift steht nicht im Text, in dem erst mit dem zweiten Tag diese Art der Aufzählung beginnt. Ich habe sie zur Klärung eingefügt und um Ihnen eine Orientierung zu geben, wenn Sie das Buch in aktuellen Fällen anwenden. In diesem Abschnitt wird der Verstorbenen erklärt, daß sie nun viereinhalb Tage bewußtlos gewesen ist, genau 108 Stunden. Die genaue Zeit spielt allerdings keine wesentliche Rolle, da man diese Anweisungen bereits in den unmittelbar auf den Tod folgenden Tagen und bis zu einer Dauer von neunundvierzig Tagen nach dem Tod nutzbringend lesen kann.

In den dann folgenden Sequenzen von Tagen greifen Sie in das Mandala aus, in die geheiligte Umgebung des Universums, wie es von den Buddha-Weisheiten strukturiert wird. Sie rufen diese fünf Weisheiten in der Personifizierung der fünf Herrn der Buddha-Familien an, also Vairochana und so weiter (siehe Diagramm 9, S. 118). Jeder erscheint mit Eigenschaften und Attributen, die Elementen und Prozessen des gewöhnlichen Universums des Leidens entsprechen und so ihre Transmutation in den Buddha-Bereich, die Realität des Reinen Landes, repräsentieren, wo Liebe, Mitgefühl, Glückseligkeit und Weisheit die dominanten Energien des Lebens sind. Gleichermaßen sind sie auch Parallelen der Erscheinung der sechs Bereiche weltlichen Daseins – Himmel, Höllen, die Welten der Titanen, Menschen, Pretas und Tiere. Auf diese Weise helfen sie dem Bewußtsein, nicht in diesen gewöhnlichen, triebhaften Lebensformen Verkörperung zu suchen, sondern sich statt dessen einer idealeren, erleuchtungsorientierten Umgebung zuzuwenden, wo es sehr viel schneller zur Befreiung gelangen kann. Während Sie die Passagen lesen, versuchen Sie sich die generellen Farben, Lichter und Eigenschaften der jeweiligen Archetypen vorzustellen. Versuchen Sie nicht krampfhaft, jedes Detail in die richtige Ordnung zu bringen, das würde nur ablenken. Diejenigen, die sich mit der buddhistischen Bilderwelt unwohl fühlen, sollten statt dessen Gestalten und Symbole einsetzen, die ihnen vertrauter sind.

Höre, Edle! Nachdem du viereinhalb Tage bewußtlos warst, geht deine Reise nun weiter. Du bist mit der sorgenvollen Frage erwacht: »Was geschieht mit mir?« Begreife, daß du im Zwischenzustand bist! Da nun der Zyklus des Lebens zeitweilig ausgesetzt ist, erscheinen alle Dinge als Lichter und Gottheiten. Aller Raum erscheint angefüllt mit azurblauem Licht. Kommend aus dem zentralen Buddha-Land, Allumfassender Tropfen, erscheint nun Buddha Vairochana vor dir. Er ist von weißer Körperfarbe, hält ein achtspeichiges Rad in der Hand und sitzt auf einem Löwenthron in Vereinigung mit seiner Gefährtin Akasha Dhatishvari. Die natürliche Reinheit des Aggregats Bewußtsein, das blaue Licht der Weisheit der Endgültigen Wirklichkeit, von einem klaren und lebendigen Blau, erschreckend intensiv und dem Auge unerträglich, strahlt durchdringend aus dem Herzzentrum des Buddha-Vairochana-Paares. Gleichzeitig scheint das trübe weiße Licht der Götter vor dir auf und strahlt neben dem Weisheitslicht in dein Herz. Zu dieser Zeit gerätst du, beeinflußt von negativer Evolution, in Panik und weichst voll Schrecken vor dem strahlend hellen blauen Licht der Weisheit der Endgültigen Wirklichkeit zurück. Von dem trüben weißen Licht der Götter fühlst du dich angezogen, und du gehst in seine Richtung. Aber vor dem blauen Licht, dem klaren, durchdringenden, strahlenden, erschreckenden Klaren Licht höchster Weisheit darfst du nicht in Panik geraten! Fürchte es nicht! Es ist der Lichtstrahl des Transzendenten Herrn, die Weisheit der Endgültigen Wirklichkeit. Fühl dich von ihm angezogen, voller Vertrauen und Verehrung! Laß es die Antwort auf dein Flehen sein und denke: »Es ist der Lichtstrahl des Erbarmens des Buddha Vairochana – zu ihm will ich meine Zuflucht nehmen!« Auf diese Weise kommt der Buddha Vairochana zu dir, um dich durch die Fährnisse des Zwischenzustands zu geleiten. Es ist das strahlende Mitgefühl Vairochanas. Laß dich vom trüben weißen Licht der Götter nicht verführen. Hänge nicht an ihm! Nach ihm verlange nicht! Wenn du dich an dieses Licht klammerst, wanderst du in die Welt der Götter und wirst weiterhin im Rad der sechs Bereiche triebhafter Existenz umhergetrieben. Es ist ein Hindernis für das Aufhören, den Pfad der Freiheit. Wende dich also nicht dorthin, sondern verehre das durchdringend strahlende blaue Licht, richte deine ganze Aufmerksamkeit auf Vairochana und sprich mir die folgende Bitte nach:

> Wenn ich, von starker Verblendung getrieben, im Rad des Lebens kreise,
> möge der Buddha Vairochana mich auf den Pfad
> des Klaren Lichts der Weisheit Endgültiger Wirklichkeit führen!
> Möge seine Gefährtin, Dhatishvari, mir auf dem Pfade beistehen,
> mich von den Nöten und Gefahren des Zwischenzustands erlösen
> und mich zur vollkommenen Buddhaschaft führen!

Auf diese Weise mit glühender Hingabe bittend, löst du dich in Regenbogenlicht ins Herz des Vairochana-Paares auf, worauf du ins zentrale Reine Land, Ghanavyuha, kommst und im Körper Vollkommener Seligkeit die Buddhaschaft erlangst!

Nach der hier angesprochenen Kosmologie ist das Mandala der Fünf Buddhas mit dem gewöhnlichen Universum durch verschiedene Buddha-Länder verbunden, Universen, die sich aus Erleuchtungsenergie zusammensetzen, mit einem Buddha im Zentrum und je einem in den vier Richtungen. Der rezitierte Vers kommt aus dem *Gebet um Erlösung von den Nöten des Zwischenzustands*. Wenn Sie sich statt dessen zum Beispiel eine von vier Engeln umgebene Jesus-Gestalt vorstellen möchten, wäre es trotzdem gut, die wesentlichen Merkmale beizubehalten: die Zentralität; die Art der speziellen Weisheit; die Tatsache, daß dieser Archetyp die Transmutation des Bewußtseinsprozesses und des Gifts der Verblendung darstellt; die Notwendigkeit, an diesem Punkt die Aufmerksamkeit auf den Himmel zu lenken, auf den Wunsch, in ein Buddha-Land zu gelangen; sowie die Farben der Lichter.

Der zweite Tag

Trotz dieser Erklärung mag es sein, daß die Verstorbene, aufgrund ihrer Fehler von Zorn, üblen Taten und Blockierungen, das strahlende Licht fürchtet und flieht. Obwohl sie betet, irrt sie doch. Am zweiten Tag erscheinen dann die Gottheit Vajrasattva und die negativen evolutionären Impulse, die in die Höllen führen, um sie in ihre jeweilige Richtung zu geleiten. Hier solltest du die Verstorbene wieder bei ihrem Namen rufen und sie folgendermaßen instruieren:

Höre, Edle! Lausche unentwegt, mit starker Konzentration! An diesem zweiten Tag erscheint vor dir das weiße Licht, die Reinheit des Elements Wasser. Und kommend aus dem blauen Buddha-Land des Ostens, Shrimat, erscheint nun der Buddha Vajrasattva-Akshobhya vor dir. Er ist von blauer Körperfarbe, hält ein fünfzackiges Vajra-Szepter in der Hand und sitzt auf einem Elefanten in Vereinigung mit seiner Gefährtin Buddhalochana. Sie werden begleitet von den männlichen Bodhisattvas Kshitigarbha und Maitreya und den weiblichen Bodhisattvas Lasya und Pushpa. Die Gruppe besteht aus sechs archetypischen Gottheiten. Das weiße Licht der Spiegelgleichen Weisheit, die Reinheit des Form-Aggregats, weiß und durchdringend, erschreckend intensiv und dem Auge unerträglich, strahlt aus dem Herzen des Vajrasattva-Paares vor dir. Gleichzeitig mit dem Weisheitslicht scheint auch das trübe rauchfarbene Licht der Höllen vor dir auf und scheint neben dem Weisheitslicht in dein Herz. Zu dieser Zeit gerätst du, unter dem Einfluß des Hasses, in Panik und weichst voll Schrecken vor dem strahlend weißen Licht zurück. Von dem trüben rauchfarbenen Licht der Höllen fühlst du dich angezogen und gehst in seine Richtung. Nun mußt du aber furchtlos das strahlend weiße, durchdringend blendende, Klare Licht als Weisheit erkennen. Erfreue dich an ihm voll Vertrauen und Verehrung! Bete und vermehre deine Liebe für das Licht, indem du denkst: »Dies ist das Licht des Erbarmens des Buddha Vajrasattva! Zu ihm will ich meine Zuflucht nehmen!« Es ist Buddha Vajrasattvas Strahlen, erschienen, um dich durch die Fährnisse des Zwischenzustands zu geleiten. Es ist der Traktorstrahl des

Mitgefühls von Vajrasattva – darauf baue dein Vertrauen! Laß dich vom trüben rauchfarbenen Licht der Höllen nicht verführen! Höre, das ist der Pfad der Zerstörung, geschaffen von den Übeltaten, die du in deinem starken Haß angesammelt hast! Wenn du dich an dieses Licht klammerst, wirst du in die Höllen fallen. Du wirst im Morast unerträglicher Qualen stecken, ohne die Möglichkeit zu entfliehen. Es ist ein Hindernis für den Pfad der Befreiung. Wende deinen Blick nicht dorthin, und gib allen Haß auf! Hänge nicht an diesem Licht! Verlange nicht nach ihm! Vertraue auf das blendend strahlende weiße Licht! Richte deine ganze Aufmerksamkeit auf den Buddha Vajrasattva und sprich folgende Bitte:

> Wenn ich, von starkem Haß getrieben, im Rad des Lebens kreise,
> möge der Buddha Vajrasattva mich auf den Pfad
> des Klaren Lichts der Spiegelgleichen Weisheit führen!
> Möge seine Gefährtin, Buddhalochana, mir auf dem Pfade beistehen,
> mich von den Nöten und Gefahren des Zwischenzustands erlösen
> und mich zur vollkommenen Buddhaschaft führen!

Auf diese Weise mit glühender Hingabe bittend, löst du dich in Regenbogenlicht ins Herz des Buddha Vajrasattva auf, worauf du ins östliche Reine Land, Abirathi, kommst und im Körper Vollkommener Seligkeit die Buddhaschaft erlangst!

Der dritte Tag

Trotz dieser Erklärung mag es sein, daß einige Menschen von hartnäckigem Stolz und Schlechtigkeit die hellen Strahlen des Erbarmens fürchten und die Flucht ergreifen. Für sie erscheinen am dritten Tag die Gruppe Buddha Ratnasambhavas und der Lichtpfad der Menschenwelt, um sie zu geleiten. Hier solltest du die Verstorbene wieder beim Namen nennen und folgendermaßen instruieren:

> Höre, Edle! Lausche unentwegt, mit starker Konzentration! An diesem dritten Tag erscheint vor dir das gelbe Licht, die Reinheit des Elements Erde. Und kommend aus dem gelben Buddha-Land des

Südens, Abhirati, Großes Entzücken, erscheint nun der Buddha Ratnasambhava vor dir. Er ist von gelber Körperfarbe, hält ein kostbares wunscherfüllendes Juwel in der Hand und sitzt auf einem edlen Pferd in Vereinigung mit seiner Gefährtin Mamaki. Sie werden begleitet von den männlichen Bodhisattvas Akashagarbha und Samantabhadra und den weiblichen Bodhisattvas Mala und Dhupa. Die Gruppe besteht aus sechs archetypischen Gottheiten in einer Aura aus Regenbogen, Strahlen und Lichtern. Das gelbe Licht der Ausgleichenden Weisheit, Reinheit des Aggregats Gefühl, gelb und durchdringend, blendend und klar, geschmückt mit schimmernden Tropfen und Tröpfchen, erschreckend intensiv und dem Auge unerträglich, strahlt aus dem Herzen des Ratnasambhava-Paares vor dir und dringt in dein Herz. Gleichzeitig mit dem Weisheitslicht scheint auch das trübe blaue Licht der Menschenwelt vor dir auf und strahlt neben dem Weisheitslicht in dein Herz. Zu dieser Zeit gerätst du, unter dem Einfluß starken Stolzes, in Panik und weichst voll Schrecken vor dem strahlend gelben Licht zurück. Von dem trüben blauen Licht der Menschenwelt fühlst du dich angezogen und gehst in seine Richtung. Nun mußt du aber furchtlos das strahlend gelbe, durchdringend blendende, klare Licht als Weisheit erkennen. Auf ihm laß deinen Geist ruhen, entspanne dein Gewahrsein in der Erfahrung, daß du weiter nichts tun mußt! Oder erfreue dich wieder an ihm voller Vertrauen und Verehrung! Wenn du es als die natürliche Energie deines eigenen Gewahrseins erkennen kannst, wirst du untrennbar mit allen Bildern und Lichtstrahlen verschmelzen und zu einem Buddha werden – ohne Glauben empfinden oder Gebete sprechen zu müssen. Erkennst du es jedoch nicht als die natürliche Energie deines eigenen Gewahrseins, dann bete und verstärke deine Zuneigung zu ihm, indem du denkst: »Dies ist das Licht des Erbarmens des Buddha Ratnasambhava! Zu ihm will ich meine Zuflucht nehmen!« Es ist der Traktorstrahl des Mitgefühls von Ratnasambhava – darauf baue dein Vertrauen! Laß dich vom trüben blauen Licht der Menschenwelt nicht verführen, denn es ist der Pfad der Zerstörung, geschaffen von den Übeltaten, die du in deinem hartnäckigen Stolz angesammelt hast! Wenn du dich an dieses Licht klammerst, wirst du in die Welt der Menschen fallen. Du wirst die Leiden von Geburt, Krankheit, Alter und Tod erfahren und keine Zeit für die Befreiung aus dem Rad des Lebens finden. Es ist ein Hindernis für den Pfad der Befreiung. Wende deinen Blick nicht dorthin und gib allen Stolz auf! Hänge nicht an diesem Licht! Verlange nicht nach ihm! Vertraue auf das blendend strahlende gelbe Licht! Richte deine ganze Aufmerksamkeit auf den Buddha Ratnasambhava und sprich folgende Bitte:

> Wenn ich, von starkem Stolz getrieben, im Rad des Lebens kreise,
> möge der Buddha Ratnasambhava mich auf den Pfad
> des Klaren Lichts der Ausgleichenden Weisheit führen!
> Möge seine Gefährtin, Buddha Mamaki, mir auf dem Pfade beistehen,
> mich von den Nöten und Gefahren des Zwischenzustands erlösen
> und mich zur vollkommenen Buddhaschaft führen!

Auf diese Weise mit glühender Hingabe bittend, löst du dich in Regenbogenlicht ins Herz des Buddha Ratnasambhava auf, worauf du ins südliche Reine Land, Shrimat, kommst und im Körper Vollkommener Seligkeit die Buddhaschaft erlangst!

Wenn sie die Ausgleichende Weisheit auf diese Weise erkennen, werden selbst jene mit geringster Fähigkeit ohne Zweifel befreit.

Der vierte Tag

Selbst wenn du sie auf diese Weise immer wieder unterweist, gelingt es manchen Menschen mit einem ungünstigen Geschick, wie etwa jenen, die sehr üble Taten begangen haben, oder jenen, die ihr Gelübde gebrochen haben, nicht, ihre Wirklichkeit zu erkennen. Verstört von Begierden und Übeltaten, fürchten sie die Klänge und Lichter und fliehen vor ihnen. Daher kommen am vierten Tage nun die Gottheitengruppe Buddha Amitabhas und der trübe Lichtpfad der giergeschaffenen Preta-Welt, um diese Menschen in ihre Richtung zu führen. Hier solltest du die Verstorbene wieder beim Namen nennen und folgendermaßen instruieren:

Höre, Edle! Lausche unentwegt, mit starker Konzentration! An diesem vierten Tag erscheint vor dir das rote Licht, die Reinheit des Elements Feuer. Und kommend aus dem roten Buddha-Land des Westens, Sukhavati, erscheint nun der Buddha Amitabha vor dir. Er ist von roter Körperfarbe, hält einen Lotos in der Hand und sitzt auf einem Pfauenthron in Vereinigung mit seiner Gefährtin Pandaravasini. Sie werden begleitet von den männlichen Bodhisattvas Gita und Aloka. Die Gruppe besteht aus sechs archetypischen Gottheiten in einer Aura aus Regenbogen, Strahlen und Lichtern. Das rote Licht der Unterscheidenden Weisheit, Reinheit des Aggregats der Konzepte, rot und durchdringend, blendend und klar, geschmückt mit schimmernden Tropfen und Tröpfchen, erschreckend intensiv und dem Auge unerträglich, strahlt aus dem Herzen des Amitabha-Paares vor dir und dringt in dein Herz. Fürchte es nicht! Gleichzeitig mit dem Weisheitslicht scheint auch das trübe gelbe Licht der Preta-Welt vor dir auf und strahlt neben dem Weisheitslicht in dein Herz. Schwelge nicht in diesem Licht! Lege Anhaften und Sehnsucht ab! Zu dieser Zeit gerätst du, unter dem Einfluß starker Gier, in Panik und weichst voller Schrecken vor dem strahlend roten Licht zurück. Von dem trüben gelben Licht der Pretas fühlst du dich angezogen und gehst in seine Richtung. Nun mußt du aber furchtlos das strahlend rote, durchdringend blendende, klare Licht als Weisheit erkennen. Auf ihm laß deinen Geist ruhen, entspanne dein Gewahrsein in der Erfahrung, daß du weiter nichts tun mußt! Oder erfreue dich wieder an ihm voller Vertrauen und Verehrung! Wenn du es als die natürliche Energie deines eigenen Gewahrseins erkennen kannst, wirst du untrennbar mit allen Bildern und Lichtstrahlen verschmelzen und zu einem Buddha werden – ohne Glauben empfinden oder Gebete sprechen zu müssen. Erkennst du es jedoch nicht als die natürliche Energie deines eigenen Gewahrseins, dann bete und verstärke deine Zuneigung zu ihm, indem du denkst: »Dies ist das Licht des Erbarmens des Buddha Amitabha! Zu ihm will ich meine Zuflucht nehmen!« Es ist der Traktorstrahl des Mitgefühls von Amitabha – darauf baue dein Vertrauen! Fliehe es nicht! Selbst wenn du es zu fliehen versuchtest, es würde dich ohnehin nicht verlassen! Fürchte es nicht! Laß dich vom trüben gelben Licht der Preta-Welten nicht verführen, denn es ist der Pfad der Zerstörung, geschaffen von den Übeltaten, die du in deiner hartnäckigen Gier angesammelt hast! Wenn du dich an dieses Licht klammerst, wirst du in die Welt der Pretas fallen. Du wirst die unerträglichen Leiden von Hunger und Durst erfahren. Es ist ein Hindernis für den Pfad der Befreiung. Wende deinen Blick nicht dorthin und gib alle Gier auf! Hänge nicht an diesem Licht! Verlange nicht nach ihm! Vertraue auf das blendend strahlende rote Licht! Richte deine ganze Aufmerksamkeit auf den Buddha Amitabha und sprich folgende Bitte:

> Wenn ich, von starker Gier getrieben, im Rad des Lebens kreise,
> möge der Buddha Amitabha mich auf den Pfad
> des Klaren Lichts der Unterscheidenden Weisheit führen!
> Möge seine Gefährtin, Buddha Pandaravasini, mir auf dem Pfade beistehen,
> mich von den Nöten und Gefahren des Zwischenzustands erlösen
> und mich zur vollkommenen Buddhaschaft führen!

Auf diese Weise mit glühender Hingabe bittend, löst du dich in Regenbogenlicht ins Herz des Buddha Amitabha auf, worauf du ins westliche Reine Land, Sukhavati, kommst und im Körper Vollkommener Seligkeit die Buddhaschaft erlangst!

Es ist unmöglich, daß die Verstorbene hiervon nicht befreit wird.

Der fünfte Tag

Selbst so unterwiesen, mag die Verstorbene durch äußerst lange Gewöhnung an tierische Instinkte, die sie niemals aufgegeben hat, und unter dem Einfluß von Neid und negativen evolutionären Taten immer noch Furcht vor den Lichtern und Geräuschen empfinden und noch immer nicht vom Traktorstrahl des Lichts des Erbarmens angezogen sein. Dann kommen am fünften Tag nun das Licht des Erbarmens der Gottheitengruppe Buddha Amoghasiddhis und der Lichtpfad der neidgeschaffenen Welt der Titanen, um sie in ihre Richtung zu führen. Hier solltest du die Verstorbene wieder beim Namen nennen und folgendermaßen instruieren:

Höre, Edle! Lausche unentwegt, mit starker Konzentration! An diesem fünften Tag erscheint vor dir das grüne Licht, die Reinheit des Elements Wind. Und kommend aus dem grünen Buddha-Land des Nordens, Prakuta, erscheint nun der Buddha Amoghasiddhi vor dir. Er ist von grüner Körperfarbe, hält einen gekreuzten Vajra in der Hand und sitzt auf einem Adlerthron in Vereinigung mit seiner Gefährtin Samayatara. Sie werden begleitet von den männlichen Bodhisattvas Vajrapani und Sarvanivaranaviskambhin und den weiblichen Bodhisattvas Gandha und Nartya. Die Gruppe besteht aus sechs archetypischen Gottheiten in einer Aura aus Regenbogen, Strahlen und Lichtern. Das grüne Licht der Allesvollendenden Weisheit, Reinheit des Aggregats der Willensregungen, grün und durchdringend, blendend und klar, geschmückt mit schimmernden Tropfen und Tröpfchen, erschreckend intensiv und dem Auge unerträglich, strahlt aus dem Herzen des Amoghasiddhi-Paares vor dir und dringt in dein Herz. Fürchte es nicht! Erkenne es als die natürliche Kraft der Weisheit deines eigenen Gewahrseins und tritt in die Erfahrung des großen, unvoreingenommenen Gleichmuts ein, frei von der Neigung zu Vertrautem und der Abneigung gegen Fremdes! Gleichzeitig mit dem Weisheitslicht scheint auch das trübe rote neidgeschaffene Licht der Titanen vor dir auf und strahlt neben dem Weisheitslicht in dein Herz. Kontempliere es auf eine Weise, in der Anziehung und Abneigung sich die Waage halten. Bist du von geringeren Fähigkeiten, schwelge nicht in diesem Licht! Lege Anhaften und Sehnsucht ab! Zu dieser Zeit gerätst du, unter dem Einfluß starker Eifersucht, in Panik und weichst voller Schrecken vor dem strahlend grünen Licht zurück. Von dem trüben roten Licht der Titanenwelt fühlst du dich angezogen und gehst in seine Richtung. Nun mußt du aber furchtlos das strahlend grüne, durchdringend blendende, klare Licht als Weisheit erkennen. Auf ihm laß deinen Geist ruhen, entspanne dein Gewahrsein in der Erfahrung, daß du weiter nichts tun mußt! Oder bete und verstärke deine Zuneigung zu ihm, indem du denkst: »Dies ist das Licht des Erbarmens des Buddha Amoghasiddhi! Zu ihm will ich meine Zuflucht nehmen!« Es ist die Allesvollendende Weisheit, der Traktorstrahl des Mitgefühls von Buddha Amoghasiddhi – darauf baue dein Vertrauen! Fliehe es nicht! Selbst wenn du es zu fliehen versuchtest, es würde dich ohnehin nicht verlassen! Fürchte es nicht! Laß dich vom trüben roten Licht der Titanenwelten nicht verführen, denn es ist der Pfad der Zerstörung, geschaffen von den Übeltaten, die du in deiner hartnäckigen Eifersucht angesammelt hast! Wenn du dich an dieses Licht klammerst, wirst du in die Welt der Titanen fallen. Du wirst die unerträglichen Leiden unaufhörlichen Kämpfens erfahren. Es ist ein Hindernis für den Pfad der Befreiung. Wende deinen Blick nicht dorthin und gib alle Eifersucht auf! Hänge nicht an diesem Licht! Verlange nicht nach ihm! Vertraue auf das blendend strahlende grüne Licht! Richte deine ganze Aufmerksamkeit auf den Buddha Amitabha und sprich folgende Bitte:

> Wenn ich, von starkem Neid getrieben, im Rad des Lebens kreise,
> möge der Buddha Amoghasiddhi mich auf den Pfad
> des Klaren Lichts der Allesvollendenden Weisheit führen!
> Möge seine Gefährtin, Buddha Samayatara, mir auf dem Pfade beistehen,
> mich von den Nöten und Gefahren des Zwischenzustands erlösen
> und mich zur vollkommenen Buddhaschaft führen!

Auf diese Weise mit glühender Hingabe bittend, löst du dich in Regenbogenlicht ins Herz des Buddha Amoghasiddhi auf, worauf du ins nördliche Reine Land, Prakuta, kommst und im Körper Vollkommener Seligkeit die Buddhaschaft erlangst!

Instruierst du die Verstorbene derart, wird sie, wie schwach ihre Verbindung auch sein mag, wenn sie die eine Weisheit nicht erkennt, eine andere erkennen. Es ist unmöglich, nicht Befreiung zu erlangen.

Der sechste Tag

Immer noch mag es nun vorkommen, daß die Verstorbene wegen langer Gewöhnung an myriadenfache Instinkte und geringer Erfahrung mit der gereinigten Wahrnehmung der Weisheit durch die Kraft negativer Evolution von der Erkenntnis weggezogen wird, obwohl sie sorgfältig instruiert wurde. Nicht gehalten vom Traktorstrahl des Erbarmens, gerät sie in Panik und wandert, erschreckt von den Lichtern und Klängen, nach unten. Am sechsten Tage dann erscheinen alle fünf Buddha-Paare gleichzeitig, zusammen mit ihrem Gefolge. Hier solltest du die Verstorbene wieder beim Namen nennen und folgendermaßen instruieren:

Höre, Edle! Lausche unentwegt, mit starker Konzentration! Bis zum gestrigen Tage sind dir die Visionen der fünf Buddha-Familien eine nach der anderen erschienen. Obwohl sie dir genau erklärt wurden, bist du unter dem Einfluß negativer Evolution in Panik geraten und daher immer noch hier. Hättest du das natürliche Strahlen einer der Weisheiten der fünf Buddha-Familien als deine eigene Vision erkannt, wärest du in Regenbogenlicht aufgelöst in den Körper einer der Buddha-Familien eingegangen und hättest im Seligkeitskörper Buddhaschaft erlangt. Wie es nun steht, hast du das Licht nicht erkannt und wanderst immer noch hier umher. Nun merke auf und sei nicht abgelenkt! Jetzt erscheint die Vision aller fünf Familien und die Vision der Vereinigung der vier Weisheiten, um dich in ihre Richtung zu leiten. Erkenne sie!

Höre, edles Kind! Die Reinheit der vier Elemente dämmert als die vier Lichter. Im Zentrum erscheint das Buddha-Vairochana-Paar, wie es oben beschrieben wurde, aus dem Reinen Land Allumfassender Tropfen. Im Osten erscheint das Buddha-Vajrasattva-Paar mit Gefolge aus dem Reinen Land Abhirati. Im Süden kommt das Buddha-Ratnasambhava-Paar mit Gefolge aus dem Reinen Land Shrimat. Im Westen erscheint das Buddha-Amitabha-Paar mit Gefolge aus dem Reinen Land Sukhavati. Im Norden erscheint das Buddha-Amoghasiddhi-Paar mit Gefolge aus dem Reinen Land Prakuta in einer Aura aus Regenbogenlicht – alle wie vorher beschrieben.

Höre, Edles Kind! Um die fünf Paare der Buddha-Familien herum erscheinen die grimmigen Torhüter Vijaya, Yamantaka, Hayagriva und Amritakundali, die grimmigen Torhüterinnen Ankusha, Pasha, Sphota und Ghanta und die folgenden sechs Buddha-Herren: Indra Shatakratu, der Buddha der Götter, Vemachitra, der Buddha der Titanen, Shakyamuni, der Buddha der Menschen, Simha, der Buddha der Tiere, Jvalamukha, der Buddha der Pretas, und Dharmaraja, der Buddha der Höllen. Ebenso erscheint die Allumfassende Güte, Samantabhadra Vater-Mutter, der Urahn aller Buddhas. Insgesamt kommt die Gruppe von zweiundvierzig Gottheiten des Seligkeitskörpers aus deinem eigenen Herzzentrum hervor und erscheint dir – erkenne sie als deine eigene reine Vision!
Höre, Edle! Die Reinen Länder sind nicht woanders – sie befinden sich in deinem eigenen Herzen, in seinem Zentrum und den vier Richtungen. Nun treten sie aus deinem Herzen hervor und erscheinen dir! Diese Gestalten kommen nicht von anderswo! Sie sind ursprünglich geschaffen als natürliche Manifestationen deines eigenen Gewahrseins – du solltest sie daher erkennen können!
Höre, Edle! Diese Gottheiten sind weder groß, noch sind sie klein, sie sind symmetrisch, mit Schmuck, Farbe, Haltung, Thron und Geste. Die Gottheiten sind alle von fünf Mantras durchdrungen, alle sind von einer Aura aus fünffarbigem Regenbogenlicht umgeben. Die männlichen Bodhisattvas einer jeden Familie wahren den männlichen Anteil, und die weiblichen Bodhisattvas einer jeden Famlie wahren den weiblichen Anteil, und alle Mandalas erscheinen gleichzeitig als Ganzheit – dies sind deine archetypischen Gottheiten, erkenne sie!
Höre, Edle! Aus den Herzen der fünf Paare der Buddha-Familien strahlen die Lichtstrahlen der vier verbundenen Weisheiten in dein Herzzentrum, alle äußerst subtil und klar, wie Sonnenstrahlen, die zu einem Seil geflochten sind.
Zuerst scheint aus dem Herzen Vairochanas ein Lichtteppich aus den furchterregend blendend weißen Lichtstrahlen der Weisheit der Endgültigen Wirklichkeit und verbindet sich mit deinem Herzzentrum. In diesem Lichtteppich schimmern und strahlen Tropfen

weißen Lichts wie auf dich gerichtete Spiegel, sehr klar, strahlend und ehrfurchtgebietend durchdringend. Jeder dieser Tropfen ist selbst wieder mit fünf weiteren Lichttropfen geschmückt. So ist der ganze ungeheure Lichtteppich verziert mit Tropfen und Tröpfchen ohne Grenze oder Mittelpunkt.

Im Gegensatz zur vorherigen Beschreibung, wo es als blau geschildert wurde, ist das Licht der Weisheit der Endgültigen Wirklichkeit hier von weißer Farbe. Gleichermaßen hat die Farbe Vajrasattva-Akshobyas von Weiß zu Blau gewechselt. Die Austauschbarkeit dieser beiden ist ein faszinierender Aspekt. Die Weisheit der Endgültigen Wirklichkeit ist manchmal die Transmutation von Haß, Spiegelgleiche Weisheit manchmal die Transmutation von Verblendung; gewöhnlich werden sie mit dem Bewußtseinsprozeß bzw. dem Prozeß der Materie assoziiert. Manchmal ist diese Zuordnung jedoch umgekehrt.

Aus dem Herzen Vajrasattvas scheint das Licht der Spiegelgleichen Weisheit auf dich und verbindet sich mit deinem Herzzentrum: ein Teppich aus blauen Lichtstrahlen, aus dem schimmernde blaue Tropfen wie türkisene Schalen, gekrönt mit weiteren Tropfen und Tröpfchen, auf dich strahlen.

Aus dem Herzen Ratnasambhavas scheint das Licht der Ausgleichenden Weisheit auf dich und verbindet sich mit deinem Herzzentrum: ein Teppich aus blendend gelben Lichtstrahlen, aus dem schimmernde goldene Tropfen wie goldene Schalen, gekrönt mit weiteren goldenen Tropfen und Tröpfchen, auf dich strahlen.

Aus dem Herzen Amitabhas scheint das Licht der Unterscheidenden Weisheit auf dich und verbindet sich mit deinem Herzzentrum: ein Teppich aus blendend roten Lichtstrahlen, aus dem schimmernde rote Tropfen wie korallene Schalen mit dem tiefen Glanz der Weisheit, jede gekrönt mit fünf natürlichen roten Tropfen und geschmückt mit weiteren Tropfen und Tröpfchen, ohne Mitte oder Grenze auf dich strahlen.

Höre, Edle! All diese Visionen entstehen aus der natürlichen Bewegung deines eigenen Gewahrseins! Sie kommen nicht anderswoher! Klammere dich also nicht dran! Fürchte sie nicht! Entspanne dich in der Erfahrung der Nicht-Begrifflichkeit. In dieser Erfahrung lösen sich alle Gottheiten und Lichtstrahlen in dich auf, und du wirst ein Buddha.

Höre, Edle! Da die Übung der Weisheit deines Gewahrseins noch nicht vollkommen ist, erscheint dir das grüne Licht der Allesvollendenden Weisheit nicht.

Höre, Edle! Dies wird die Vision der vier Weisheiten in Verbindung genannt, der innere Durchgang des Vajrasattva. Zu dieser Zeit erinnere dich der Beschreibungen, die du von deinem spirituellen Meister bereits erhalten hast! Wenn du dich an die Unterweisungen erinnern kannst, wirst du den Visionen vertrauen, wirst die Wirklichkeit erkennen wie ein Kind, das die Mutter trifft, oder wie den Gruß eines seit langem vertrauten Menschen, und du wirst allen verdinglichenden Vorstellungen ein Ende machen. Erkenne deine Visionen als deine eigene Schöpfung, und du wirst darauf vertrauen, daß dein Sein auf dem unveränderlichen Pfad der reinen Wirklichkeit gehalten wird, und den Samadhi der Kontinuität erlangen. Dein Gewahrsein wird sich in den Körper der großen Mühelosigkeit auflösen, und du wirst unumkehrbar zu einem Buddha im Seligkeitskörper.

Höre, Edle! Zusammen mit den Lichtern der Weisheit entstehen auch die unreinen, irreführenden Visionen der sechs Daseinsformen, nämlich das trübe weiße Licht der Götter, das trübe rote Licht der Titanen, das trübe blaue Licht der Menschen, das trübe grüne Licht der Tiere, das trübe gelbe Licht der Pretas und das trübe rauchfarbene Licht der Höllen. Diese sechs erscheinen parallel zu den reinen Weisheitslichtern und sind mit ihnen verflochten. Greife also nicht nach diesen Lichtern, und hänge nicht an ihnen. Entspanne dich in der Erfahrung der Nicht-Wahrnehmung! Wenn du die Weisheitslichter fürchtest und dich den Lichtern der unreinen sechs Daseinsbereiche zuneigst, wirst du den Körper eines Wesens aus den sechs Bereichen annehmen. Dann wirst du die Befreiung vom großen Ozean des Leidens im Rad des Lebens nicht erreichen. Dann wirst du nur Sorgen ernten.

Höre, Edle! Wenn du die Orientierung der Unterweisung des spirituellen Meisters nicht erinnerst und du voller Schrecken vor den eben beschriebenen Bildern und reinen Weisheitslichtern zurückweichst, wirst du den unreinen Lichtern des Lebensrades zustreben. Tu es nicht! Baue dein Vertrauen auf die blendenden, durchdringenden reinen Lichter der Weisheit! Vertraue auf sie, indem du denkst: »Diese Lichtstrahlen der Weisheit des Erbarmens der glückseligen Buddhas der fünf Familien sind gekommen, um mich mit Mitgefühl zu halten – zu ihnen will ich meine Zuflucht nehmen!« Hänge nicht an den irreführenden Lichtern der sechs Daseinsbereiche, verlange nicht nach ihnen, richte deine ganze Aufmerksamkeit auf die fünf Paare der Buddha-Familien und sprich folgende Bitte:

Wenn ich, von den fünf starken Giften getrieben, im Rad des Lebens kreise,
mögen die siegreichen Buddhas der fünf Familien mich auf den Pfad
des Klaren Lichts der vier Weisheiten in Verbindung führen!
Mögen die fünf Buddha-Gefährtinnen mir auf dem Pfade beistehen
und mich von den unreinen Lichtern der sechs Lebenswelten erlösen!
Mögen sie mich durch die Rettung aus den Nöten und Gefahren des Zwischenzustands
in die fünf erhabenen Reinen Länder führen!

Nach dieser Bitte erkennt die Verstorbene im besten Falle die Visionen als ihre eigene Schöpfung, löst sich in Nicht-Dualität auf und erlangt Buddhaschaft. Im mittleren Falle begegnet sie ihnen mit inständigem Vertrauen und wird befreit. Im geringsten Falle verschließt sie durch die Kraft aufrichtigen Gebets das Tor zur Wiedergeburt unter den sechs Daseinsformen, erkennt die Bedeutung der vier Weisheiten in Verbindung und wird durch den inneren Übergang des Vajrasattva zu einem Buddha. Auf diese Weise unterwiesen, werden die meisten Wesen in den meisten Fällen die Wirklichkeit erkennen und Befreiung finden.

Der siebte Tag

Dennoch wird es immer noch Menschen geben, die von ihrer Evolution in die Irre geleitet werden: große Übeltäter, die keinerlei Dharma-Instinkte besitzen und in den unzivilisiertesten Ländern wohnen, und andere, die ihre spirituellen Versprechungen gebrochen haben. Obwohl korrekt und vollständig unterwiesen, werden sie den Bereich der Wahrheit nicht erkennen und weiter abwärts wandern. Am siebten Tag erscheinen daher aus dem Land der Buddha-Dakinis die Gruppe der Wissenshalter und der von Verblendung geschaffene Lichtpfad der Tierwelt, um sie in ihren jeweiligen Bereich zu geleiten. Hier solltest du die Verstorbene wieder beim Namen nennen und folgendermaßen instruieren:

Höre, Edle! Lausche unentwegt, mit großer Konzentration! Am siebten Tag dämmert ein fünffarbiges Regenbogenlicht, um durch Eintauchen in die Wahrheit deine Instinkte zu reinigen. Zu dieser Zeit kommt aus dem Reinen Land der Dakinis die Gruppe der Wissenshalter-Gottheiten, um dich zu geleiten. Im Zentrum eines in Regenbogen und Lichter gehüllten Mandalas erscheint der unübertroffene Wissenshalter der evolutionären Entwicklung, Padmanateshvara. Sein Körper schimmert von fünffarbigem Licht, seine Gefährtin, die rote Dakini, hält seinen Leib umschlungen und vollführt den Tanz des Hackmessers und der blutgefüllten Schädelschale, während ihr Blick in den Himmel gerichtet ist.

Diese Wissenshalter sind große Adepten wie etwa die berühmte Gruppe der vierundachtzig Mahasiddhas aus dem klassischen Indien. Sie sind aus der Menschenwelt in besondere Paradiese hinübergegangen, die in verborgenen Tälern des Himalaja vermutet werden, die sogenannten »Reinen Länder der Dakinis«. Sie werden mit der Sprache in Verbindung gebracht, und sie besitzen, obwohl in menschlicher Verkörperung, viele Attribute Grimmiger Gottheiten. In der linken Hand halten sie eine Schädelschale, gefüllt mit dem Elixier der Unsterblichkeit, welches in einem alchimistischen Prozeß aus dem Blut und weiteren Körpersubstanzen von Dämonen transmutiert wurde. In der rechten Hand halten sie ein Hackmesser mit Vajra-Griff, das die kritische Weisheit symbolisiert und Fleisch und Knochen des gewöhnlichen Lebens in Stücke schneidet, um es in Elixier zu verwandeln, so wie die kritische Weisheit alle Erscheinungen wesenhafter Substantialität seziert, um das Elixier befreiender Leerheit freizulegen.

Aus dem Osten des Mandalas erscheint der »die Stufen Kontemplierende Wissenshalter«. Er ist von weißer Körperfarbe, mit lächelndem Gesichtsausdruck. Seine Gefährtin, die weiße Dakini, hält seinen Leib umschlungen und vollführt den Tanz des Hackmessers und der blutgefüllten Schädelschale, während ihr Blick in den Himmel gerichtet ist. Aus dem Süden des Mandalas erscheint der »Wissenshalter mit Meisterschaft über die Lebensspanne«. Er ist von gelber Körperfarbe und wunderbar geschmückt. Seine Gefährtin, die gelbe Dakini, hält seinen Leib umschlungen und vollführt den Tanz des Hackmessers und der blutgefüllten Schädelschale, während ihr Blick in den Himmel gerichtet ist. Aus dem Westen dieses Mandalas erscheint der »Wissenshalter des Großen Siegels«. Er ist von roter Körperfarbe, mit lächelndem Gesichtsausdruck. Seine Gefährtin, die rote Dakini, hält seinen Leib umschlungen und vollführt den Tanz des Hackmessers und der blutgefüllten Schädelschale, während ihr Blick in den Himmel gerichtet ist. Aus dem Norden dieses Mandalas erscheint der »Wissenshalter der Mühelosigkeit«. Er ist von grüner Körperfarbe, mit grimmig lächelndem Gesichtsausdruck. Seine Gefährtin, die grüne Dakini, hält seinen Leib umschlungen und vollführt den Tanz des Hackmessers und der blutgefüllten Schädelschale, während ihr Blick in den Himmel gerichtet ist.

Um diese Wissenshalter herum erscheint die unendliche Schar der Dakinis, um die eidestreuen Anhänger zu leiten und die Gelübdebrecher zu bestrafen. Es sind die acht Dakinis der Friedhöfe, die vier Klassen von Dakinis, die Dakinis der drei heiligen Orte, die Dakinis der zehn heiligen Orte, die Dakinis der vierundzwanzig heiligen Länder, die Helden und Heldinnen und die Krieger-Gottheiten, mit all ihren Armeen von Dharma-Beschützern. Alle tragen den sechsfachen Schmuck aus Menschenknochen, halten Trommeln, Schenkelknochen-Trompeten, Schädeltrommeln, Siegesbanner aus Menschenhaut, Schirme und Standarten aus Menschenhaut, Weihrauch aus versengtem Fleisch und spielen unendlich variationsreiche Melodien. Sie füllen das gesamte Universum, tanzen, springen und schütteln sich, spielen ihre Instrumente mit einer Schwingung, daß dir der Schädel zu platzen scheint, und vollführen verschiedene Tänze.

Die Gruppe der Wissenshalter und Dakinis setzt sich aus den heroischen männlichen und weiblichen Suchenden zusammen, die sich auf die Odyssee der Erforschung der Unterwelt des Unbewußten mit all seinen Schrecken und Unwägbarkeiten begeben haben. Sie schmücken sich mit allen möglichen grausigen Ornamenten. Ihr Schmuck besteht aus Menschenknochen und den Eingeweiden unverbrannter Leichen, ihre Musikinstrumente aus Schenkelknochen und Hirnschalen von Menschen und Tieren, und sie reiben sich mit der Asche von Leichenverbrennungen ein. Häufig halten sie auf Friedhöfen oder Krematorienfeldern Hof. Sie demonstrieren ihre Überwindung von Tod und Angst, indem sie als Schmuck und Gebrauchsgegenstände Dinge verwenden, vor denen es gewöhnlichen Menschen graust. Versteht man sie richtig, bieten sie dem Übenden oder dem Reisenden im Zwischenzustand Sicherheit und Unterstützung.

Höre, Edle! Das fünffarbige Weisheitslicht, das die Instinkte unmittelbar in die Wirklichkeit reinigt, gestreift wie geflochtene farbige Fäden, schimmert und scheint stetig, klar und strahlend, bestürzend durchdringend aus den Herzen der Fünf Buddhas, blendet deine Augen und dringt in dein Herzzentrum. Gleichzeitig mit dem Weisheitslicht geht das trübe grüne Licht der Tierwelt auf. Zu dieser Zeit fürchtest du, unter dem Einfluß deiner Instinkte, das fünffarbige Licht der Weisheit und weichst vor ihm zurück, verführt vom trüben grünen Licht der Tiere. Habe keine Angst vor dem starken, durchdringenden fünffarbigen Licht! Erschrick nicht! Erkenne es als Weisheit! Aus dem Licht erklingt das tausendfache Donnergrollen des natürlichen Klangs der Lehren. Der Klang ist gewaltig, schwingend, grollend, aufwühlend, wie grimmige Mantras von intensivem Klang. Fürchte ihn nicht! Fliehe nicht vor ihm! Laß dich nicht erschrecken! Erkenne ihn als Bewegung deines eigenen Gewahrseins, deine eigene Wahrnehmung. Hänge nicht an jenem trüben grünen Licht des Tierbereichs. Verlange nicht nach ihm! Wenn du dich diesem Licht ergibst, wirst du in die von Verblendung dominierte Welt der Tiere fallen und die unendlichen Qualen von Dumpfheit, Benommenheit und Sklaverei erleiden, ohne eine Möglichkeit zur Flucht. Hänge also nicht daran! Auf das durchdringende, strahlend helle, fünffarbige Licht baue dein Vertrauen! Richte deine gesamte Aufmerksamkeit auf die Gruppe der Wissenshalter-Gottheiten! Konzentriere deine Aufmerksamkeit mit dem Gedanken: »Diese Schar der Wissenshalter-Gottheiten mit den Helden und Dakinis ist gekommen, um mich in den reinen Dakini-Bereich zu geleiten. Ach, ihr müßt wissen, daß Wesen wie ich keinen Vorrat an Verdienst und Weisheit gesammelt haben. Wir sind von den Lichtstrahlen des Erbarmens der glückseligen Buddha-Gottheiten der fünf Familien und drei Zeiten nicht ergriffen worden. Wehe! So ergeht es mir! Laßt mich, ihr Wissenshalter, jetzt nicht im Stich, gleich was geschieht! Haltet mich mit dem Traktorstrahl eures Erbarmens! Nehmt mich auf der Stelle mit in den reinen Himmel der Buddha-Dakinis!

Dann sprich folgende Bitte:

> Möge die Schar der Wissenshalter sich meiner annehmen!
> Bitte führt mich mit eurer großen Liebe auf den Weg!
> Wenn ich, von starken Instinkten getrieben, im Rad des Lebens kreise,
> mögen die Wissenshalter-Helden mich auf den Pfad
> des Klaren Lichts orgasmischer Weisheit führen!
> Möge ihr Gefolge von Dakini-Gefährtinnen mich von hinten unterstützen,
> mich von den Nöten und Gefahren des Zwischenzustands erlösen
> und mich zur vollkommenen Buddhaschaft führen!

Wenn du diese Bitte mit innigem Vertrauen sprichst, löst du dich in Regenbogenlicht im Herzzentrum der Schar der Wissenshalter-

Gottheiten auf und wirst, ohne jeden Zweifel, im vollkommenen himmlischen Bereich der Dakinis wiedergeboren.

Wenn irgendein spiritueller Freund oder eine spirituelle Freundin auf diese Weise instruiert werden, werden sie in den Bereich der Wahrheit mit Sicherheit erkennen und befreit sein. Selbst wenn ihre Instinktive negativ sind, werden sie dennoch befreit. Hiermit ist die Unterweisung zum Klaren Licht im Zwischenzustand des Todesmoments und die Beschreibung des Zwischenzustands der Realität der Milden Gottheiten im Großen Buch der Natürlichen Befreiung durch Verstehen im Zwischenzustand abgeschlossen.

SAMAYA GYA GYA GYA

Der Zwischenzustand der Realität der Grimmigen Gottheiten

Bei den Grimmigen Gottheiten handelt es sich um die fünf archetypischen Buddhas – Vairochana, Akshobhya, Ratnasambhava, Amitabha und Amoghasiddhi – in ihrer rasenden oder Heruka-Gestalt. Heruka ist der Sanskrit-Begriff für eine mächtige, kriegerische Heldengestalt, vielleicht mit »Herkules« vergleichbar. Die archetypischen Buddha-Gottheiten bedienen sich dieser Form, um Verbindung mit dem unterbewußten Geist eines Menschen im Zwischenzustand aufzunehmen. Ein Mensch, der bis hierher nicht in der Lage war, der Einladung der Milden Buddhas zur Befreiung oder einem Leben im Reinen Land Folge zu leisten, steht jetzt im Zwischenzustand kurz davor, die bewußte Kontrolle zu verlieren und unter die Zwänge der unterbewußten Triebe von Gier und Aggression zu geraten. Aus diesem Grund ist er voller Angst und Panik. In diesem Notfall bedienen sich die Buddhas eines zornvollen Zugangs, brechen gewaltsam in das Gewahrsein des Menschen ein und bieten ihm machtvolles Geleit durch den Bereich, der plötzlich beängstigend geworden ist. Die Heruka-Buddhas der nächsten Tage sind von verschiedener Weisheitsfarbe, haben drei Gesichter, sechs Arme und vier Beine.

Wenn Sie mit diesen grimmigen Gottheiten nicht vertraut sind oder sich eher zu einer anderen Religion hingezogen fühlen, sollten Sie untersuchen, welche kriegerischen Engel diese Tradition hat (alle Religionen kennen derartige Gestalten). Das Christentum zum Beispiel kennt die Cherubim und Seraphim, die sich in den folgenden Tagen anrufen lassen.

Der achte Tag

Nun erscheint der Zwischenzustand der Realität der Grimmigen Gottheiten. Der vorhergehende Zwischenzustand der Milden Gottheiten hatte sieben Durchgänge durch die verschiedenen Fährnisse. Wurde die Verstorbene in ihrer Abfolge korrekt auf diese ausgerichtet, hat sie das Klare Licht auf der einen oder anderen

Stufe erkannt. Unzählige Wesen erlangen auf diese Weise Befreiung. Obwohl viele Befreiung finden, sind die Wesen doch zahllos, die negative Evolution hat große Macht, Übeltaten und Verblendungen sind natürlicherweise dicht und die Instinkte seit langem eingeschliffen. Die gigantische Maschinerie des Kreislaufs der Existenzen erschöpft sich weder, noch nimmt sie jemals zu. Selbst wenn man die Verstorbenen also mit großer Präzision unterweisen mag, bleibt ein großer Strom von Lebewesen trotzdem noch ohne Befreiung und wandert weiter abwärts.

Aus diesem Grunde transformieren sich nun die milden Gottheiten, nachdem sie mit den Wissenshaltern und Dakinis ihr Geleit angeboten haben, und erscheinen als die flammenden, grimmigen, achtundfünfzig Heruka-Gottheiten. Sie erscheinen nun verändert weil dies der Zwischenzustand der Grimmigen ist. Die Verstorbene gerät unter den Einfluß von Panik, Angst und Schrecken. Es wird immer schwieriger, sie noch zu unterweisen. Ihr Gewahrsein verliert jegliche Selbstkontrolle, und sie ist schwach vor Schwindel. Wenn es ihr jedoch gelingt, das Klare Licht auch nur annähernd zu erkennen, kann sie immer noch leicht Befreiung finden. Warum? Weil ihr Bewußtsein keine Zeit für Ablenkung mehr hat, wenn die Visionen von Panik, Angst und Schrecken dämmern, ist es gezwungen sich eingerichtet zu konzentrieren. Wenn man zu diesem Zeitpunkt nicht diese Art der Unterweisung erhält, kann einem auch ein Ozean an Wissen nicht mehr helfen. Selbst die Äbte und Lehrer der Disziplin der großen Klöster sowie die großen Lehrer der Philosophie werden zu diesem Zeitpunkt irren und das Klare Licht nicht erkennen. Sie werden weiter im Rad des Lebens kreisen. Um wieviel mehr also trifft das auf einen gewöhnlichen Menschen zu: In Panik, Angst und Schrecken wird er die Flucht ergreifen, in den Abgrund der gräßlichen Bereiche stürzen und unsagbares Leid erfahren.

Selbst die schlechtesten Praktizierenden des tantrischen Yoga werden die Schar der Heruka-Gottheiten, sobald sie erscheinen, als ihre archetypischen Gottheiten erkennen und Vertrauen empfinden, als begegneten sie einem alten Freund. Indem sie daraufhin untrennbar mit ihnen verschmelzen, erlangen sie Buddhaschaft. Diejenigen, die als Menschen die Visualisation dieser Heruka-Gottheiten geübt, Opfergaben und Lobpreisungen dargebracht oder zumindest Bilder von den Gottheiten gemalt oder ihre Statuen gesehen haben etc., werden allein deshalb diese Gottheiten im Augenblick ihres Erscheinens wiedererkennen und befreit sein. Und das ist der Kernpunkt. Die Äbte und Lehrer der Philosophie im Daseinsbereich der Menschen hinterlassen, wie versiert sie auch gewesen sein mögen, keine Zeichen wie Körper-Juwelen, Reliquien oder Regenbogenlichter, wenn sie sterben. Während ihres Lebens haben die Tantras ihnen nicht zugesagt; sie haben sie verächtlich gemacht und keine Vertrautheit mit der Schar der tantrischen Gottheiten gewonnen. Wenn daher diese Gottheiten im Zwischenzustand erscheinen, erkennen sie sie nicht. Und wenn ihnen dann plötzlich etwas begegnet, das sie nie zuvor gesehen haben, halten sie es für feindlich. Zorn und Aggression steigen in ihnen auf und lassen sie in die gräßlichen Bereiche fallen. Wie heiligmäßig ein Lehrer der Disziplin oder der Philosophie also auch erscheinen mag, vielleicht ist der Mangel an innerer Übung der Tantras Schuld daran, wenn er keinerlei Juwelen, Reliquien oder Regenbogenlichter hinterläßt. Doch selbst für die allerschlechtesten Praktizierenden der Tantras gilt – auch wenn ihr Verhalten äußerlich betrachtet grob gewesen sein mag, sie keine Experten waren, sie sich unangemessen und unwürdig verhielten und nicht einmal die tantrischen Lehren mit der nötigen Sorgfalt übten –, daß sie zu diesem Zeitpunkt Befreiung erlangen, solange sie keine falschen Sichtweisen gegenüber den Tantras entwickelt haben, keine Zweifel hegen und bloß Vertrauen zum Tantra haben. Selbst wenn ihr Verhalten in der Gesellschaft unangemessen war, werden sie zum Zeitpunkt des Todes Zeichen hervorbringen wie etwa Körper-Juwelen, Reliquien, Bilder und Regenbogenlichter. Und das deshalb, weil die Tantras große Segenskraft besitzen.

Vom durchschnittlichen tantrischen Prakzierenden aufwärts besteht für alle, die über die Erzeugungs- und Vollendungsphase meditiert sowie die Essenz-Mantras rezitiert haben und so weiter, keinerlei Notwendigkeit mehr, bis zu diesem Zwischenzustand der Realität abzusteigen. Im selben Augenblick, in dem ihr Atem aussetzt, kommen mit Sicherheit die Wissenshalter, Helden und Dakinis mit ihrem Gefolge, um sie in den reinen Himmel der Dakinis zu geleiten. Die Zeichen dafür bestehen in einem klaren Himmel, überwältigendem Regenbogenlicht, Herabregnen von Blumen, Geruch von Weihrauch, Klang von Musik im Himmel, Strahlen und der Anwesenheit von Knochen-Juwelen, Reliquien und Bildnissen.

Man nimmt an, daß die spirituelle Energie der Tantras derartig groß ist, daß schon ein bloßes positives In-Kontakt-Kommen mit den Lehren im Übenden eine gewisse Heiligkeit entstehen läßt. Und wenn Yogis oder Yoginis nach dem Tod verbrannt werden, so wird in Tibet häufig berichtet, werden in der Asche eigenartige perlenähnliche Juwelen gefunden und manchmal sogar Bildnisse von Buddhas, Bodhisattvas oder archetypischen Gottheiten.

Darum gibt es für den Lehrer der Disziplin, den Philosophen, den tantrischen Praktizierenden, der seine Gelübde gebrochen hat, und alle gewöhnlichen Menschen keine bessere Methode als diese Natürliche Befreiung. Die großen Meditierenden jedoch, die die Große Vollkommenheit, das Große Siegel und so weiter geübt haben, erlangen den Wahrheitskörper, indem sie das Klare Licht im Zwischenzustand des Todesmoments erkennen. Für sie ist die Lektüre des Buches der Natürlichen Befreiung ausnahmslos überflüssig. Noch einmal, wer das Klare Licht im Zwischenzustand des Todesmoments erkennt, erlangt den Wahrheitskörper. Wer das Klare Licht im Zwischenzustand der Realität erkennt, wenn die Visionen der Milden und Grimmigen Gottheiten erscheinen, erlangt den Seligkeitskörper. Wer das Klare Licht im Zwischenzustand des Werdens erkennt, erlangt den Emanationskörper und wird in den höheren Welten wiedergeboren. Durch bloße Begegnung mit dieser Lehre entsteht der Nutzen des evolutionären Impetus, nur noch einmal leben zu müssen.

Da erleuchtete Buddhas zahllose Leben haben, um den Bedürfnissen der Lebewesen zu entsprechen, bedeutet diese Aussage nicht, daß man nach der Befreiung nie wieder leben wird. Sie bedeutet nur, daß man nicht mehr dem Zwang unterworfen ist, ein von Verwirrung und abhängigen Emotionen getriebenes, unerleuchtetes und leiderfülltes Leben anzunehmen.

Daher ist die Natürliche Befreiung die Lehre vom Erreichen der Buddhaschaft ohne Meditation. Sie ist die Lehre von der Befreiung durch bloßes anfängliches Verstehen. Sie ist die Lehre, die große Übeltäter auf den verborgenen Pfad führt. Sie ist die Lehre, die alles sofort verändert. Sie ist die erhabene Lehre, die augenblicklich zu vollkommener Buddhaschaft führt. Es ist unmöglich, daß ein Lebewesen, das dieser Lehre begegnet ist, in die gräßlichen Bereiche fällt. Diese Lehre und die Befreiung durch Tragen am Körper solltest du lesen. Beide zu verbinden, gleicht dem Füllen eines goldenen Opfer-Mandalas mit Türkissplittern.

Die *Natürliche Befreiung durch Tragen am Körper, die Natürliche Befreiung des Körpers* ist im Originaltext in 21 Blättern enthalten. Sie wiederholt die mantrischen Formeln der hundert Gottheiten des Systems der Natürlichen Befreiung. Die Mantras müssen aufgeschrieben und zu einem Amulett zusammengerollt werden, das die Verstorbene am Körper trägt, um sicherzustellen, daß Sie nicht in irgendeinen der gräßlichen Bereiche fällt.

Nachdem der große Nutzen der Natürlichen Befreiung erklärt wurde, geben wir nun die Unterweisung zum Entstehen des Zwischenzustands der Grimmigen Gottheiten. Rufe die Verstorbene dreimal bei ihrem Namen und sage folgendes:

Wie bereits vorher, sprechen Sie die folgenden Anweisungen an der Seite des Leichnams, wenn er noch da sein sollte, oder an einem Ort, der der Verstorbenen vertraut war, oder sogar in ihrem eigenen Studierzimmer, wobei Sie die Anwesenheit der Verstorbenen visualisieren.

Höre, Edle! Lausche unentwegt, mit großer Konzentration! Der friedvolle Zwischenzustand ist bereits erschienen, doch du hast das Licht nicht erkannt. Darum mußt du immer noch hier umherwandern. An diesem achten Tage nun erscheint die Schar der grimmigen Heruka-Gottheiten. Wanke nicht! Erkenne sie! Höre, Edle! Der große, glorreiche Buddha Heruka erscheint. Er ist von rötlichbrauner Körperfarbe, hat drei Gesichter, sechs Arme und vier ausgestreckte Beine. Sein vorderes Gesicht ist braun, sein rechtes Gesicht weiß, sein linkes Gesicht rot, und sein ganzer Körper lodert von Lichtstrahlen. Seine Augen starren grimmig und erschreckend, seine Augenbrauen blitzen, seine Reißzähne schimmern wie frisches Kupfer. Er brüllt vor Lachen »A la la!« und »Ha ha ha!«, und er macht laute zischende Geräuche wie »Shu-uu!«. Sein hellorangefarbiges Haar lodert aufwärts, gekrönt von einer Krone aus Schädeln und Sonnen- und Mondscheibe. Als Körperschmuck trägt er schwarze Schlangen und eine Girlande aus frisch abgeschlagenen Köpfen. In seiner ersten rechten Hand hält er ein Rad, in der mittleren eine Axt und in der dritten ein Schwert; in seiner ersten linken Hand hält er eine Glocke, in der mittleren eine Pflugschar und in der dritten eine Schädelschale. Seine Gefährtin Buddha Krodhishvari hält seinen Körper umschlungen, mit ihrem rechten Arm umfaßt sie seinen Hals, mit der Linken bietet sie ihm Schlucke aus ihrer Schädelschale an. Sie schnalzt drohend mit der Zunge und grollt wie Donner. Von beiden lodern Weisheitsflammen und schießen aus ihrem lodernden Vajra-Haar hervor. Sie stehen in der Haltung der Krieger auf einem von Garudas getragenen Thron. Auf diese Weise werden sie vor dir manifest, hervorgetreten aus deinem eigenen Gehirn! Fürchte sie nicht! Habe keine Angst! Hasse sie nicht! Erkenne sie als Abbild deines eigenen Gewahrseins! Er ist deine eigene archetypische Gottheit, gerate also nicht in Panik! Tatsächlich sind sie in Wirklichkeit Vairochana Vater und Mutter, habe also keine Angst! Sobald du sie erkennst, bist du frei!

Die archetypische Gottheit Buddha Heruka ist mit den für Grimmige Gottheiten typischen Attributen geschmückt. Seine Krone aus fünf Schädeln symbolisiert seine Überwindung der fünf Gifte, Gier, Haß, Verblendung, Stolz und Neid. Die Girlande aus abgeschlagenen Köpfen symbolisiert die Überwindung all seiner mentalen Abhängigkeiten und negativen Einstellungen. Seine Vereinigung mit Krodhishvari steht für die Vereinigung von Mitgefühl mit Weisheit. Daß er Blut aus einer Schädelschale trinkt, weist auf die Fähigkeit der endgültigen Wirklichkeit hin, das Lebensblut des Dämons der Unwissenheit in das Elixier völliger Freiheit mit den Attributen glückseligen Friedens und mitfühlender Dynamik transformieren zu können. Nebenbei ist Blut auch ein Symbol für das Weibliche, für transzendente Weisheit; daß der männliche Heruka es trinkt, symbolisiert, daß Weisheit die Quelle für die Energie des Mitgefühls darstellt. Daß Heruka Halsband, Haarband, Armreifen und Fußreifen aus Schlangen trägt, steht für seine Unterwerfung der Schlangenkräfte der Erde.

Die Geräte, die er in den Händen hält, symbolisieren verschiedene Verwirklichungen und Konzentrationen, die er hervorbringen kann, um Wesen zu helfen, aus Verblendungen auszubrechen und Fesseln abzuwerfen. »Vajra« bedeutet Donnerkeil, Diamant, Blitzschlag, eine Substanz aus der stärksten Kraft des Universums, und das ist die Kraft der zu Liebe gewordenen Weisheit. Die Flammen, die von den Gottheiten ausgehen, ihre Haare und Augenbrauen sind von vajra-gleicher Intensität und gleichen kontrolliertem Blitzschlag, weißglühender Schmelzhitze, eingedämmten Supernova-Explosionen. Der Vajra ist das höchste Symbol des Erbarmens als endgültige Kraft. Manchmal ist es ein fünf- bzw. neunzackiges Szepter, welches denselben Symbolgehalt hat. Die adlerähnlichen Garudas, die ihren Thron tragen, symbolisieren die Kraft der Weitblickenden Weisheit, die jede Negativität besiegt. Hat man sich mit einer derart gewaltigen Präsenz identifiziert und ist mit ihr verschmolzen, so dient sie als sicheres Fahrzeug zur Durchquerung jeder nur vorstellbaren evolutionären Schwierigkeit.

Wenn du auf diese Weise sprichst, wird die Verstorbene die Erscheinungen als ihre archetypischen Gottheiten erkennen, untrennbar mit ihnen verschmelzen und im Seligkeitskörper die Buddhaschaft erlangen.

Der neunte Tag

Wenn die Verstorbene von Angst und Haß überwältigt werden sollte und vor den Gottheiten flieht, ohne sie zu erkennen, kommt am neunten Tage nun der Heruka der Vajra-Buddha-Familie, um sie zu geleiten. Nachdem du die Verstorbene wieder beim Namen gerufen hast, unterweise sie wie folgt:

Höre, Edle! Lausche unentwegt, mit starker Konzentration! Nun, am neunten Tag, erscheint der Buddha Vajra Heruka der Vajra-Familie vor dir, hervorgetreten aus deinem eigenen Gehirn. Er ist dunkelblau, mit drei Gesichtern, sechs Armen und vier ausgestreckten Beinen. Sein vorderes Gesicht ist dunkelblau, sein rechtes Gesicht weiß und sein linkes Gesicht rot. In seiner ersten rechten Hand hält er einen Vajra, in der mittleren eine Schädelschale und in der dritten eine Axt; in seiner ersten linken Hand hält er eine Glocke, in der mittleren eine Schädelschale und in der dritten eine Pflugschar. Seine Gefährtin Buddha Vajra Krodishvari hält seinen Körper umschlungen, mit ihrem rechten Arm umfaßt sie seinen Hals, mit der Linken bietet sie ihm Schlucke aus ihrer Schädelschale an. Auf diese Weise werden sie vor dir manifest, hervorgetreten aus deinem eigenen Gehirn! Fürchte sie nicht! Habe keine Angst! Hasse sie nicht! Erkenne sie als Abbild deines eigenen Gewahrseins! Sie sind deine eigene archetypische Gottheit, gerate also nicht in Panik! Tatsächlich sind sie in Wirklichkeit Vajrasattva Vater und Mutter, fasse also Vertrauen! Sobald du sie erkennst, bist du frei!

Wenn du auf diese Weise sprichst, wird die Verstorbene sie als ihre archetypischen Gottheiten erkennen, untrennbar mit ihnen verschmelzen und im Seligkeitskörper die Buddhaschaft erlangen.

Der zehnte Tag
Für diejenigen, die, von Angst und Haß überwältigt, vor den Gottheiten fliehen, ohne sie zu erkennen, erscheint am zehnten Tage nun der Heruka der Juwelen-Buddha-Familie, um sie zu geleiten. Nachdem du die Verstorbene wieder beim Namen gerufen hast, unterweise sie wie folgt:

> Höre, Edle! Lausche unentwegt, mit starker Konzentration! Nun, am zehnten Tag, erscheint der Buddha Ratna Heruka der Juwelen-Familie vor dir, hervorgetreten aus deinem eigenen Gehirn. Er ist dunkelgelb, mit drei Gesichtern, sechs Armen und vier ausgestreckten Beinen. Sein vorderes Gesicht ist dunkelgelb, sein rechtes Gesicht weiß und sein linkes Gesicht rot. In seiner ersten rechten Hand hält er ein Juwel, in der mittleren einen Khatvanga-Stab und in der dritten eine Keule; in seiner ersten linken Hand hält er eine Glocke, in der mittleren eine Schädelschale und in der dritten einen Dreizack. Seine Gefährtin Buddha Ratna Krodhishvari hält seinen Körper umschlungen, mit ihrem rechten Arm umfaßt sie seinen Hals, mit der Linken bietet sie ihm Schlucke aus ihrer Schädelschale an. Auf diese Weise werden sie vor dir manifest, hervorgetreten aus deinem eigenen Gehirn! Fürchte sie nicht! Habe keine Angst! Hasse sie nicht! Erkenne sie als Abbild deines eigenen Gewahrseins! Sie sind deine eigene archetypische Gottheit, gerate also nicht in Panik! Tatsächlich sind sie in Wirklichkeit Buddha Ratnasambhava Vater und Mutter, fasse also Vertrauen! Sobald du sie erkennst, bist du frei!

Der Khatvanga-Stab ist das Symbol für die Meisterschaft eines Buddha über den Zentralkanal des yogischen inneren Nervensystems. Er hat einen achteckigen Schaft mit einem Halb-Vajra am unteren Ende. Die Spitze besteht aus der Vase der Unsterblichkeit, drei Schrumpfköpfen, die den Triumph über Gier, Haß und Verblendung andeuten, und einer Dreizack-Klinge über ihnen.

Wenn du auf diese Weise sprichst, wird die Verstorbene sie als ihre archetypischen Gottheiten erkennen, untrennbar mit ihnen verschmelzen und im Seligkeitskörper die Buddhaschaft erlangen.

Der elfte Tag

Wenn die Verstorbene in der Begegnung mit diesen Gottheiten, von negativen Instinkten in die Irre geleitet, Angst und Haß empfindet und sie flieht, ohne sie als ihre archetypischen Gottheiten zu erkennen, und sie statt dessen für den Herrn des Todes hält, erscheint nun am elften Tag der Heruka der Lotos-Familie, um sie zu geleiten. Nachdem du die Verstorbene wieder beim Namen gerufen hast, unterweise sie wie folgt:

Höre, Endle! Lausche unentwegt, mit starker Konzentration! Nun, am elften Tag, erscheint der Buddha Padma Heruka der Padma-Familie vor dir, hervorgetreten aus deinem eigenen Gehirn. Er ist dunkelrot, mit drei Gesichtern, sechs Armen und vier ausgestreckten Beinen. Sein vorderes Gesicht ist dunkelrot, sein rechtes Gesicht weiß und sein linkes Gesicht blau. In seiner ersten rechten Hand hält er einen Lotos, in der mittleren einen Khatvanga-Stab und in der dritten eine Rute; in seiner ersten linken Hand hält er eine Glocke, in der mittleren eine blutgefüllte Schädelschale und in der dritten eine kleine Trommel. Seine Gefährtin Buddha Padma Krodhishvari hält seinen Körper umschlungen, mit ihrem rechten Arm umfaßt sie seinen Hals, mit der Linken bietet sie ihm Schlucke aus ihrer Schädelschale an. Auf diese Weise werden sie vor dir manifest, hervorgetreten aus deinem eigenen Gehirn! Fürchte sie nicht! Habe keine Angst! Hasse sie nicht! Erkenne sie als Abbild deines eigenen Gewahrseins! Sie sind deine eigene archetypische Gottheit, gerate also nicht in Panik! Tatsächlich sind sie in Wirklichkeit Buddha Amitabha Vater und Mutter, fasse also Vertrauen! Sobald du sie erkennst, bist du frei!

Wenn du auf diese Weise sprichst, wird die Verstorbene sie als ihre archetypischen Gottheiten erkennen, untrennbar mit ihnen verschmelzen und im Seligkeitskörper die Buddhaschaft erlangen.

Der zwölfte Tag

Wenn die Verstorbene in der Begegnung mit diesen Gottheiten, von negativen Instinkten in die Irre geleitet, Angst und Haß empfindet und sie flieht, ohne sie als ihre archetypischen Gottheiten zu erkennen, und sie statt dessen für den Herrn des Todes hält, erscheint nun am elften Tag die Gruppe des Heruka der Karma-Familie zusammen mit den Gauri-Göttinnen, den Pishachi-Geistern und den Ishvari-Göttinnen, um sie zu geleiten. Werden sie nicht erkannt, wird die Verstorbene in Panik geraten. Nachdem du die Verstorbene wieder beim Namen gerufen hast, mache sie also wie folgt auf sie aufmerksam:

Die Gauri-Göttinnen, Pishachi-Geister und Ishvari-Göttinnen sind verschiedene Arten grimmiger weiblicher Gottheiten, die im Text selbst näher beschrieben werden. Die Begegnung mit ihnen ist wie die Begegnung mit zutiefst unterdrückten Elementen der eigenen Psyche, erschreckend, weil sie geleugnet wurden. Zu diesem Zeitpunkt des Zwischenzustands, an dem ein Verdrängen der grauenvollen Seiten der Wirklichkeit nicht länger möglich ist, hat die Verstorbene keine Zeit mehr, auf einem netten Selbstbild zu bestehen. Die Begegnung mit diesen grimmigen weiblichen Wesen, den Urkräften der Natur, ist äußerst wichtig, und es ist notwendig, den anfänglichen Widerwillen zu überwinden.

Höre, Edle! Lausche unentwegt, mit starker Konzentration! Nun, am elften Tag, erscheint der Buddha Karma Heruka der Karma-Familie vor dir, hervorgetreten aus deinem eigenen Gehirn. Er ist dunkelgrün, mit drei Gesichtern, sechs Armen und vier ausgestreckten Beinen. Sein vorderes Gesicht ist dunkelgrün, sein rechtes Gesicht weiß und sein linkes Gesicht rot. In seiner ersten rechten Hand hält er ein Schwert, in der mittleren einen Khatvanga-Stab und in der dritten eine Rute; in seine ersten linken Hand hält er eine Glocke, in der mittleren eine Schädelschale und in der dritten eine Pflugschar. Seine Gefährtin Buddha Karma Krodhishvari hält seinen Körper umschlungen, mit ihrem rechten Arm umfaßt sie seinen Hals, mit der Linken bietet sie ihm Schlucke aus ihrer Schädelschale an. Auf diese Weise werden sie vor dir manifest, hervorgetreten aus der nördlichen Region deines eigenen Gehirns! Fürchte sie nicht! Habe keine Angst! Hasse sie nicht! Erkenne sie als Abbild deines eigenen Gewahrseins! Sie sind deine eigene archetypische Gottheit, gerate also nicht in Panik! Tatsächlich sind sie in Wirklichkeit Buddha Amoghasiddhi Vater und Mutter, fasse also Vertrauen! Sobald du sie erkennst, bist du frei!

Wenn du auf diese Weise sprichst, wird die Verstorbene die Erscheinungen als ihre archetypischen Gottheiten erkennen, untrennbar mit ihnen verschmelzen und Buddhaschaft erlangen.

Wenn man auf diese Weise, durch die Unterweisung des spirituellen Meisters, die Gottheiten als eigene Visionen erkennt, als Schöpfungen des eigenen Gewahrseins, wird man befreit, genauso wie man frei von Furcht wird, wenn man erkennt, daß ein furchteinflößender Löwe bloß ausgestopft ist. Hat man vorher nicht gewußt, daß es sich nur um einen ausgestopften Löwen handelt, so hat man in der Begegnung Furcht und Abwehr empfunden; wenn jedoch jemand kommt und einem sagt, was dieser Löwe wirklich ist, ist man erlöst, und alle Furcht fällt ab. Wenn du also der Schar der Heruka-Gottheiten begegnest, die mit ihren riesigen Körpern und kraftvollen Gliedmaßen den ganzen Raum auszufüllen scheinen, wirst du mit Sicherheit Angst und Abwehr empfinden. Sobald du jedoch diese Unterweisung hörst, kannst du in ihnen deine eigenen Visionen, deine archetypischen Gottheiten erkennen. Das Klare Licht, über das du früher meditiert hast, und das Klare Licht, das jetzt erscheint, können wie Mutter und Kind miteinander verschmelzen, und du bist augenblicklich in der natürlichen Klarheit deines eigenen Gewahrseins befreit, so, als begegnetest du einem alten Freund; denn alles, was in einem solchen Gewahrsein erscheint, ist ganz natürlich befreit. Wenn du dieser Unterweisung jedoch nicht begegnest, wirst du vor den grimmigen Gottheiten zurückweichen und weiter im Rad des Lebens kreisen.

Dann erscheinen die acht grimmigen Gauri-Göttinnen und die acht Pishachi-Menschenfresserinnen mit ihren Tierköpfen der Verstorbenen, indem sie aus ihrem Gehirn hervortreten. Nachdem du die Verstorbene beim Namen gerufen hast, unterweise sie folgendermaßen:

Höre, Edle! Lausche unentwegt, mit großer Konzentration! Die acht Gauri-Göttinnen treten nun aus deinem Gehirn hervor, um dir zu erscheinen! Fürchte sie nicht! Aus dem östlichen Bereich deines

Gehirns kommend, erscheint im Osten die weiße Gauri. In ihrer rechten Hand schwingt sie einen Leichnam als Keule, in ihrer Linken hält sie eine blutgefüllte Schädelschale. Fürchte sie nicht! Von Süden kommt die gelbe Chauri, die mit Pfeil und Bogen zielt. Von Westen kommt die rote Pramoha, die ein Krokodil-Siegesbanner hält. Von Norden kommt die schwarze Vetali, die einen Vajra und eine blutgefüllte Schädelschale hält. Von Südosten kommt die orangenfarbene Pukashi, die in der Rechten Gedärme hält, welche sie sich mit der Linken in den Mund stopft. Von Südwesten kommt die dunkelgrüne Ghasmari, die eine blutgefüllte Schädelschale in der Linken hält und einen Vajra in der Rechten, mit dem sie das Blut umrührt und es sich zum Munde führt. Von Nordwesten kommt die fahlgelbe Chandali, die einen Leichnam und einen Schädel über der Schulter trägt und in ihrer rechten Hand ein Herz hält, sich mit der linken Hand von dem Leichnam nährt. Von Nordosten kommt die dunkelblaue Shmashani, die sich von einem kopflosen Leichnam nährt. Alle acht Gauri-Gottheiten erstehen aus deinem eigenen Gehirn und umgeben die fünf Herukas. Fürchte sie nicht!

Diese Gauri-Göttinnen haben menschliche Köpfe und Gesichter, mit Ausnahme eines dritten Auges, das vertikal in ihrer Stirn liegt. Sie haben zwei Arme und zwei Beine. Sie erscheinen im gräßlichst möglichen Aspekt – wenn sie nicht Schrecken auslösten, haben Sie sie nicht richtig visualisiert. Es heißt, daß sie aus heiligen Plätzen in verschiedenen Bereichen der Welt kommen. Sie sind die ehrfurchtgebietenden Wächterinnen der heiligen Verbrennungsplätze und Kraftorte des Landes.

Höre, Edle! Lausche unentwegt, mit starker Konzentration! Danach erscheinen dir die acht Pishachi-Menschenfresserinnen der heiligen Länder! Von Osten kommt die dunkelbraune, löwenköpfige Simhasya; die Arme über der Brust gekreuzt, hält sie einen Leichnam im Maul und schüttelt ihre Mähne. Von Süden kommt die rote, tigerköpfige Vyaghrasya; die Arme nach unten gekreuzt, starrt sie hypnotisierend und knirscht mit ihren Fangzähnen. Von Westen kommt die schwarze, schakalköpfige Shrgalasya; sie hält ein Rasiermesser in der rechten Hand und stopft sich mit der Linken Gedärme ins Maul. Von Norden kommt die dunkelblaue, wolfsköpfige Shvansya, die sich mit beiden Händen einen Leichnam zum Maul führt und hypnotisierend starrt. Von Südosten kommt die hellgelbe, geierköpfige Grdhrasya, die einen Leichnam über der Schulter trägt und ein Skelett in der Hand. Von Südwesten kommt die dunkelrote, falkenköpfige Kankhasya mit einem Leichnam über der Schulter. Von Nordwesten kommt die schwarze, krähenköpfige Kakasya, die ein Schwert in ihrer rechten Hand hält und Lungen und Herzen verspeist. Von Nordosten kommt die dunkelblaue, eulenköpfige Ulukasya; sie verzehrt Fleisch und hält in ihrer Rechten einen Vajra und in ihrer Linken ein Schwert. All diese Pishachi-Menschenfresser erstehen aus deinem eigenen Gehirn und umgeben die fünf Herukas! Fürchte sie nicht! Erkenne, was immer auch erscheint, als die Kreativität deines eigenen visionären Gewahrseins!

Höre, Edle! Lausche unentwegt, mit starker Konzentration! Die vier Torhüter-Göttinnen treten nun aus deinem Gehirn hervor, um dir zu erscheinen! Erkenne sie also! Aus dem östlichen Bereich deines Gehirns erscheint im Osten eine weiße, pferdeköpfige Ankusha, mit einem eisernen Haken in der Rechten und einer blutgefüllten Schädelschale in der Linken. Von Süden kommt die gelbe, schweinsköpfige Pasha, die eine Fangschlinge hält. Von Westen kommt die rote, löwenköpfige Shernkhala, die eine Eisenkette hält. Von Norden kommt die grüne, schlangenköpfige Ghanta, die eine Glocke hält. Diese vier Torhüter-Göttinnen treten aus deinem eigenen Gehirn hervor und erscheinen dir! Erkenne sie als deine archetypischen Gottheiten!

Höre, Edle! Um diese dreißig grimmigen Heruka-Gottheiten herum erscheinen nun, wieder aus deinem eigenen Gehirn kommend, die achtundzwanzig Ishvari-Göttinnen mit ihren verschiedenen Köpfen und Attributen. Fürchte sie nicht, sondern erkenne sie als die Kreativität deines eigenen visionären Gewahrseins! Jetzt, da du zum wesentlichen Augenblick des Aufhörens gelangt bist, erinnere dich an die Unterweisungen deines spirituellen Meisters!

Die dreißig grimmigen Heruka-Gottheiten sind die zehn Heruka Väter und Mütter, die acht Gauris, die acht Pishachis und die vier Torhüter-Göttinnen. Die folgenden Ishvari-Göttinnen werden auch »Yoginis« genannt, was darauf hindeutet, daß es sich um Gottheiten der subtilen Räume innerer Erfahrung fortgeschrittener Adepten handelt. Gleichzeitig sind sie aber auch Göttinnen des indischen Pantheons, viele von ihnen sind die weibliche Form wohlbekannter Götter wie etwa Brahma, Indra, Kumara und so weiter. Ein Mensch aus einer anderen Kultur wird hier wahrscheinlich grimmige Engel seiner eigenen Kultur einsetzen wollen, die er sich als Abbilder spiritueller Wesen vorstellt, die seine eigene Psyche bevölkern. Die Tierköpfe deuten darauf hin, daß sie auch die Kräfte in der Welt der Natur verkörpern. Wenn Sie mit diesen Gestalten Ihren Frieden machen, versetzen Sie sich in einen ausgeglichenen Zustand in Hinsicht auf das, was Ihre Kultur Ihnen als Sinn für einen göttlichen Bereich eingeflößt hat, ebenso in Hinsicht auf die Lebensformen Ihrer natürlichen Umwelt.

Höre, Edle! Von Osten kommen die dunkelbraune, yakköpfige Rakshasi, die einen Vajra hält, die orangenfarbige, schlangenköpfige Brahmi mit einem Lotos, die dunkelgrüne, leopardenköpfige Maheshvari mit einem Dreizack, die blaue mungoköpfige Lobha mit einem Rad, die rote maultierköpfige Kumari mit einem Speer und die weiße, bärenköpfige Indrani mit einer Fangschlinge aus Gedärmen. Diese sechs Yoginis des Ostens erscheinen, aus deinem Gehirn kommend, vor dir! Fürchte sie nicht!

Höre, Edle! Von Süden kommen die gelbe, fledermausköpfige Vajra mit einem Rasiermesser, die rote, krokodilköpfige Shanti mit einer Vase, die rote, skorpionköpfige Amrita mit einem Lotos, die weiße, falkenköpfige Chandra mit einem Vajra, die dunkelgrüne, ochsenköpfige Gada mit einer Keule und die gelbschwarze tigerköpfige Rakhasi mit einer blutgefüllten Schädelschale. Diese sechs Yoginis des Südens erscheinen, aus deinem Gehirn kommend, vor dir! Fürchte sie nicht!

Höre, Edle! Von Westen kommen die dunkelgrüne, geierköpfige Bhakshasi mit einer Keule, die rote, pferdeköpfige Rati mit einem

menschlichen Torso, die weiße, garudaköpfige Mahabali mit einer Keule, die rote, hundeköpfige Rakshasi mit einem Vajra-Rasiermesser, die rote, wiedehopfköpfige Kama mit Pfeil und Bogen und die rotgrüne, hirschköpfige Vasuraksha mit einer Vase. Diese sechs Yoginis des Westens erscheinen, aus deinem Gehirn kommend, vor dir! Fürchte sie nicht!
Höre, Edle! Von Norden kommen die blaue, wolfsköpfige Vayavi mit einem Banner, die rote, steinbocksköpfige Narini mit einem Pfählungsstock, die schwarze, eberköpfige Varahi mit einer Stoßzahn-Schlinge, die rote, krähenköpfige Rati mit der Haut eines Kindes, die grünschwarze, elefantenköpfige Mahanasi, die einen frischen Leichnam hält und Blut aus einer Schädelschale trinkt, und die blaue, schlangenköpfige Varuni mit einer Schlangen-Schlinge. Diese sechs Yoginis des Nordens erscheinen, aus deinem Gehirn kommend, vor dir! Fürchte sie nicht!
Höre, Edle! Die vier äußeren Torhüter-Yoginis treten nun aus deinem Gehirn hervor, um dir zu erscheinen! Von Osten kommt die weiße, kuckucksköpfige Vajra mit einem eisernen Haken, von Süden die gelbe, ziegenköpfige Vajra mit einer Schlinge, von Westen die rote, löwenköpfige Vajra mit einer Eisenkette und von Norden die grünschwarze, schlangenköpfige Vajra mit einer Glocke. Diese vier Torhüter-Yoginis erscheinen, aus deinem Gehirn kommend, vor dir! Alle achtundzwanzig Göttinnen erscheinen natürlich aus der Kreativität des selbstentstandenen Körpers der grimmigen Herukas – erkenne sie daher als Buddha-Weisheit!
Höre, Edle! Der Wahrheitskörper entsteht aus der Leerheit als Milde Gottheiten! Erkenne ihn! Der Seligkeitskörper entsteht aus der Klarheit als Grimmige Gottheiten! Erkenne ihn! Wenn zu dieser Zeit die Schar der achtundfünfzig Heruka-Gottheiten aus deinem Gehirn hervorkommt und vor dir erscheint, brauchst du nur zu erkennen, daß alles, was erscheint, nur aus der natürlichen Energie deines eigenen Gewahrseins entsteht, und du wirst augenblicklich untrennbar vom Heruka-Körper und zu einem Buddha!
Das Konzept der Untrennbarkeit von Klarheit und Leerheit ist eine genaue Parallele zur unermeßlichen Nichtdualität des abso-

luten Wahrheitskörpers und des relativen Seligkeitskörpers der Buddhas. Leerheit ist nicht das finstere Nichts, die rein negative Zone, die uns in den Sinn kommt, wenn wir versuchen, uns etwas vorzustellen, was dem unvorstellbar Absoluten gleichkommt. Leerheit ist die Leerheit von einer wesenhaften Wirklichkeit von allem, einschließlich der Leerheit selbst. Sie ist genau die Form des Absoluten, die nicht als eine Art pseudo-relatives Absolutes dienen kann – sie kommt dem unendlichen Netzwerk von Relativitäten nicht in die Quere. Daher ist sie nichts anderes als die Kreativität von Klarheit, von Licht, von unendlicher Unterschiedlichkeit. Und diese Unterschiedlichkeit ist beziehungsfähig, eben weil sie frei ist von wesenhaften Wirklichkeiten. Kreativität und Freiheit, Klarheit und Leerheit sind nichtdual. Die leere Seite dieser Nichtdualität ist mit dem Wahrheitskörper verbunden, der Gegenwärtigkeit des Absoluten in der Erleuchtung als ein Körper, als eine erfahrene, unendliche, ruhige Präsenz. Die klare Seite dieser Nichtdualität ist mit dem Seligkeitskörper verbunden, dem in der Erleuchtung präsenten relativen Gewahrsein des Absoluten durch selbstausgelöste Ekstase als ein Körper und durch erfahrene, unendliche, orgasmische Ekstase. Die Präsenz des Wahrheitskörpers stellt sich dem menschlichen Bewußtsein als die milden archetypischen Gottheiten dar, die Ekstase des Seligkeitskörpers stellt sich als grimmige archetypische Gottheiten dar. Beide Aspekte vollkommener Erleuchtung sind völlig untrennbar von unserer eigenen natürlichen Intelligenz und Empfindsamkeit. Wenn es uns gelingt, sie als unsere eigene essentielle Natur zu erkennen, dann gehören uns Freiheit und Buddhaschaft.

Höre, Edle! Wenn du dies nicht erkennst, wirst du an der oberflächlichen Wirklichkeit haften, Angst und Abscheu empfinden und vor diesen Gottheiten fliehen. Wieder wirst du abwärtswandern, in unvorstellbares Leiden! Wenn du diese Gottheiten nicht erkennst, wirst du die ganze Schar von Heruka-Gottheiten für Yamas, Herren des Todes, halten und dich vor ihnen fürchten. Du wirst Abscheu vor ihnen empfinden! Du wirst in Panik geraten! Du

wirst das Bewußtsein verlieren! Deine eigenen Visionen sind dann zu Dämonen geworden, und du wirst im Rad des Lebens kreisen!
Yama, der Herr des Todes, ist uns bereits begegnet als der Herr der Unterwelt, der dort über die guten und schlechten Taten der Verstorbenen zu Gericht sitzt und ihnen ein entsprechendes Schicksal zuteilt. Seine Lakaien sind diejenigen, die herbeikommen, um sich des Bewußtseins des Sterbenden zu bemächtigen. Yama zu begegnen, bedeutet daher, den Tod als ein fremdes, feindliches Wesen zu sehen, das uns im Zwischenzustand mit der endgültigen Macht über Leben und Tod und einem unliebsamen Schicksal bedroht. Die Verstorbenen, die die Macht und Herrlichkeit ihres eigenen Bewußtseins nicht erkennen wollen, die die unterdrückten Bilder ihres eigenen Unterbewußtseins nicht zulassen können, nehmen die Grimmigen Gottheiten folglich als fremde, feindliche Wesen und tödliche Gegner wahr und überantworten sich damit der Angst und dem Haß. Um also den Sterbenden effektiv helfen zu können, reicht es nicht aus, den Abschiednehmenden nur auf milde und friedliche Bilder vorzubereiten. Wem die indische und tibetische Bilderwelt zu fremdartig, zu exotisch erscheint, sollte lokale Bilder zornvoller Cherubim oder Seraphim, tierischer Totems oder schamanistischer Naturgeister wählen – was immer nötig sein mag, um den sterbenden Menschen auf die wilde und intensive Bilderwelt vorzubereiten, die sein eigener Geist hervorbringen wird.
Höre, Edle! Die Milden und Grimmigen Gottheiten werden im größten Fall so gewaltig sein wie der gesamte Raum, im mittleren Fall wie der Berg Sumeru, und im geringsten Fall achtzehnmal so groß wie dein eigener Körper – habe also keine Angst! Alle sichtbare Existenz erscheint als Lichter und Gottheiten! Und sämtliche Visionen von Lichtern und Gottheiten mußt du als die natürliche Energie deines eigenen Gewahrseins erkennen. Sobald deine eigene Energie sich untrennbar in diese natürlichen Lichter und Gottheiten auflöst, wirst du zu einem Buddha!
O mein Kind! Was du auch siehst und wahrnimmst, was immer an schrecklichen Visionen dir begegnet, erkenne es als deine eigene

Vision! Erkenne das Klare Licht als die natürliche Energie deines eigenen Gewahrseins! Wenn du so erkennst, gibt es nicht den geringsten Zweifel, daß du augenblicklich zu einem Buddha wirst! Die sogenannte »augenblicklich vollkommene Buddhaschaft« kommt zustande! Halte dies im Sinn!
Höre, Edle! Wenn du das Licht nicht erkennst und dich im Schrecken verfängst, erscheinen alle Milden Gottheiten als schwarze Mahakala-Wächter! Alle Grimmigen Gottheiten erscheinen als Gottheiten des Dharmaraja Yama! Deine eigenen Visionen sind dann zu Dämonen geworden, und du kreist weiter im Rad des Lebens!

Selbst die Milden Gottheiten erscheinen als dämonische Wächter, grauslich und erschreckend in ihrer Erscheinung; ebenso erscheinen die Grimmigen Gottheiten als Todesgötter.

Höre, Edle! Wenn du deine eigenen Visionen nicht erkennst, wirst du nicht die Buddhaschaft erlangen, selbst wenn du alle Schriften der Sutras und Tantras kennen und ein ganzes Äon den Dharma geübt haben solltest! Wenn du deine eigenen Visionen hingegen erkennst, wirst du mit einem Schlag, mit einem Wort zu einem Buddha! Wenn du deine eigenen Visionen nicht erkennst, erscheint im Augenblick deines Todes die Wirklichkeit im Zwischenzustand in der Form des Dharmaraja Yama, des Hern des Todes! Die Gottheiten des Dharmaraja Yama erscheinen im größten Falle den gesamten Raum ausfüllend, im mittleren Fall wie große, die ganze Welt bedeckende Berge. Ihre Reißzähne stehen über ihre Lippen vor, ihre Augen gleichen Glas, ihr Haar ist auf dem Kopf zu einem Knoten gebunden, sie haben hervortretende Bäuche und dünne Hälse. Sie tragen Straftafeln und brüllen: »Schlagt sie!«, »Tötet sie!« Sie lecken dein Hirn auf, sie trennen deinen Kopf vom Körper und reißen dir Herz und Organe heraus. So erscheinen sie und füllen die ganze Welt.

Auf diese Weise erscheinen die Todesgötter Yamas als die Kristallisation des lebendigen Schuldgefühls und der ängstlichen Reue nicht nur für die tatsächlich begangenen Übeltaten, sondern ebenso für alle unterdrückten negativen und üblen Impulse.

Höre, Edle! Wenn es geschieht, daß derartige Visionen erscheinen, habe keine Angst! Empfinde keinen Schrecken! Du besitzt einen mentalen Körper aus Instinkten; selbst wenn er erschlagen oder zerrissen wird, kann er nicht sterben! Da du tatsächlich eine natürliche Form der Leerheit bist, ist Zorn über Verletzungen unnötig! Die Yama-Gottheiten des Todes entstehen aus nichts anderem als der natürlichen Energie deines eigenen Gewahrseins und besitzen tatsächlich keinerlei Substanz. Leerheit kann Leerheit nicht verletzen! Du mußt zu der klaren Überzeugung gelangen, daß alles, was du siehst, die Milden und Grimmigen Gottheiten, die tierköpfigen Dakinis, die Regenbogenlichter und die Yama-Gottheiten – außer daß sie aus der natürlichen Kreativität deines eigenen Gewahrseins erstehen – keinerlei Substanz oder objektive Existenz besitzen! Hast du das begriffen, bist du von allen Ängsten und Schrecken auf der Stelle befreit, löst dich in die Nichtdualität auf und wirst ein Buddha! Wenn du sie auf diese Weise erkennst, mußt du glühendes Vertrauen empfinden und denken: »Dies sind meine archetypischen Gottheiten! Sie sind gekommen, um mich durch die Fährnisse des Zwischenzustands zu geleiten! Zu ihnen will ich meine Zuflucht nehmen!«

Halte die Drei Kostbarkeiten achtsam im Sinn! Gedenke deiner archetypischen Gottheit! Rufe sie oder ihn beim Namen! Bete zu ihm oder ihr: »Ich wandere verirrt im Zwischenzustand – rette mich! Halte mich mit deinem Erbarmen, o kostbare Gottheit!« Rufe deinen spirituellen Meister beim Namen und bitte: »Ich wandere verirrt im Zwischenzustand – rette mich! Um deines Erbarmens willen, verlaß mich nicht!« Baue dein Vertrauen auf die Schar der Heruka-Gottheiten und bete zu ihnen:

> Wenn ich, von starken Instinkten getrieben, im Rad des Lebens kreise,
> mögen die Milden und Grimmigen Buddhas mich auf den Pfad des über die erschreckenden Visionen von Haß und Angst siegreichen Lichts führen!
> Mögen die Grimmigen Ishvari-Göttinnen mir auf dem Pfade beistehen,

mich von den Nöten und Gefahren des Zwischenzustands
erlösen
und mich zur vollkommenen Buddhaschaft führen!

Nun, da ich allein wandere, getrennt von meinen Lieben,
und alles, was ich sehe, nur leere Bilder sind,
mögen die Buddhas die Kraft ihres Erbarmens auf mich richten
und alle angst- und haßgetriebenen Schrecken des
Zwischenzustandes beenden!

Wenn die fünf Lichter strahlender Weisheit aufgehen,
möge ich in ihnen furchtlos und mutig mich selbst erkennen!
Wenn die Formen der Milden und Grimmigen Buddhas
erscheinen,
möge ich furchtlos und kühn den Zwischenzustand erkennen!

Nun, da ich unter der Gewalt negativer Evolution leide,
mögen die archetypischen Gottheiten mein Leiden zerstreuen!
Wenn die Wirklichkeit mit tausendfachem Donnerschlage
zuschlägt,
möge alles zu OM MANI PADME HUM werden!

Wenn die Evolution unentrinnbar an mir zerrt,
möge der Herr des Erbarmens mir Zuflucht gewähren!
Wenn meine evolutionären Instinkte mich leiden lassen,
möge mir der Samadhi der Glückseligkeit Klaren Lichts
dämmern!
Mögen die fünf Elemente sich nicht als Feinde erheben!
Möge ich die Reinen Länder der Fünf Buddha-Familien
erblicken!

Auf diese Weise mußt du mit glühender Hingabe und tiefem Vertrauen beten! Das ist äußerst wichtig, weil Angst und Schrecken dadurch verschwinden und du mit Sicherheit zu einem Buddha im Seligkeitskörper wirst! Zaudere nicht!

Diese Anweisungen solltest du drei- oder siebenmal lesen. Dann ist es ganz und gar unmöglich, daß die Verstorbene nicht Befreiung findet, gleichgültig wie groß ihre Übeltaten, wie negativ ihr evolutionärer Impetus auch sein mögen! Wenn trotz der Anwendung dieser Unterweisungen die Erkenntnis des Lichtes nicht gelingt, wandert die Verstorbene zwangsläufig in den nächsten Zwischenzustand, den des Werdens. Die entsprechende Unterweisung folgt später im Detail.

Im allgemeinen empfinden die meisten Menschen zum Zeitpunkt des Todes Verwirrung und Panik, gleichgültig ob sie wenig oder viel Erfahrung besitzen. Für sie gibt es keinen größeren Trost als dieses »Große Buch der Natürlichen Befreiung durch Verstehen im Zwischenzustand«. Diejenigen, die mit der Realität des Klaren Lichtes zutiefst vertraut sind, gelangen in der Trennung von Geist und Materie augenblicklich auf diesen Pfad. Diejenigen, die das Licht der Wirklichkeit in ihrem Bewußtsein noch zu Lebzeiten erkannt haben und wahre Verwirklichung besitzen, haben die größte Kraft, wenn das Klare Licht im Zwischenzustand des Todesmoments dämmert. Zu üben, solange man noch lebt, ist also äußerst wichtig! Diejenigen, die zu Lebzeiten über die Erzeugungs- und Vollendungsstufen tantrischer Gottheiten meditiert haben, besitzen besondere Kraft, wenn im Zwischenzustand der Realität die Visionen der Milden und Grimmigen Gottheiten dämmern. Es ist also sehr wichtig, sich noch zu Lebzeiten mit dem »Buch der Natürlichen Befreiung« geistig vertraut zu machen. Übe es! Rezitiere es! Verstehe es! Lerne es korrekt auswendig! Wiederhole es dreimal täglich fehlerfrei! Gewinne völlige Klarheit bezüglich seiner Worte und ihrer Bedeutung! Dies ist das »Große Buch der Natürlichen Befreiung durch Verstehen im Zwischenzustand. Selbst ein Mensch, der die fünf unverzeihlichen Übeltaten begangen hat, müßte es nur einmal hören und wäre mit Sicherheit befreit. Lies es daher inmitten großer Marktplätze, und streue es weit. Selbst wenn du es nur einmal so vernimmst und die Bedeutung nicht verstehst, wirst du dich zur Zeit des Zwischenzustands, wenn der Intellekt neunmal klarer wird, an jedes Wort erinnern. Bring es daher allen zu Gehör, solange sie noch leben! Lies es am

Bett eines jeden kranken Menschen! Lies es für jeden Leichnam! Verbreite es so weit wie möglich!

Wem immer dieser Text begegnet, der erfreut sich eines äußerst positiven Schicksals. Wer keinen großen Vorrat an Verdienst und Weisheit angesammelt und emotionale wie intellektuelle Verblendungen nicht geklärt hat, kann dieser Lehre kaum begegnen. Alle, die diese Lehre verstehen, werden befreit, solange sie nicht mißgeleitete Ansichten annehmen. Daher sollte diese Lehre als unendlich wertvoll geschätzt werden. Sie ist die Quintessenz aller Lehren.

Einweisung in den Zwischenzustand des Werdens

> Mit tiefer Verehrung verneige ich mich
> vor der Schar der spirituellen Meister,
> der Archetypen und der Dakinis!
> Ich bitte euch, befreit mich im Zwischenzustand!

Aus dem »Buch der Natürlichen Befreiung« wurde der Zwischenzustand der Realität bereits gelehrt. Für den nun folgenden Zwischenzustand des Werdens lautet das auszuführende Ritual folgendermaßen:

Der Zwischenzustand des Werdens tritt ein, wenn ein Mensch der Einladung der fünf Weisheiten in ihrer milden oder in ihrer grimmigen Form, das Rad des gewöhnlichen Lebens zu verlassen und in das grenzenlose Leben der Erleuchtung einzutreten, nicht Folge leisten konnte. Er wird »Werden« genannt, weil durch den Hunger nach gewöhnlicher Existenz beinahe unausweichlich festgelegt wurde, daß es wieder zu einem Werden in eine neue Existenz kommt. Befreiung kann auch jetzt noch erlangt werden, und der Begleiter betont diese Möglichkeit auch noch. Aber es kommt auch schon eine Note der Sorge um die Beschaffenheit des nächsten Lebens ins Spiel. Wenn eine weitere gewöhnliche Existenz schon unvermeidlich ist, dann soll es wenigstens ein gutes Leben sein, unter günstigen Umständen, in einer angenehmen Umgebung, mit förderlichen Bedingungen für Studium und Praxis des Dharma und, daher, evolutionärer Verbesserung.

Grundlegende Einführung

Du magst die Einweisung in den Zwischenzustand der Realität schon viele Male gegeben haben, und Menschen mit großer Erfahrung und einem positiven evolutionären Impetus haben das Licht wohl auch bereits erkannt. Dennoch gibt es Menschen mit nur geringer Erfahrung und schwerwiegenden Übeltaten, die, gefangen in Schrecken und negativer Evolution, das Licht schwerlich erkennen können. Daher solltest du vom zehnten Tage an das folgende Ritual für den Zwischenzustand des Werdens ausführen. Bringe den Drei Kostbarkeiten Opfergaben dar. Rezitiere das Gebet der Anrufung der Buddhas und Bodhisattvas um Hilfe. Dann rufe die Verstorbene drei- oder siebenmal bei ihrem Namen und sage folgendes:

> Höre, Edle! Lausche sorgfältig und halte folgendes im Sinn! In den Höllen, den Himmeln und im Zwischenzustand geschieht die Geburt des Körpers durch bloßes Erscheinen. Als jedoch die Wahrnehmungen der Milden und Grimmigen Gottheiten im Zwischenzustand der Realität erschienen, hast du sie nicht erkannt. Nach fünfeinhalb Tagen hast du dann vor lauter Schreck das Bewußtsein verloren. Nachdem du wieder erwachtest, war dein Bewußtsein klarer, und augenblicklich erhobst du dich in einem Körper, der ein Abbild deines vergangenen war. Wie die Tantras sagen:
> »Man erfährt die fleischliche Form des vergangenen und des zukünftigen Lebens. Mit allen Sinnen vollständig, bewegt man sich unbehindert. Mit evolutionären magischen Kräften sieht man ähnliche Lebewesen mit klarer Hellsichtigkeit.«

Das Tantra wird nicht näher bezeichnet, man kann aber davon ausgehen, daß es sich um eines der *Guhyagarbha-Tantras* handelt. Das Zitat wird als autoritativ angesehen. Die folgenden Abschnitte werden als Kommentare zum Zitat präsentiert. Es handelt sich offensichtlich um den *Locus classicus* einer Beschreibung der Verkörperung im Zwischenzustand.

> »Vergangen« bedeutet hier, daß du dich fühlst, als befändest du dich in einem Körper aus Fleisch und Blut, der von den Instinkten deines vergangenen Lebens bestimmt ist. Wenn du strahlst und Spuren der verheißungsvollen Körperzeichen eines mystischen Helden aufweist, liegt das daran, daß deine Imagination deinen Körper verwandeln kann. Daher wird der im Zwischenzustand wahrgenommene Körper ein »mentaler Körper« genannt.

Der Körper im Zwischenzustand besteht aus feinstofflicher Energie, vergleichbar vielleicht mit einem Hologramm. Die Imagination hält ihn buchstäblich zusammen. Wenn man seine

Imagination auszurichten und zu stabilisieren gelernt hat, kann man dem Körper durch bloße Gedankenkraft neue Formen geben. Hat man also seine Instinkte zu Lebzeiten durch die tiefe Identifikation mit einem mystischen Archetypen geformt, kann man sich im Zwischenzustand mit Leichtigkeit in einen solchen Helden verwandeln. Das ist der Sinn der Visualisationspraxis der Erzeugungsstufe, in der mit verschiedenen archetypischen Gottheiten gearbeitet wird. Die Übung soll die Imagination fokussieren und ausbilden, damit sie im Zwischenzustand ihre vitale, lebensformende Funktion erfüllen kann.

Wenn du als Gott wiedergeboren werden sollst, wirst du zu dieser Zeit Visionen der Himmel haben. Wenn du als Titan, als Mensch, Tier, Preta oder Höllenwesen wiedergeboren werden sollst, wirst du Visionen des entsprechenden Wiedergeburtsbereichs haben. »Vergangen« bedeutet also, daß du für bis zu viereinhalb Tage lang die Empfindung hast, dich im fleischlichen Körper deines vorigen Lebens mit allen seinen Gewohnheitsmustern zu befinden. »Zukünftig« bedeutet, daß du Visionen des Ortes zu haben beginnst, auf den du zur Wiedergeburt zusteuerst. Soviel zu den Begriffen »vergangen« und »zukünftig« im Zitat.

Folge also nicht jeder Vision, die dir begegnet. Klammere dich nicht an sie! Bleibe nicht an ihnen kleben! Wenn du unbelehrbar an allen Visionen haftest, wirst du voller Leiden durch die sechs Bereiche des Daseins kreisen. Bis zum gestrigen Tage sind dir die Visionen des Zwischenzustands der Realität erschienen, du aber hast sie nicht erkannt. Daher mußtest du hierher wandern. Wenn es dir jetzt gelingt, ohne zu zaudern Erkenntnis zu entwickeln, kann die Unterweisung des spirituellen Meisters dein Gewahrsein für das Klare Licht, die nackte, reine, schwingende Leere öffnen. Tritt darin ein, entspanne dich in die Erfahrung des Nicht-Haltens, des Nicht-Tuns! Ohne in einen Mutterschoß eintreten zu müssen, wirst du dann Befreiung finden.

Wenn du das Licht nicht erkennst, dann meditiere, daß dein spiritueller Meister oder deine archetypische Gottheit auf dem Scheitel deines Kopfes präsent ist, und gib dich ganz und gar hin, mit

einem starken Gefühl des Vertrauens. Das ist so wichtig! Tu es, ohne zu zögern, wieder und wieder!
So mußt du sprechen. Wenn die Verstorbene an dieser Stelle das Licht erkennt, wandert sie nicht in die sechs Bereiche und ist befreit.

Kräfte und Probleme eines Wesens im Zwischenzustand
Wenn die Gewalt der negativen Evolution das Erkennen des Lichts immer noch schwierig macht, solltest du wieder sprechen und folgendes sagen:
Höre, Edle! Lausche, ohne deinen Geist abschweifen zu lassen! »Mit allen Sinnen vollständig, bewegt man sich ungehindert.« Dies bedeutet, daß nun im Zwischenzustand deine Augen Formen klar unterscheiden, deine Ohren Klänge deutlich wahrnehmen und so weiter, selbst wenn du zu Lebzeiten blind, taub, verkrüppelt und so weiter gewesen sein magst. Deine Sinne sind makellos klar und vollständig, deshalb »Mit allen Sinnen vollständig«. Erkenne dies als Zeichen, daß du gestorben bist und nun im Zwischenzustand wanderst! Erinnere dich an deine persönlichen Anweisungen!
Höre, Edle! »Unbehindert« ist dein mentaler Körper. Dein Gewahrsein ist frei von Verkörperung, und du hast keinen soliden Körper. Du kannst also hierhin und dorthin gelangen, überallhin, kannst durch Wände, Häuser, Felsen und Erde, ja sogar durch den Berg Meru, die Weltachse, gehen und in alle Länder – nicht jedoch in einen Mutterschoß und zum Vajra-Thron in Bodhgaya. Dies ist das Zeichen, daß du im Zwischenzustand des Werdens wanderst. Erinnere dich also an die Unterweisungen deines spirituellen Meisters!
Bete zum Herrn des Großen Erbarmens.
Das Wesen im Zwischenzustand kann nicht in einen Mutterschoß gelangen, denn das ist der Ort, an dem es Wiedergeburt nehmen wird – ein Wesen, das durch Berge gehen kann, kann diese delikate Membrane nicht durchqueren. Der Vajra-Thron in Bodhgaya ist der Ort, an dem die erhabenen Emanationskörper-Buddhas dieser Welt Erleuchtung erlangen. Dieser Ort soll eine besondere materielle Dichte und eine ganz besondere Heiligkeit

besitzen. Kein Wesen des Zwischenzustands kann daher dorthin gelangen.

Höre, Edle! »Mit evolutionären magischen Kräften« bedeutet, daß du, selbst wenn du keinerlei besondere Fähigkeiten oder magische Kräfte durch Meditation besäßest, nun – als Ergebnis deiner Evolution – über magische Kräfte verfügst. Im Bruchteil einer Sekunde kannst du diesen Planeten der vier Kontinente samt seinem Weltachsenberg umrunden. Du besitzt jetzt die Kraft, nur an irgendeinen beliebigen Ort denken zu müssen, und schon bist du augenblicklich dort. Du kannst überallhin gelangen und zurückkommen, so, wie ein gewöhnlicher Mensch seinen Arm ausstreckt und zurückzieht. Diese verschiedenen magischen Kräfte sind jedoch so wunderbar nicht. Wenn du sie nicht speziell benötigst, ignoriere sie! Du solltest dich nicht darum kümmern, ob es dir gelingt, dieses oder jenes, was dir gerade einfällt, zu manifestieren oder nicht. Es ist eine Tatsache, daß du alles ohne irgendein Hindernis manifest werden lassen kannst. Dies solltest du wieder als ein Zeichen für den Zwischenzustand des Werdens erkennen! Bete zu deinem spirituellen Meister!

Der Mensch im Zwischenzustand besitzt alle beschriebenen übernatürlichen Fähigkeiten. Das darf jedoch nicht zur Unterhaltung oder Ablenkung vom Hauptanliegen des Zwischenzustands werden, der Möglichkeit, Befreiung vom getriebenen Leben zu erlangen, indem man der Natur der Wirklichkeit begegnet, oder zumindest gräßliche Zustände oder Leben ohne Freiheit und Entwicklungspotential abzuwenden.

Höre, Edle! »Sieht man ähnliche Lebewesen mit klarer Hellsichtigkeit« bedeutet, daß Wesen von gleicher Art sich im Zwischenzustand gegenseitig wahrnehmen. Wenn also Wesen von gleicher Wesensart sind, wenn sie zum Beispiel als Götter wiedergeboren werden sollen, können sie sich gegenseitig sehen. Dasselbe gilt für alle sechs Bereiche möglicher Existenz. Du darfst an derartigen Begegnungen nicht haften! Meditiere über den Herrn des Großen Erbarmens!

»Mit klarer Hellsichtigkeit« bezieht sich auch auf die Visionen derjenigen, die ihre Hellsichtigkeit durch die Praxis der Meditation ausgebildet haben; ebenso auf die Visionen derjenigen, bei denen die göttliche Kraft ihres Verdienstes diese Hellsichtigkeit hervorgebracht hat. Solche Yogis oder Gottheiten nehmen andere Zwischenzustandswesen jedoch nicht immer wahr. Sie sehen sie nur, wenn sie dies wünschen oder wenn sie von ihrer Meditation abgelenkt sind; wenn sie es nicht wünschen, dann sehen sie die anderen nicht.

Wäre ein hellsichtiger Mensch gezwungen, alle Zwischenzustandswesen in der Umgebung wahrzunehmen, könnte er überhaupt nichts anderes mehr sehen. Unzählige Wesen der verschiedensten Art sterben und durchqueren den Zwischenzustand dauernd, und ihre feinstofflichen Körper können solide Objekte mühelos durchdringen oder mit anderen Wesen im selben Raum existieren. Aus diesem Grunde sind sie für jemanden mit der entsprechenden Hellsichtigkeit, sei sie natürlich oder erworben, überall offensichtlich. Was in vielen Kulturen unter den Begriff »Geister« gefaßt wird, paßt sehr genau in die Beschreibung der Wanderer im Zwischenzustand. (Aus diesem Grunde sollte man auch den Begriff Preta als Bezeichnung für ein Wesen, das in einem der gräßlichen Bereiche wiedergeboren wurde, nicht mit »Hungergeist« übersetzen.)

Höre, Edle! Da du nun einen geisterhaften Körper besitzt, begegnen dir Verwandte und vertraute Orte wie in einem Traum. Wenn du Verwandten begegnest, antworten sie dir nicht, wenn du zu ihnen sprichst. Siehst du, wie deine Verwandten und Nächsten trauern, so denkst du: »Ich bin nun gestorben, was kann ich tun?« Du fühlst einen brennenden Schmerz wie ein Fisch, der sich in heißem Sand windet. Aber wie sehr du auch leiden magst, dich zu dieser Zeit zu quälen, hilft dir nicht weiter. Wenn du einen spirituellen Meister hast, bete zu deinem spirituellen Meister. Oder bete zur archetypischen Gottheit des Erbarmens. Hänge nicht an deinen Lieben – es ist sinnlos. Bete zu den Mitfühlenden, und leide nicht noch sei erschreckt!

Höre, Edle! Getrieben vom sausenden Wind der Evolution, ist dein

Geist hilflos und instabil, reitet das Pferd des Atems, ist wie eine Feder im Wind, kreisend und umhergeweht. Du sagst den Trauernden: »Weint nicht! Hier bin ich doch!« Sie nehmen keine Notiz, und du erkennst, daß du gestorben bist, und hast große Angst. Jetzt schwelge nicht in deinem Schmerz! Es gibt ein dauerndes Zwielicht, grau wie ein Herbsthimmel vor der Dämmerung, weder Tag noch Nacht. Diese Art des Zwischenzustands kann eine, zwei, drei, vier, fünf, sechs oder sieben Wochen dauern – bis zu neunundvierzig Tagen. Obwohl es heißt, das Leiden des Zwischenzustands des Werdens dauere für die meisten Menschen einundzwanzig Tage, ist diese Zeitspanne doch, wegen der verschiedenen evolutionären Geschichte der einzelnen, nicht in jedem Falle sicher.

Diese Relativierung der zeitlichen Präzision kommt in gewisser Hinsicht wie eine Erlösung. Die Zeitspanne für den Zwischenzustand des Todesmoments wurde früher im Text für den gewöhnlichen Menschen mit viereinhalb Tagen Bewußtlosigkeit angegeben, die ein hochentwickelter Praktizierender jedoch unbegrenzt verlängern kann. Dann werden zwölf Tage im Zwischenzustand der Realität beschrieben. Wenn man jetzt die einundzwanzig Tage des Zwischenzustands des Werdens hinzuaddiert, ergeben sich siebenunddreißigeinhalb Tage. In verschiedenen buddhistischen Quellen taucht jedoch immer wieder die traditionelle Zeitspanne von neunundvierzig Tagen auf. Grundsätzlich ist wohl zu bedenken, daß die Zeitabläufe der Wachrealität nur sehr bedingt geeignet sind, die Erfahrungen im Zwischenzustand zu beschreiben.

Nun beginnen die Erfahrungen des Zwischenzustands des Werdens. Die Erscheinungen der grimmigen Gottheiten im Zwischenzustand der Realität waren Interventionen mitfühlender Gottheiten in die Teile der Psyche, in denen die Primärimpulse angesiedelt sind. In diesen Bereichen der Persönlichkeit wurden intensive Emotionen aufgewühlt. Nun sieht es ganz danach aus, als sei das überzeugte Festhalten des Menschen an der Substantialität der Wirklichkeit und sein Anhaften am Gewöhnlichen derart ausgeprägt, daß eine weitere Geburt im Bereich gewöhnlicher Existenz unausweichlich erscheint. Es ist also nur natürlich, daß diese Schwelle von psychischen Eindrücken der dramatischsten und erschreckendsten Art begleitet wird.

Höre, Edle! Zu dieser Zeit treibt dich der große rote Wind der Evolution vor sich her, grimmig, unerträglich, schrecklich. Habe keine Angst davor! Es ist deine eigene Halluzination! Eine erschreckend dichte Dunkelheit zieht dich von vorn unwiderstehlich an. Grausliche Schreie wie »Schlage!«, »Töte!« erschrecken dich zutiefst. Habe auch vor ihnen keine Angst! Große Übeltäter sehen menschenfressende Riesen, die vielerlei Waffen schwingen und Kriegsschreie ausstoßen wie »Töte! Töte!« und »Schlage! Schlage«. Du wirst rasende wilde Tiere sehen. Du wirst von Truppen gejagt in Gewittern, Stürmen und Nebel. Du wirst den Lärm von Lawinen, Überschwemmungen, Waldbränden und Wirbelstürmen vernehmen. Vor lauter Panik wirst du auf jede erdenkliche Art zu fliehen versuchen, nur um dich plötzlich am Rand eines gähnenden dreifachen Abgrundes wiederzufinden, rot, schwarz und weiß, bodenlos und schrecklich.

Höre, Edle! Dies ist nicht wirklich ein Abgrund. Es ist Gier, Haß und Verblendung. Du solltest es als die Zeit des Zwischenzustands des Werdens erkennen! Rufe den Herrn des Großen Erbarmens an und bete inbrünstig: »O Herr des Großen Erbarmens! Spiritueller Meister! Drei Kostbarkeiten! Bitte überlaßt mich, mit Namen Soundso, nicht den gräßlichen Bereichen! Vergeßt mich nicht!«

Diejenigen, die durch Tugendhaftigkeit und aufrichtige Dharma-Praxis Verdienste angesammelt haben, begegnen nun verschiedenen Freuden und erfreuen sich vielerlei außerordentlicher Genüsse. Und die von Verblendung Geleiteten, die weder starke Tugendhaftigkeit noch starke Laster besitzen, erleben weder Glück noch Leid, sondern nur Benommenheit und Gleichgültigkeit.

O Edle, was immer dir jetzt begegnet, begegne nicht! Hänge nicht an Freuden und Genüssen! Bringe sie alle dem juwelengleichen spirituellen Meister dar! Gib dein Anhaften auf! Selbst wenn du weder Freude noch Leid empfindest und nur Gleichgültigkeit spürst, richte deinen Geist auf die Erfahrung des Großen Siegels, frei von sowohl Konzentration als auch Ablenkung! Das ist von größter Wichtigkeit.

Höre, Edle! Zu dieser Zeit scheinen Bauwerke wie Brücken, Tempel, Kathedralen, Hütten und Stupas dir für einen Augenblick Schutz zu bieten – aber bleibe nicht zu lange an ihnen hängen. Da deinem Geist kein Körper zur Verfügung steht, kann er sich nicht niederlassen. Dir ist kalt, du wirst zornig und verstört, und dein Gewahrsein scheint irrig, flüchtig und instabil. Dann wirst du denken: »Nun bin ich gestorben, was kann ich tun?« Dein Herz wird kalt und schwach. Du empfindest grimmiges und grenzenloses Leid. Tatsache ist, daß du reisen mußt und an keinem Ort länger bleiben kannst. Mach dir also keine weiteren Sorgen, und laß deinen Geist zur Ruhe kommen.

Von jetzt an gibt es keine Nahrung mehr für dich außer dem, was dir ausdrücklich gewidmet wurde. Es gibt keine Gewißheit, wer deine Freunde sind. Dies alles sind Zeichen dafür, daß dein mentaler Körper im Zwischenzustand des Werdens wandert. Was du jetzt an Freude und Leid empfindest, wird von deiner Evolution bestimmt. Wenn du deine Güter, Freunde, Lieben und deinen eigenen Leichnam siehst und denkst: »Jetzt bin ich tot, was kann man nur tun?«, empfindet dein mentaler Körper große Qual.

Der Begleiter bezieht sich hier auf die magische Wirksamkeit der rituell gewidmeten Nahrung für Verstorbene. Nahrung, welche die Lebenden für die kürzlich Verstorbenen hinstellen, kann von ihrer Verkörperung im Zwischenzustand als Stärkung erfahren werden. Der Begleiter erinnert die Verstorbene daran, daß sie einen mentalen, aus reiner Imagination bestehenden Körper hat. Ihr Empfinden von Hunger, Schwäche und Verzweiflung ist rein mental.

Du denkst: »Wie schön wäre es, einen neuen Körper zu haben!« Daraufhin suchst du in Visionen überall nach einem Körper. Auch wenn du bis zu neunmal versuchst, wieder in deinen alten Körper zurückzukehren, wirst du ihn – wegen der im Zwischenzustand der Realität vergangenen Zeit – im Winter gefroren und im Sommer in Verwesung übergegangen finden, wenn deine Lieben ihn nicht ohnehin bereits verbrannt, begraben oder den Vögeln und Tieren überlassen haben. Er kann dir also nicht mehr als Wohnung dienen. Es bricht dir das Herz, und du siehst dich in Visionen zwischen Felsen, Steinen und Erde eingequetscht. Diese Art des Leidens liegt in der Natur des Zwischenzustands des Werdens. Selbst wenn du einen Körper finden solltest, wird er dir nichts als Leiden bescheren. Gib also alles Sehnen nach einem Körper auf! Richte deine Aufmerksamkeit unabgelenkt auf die Erfahrung kreativen Nicht-Handelns!

Auf diese Weise unterwiesen, kann sie in diesem Zustand Befreiung erlangen.

Begegnung mit dem Herrn des Todes

Wenn sie, wegen der Gewalt negativer Evolution, das Licht der Wirklichkeit trotz der entsprechenden Anweisung nicht erkennt, mußt du die Verstorbene wieder beim Namen rufen und folgendes sagen:

> Höre, Edle! Du, mit Namen Soundso, höre mich an! Das Leiden, das du erfährst, kommt von deinen eigenen evolutionären Handlungen. Niemand anders trägt die Schuld. Es ist deine eigene Evolution; bete also inbrünstig zu den Drei Kostbarkeiten. Sie können dich beschützen. Wenn du nicht zu ihnen betest, nicht über das Große Siegel meditieren kannst und auch nicht über eine archetypische Gottheit meditierst, dann wird dein mit dir geborener Engel einen weißen Stein für jede deiner guten Taten abzählen und dein mit dir geborener Dämon einen schwarzen Stein für jede Übeltat.

Dies bezieht sich auf einen in buddhistischen Kulturen weitverbreiteten Glauben, der wahrscheinlich aus noch älteren Traditionen übernommen wurde. Demnach wird jeder Mensch von einem persönlichen Engel und einem persönlichen Dämon begleitet, die gleichzeitig mit ihm geboren werden, die ihn jeweils zum Guten beziehungsweise zum Bösen drängen und seine guten und üblen Taten aufrechnen. Sie werden nach dem Tod zu Zeugen und wägen vor dem Richterstuhl Yamas, dem Herrn des Todes, ab, welche guten und bösen Taten ein Mensch begangen hat.

Dann wirst du besorgt, zornig und erschreckt sein. Zitternd wirst du lügen und sagen: »Ich habe keine Übeltaten begangen!« Yama jedoch, der Richter über die Toten, wird sagen: »Ich werde den Spiegel der Evolution befragen!« Wenn er in den Spiegel der Evolution blickt, zeichnen sich alle deine Übeltaten und tugendhaften Handlungen deutlich in ihm ab. Deine Lügen können dir nicht helfen. Yama wird dir einen Strick um den Hals legen und dich hinwegführen. Er wird deinen Kopf abschlagen, dir Herz und Eingeweide aus dem Leib reißen, dein Hirn auflecken, dein Blut trinken, dein Fleisch essen und deine Knochen abnagen. Da du jedoch nicht sterben kannst, erwachst du immer wieder zum Leben, wie oft dein Körper auch zerstückelt wird. Wieder und wieder wirst du in Stücke geschnitten und leidest enormen Schmerz.

Wenn daher die Steine gezählt werden, habe keine Angst, gerate nicht in Panik, lüge nicht! Fürchte Yama nicht! Dein Körper ist mental, selbst wenn er also getötet und zerstückelt wird, kannst du nicht sterben. Tatsächlich ist deine Form die Leere selbst, du hast also nichts zu befürchten. Die Yama-Gottheiten sind deine eigenen Halluzinationen und selbst auch Formen der Leere. Dein eigener instinktgeschaffener Mentalkörper ist leer. Leerheit kann Leerheit nicht verletzen. Eigenschaftslosigkeit kann Eigenschaftslosigkeit nicht schaden. Erkenne, daß alles deine eigenen Halluzinationen sind. Es gibt keinen substantiell existierenden Yama, Engel, Dämon oder stierköpfigen Riesen und so weiter. Du mußt all dies als den Zwischenzustand erkennen!

Zwei Ebenen der Beruhigung sind hier enthalten. Zuerst die relative oder umstandsbedingte Beruhigung, daß der traumgleiche mentale Körper des Zwischenzustands kein grobes Fleisch, Blut oder Nerven besitzt und daher nicht substantiell geschädigt werden kann, wie es bei einem groben materiellen Körper der Fall wäre. Die zweite Beruhigung ist tiefgründiger und bezieht sich auf die endgültige Ebene. In der nichtdualen Wirklichkeit, in der Form oder Materie Leerheit ist und Leerheit Form oder Materie, sind alle Dinge nur deshalb, was sie sind, weil gewohnheitsmäßige Imagination sie auf diese Weise wahrnimmt. Alle Erfahrungen sind wie ein Traum, nichts davon ist wesenhaft substantiell. Ein befreites Wesen kann daher seine Umgebung und Erfahrungen so leicht umgestalten, wie ein Träumer sich aus einem Alptraum lösen kann. Dem Träumer muß nur bewußt werden, daß er sich in einem Traum befindet; dann kann er den Traum in einen besseren verwandeln oder einfach erwachen.

Gehe durch Meditation in den Samadhi des Großen Siegels ein! Hier wird die Meditation der endgültigen Nicht-Dualität von Form und Leerheit in Gestalt untrennbarer Glückseligkeit-Leerheit empfohlen – aus offensichtlich guten Gründen.

Wenn du nicht meditieren kannst, untersuche sorgfältig, was dich erschreckt, und erkenne dessen Leerheit, das heißt die Abwesenheit jeglicher Objektivität des dich Erschreckenden. Das ist der natürliche Körper der Wahrheit. Und diese Leerheit ist nicht bloß ein Nichts. Deine triumphierend klare Wahrnehmung des Schreckens der Leerheit ist selbst das glückselige Bewußtsein des Körpers der Seligkeit. Leerheit und Klarheit sind ununterscheidbar. Die Wirklichkeit der Leere ist Klarheit, die Wirklichkeit der Klarheit ist Leere. Dein Gewahrsein der untrennbaren Leerheit-Klarheit ist entblößt, und nun ruhst du in ungekünstelter Erfahrung. Das ist der Weisheitskörper der Wahrheit. Und daß sich dieser unmittelbar und unbehindert überall erhebt, ist der Körper mitfühlender Emanation.

Dies ist eine kurze Unterweisung in der fortgeschrittensten Form von Einsicht und Meditation, der »Großen Vollkommenheit« oder dem »Großen Siegel«. In der gewöhnlichen Wirklichkeit wäre es unsinnig, einen Menschen, der sich im Griff des Schreckens windet, Unterweisung zur Erlangung eines derart erhabenen Bewußtseinsstandes geben zu wollen. Im Falle eines Zwischenzustandswesens jedoch hält der Begleiter es für angebracht, weil das Bewußtsein im Zwischenzustand so radikal formbar und veränderbar ist, daß jederzeit die Chance für den augenblicklichen Eintritt des Zwischenzustandswesens in die Wirklichkeit der eigenen Realität besteht. Die Vier Körper der Buddhaschaft ergeben sich aus den Drei Körpern, indem der

Wahrheitskörper noch weiter in einen subjektiven Aspekt, Weisheit, und einen objektiven Aspekt, Natur, unterteilt wird.

Höre, Edle! Halte dies im Sinn und zaudere nicht! Erkenne! Du wirst mit Sicherheit die Buddhaschaft erlangen, die Vollkommenheit der vier Körper. Sei nicht abgelenkt! Dies ist der Scheideweg zwischen einem Buddha und einem gewöhnlichen Wesen. Jetzt ist die Zeit, von der es heißt: »In einem Augenblick Entfremdung, in einem Augenblick vollkommene Erleuchtung.«

Bis zum gestrigen Tag bist du der Ablenkung anheimgefallen, hast nicht erkannt, was dir im Zwischenzustand begegnete, und bist in die Umklammerung großer Angst geraten. Wenn du dich nun wieder der Ablenkung ergibst, wird das Seil des Erbarmens durchschnitten, und du wirst in die Bereiche des Daseins fallen, die keinerlei Freiheit kennen. Gib also acht!

Hier ist zum ersten Mal die Rede davon, daß »das Seil des Erbarmens durchschnitten« werden kann. Der Begleiter versucht das Bewußtsein des Zwischenzustandswesens zu schärfen, das sich bis jetzt geweigert hat, aus der Verstrickung in gewöhnliche Lebensimpulse zu erwachen. Vielleicht verläßt sich die Verstorbene unbewußt auf das Erbarmen der Erleuchteten und denkt, daß diese sie schon retten werden, gleich, was sie tut. Der Begleiter macht also darauf aufmerksam, daß die Erfahrung einer Verbindung mit den erleuchteten Wesen durch hartnäckiges Festhalten an der Verblendung seitens des Wesens im Zwischenzustand ernsthaft beeinträchtigt werden kann.

Wenn du sie derart unterweist, werden selbst diejenigen, die bisher nicht erkennen konnten, das Licht der Wirklichkeit erkennen und Befreiung finden. Wenn die Verstorbene ein negatives Leben geführt hat und nicht auf diese Weise reflektieren kann, solltest du wieder sprechen und folgendes sagen:

Höre, Edle! Wenn du nicht auf diese Weise meditieren kannst, dann denke an Buddha, Dharma und Sangha und an die Herren des Erbarmens und bete zu ihnen. Betrachte alle Schrecken und Visionen als den Herrn des Erbarmens und deine eigene archetypische

Gottheit. Erinnere dich an deinen esoterischen Initiationsnamen und an den spirituellen Meister, der dir zu Lebzeiten die Einweihungen erteilt hat, und nenne sie Yama, den Herrn des Todes! Du kannst dich nicht verletzen, selbst wenn du von Klippen stürzen solltest; gib also Angst und Abneigung auf!

Wenn du diese Unterweisung aussprichst, werden die noch nicht Befreiten Befreiung erlangen.

Loslösung vom vorigen Leben

Weil immer noch die Möglichkeit besteht, daß die Verstorbene das Licht nicht erkannt hat, und weil Ausdauer wichtig ist, rufe die Verstorbene wieder beim Namen und sage folgendes:

Die gegenwärtigen Visionen werden dich, wie vom Katapult geschossen, in die Nöte der wechselhaften Erfahrung von Freude und Leid treiben. Versenke dich also in keine der Visionen von Liebe oder Haß! Selbst wenn du in den höheren Bereichen geboren werden sollst, deine hinterbliebenen Verwandten jedoch dem Herrn des Todes Lebewesen als Schlachtopfer darbringen, wirst du vielerlei unreine Visionen haben und starken Zorn empfinden.

In einigen Religionen ist es üblich, Tieropfer darzubringen in der Überzeugung, daß eine zornige Gottheit sie als Ersatz für das Leben eines lieben Menschen akzeptieren werde. Gewöhnlich ist der Mensch, für den geopfert wird, noch am Leben, wenn auch krank oder sonstwie in Lebensgefahr. In einigen Gesellschaften glaubt man jedoch, daß sich durch das Tieropfer an eine Schutzgottheit auch das Schicksal eines Verstorbenen günstig beeinflussen läßt. Im Buddhismus hat man seit jeher Abscheu vor diesen Praktiken empfunden und geht davon aus, daß sie genau das Gegenteil des Gewünschten bewirken. Sie schaden selbstverständlich dem geopferten Tier, belasten den Opfernden mit der negativen Handlung des Tötens mit all ihren Konsequenzen und schaden dem Empfänger der vermeintlichen Wohltat sogar noch mehr, weil sie seine negativen Emotionen aufwühlen. In Tibet sind es vor allem einige Anhänger der Bön-Religion, aber auch bestimmte Nomadenstämme in den Grenzregionen, bei denen noch animistische Praktiken üblich sind und die Tieropfer vollziehen oder in Auftrag geben.

Unter diesem Einfluß, wirst du in den Höllen wiedergeboren. Ungeachtet dessen, welche Handlungen die Lebenden begehen, werde also nicht zornig, sondern meditiere über Liebe! Auch wenn du sehr an deinen zurückgelassenen Besitztümern hängst, oder wenn du siehst, wie andere nun deinen Reichtum nutzen, wirst du unter den Einfluß starken Anhaftens geraten und wütend auf die Menschen werden, die deine Güter nutzen. Unter diesem Einfluß wirst du, selbst wenn du eigentlich höhere Bereiche erlangt hast, in den Höllen oder in der Welt der Pretas wiedergeboren. Doch selbst wenn du noch so sehr an deinen alten Gütern hängst, es steht nicht mehr in deiner Macht, sie weiterhin zu besitzen. Sie sind von keinerlei Nutzen mehr für dich. Gib alles Begehren und Sehnen nach deinem zurückgelassenen Besitz auf! Wirf sie vollständig von dir! Sei entschlossen! Wer immer deine Dinge nun benutzen mag, sei nicht geizig! Laß sie in deinem Geist los! Erzeuge den einsgerichteten Wunsch, sie deinem spirituellen Meister und den Drei Kostbarkeiten darzubringen, und verweile in der Erfahrung von Gelassenheit und Sorglosigkeit!

Wenn Todesriten, wie etwa exorzistische Speiseopferrituale oder andere Rituale, die die Gefahren der gräßlichen Bereiche abwenden sollen, für dich durchgeführt werden und du mit deiner feinen evolutionären Hellsichtigkeit wahrnimmst, daß diejenigen, die das Ritual durchführen, nicht sorgfältig vorgehen, schläfrig oder abgelenkt sind, ihre Gelübde und Versprechen nicht einhalten, schlampig sind und außerdem mangelndes Vertrauen besitzen, verdrehte Ansichten hegen und unreine Praktiken ausführen, dann wirst du denken: »Wehe! Diese Menschen betrügen mich. Sie lassen mich im Stich!« Du wirst bedrückt, es ekelt dich an. Du verlierst deine positive Einstellung, jeden Respekt und wirst zynisch und desillusioniert. Unter diesem Einfluß wirst du in den gräßlichen Bereichen wiedergeboren, und ihre Handlungen werden dir nicht nur nicht helfen, sondern sehr schaden. Was immer deine Hinterbliebenen also an inkorrekten religiösen Ritualen für dich ausführen, du mußt denken: »Meine Wahrnehmung ist in der Tat unvollkommen! Wie kann irgendeine Unreinheit in den Lehren des Buddha Bestand haben? Ich sehe diese Dinge infolge meiner eigenen negativen Einstellungen, als würde ich die Mängel eines Spiegels meiner eigenen Gestalt zuschreiben. Die Körper derjenigen, die das Ritual ausführen, sind Sangha, ihre Sprache ist der heilige Dharma, ihr Geist ist tatsächlich der Buddha – also muß ich zu ihnen meine Zuflucht nehmen!« Also mußt du sie respektieren und deine positivsten Einstellungen auf sie projizieren. Auf diese Weise wird alles, was deine Lieben für dich tun, dir ganz sicher helfen. Dieses Einhalten einer positiven Grundhaltung ist überaus wichtig, halte dich also daran und vergiß es nicht!

Wiederum, selbst wenn du einer Wiedergeburt in den drei gräßlichen Bereichen zustreben solltest und die Visionen der gräßlichen Bereiche schon erscheinen, du aber die durch Übeltaten ungetrübte reine Absicht deiner Hinterbliebenen und die vollkommen physischen, verbalen und mentalen Praktiken deiner spirituellen Lehrer und Meister erkennst, hat dieses Gefühl großen Wohlgefallens den unschätzbaren Wert, daß es dich, selbst wenn du zu einer Wiedergeburt getrieben wirst, ebenso sicher in die hohen Bereiche hebt, wie dir zuvor die gräßlichen Bereiche sicher waren. Gib also acht, denn es ist überaus wichtig für dich, eine positive Haltung der Wertschätzung und des Vertrauens aufzubauen und unreiner Negativität in deiner Wahrnehmung keinen Raum zu lassen.

Höre, Edle! In Kürze: Da dein Bewußtsein im gegenwärtigen Zwischenzustand äußerst instabil, flüchtig und beweglich ist und konstruktive wie destruktive Wahrnehmungen sehr wirksam sind, denke keinesfalls an untugendhafte Evolution, und erinnere dich statt dessen an deine eigene tugendhafte Übung. Hast du keine tugendhafte Praxis, dann nimm eine positive Haltung ein und empfinde Vertrauen und Wertschätzung. Bete zu deiner archetypischen Gottheit und zum Herrn des Erbarmens! Sprich mit starker Willenskraft das folgende Gebet!

Nun, da ich allein wandere, getrennt von meinen Lieben,
und alles, was ich sehe, nur leere Bilder sind,
mögen die Buddhas die Kraft ihres Erbarmens auf mich richten
und alle angst- und haßgetriebenen Schrecken des
Zwischenzustandes beenden!

Nun, da ich unter der Gewalt negativer Evolution leide,
mögen die archetypischen Gottheiten mein Leiden zerstreuen!
Wenn die Wirklichkeit mit tausendfachem Donnerschlage
zuschlägt,
möge alles zu OM MANI PADME HUM werden!

Wenn die Evolution unentrinnbar an mir zerrt,
mögen die milden und grimmigen Buddhas mein Leiden
zerstreuen!
Wenn meine evolutionären Instinkte mich leiden lassen,
möge mir der Samadhi der Glückseligkeit Klaren Lichts
dämmern!

Sprich inbrünstig dieses Gebet! Es wird dich sicher auf den Pfad führen. Es ist wesentlich, die Gewißheit zu finden, daß es dich nicht im Stich läßt!

Wenn du auf diese Weise sprichst, sollte die Verstorbene aufmerksam das Licht erkennen und Befreiung erlangen.

Die trüben Lichter meiden und die Wiedergeburt verhindern

Selbst wenn du wiederholt auf diese Weise sprichst, mag sich aufgrund der Gewalt negativer Evolution Erkenntnis dennoch nur schwer einstellen. In weiterem Bemühen liegt daher großer Nutzen. Rufe die Verstorbene also beim Namen und sage folgendes:

Höre, Edle! Wenn du das Klare Licht noch nicht erkannt hast – indem du dich daran erinnerst, was dir zuvor gesagt wurde, wird dein Gefühl für den Körper aus dem vorigen Leben nun allmählich vage, während gleichzeitig dein Gefühl für den Körper des künftigen Lebens deutlicher wird. Du wirst traurig und denkst: »Ich leide so sehr, ich werde nun jeden Körper nehmen, der mir begegnet!«

Dann wirst du langsam und unsicher auf jede Erscheinung zugehen, und die sechs Lichter der sechs Daseinsbereiche beginnen zu dämmern. Der Bereich, dem deine Evolution dich zutreibt, wird am deutlichsten erscheinen.

Höre, Edle! Höre mir zu! Was sind die sechs Lichter? Das trübe weiße Licht der Götter wird dämmern und ebenso das rote Licht der Titanen, das blaue Licht der Menschen, das grüne Licht der Tiere, das gelbe Licht der Pretas und das trübe rauchfarbene Licht der Höllen – sie alle werden scheinen. Das sind die sechs Lichter. Dein Körper nimmt die Farbe des Lichts des Wiedergeburtsbereichs an.

Höre, Edle! Zu dieser Zeit ist die Essenz der Unterweisung überaus wichtig. Kontempliere das jeweils erscheinende Licht als den Herrn des Großen Erbarmens! Wenn das Licht erscheint, halte den Gedanken fest: »Das ist der Herr des Großen Erbarmens.« Dies ist eine äußerst tiefgründige Schlüsselanweisung. Sie ist wesentlich, um die Wiedergeburt zu verhindern.

Zu diesem Zeitpunkt erscheint eines der sechs trüben Lichter im Bewußtsein der Verstorbenen und deutet den Bereich ihrer Wiedergeburt an. Der springende Punkt ist, das Licht nicht als Einladung in den entsprechenden Bereich zu akzeptieren, sondern dieses Licht selbst mit dem Bodhisattva Avalokiteshvara, dem Herrn des Großen Erbarmens, in Verbindung zu bringen (mit Jesus für Christen, mit Krishna für Hindus, mit dem Propheten für Moslems und mit dem am meisten verehrten Menschen für Nichtreligiöse).

Wieder meditiere lange und sorgfältig über das Erscheinen deiner archetypischen Gottheit, wer immer sie auch sein mag, als magische Illusion, ohne jede wesenhafte Realität. Man nennt dies den »reinen magischen Körper«. Dann visualisiere, wie sich die archetypische Gottheit von den Rändern her nach innen auflöst, und tritt in die Erfahrung ein, auch am Insubstantiellen, dem Klaren Licht der Leerheit, nicht rigide festzuhalten. Betrachte auch dies wieder als die archetypische Gottheit! Betrachte diese wieder als Klares Licht! Betrachte auf diese Weise Gottheit und Klares Licht abwechselnd, und laß dann dein eigenes Gewahrsein sich von den Rändern her auflösen; wo Raum sich ausbreitet, laß Gewahrsein sich ausbreiten. Wo Gewahrsein sich ausbreitet, laß den Wahrheitskörper sich ausbreiten. Tritt gelassen in die Erfahrung der unaufhörlichen Nichtausbreitung des Wahrheitskörpers ein.

Nachdem sie das trübe Licht eines der Bereiche mit dem Herrn des Erbarmens in Verbindung gebracht hat, erhält die Verstorbene nun eine fortgeschrittenere Unterweisung: Zur Betrachtung der Nichtdualität der erhabenen Integration von magischem Körper und Klarem Licht. Sie kontempliert die Form der archetypischen Gottheit als magische Illusion, als traumhafte Erscheinung. Dann löst sie das Bild in Transparenz auf und betrachtet diese als die Gottheit. Dann wechselt sie die Betrachtung einerseits der Gottheit als magische Illusion und andererseits der Transparenz ab, eine Oszillation, die sozusagen zur Betrachtung ihrer Nichtdualität hin tendiert. Dann stellt sie sich die Auflösung ihres eigenen subjektiven Gewahrseins der Gottheit-Transparenz-Integration vor und betrachtet so die Nichtdualität von unbelebtem Raum und Gewahrsein, Leerheit und Klarheit. Dann ruht sie in der unfaßbaren Integration des Wahrheitskörpers als der Integration von Leerheit und Gewahrsein, magischem Körper und Klarem Licht. Der Wahrheitskörper hat keine Ausdehnung, noch schafft er etwas, weil er bereits alles *ist* – er ist die tatsächliche Wirklichkeit von allem in jedem nur möglichen Zustand. Wieder sehen wir, wie Padmasambhava selbst das gewöhnlichste Wesen im Zwischenzustand in der höchstmöglichen Meditation anleitet. Das zeigt, wie ernst er die Aussage nimmt, daß das Bewußtsein einer Person im Zwischenzustand neunmal schärfer ist als sein gewöhnliches Bewußtsein im vorigen Leben.

Mit dieser Erfahrung ist die Wiedergeburt verhindert und Erleuchtung erlangt.

Das Tor des Mutterleibs verschließen

Diejenigen, deren Praxis schwach und unkundig war, werden das Licht immer noch nicht erkennen. Sie werden irren und auf das Tor eines Mutterleibes zuwandern. Da für sie die Unterweisung im Verschließen des Tors des Mutterleibs sehr wichtig ist, rufe die Verstorbene beim Namen und sage folgendes:

Höre, Edle! Hast du das vorher Gesagte nicht verstanden, wird jetzt, durch die Gewalt der Evolution, die Vision erscheinen, daß du nach oben strebst, auf gleicher Höhe bleibst oder nach unten wanderst, mit hängendem Kopf. Jetzt meditiere über den Herrn des Großen Erbarmens! Gedenke seiner! Denn nun wirst du, wie bereits erklärt, Visionen von Wirbelstürmen, Schneestürmen, Hagelschauern, dichtem Nebel haben, wirst dich von vielen Menschen gejagt glauben und scheinbar entkommen. Diejenigen, die ohne Verdienst sind, scheinen an einen elenden Ort zu entkommen, diejenigen aber, die Verdienst besitzen, scheinen an einen glücklichen Ort zu entkommen. Zu dieser Zeit, Edle, erscheinen alle Zeichen, die den Kontinent und Ort deiner Wiedergeburt anzeigen. Für diese Zeit gibt es viele tiefgründige Schlüsselunterweisungen, höre also aufmerksam zu! Obwohl du die Freiheit mit Hilfe der vorher bereits erteilten Schlüsselanweisungen nicht verwirklicht hast, können hier selbst die schwächsten Praktizierenden die Freiheit durch die folgenden Schlüssel erkennen, höre also zu!

An diesem Punkt ist die Methode des Verschließens des Tores zum Mutterleib sehr wirksam und wichtig. Um dieses Tor zu verschließen, gibt es zwei Methoden: das Verschließen der eintretenden Person und das Verschließen des zu durchschreitenden Tores.

Zuerst die Unterweisung zum Verschließen der eintretenden Person.

»Verschließen des Mutterleib-Tores« bezieht sich auf die Anwendung der Kunst der Natürlichen Befreiung – entspanntes Ausgerichtetsein auf die Präsenz der archetypischen Gottheit als untrennbar von der natürlichen Transparenz aller Dinge – als Weg, um den Automatismus des Wiedergeborenwerdens aufzuhalten.

Höre, Edle namens Soundso! Visualisiere klar und deutlich deine archetypische Gottheit, von magischer Erscheinung, ohne wesenhafte Realität, wie der Mond im Wasser. Wenn du dir bezüglich deiner archetypischen Gottheit unsicher bist, dann stell dir lebendig Avalokiteshvara vor und denke: »Er ist der Herr des Großen Erbarmens!« Dann löse den Archetypen von den Rändern her auf und betrachte die leere, klare, lichte Transparenz endgültiger Nichtwahrnehmung. Das ist der tiefgründige Schlüssel. Wer ihn benutzt, so haben die Buddhas gesagt, wird nicht in den Schoß eintreten. Meditiere daher in dieser Weise!
Wenn dies den Durchgang jedoch noch nicht verschließt, und du im Begriff stehst, in einen Schoß einzutreten, gibt es noch die tiefgründige Methode, das Tor eben dieses Schoßes selbst zu verschließen. Höre also zu! Sprich mir die folgenden Worte aus den *Wurzelversen der sechs Zwischenzustände* nach!

Höre! Nun, da mir der Zwischenzustand des Werdens aufgeht,
will ich meinen Geist eingerichtet konzentrieren
und mit aller Macht versuchen, die Wirkung positiver
Evolution zu verstärken.
Das Tor zum Mutterleib verschließend, will ich daran denken,
mich zurückzuziehen.
Dies ist die Zeit, die Standhaftigkeit und reine Gedanken
erfordert.
Eifersucht will ich aufgeben und über alle Paare kontemplieren
als meinen spirituellen Meister im Vater-Mutter-Aspekt.

Wiederhole dies laut und deutlich, und frische deine Erinnerung auf. Es ist wesentlich, über die Bedeutung dieses Verses zu meditieren und ihn anzuwenden. Zu seiner Bedeutung: »Nun, da mir der Zwischenzustand des Werdens aufgeht« heißt, daß du nun im Zwischenzustand des Werdens wanderst. Ein Merkmal dafür ist, daß Wasser dein Spiegelbild nicht reflektiert und du keinen Schatten wirfst. Du hast keinen substantiellen Körper aus Fleisch und Blut. Das sind Anzeichen dafür, daß du in einem mentalen Körper im Zwischenzustand des Werdens wanderst. Nun mußt du unerschütterliche Willenskraft eingerichtet in deinem Geist halten.

Diese eingerichtete Willenskraft ist von erstrangiger Bedeutung. Sie gleicht den Zügeln, die ein Pferd führen. Alles, was dein Wille beabsichtigt, kannst du erreichen. Öffne deinen Geist also nicht der negativen Evolution, sondern erinnere dich an die Lehren, Unterweisungen, Initiationen, Ermächtigungen und Inspirationen, die du zu Lebzeiten erfahren durftest, wie etwa dieses *Große Buch der Natürlichen Befreiung durch Verstehen im Zwischenzustand*, und intensiviere das Ergebnis sämtlicher guter evolutionärer Handlungen. Das ist äußerst wichtig. Vergiß es nicht! Sei nicht abgelenkt! Jetzt genau ist die Zeit, die darüber entscheidet, ob du nach oben oder nach unten gehst. Jetzt ist die Zeit, da Schwelgen in Trägheit ganz gewiß zu Leiden führt. Jetzt ist die Zeit, da eingerichtete positive Willenskraft ganz gewiß zu Glück führt. Halte gute Absichten eingerichtet im Geist! Erhalte voller Energie die Ergebnisse guter Handlungen aufrecht!

Jetzt ist die Zeit, das Tor des Mutterleibs zu verschließen! Wie der Wurzeltext sagt: »Das Tor zum Mutterleib verschließend, will ich daran denken, mich zurückzuziehen! Dies ist die Zeit, die Standhaftigkeit und reine Gedanken erfordert!« Diese Zeit ist jetzt. Du mußt das Tor des Mutterleibs verschließen. Es gibt fünf Methoden, um das Tor des Mutterleibs zu verschließen. Merke sie dir gut!

Höre, Edle! Zu dieser Zeit hast du Visionen von Paaren beim Liebesspiel. Wenn du sie siehst, tritt nicht zwischen sie, sondern bleibe achtsam. Visualisiere die Männer und Frauen als den Meister im Vater-Mutter-Aspekt, verneige dich vor ihnen und bringe ihnen visualisierte Opfergaben dar! Empfinde glühende Verehrung und Hingabe! Richte starke Willenskraft darauf, sie zu bitten, den Dharma zu lehren, und das Tor des Mutterschoßes wird definitiv verschlossen sein.

Sollte es hierdurch noch nicht verschlossen sein, und du stehst im Begriff, in den Mutterleib einzutreten, dann visualisiere das Paar als den Meister Vater-und-Mutter, die archetypische Gottheit Vater-und-Mutter oder den Herrn des Erbarmens Vater-und-Mutter. Bringe ihnen visualisierte Opfergaben dar! Bringe die kraftvolle

Absicht hervor, spirituelle Lehren von ihnen zu empfangen, und das Tor des Mutterleibes wird verschlossen sein.

Sollte es hierdurch noch nicht verschlossen sein, und du stehst wiederum im Begriff, in einen Mutterleib einzutreten, dann gibt es drittens die Anweisung, wie man Begierde und Haß aufhebt. Es gibt vier Arten der Geburt: Geburt aus einem Ei, Geburt aus einem Mutterschoß, magische Geburt und Geburt aus Feuchtigkeit und Wärme. Die Geburt aus einem Ei und die aus einem Mutterschoß sind ähnlich. Wie zuvor siehst du männliche und weibliche Lebewesen beim Liebesakt. Wenn du unter dem Einfluß von Abneigung und Begehren in den Mutterleib eintrittst, gilt das Folgende, gleichgültig ob du als Pferd, Vogel, Hund oder Mensch wiedergeboren wirst. Wenn du männlich wirst, erscheinst du in männlicher Gestalt und empfindest starke Abneigung für den Vater und heftige sinnliche Begierde für die Mutter. Wenn du weiblich wirst, erscheinst du in weiblicher Gestalt und empfindest starken Neid und heftige Eifersucht auf die Mutter und starkes sinnliches Begehren für den Vater. Hierdurch bedingt, betrittst du den Pfad des Mutterschoßes. Du erfährst orgasmische Ekstase im Zentrum der Vereinigung von weißen und roten Tropfen, und in der Erfahrung dieser Ekstase verlierst du das Bewußtsein. Dein Körper entwickelt sich dann durch die embryonischen Phasen von »Cremigkeit«, »Gelieren« und so weiter. Schließlich mußt du den Mutterleib verlassen und wirst geboren. Plötzlich öffnest du deine Augen als Welpe. Der du ein Mensch warst, bist du nun ein Hund. Und du leidest in der Hundehütte oder im Schweinestall, im Ameisenhaufen, im Wurmloch oder in der Rinder-, Ziegen- oder Schafherde. Dort geboren, kannst du nicht mehr in den Zustand des Menschseins zurück. Völlig den Instinkten unterworfen, erleidest du im Zustand der Verblendung vielfaches Mißgeschick. Auf diese Weise kreist du durch die Höllen und die Preta-Bereiche und wirst von endlosen Qualen gepeinigt. Es gibt nichts Machtvolleres und Schrecklicheres. Wehe! Wehe! Diejenigen, die die Anweisungen des heiligen spirituellen Meisters nicht kennen, stürzen diesen tiefen Abgrund hinab ins Rad des Lebens.

Unaufhörlich werden sie von unerträglichen Leiden gequält. Höre also, was ich dir sage! Halte meine persönliche Unterweisung im Sinn!

Jetzt werde ich dich lehren, wie man das Tor des Mutterleibs verschießt, indem man Begierde und Haß aufhebt. Höre der Anweisung zu, und behalte sie im Gedächtnis! Wie der Vers sagt:

> Das Tor zum Mutterleib verschließend, will ich daran denken, mich zurückzuziehen.
> Dies ist die Zeit, die Standhaftigkeit und reine Gedanken erfordert.
> Eifersucht will ich aufgeben und über alle Paare kontemplieren als meinen spirituellen Meister im Vater-Mutter-Aspekt.

Wie zuvor gesagt, wirst du starke Neidgefühle entwickeln. Wenn du in männlicher Form wiedergeboren wirst, begehrst du die Mutter und haßt den Vater; wenn du in weiblicher Form wiedergeboren wirst, begehrst du den Vater und haßt die Mutter. Für diese Zeit gibt es eine tiefgründige Unterweisung.

Höre, Edle! Wenn auf diese Weise sinnliche Begierde und Abneigung entstehen, meditiere wie folgt: »Wehe! Eine Kreatur negativer Evolution wie ich wandert unter dem Einfluß von Begierde und Haß im Rad des Lebens. Wenn ich weiterhin auf Begierde und Haß beharre, wird meine Wanderschaft niemals ein Ende finden. Ich bin in Gefahr, für immer im Ozean des Leidens zu versinken. Ich muß Begierde und Haß jetzt ganz und gar aufgeben. Wehe! Ich muß intensiv den einsgerichteten Willen aufrechterhalten, niemals mehr Begierde und Haß zu pflegen!« Die Tantras bestätigen, daß durch diese Meditation das Tor des Mutterleibs verschlossen wird.

Höre, Edle! Zaudere nicht! Halte deinen Willen einsgerichtet im Geist! Ist das Tor des Mutterleibs immer noch nicht verschlossen, selbst nachdem du so vorgegangen bist, und du stehst im Begriff, in den Mutterleib einzutreten, dann mußt du das Tor des Mutterleibs durch die Unterweisung der wahrheitslosen magischen Illusion verschließen. Meditiere wie folgt: »Männlich und weiblich, Vater und Mutter, Gewitter, Wirbelsturm, Donner, erschreckende

Visionen, alle Phänomene gleichen von Natur aus magischen Illusionen. Wie deutlich sie auch erscheinen, sie sind ohne Wahrheit. Alle Dinge sind unwahr und trügerisch. Wie Luftspiegelungen. Vergänglich. Nicht Dauerhaft. Warum sie begehren? Weshalb sie fürchten oder hassen? Das würde bedeuten, Nichts als Etwas zu sehen. Alle diese Dinge sind lediglich Visionen des Geistes. Der Geist selbst ist ebenso ursprünglich nichtexistent wie eine magische Illusion. Woher kommen diese Dinge dort draußen also? Weil ich das in der Vergangenheit niemals verstanden habe, hielt ich das Nichtexistente für existent, hielt ich das Unwahre für wahr, hielt ich die Illusion für Realität. Aus diesem Grund wandere ich seit so langer Zeit im Rad des Lebens. Wenn ich die illusorische Beschaffenheit der Dinge auch jetzt nicht erkenne, werde ich für noch längere Zeit im Rad des Lebens kreisen und im Treibsand verschiedenster Qualen versinken. Daher will ich nun erkennen, daß alle Dinge wie ein Traum, eine magische Illusion, ein Echo, ein Luftschloß, eine optische Täuschung oder der Mond im Wasser sind. Sie besitzen nicht einmal ein Quentchen Wahrheits-Status, sind definitiv unwahr und falsch.«

»Wahrheits-Status« ist der Zustand der Existenz kraft eigener wesenhafter Wirklichkeit. Wären die Dinge nicht leer, würden sie kraft eines festgelegten, absoluten, wahren Kerns existieren, dann müßte dieser Kern von einem nach Wahrheit suchenden, wissenschaftlichen Bewußtsein aufzufinden sein, und man würde diesen Dingen den »Wahrheits-Status« zuerkennen können. Es ist die unfreiwillige Gewohnheit aller Wesen, anzunehmen, daß die Dinge einen solchen Status besitzen. Wenn wir einen Gegenstand wahrnehmen, scheint er uns aus sich selbst heraus zu existieren, als unabhängiges Ding an sich. Diese gewohnheitsmäßige Wahrnehmung wird »Wahrheits-Gewohnheit« genannt. Sie ist gleichzusetzen mit unserer Fehlwahrnehmung oder Unwissenheit, der Wurzel unserer verblendeten Existenz. Die befreiende Schlüsselerkenntnis des Buddha liegt in seiner Einsicht, daß alle Dinge einen derartigen Wahrheits-Status eben nicht besitzen und daß unsere Wahrheits-Gewohnheit aus diesem Grunde ein Mißverständnis ist. Die Erfahrung dieser Einsicht wird Weisheit genannt und ist das Gegenmittel für unser verblendetes Greifen nach Leben. Freiheit von der Wahrheits-Gewohnheit zu erlangen, bedeutet nicht, daß unser Bewußtsein ausgelöscht wird. Es wird nur weniger besitzergreifend, weniger dominant und läßt die Dinge die relativen, flüchtigen, traumgleichen, flüssigen Phänomene sein, die sie sind, und beharrt nicht weiter darauf, daß sie unserem Vorrat an vorgefertigten Konzepten entsprechen. Das ist die fortgeschrittenste aller Lehren. Obwohl durchaus nicht kompliziert, ist sie emotional herausfordernd. Das Loslassen der gewohnheitsmäßigen Wahrnehmung des Wahrheits-Status der Dinge kann nämlich furchteinflößend sein und sich wie Auslöschung anfühlen. Trotzdem gebraucht Padmasambhava auch hier diese fortgeschrittenen Unterweisungen wieder für die Wesen im Zwischenzustand, da er von ihrer extremen Formbarkeit, ihrer neunfach verstärkten Intelligenz und der einzigartigen Chance ausgeht, die sich ihnen in diesem Zustand bietet.

Hältst du diese Gedanken eingerichtet im Geist, wird die Wahrheits-Gewohnheit untergraben und die tieferliegende Selbst-Gewohnheit aufgehoben, wenn die resultierende Freiheit sich deinem Kontinuum einprägt. Wenn du so die kosmische Unwirklichkeit zutiefst verstehst, ist das Tor des Mutterleibs definitiv verschlossen.

Wenn jedoch die Wahrheits-Gewohnheit trotzdem nicht zerfällt, das Tor des Schoßes immer noch nicht verschlossen ist und du im Begriff stehst, in einen Mutterleib einzutreten, gibt es wieder eine tiefgründige Unterweisung.

Höre, Edle! Wenn trotz alldem das Tor des Mutterleibs nicht verschlossen ist, mußt du nun, fünftens, dieses Tor schließen, indem du über das Klare Licht meditierst. Folgendermaßen mußt du kontemplieren. »Höre! Alle Dinge sind mein eigener Geist. Dieser Geist ist Leerheit, frei von Erschaffung und Zerstörung.« Indem du so denkst, halte deinen Geist nicht in künstlicher Verfassung. Wie Wasser, das in Wasser gegossen wird, laß den Geist in seine eigene

Wirklichkeit fließen; löse ihn in seine eigene Natur. Ihn offen und gelassen zu entspannen, wird das Tor zu allen vier Formen der Wiedergeburt entschieden verschließen. Meditiere also wieder und wieder, bis das Matrix-Tor verschlossen ist.

Bis zu diesem Punkt hast du vielerlei authentische und tiefgründige Anweisungen zum Verschließen des Tores des Mutterleibs gegeben. Ihre Anwendung sollte es jedem Menschen, sei er nun intelligent, mittelmäßig begabt oder dumm, unmöglich machen, nicht Befreiung zu finden. Warum das so ist? Das Bewußtsein des Zwischenzustandswesens besitzt eine weltliche Form der Hellsichtigkeit. Was immer du also sagst, kann von ihm verstanden, erfahren und verkörpert werden. Wesen im Zwischenzustand besitzen eine Art Hyperachtsamkeit. Weil sie ständig von Furcht und Panik überwältigt werden, hören sie auf das, was du sagst. Ihr Bewußtsein ist ohne grobe Körperlichkeit; wohin immer sie ihren Willen richten, dort sind sie im selben Augenblick. Sie sind also leicht zu lenken. Da ihre Intelligenz neunmal klarer ist, sind selbst Menschen, die im Leben dumm gewesen sind, im Zwischenzustand kraft der Evolution von klarem Intellekt und in der Lage, über alles zu meditieren, was sie verstehen. Dies sind die Hauptgründe, warum es nützlich ist, Gebete und belehrende Rituale für Verstorbene auszuführen. Sie können sich für sie als sehr bedeutungsvoll erweisen. Und es ist sehr wichtig, sich die Mühe zu machen, dieses »Buch der Natürlichen Befreiung« während der neun auf den Tod folgenden Tage zu lesen. Wenn die Verstorbene nicht durch die eine Unterweisung befreit wird, dann durch eine andere. Aus diesem Grund gibt es so viele verschiedene Unterweisungen.

Einen guten Mutterleib wählen

Dennoch gibt es eine Vielzahl von Wesen, die, aufgrund geringer Vertrautheit mit Tugendhaftem, großer, überwältigender Vertrautheit mit Nichttugendhaftem und machtvollen Übeltaten und dichten Verblendungen immer noch nicht befreit sind, trotz der Konfrontation mit den Inhalten, die sie in den vorausgegangenen Unterweisungen gehört haben. Konnte das Tor des Mutterleibs also nicht verschlossen werden, mußt du sie jetzt lehren, sich einen guten Mutterleib auszuwählen. Rezitiere zuerst das Gebet »Anrufung der Buddhas und Bodhisattvas um Hilfe«; nimm Zuflucht zu den Drei Kostbarkeiten und entwickle den Erleuchtungsgeist. Danach rufe die Verstorbene dreimal beim Namen und sage folgendes:

> Höre, Edle! Du, die Verstorbene mit Namen Soundso, höre mir zu! Alle vorherigen Unterweisungen zur Orientierung wurden dir bereits gegeben, und du verstehst immer noch nicht! Da das Tor zum Mutterleib nicht verschlossen ist, wird es Zeit, einen Körper anzunehmen. Du kennst viele verschiedene authentische und tiefgründige Anweisungen für die Auswahl eines Mutterleibs. Halte sie im Sinn! Höre mit starker Motivation zu und halte alles im Sinn!

Die Unterweisungen über die Auswahl eines Mutterleibs sind voll von Bezügen auf uralte buddhistische Kosmologievorstellungen, in denen die Welt aus einem Achsenberg besteht, umgeben von vier Hauptkontinenten mit acht Subkontinenten, die in einem großen allumfassenden Ozean liegen, der wiederum von verschiedenen Ketten aus Eisenbergen umschlossen ist. Die Welten der Pretas und der Höllenwesen liegen tief unter dem Fuß des Berges, und die vielen Himmelsbereiche erstrecken sich von den höchsten Hängen des Berges an aufwärts. Dieses Bild kann man zu der modernen Kosmologie eines kugelförmigen Planeten in Beziehung setzen, indem man sich die Erdachse als Achsenberg vorstellt, von dem die Kontinente des Globus ausgehen. Wir können uns dann Videha, den östlichen Kontinent der alten Kosmologie, als den pazifischen Raum denken, der Japan, die Philippinen, Indonesien, Mikronesien, Polynesien sowie Neuseeland und Australien umfaßt. Jambudvipa, der südliche Kontinent, entspricht Asien im allgemeinen, obwohl er manchmal ausschließlich mit dem indischen Subkontinent gleichgesetzt wird. Godaniya, der westliche Kontinent, entspricht dem Mittleren Osten, Europa und Afrika. Kuru, der nördliche Kontinent, entspricht den alten Amerikas, von Indien gesehen auf der anderen Seite des Globus und damals Orte des Friedens, der Langlebigkeit und des bequemen Wohlstands, allerdings mit nur geringen Möglichkeiten zum Erlangen endgültiger Befreiung.

Höre, Edle! Jetzt erscheinen Zeichen und Hinweise, in welchem Kontinent du wiedergeboren werden sollst – erkenne sie! Untersuche jetzt, wo du wiedergeboren werden sollst, und wähle einen Kontinent. Wenn du im östlichen Videha wiedergeboren werden sollst, siehst du Seen und Gewässer, die von Gänsen und Gantern geschmückt sind. Denke an Entsagung und gehe nicht dorthin. Wenn du dort geboren wirst, wird deine Situation zwar angenehm sein, dennoch solltest du dich nicht dorthin begeben, denn der Dharma ist dort nicht zu finden. Wenn du im südlichen Jambudvipa wiedergeboren werden sollst, siehst du schöne und bequeme Häuser. Wenn du dorthin gehen kannst, dann tu es. Wenn du im westlichen Godaniya wiedergeboren werden sollst, siehst du Seen, die von Hengsten und Stuten geschmückt sind. Wende dich ab und gehe nicht dorthin. Obwohl der Ort sehr erfreulich ist, hat sich der Dharma dort nicht verbreitet; begib dich also nicht dorthin. Wenn du im nördlichen Kuru wiedergeboren werden sollst, siehst du Seen, die mit Rindern oder immergrünen Bäumen geschmückt sind. Erkenne diese Bilder als Zeichen, daß du dort geboren wirst. Gehe nicht dorthin! Obwohl du dich dort eines langen Lebens und großen Glücks erfreuen würdest, ist auch dort der Dharma nicht verfügbar. Begib dich also nicht dorthin!

Wenn du als ein Gott wiedergeboren werden sollst, siehst du entzückende, göttliche, vielgeschossige Paläste, erbaut aus vielerlei Juwelen. Dort zu verweilen ist gut, du darfst dich also dorthin begeben. Wenn du als Titan wiedergeboren werden sollst, siehst du einen angenehmen Hain und kreisende Feuerräder. Denke an Entsagung und begib dich auf keinen Fall dorthin! Wenn du unter den Tieren wiedergeboren werden sollst, siehst du Höhlen, Ameisenlöcher oder Grasbauten wie durch einen Nebelschleier. Begib dich nicht dorthin! Wenn du als Preta wiedergeboren werden sollst, siehst du verkohlte Baumstümpfe, schwarze Stellen, dunkle Schluchten, Dunkelheit und Schatten. Wenn du dorthin gehst und als Preta wiedergeboren wirst, erfährst du vielfaches Leiden von

Hunger und Durst. Begib dich also nicht dorthin! Denke an Entsagung! Sei unerschütterlich tapfer! Wenn du in den Höllen wiedergeboren werden sollst, hörst du die Lieder negativer Evolution oder empfindest einen unwiderstehlichen Drang, dorthin zu gehen, und du hast Visionen einer Insel der Dunkelheit, eines schwarzen oder eines roten Hauses, schwarzer Gruben und schwarzer Straßen. Wenn du dorthin gehst, steckst du in den Höllen. Du erleidest unerträgliche Schmerzen durch Hitze und Kälte. Du wirst nicht mehr entfliehen können. Du mußt jede Sorgfalt walten lassen, nicht dort zu landen! Tritt unter keinen Umständen jemals dort ein! »Verschließe das Tor des Mutterleibs und denke an Entsagung!« Jetzt ist die Zeit, zu der dies wesentlich ist.

Es scheint fast so, als habe Padmasambhava es aufgegeben, das Zwischenzustandswesen noch aus dem Rad gewöhnlicher Leben in die Transparenz Klaren Lichtes befreien zu wollen und sich mit seiner Wiedergeburt abgefunden. Wenn er der Verstorbenen angesichts der unangenehmen oder gräßlichen Bereiche befiehlt: »Begib dich nicht dorthin!«, appelliert er an einen letzten Akt von Willenskraft und Mut, ein Zusammenfassen der Kraft der Entsagung, damit die Verstorbene sich angesichts einer derart schrecklichen Wiedergeburt vielleicht doch noch zurückziehen kann. Er ist sich jedoch recht wohl bewußt, daß es einem Wesen im Zwischenzustand, das immer noch in den Stromschnellen aus gewohnheitsmäßigen Trieben und evolutionärem Impetus aus früheren Handlungen gefangen ist, nicht so leicht gelingen wird, an diesem Punkt noch den Kurs zu ändern, zumindest nicht ohne heldenhaften Einsatz.

Höre, Edle! Auch wenn du vielleicht nicht gehen willst, wirst du doch hilflos gejagt von den Schlächtern der Evolution. Es steht nicht in deiner Macht anzuhalten, du mußt gehen. Schlächter und Mörder ziehen dich von vorn. Du hast die Empfindung, vor überwältigender Finsternis, vor Wirbelstürmen, Gewittern, scharfen Geräuschen, Schnee und Regen, Hagelstürmen und gewaltigen Schneestürmen zu fliehen. Auf deiner panischen Flucht suchst du Zuflucht und fühlst dich sicher in den vorher erwähnten schönen

Häusern, in Felshöhlen, in Erdlöchern, in Walddickichten, in den runden Blüten von Lotosblumen und so weiter. Im Versteck solcher Orte denkst du: »Hier will ich nicht mehr weggehen!« Und so, voller Angst, diesen Platz wieder zu verlieren, beginnst du dich an ihn zu klammern. Du hast große Angst, wieder den Schrecken des Zwischenzustands zu begegnen, die du so verabscheust, sobald du deinen Platz verläßt, daß du dich nach innen verkriechst und jeden noch so minderwertigen Körper annimmst. Auf diese Weise beschwörst du die Erfahrung vielerlei Leiden herauf. All dies ist das Zeichen, daß Dämonen und Ungeheuer dich verfolgen. Eine tiefgründige und wesentliche Unterweisung steht dir zu dieser Zeit zur Verfügung. Höre sie an und behalte sie im Sinn!
Zu dieser Zeit, wenn du hilflos von Schlächtern gejagt und vom Grauen überwältigt wirst, visualisiere augenblicklich den Herrn Chemchok Heruka oder Hayagriva oder Vajrapani und so weiter, wer immer deine archetypische Gottheit sein mag, von enormer Größe, mit kraftstrotzenden Gliedern, erschreckend, zornig, bereit, alle Dämonen zu Staub zu zermalmen. Durch seinen Segen und sein Mitgefühl kannst du dich von den Schlächtern befreien und die Kraft gewinnen, einen guten Mutterleib zu wählen. Dies ist die authentische, tiefgründige Schlüsselunterweisung, halte sie also im Sinn!

Chemchok Heruka ist die machtvollste archetypische Gottheit der alten Tantras aus Padmasambhavas Zeit. Seine detaillierteste Form hat viele Köpfe, Arme und Beine und repräsentiert die Erleuchtung in ihrem diamantenen Triumph über das Üble in allen Richtungen. Hayagriva ist eine grimmige dunkelrote Form des Herrn des Erbarmens, Avalokiteshvara, kenntlich gewöhnlich an einem kleinen grünen Pferdekopf auf dem Scheitel seines Kopfes. Vajrapani ist ein dunkelblauer grimmiger Bodhisattva, der als die Inkarnation der Macht aller Buddhas gilt. Er wird in vielen verschiedenen Formen dargestellt, abgestimmt auf die Meditation verschiedener Praktizierender. Diese machtvollsten archetypischen Gottheiten werden hier zum Zwecke einer Schockintervention angerufen, um den Lauf der Wiedergeburt des Wesens im Zwischenzustand zu verlangsamen. Diesmal nicht, um Befreiung zu erlangen, sondern um eine kurze Atempause zu gewähren, um den Kurs zu ändern und eine bessere Wiedergeburt wählen zu können. Für Menschen ohne jede Erfahrung mit archetypischen Gottheiten ist dies der Zeitpunkt, die machtvollsten Cherubim oder Seraphim anzurufen, die sie sich vorstellen können – alles, was grimmig und von überwältigender Kraft ist, und das sich der Verstorbene trotzdem noch als wohlwollenden Beschützer vorstellen kann.

Höre, Edle! Des weiteren werden die Gottheiten der Meditationsbereiche kraft ihres Samadhi wiedergeboren. Die Mehrzahl der Dämonentypen, wie etwa die Pretas, werden wiedergeboren, indem sie noch im Zwischenzustand verschiedene magische Verwandlungen in Körper von Pretas, Dämonen und Riesen durchlaufen und sich dann mit den entsprechenden mentalen Körpern identifizieren. Die Pretas der Unterwelt, die Pretas der Himmelsbereiche und die achtzigtausend Arten von Dämonen nehmen einen Körper an, indem sich einfach ihre Selbstwahrnehmung verändert. Am besten wäre es, wenn du dich zu dieser Zeit an die Bedeutung der Leerheit, des Großen Siegels, erinnertest. Wenn dir das nicht gelingt, übe Meditation über magische Illusion. Wenn du das nicht vermagst, meditiere, frei von jeder Anhaftung an irgend etwas, über die zutiefst mitfühlende archetypische Gottheit, und erlange im Seligkeitskörper im Zwischenzustand Erleuchtung.

Die Meditationsbereiche sind die vier formlosen Himmel: unendlicher Raum, unendliches Bewußtsein, absolutes Nichts und jenseits von Bewußtsein und Bewußtlosigkeit. Ein Wesen wird nur durch gerichtete Konzentration in den gleichnamigen Samadhis als Gottheit in diesen Bereichen wiedergeboren. Selbst niedere Kreaturen, wie Pretas und verschiedene Formen von Dämonen, verkörpern sich durch Veränderung ihres Selbstbildes. Padmasambhava drängt die Verstorbene hier, Verantwortung für die Kraft ihrer Imagination zu übernehmen, zu erkennen, daß sie sein kann, was immer sie will, nur indem sie es mit genug Entschlossenheit und unabgelenkter Konzentration wünscht. Und er erinnert alle, die mit der tantrischen Praxis archetypischer Gottheiten vertraut sind, diese Übungen jetzt, zu diesem wichtigen Zeitpunkt anzuwenden.

Höre, Edle! Wenn es also aufgrund der Gewalt der Evolution notwendig wird, in einen Mutterleib einzutreten, halte dich nun an die Unterweisung für die Auswahl eines Mutterleibs. Höre! Begib dich nicht zu jedem Schoß-Tor, das sich dir bietet. Steht es nun wegen der dämonischen Schlächter nicht mehr in deiner Macht, nicht zu gehen, meditiere über Hayagriva. Da du nun feinstoffliche Hellsichtigkeit besitzt, bist du in der Lage, die Natur aller Orte zu erkennen; wähle also den Ort deiner Wiedergeburt mit Bedacht. Es gibt zwei Unterweisungen, eine für die Übertragung deines Bewußtseins in die reinen Buddha-Länder und eine für die Wahl eines Schoß-Tores im unreinen Lebensrad. Nun übe folgendes.

Gehörst du zur Sorte der Intelligentesten, formuliere die folgende bestimmende Absicht, um die Bewußtseinsübertragung in die Dakini-Bereiche zu vollziehen: »Wehe! Ich bin zutiefst betrübt, so lange schon im Sumpf des Lebensrades zu kreisen, seit grenzenlosen, zahllosen Äonen! Wehe! Während der Lebenszeiten so vieler Buddhas habe ich keine Befreiung erlangen können! Ich bin voller Abscheu und Ekel vor diesem endlosen Lebensrad. Es ängstigt mich. Ich weise es ganz und gar von mir. Jetzt muß ich mich an die Methoden erinnern, ihm zu entfliehen. Ich muß nun, inmitten einer Lotosblüte, wunderbare Wiedergeburt nehmen in Gegenwart des Buddha Amitabha im westlichen Reinen Land, dem seligen Sukhavati!« Hier ist es wesentlich, daß du dir große Mühe gibst, deine gesamte Willenskraft in diese Richtung auf das westliche reine Universum, Sukhavati, zu lenken. Zu welchem reinen Universum du auch Vertrauen empfindest – sei es Amitabhas Sukhavati, Abhirati, das entzückende Land Akshobhyas, Ghanavyuha, das Reine Land Vairochanas, Alakavati, das irdische Paradies Vaishravanas, Potalaka, das irdische Paradies Avalokitheshvaras oder der Lotoslicht-Palast Padmasambhavas in Udiyana –, wenn du deine gesammelte Willenskraft auf irgendeines dieser Reinen Länder konzentrierst und ohne Ablenkung ausgerichtet hältst, wirst du im selben Augenblick in diesem Reinen Land wiedergeboren. Wünschst du im Tushita-Himmel in Gegenwart des Dharma-Herrn Maitreya wiedergeboren zu werden, richte einfach deinen Willen aus, indem du denkst: »Nun, da ich mich im Zwischenzustand befinde, ist es an der Zeit, den Dharma-Herrn Maitreya in seinem Tushita-Himmel zu besuchen; ich begebe mich nun dorthin!« Und schon wirst du im Herzen eines Lotos in Gegenwart Maitreyas wunderbar wiedergeboren.

Die Reines-Land-Universen, Buddha-Länder oder Buddhaversen sind Universen, die in weit entfernten Dimensionen existieren. Ein Wesen des Zwischenzustands kann jedoch, wegen der wunderbaren Reisekraft des mentalen Körpers und durch die Gnade des Erbarmens der Buddhas und Bodhisattvas, in Gedankenschnelle dorthin gelangen. Sukhvati, Abhirati und Ghanavyuha sind Buddhaversen der himmlischen Art. Von ihnen ist Sukhavati das bekannteste; es wird in verschiedenen wichtigen Sutras ausführlich beschrieben. Die Wesen werden dort aus Lotosknospen geboren, statt aus einem Mutterleib. Sie haben engelhafte Körper ohne sexuelle Unterschiede, und sie ziehen reine Energie aus der Atmosphäre, ohne daß sie essen und ausscheiden müßten. Das Land besteht aus Juwelen und ist von erhabener Schönheit. Gefahren oder Unglück sind dort unbekannt. Der Buddha ist für jeden Bewohner des Landes stets gegenwärtig, und alle können mit der größten Leichtigkeit meditieren. Die Umgebung kommt also der spirituellen Entwicklung seiner Bewohner zu mehr Weisheit in hohem Maße entgegen. Andererseits heißt es, unser eigenes Universum sei das Buddhaversum Shakyamuni Buddhas namens Saha. Im *Vimalakirti-Sutra* heißt es, es sei für die spirituelle Entwicklung sogar noch förderlicher als ein himmlisches Reines Land, wegen der Unmittelbarkeit des Leidens in Verbindung mit der Gegenwart der Lehren. In unserer Welt können die Wesen Mitgefühl ebenso schnell entwickeln wie Weisheit, denn Mitgefühl, die Sensibilität für das Leiden anderer, braucht Nähe zum Leiden, um sich entwickeln zu können.

Es gibt auch Paradiese auf Erden. Aufrechterhalten werden sie durch das Kraftfeld des Erbarmens eines Bodhisattva, einer Gottheit, eines Archetypen oder Adepten. Vaishravana ist eine Gottheit, die während Shakyamunis Zeit auf Erden Anhänger des Buddhismus wurde. Sein Bereich, Alakavati, befindet sich in der Nähe des Nordpols und ist berühmt für seine Schätze. Potalaka befindet sich an der Westküste Südindiens, verborgen auf dem Gipfel eines heiligen Berges. Es ist die Heimat der Bodhisattvas Avalokiteshvara und Tara und ihres Gefolges. Udyana liegt irgendwo in den Bergen Afghanistans; es ist der magische Wohnort Padmasambhavas und seines Gefolges. Später wurde es in der tibetischen Mythologie durch Zangdog Pelri (Paradies des kupferfarbenen Berges) ersetzt, das irgendwo im Südosten Indiens vermutet wird. Maitreya schließlich, der nächste Buddha, der in Zukunft auf die Erde kommt, weilt in Sudharma, einem berühmten Lehrparadies in einem Himmel namens Tushita, der selbst ein »gewöhnlicher« Himmel des Begierdebereichs mit den entsprechenden Göttern ist.

Buddhistische Praktizierende begeben sich manchmal in eines dieser himmlischen oder irdischen Reinen Länder, um sich von den gewöhnlichen Daseinsbereichen auszuruhen. Zu anderen Zeiten entscheiden sie sich aber auch gegen einen Aufenthalt in diesen Paradiesen, weil sie in ihrem evolutionären Streben nach völliger Erleuchtung keine Zeit verlieren möchten. Dann nämlich werden sie selbst in der Lage sein, Buddhaversen zum Wohle anderer zu erzeugen. Ein Tag in einem solchen Paradies entspricht Jahren in den gewöhnlichen Daseinsbereichen. Und Bodhisattvas können es nicht ertragen, andere Wesen für so lange Zeiträume in ihrem Leiden alleinzulassen.

Wiederum, wenn du dich zu keinem Reinen Land begeben kannst oder willst und in einen Mutterleib eintreten mußt, gibt es die Anweisung für die Auswahl eines Mutterleibs im unreinen Lebenszyklus. Höre sie an! Wähle den Kontinent deiner Wiedergeburt, wie bereits erklärt. Benutze deine Hellsichtigkeit, tritt in einen Mutterleib eines Ortes ein, wo der Dharma sich verbreitet hat. Sorgfalt ist vonnöten, denn wenn du in einem Misthaufen wiedergeboren werden sollst, würdest du selbst diese unreine Masse als köstlich duftend erleben und dann kraft deines Begehrens dort wiedergeboren werden. Halte dich daher an keine der auftauchenden Erscheinungen und wehre den Zeichen, die Anhaftung oder Abneigung auslösen. Dann wähle einen guten Mutterleib. Da hier die willentliche Absicht entscheidend ist, rufe sie wie folgt hervor: »Höre! Zum Wohle aller Wesen will ich als Weltenherrscher oder im Stand der Priester geboren werden, alle Wesen beschirmend wie ein großer schattenspendender Baum oder als Kind eines heiligen Mannes, eines Adepten oder einer Familie mit makelloser Dharma-Verbindung oder einer Familie, in der die Eltern großes Vertrauen in den Dharma besitzen. Es muß mir gelingen, in diesem kommenden Leben Erfolg zu haben, indem ich einen Körper gewinne, der großen Verdienst aufweist und mich befähigt, zum Wohle aller Wesen zu wirken!« Mit einem derart gerichteten Willen mußt du in den Mutterleib eintreten. Zu dieser Zeit sollte der Mutterleib, in den du Eingang findest, dir erscheinen, als sei er magisch in einen göttlichen Palast verwandelt. Du mußt zu den Buddhas und Bodhisattvas der zehn Richtungen, den archetypischen Gottheiten und speziell zum Herrn des Großen Erbarmens beten. Und du solltest visualisieren, daß sie dich gemeinsam segnend salben, während du in den Mutterleib eintrittst.

Der Mutterleib sollte als Mandala visualisiert werden, als ideale Umgebung für die Entwicklung eines erleuchtungsorientierten Körpers. Tatsächlich sind alle Mandala-Paläste bewußt als Mutterleibumgebungen für archetypische Gottheiten konstruiert. Hier wird also das mental sehr feine und kreative Zwischenzustandswesen aufgefordert, den Mutterleib auf eine für sein Wachstum optimale Weise zu strukturieren. Sein Eintritt in diese Umgebung sollte wie eine Königsweihe empfunden werden.

Bei dieser Auswahl eines Schoß-Tores besteht immer die Gefahr des Irrtums. Unter dem Einfluß der Evolution hältst du vielleicht einen hervorragenden Mutterleib für schlecht. Oder du hältst einen schlechten Mutterleib für hervorragend. Die Schlüsselanweisung für die Auswahl ist daher wichtig. Handle folgendermaßen: Selbst wenn dir ein Mutterleib-Tor ausgezeichnet scheint, begehre es nicht. Selbst wenn es schlecht scheint, entwickle keine Abneigung. Tritt ein in die Erfahrung universellen liebevollen Gleichmuts, frei von Gier und Haß und zwanghaftem Wählen zwischen gut und schlecht. Dies ist die authentische, tiefgründige Schlüsselanweisung.

Es geht darum, daß das Zwischenzustandswesen in den Mutterleib eintritt, ohne unter den schweren Einfluß der emotionalen Triebe Gier, Haß und Verblendung zu geraten. Das ist wichtig, um sich die Wachheit für die wahre Natur des Ortes zu bewahren und nicht den mehr als tödlichen Fehler zu begehen, in einer gräßlichen Lebensform Wiedergeburt zu nehmen.

Zuflucht zu den Drei Kostbarkeiten

Außer für wenige Menschen mit tiefen Erfahrungen ist es in diesem Zusammenhang sehr schwer, von der Krankheit negativer Instinkte frei zu bleiben. Wenn der verstorbene Mensch Anhaften und Abneigung also schon nicht verhindern kann, so ist es selbst für den dümmsten, bestialischsten, sündigsten Übeltäter möglich, negative Instinkte zu beseitigen, indem er Zuflucht zu den Drei Kostbarkeiten nimmt: zum Buddha, zum Dharma und zur Gemeinschaft. Rufe die Verstorbene also wieder beim Namen und sprich die folgenden Worte bis zu siebenmal:

Höre, Edle! Wenn du Gier und Haß nicht aufgeben und ein Schoß-Tor wählen kannst, dann sprich den Namen der Drei Kostbarkeiten und nimm Zuflucht, gleich welche Visionen du haben magst! Bete zum Herrn des Großen Erbarmens! Geh mit erhobenem Kopf voran! Erkenne, daß du dich im Zwischenzustand befindest! Gib besitzergreifende Liebe für deine hinterbliebenen Lieben auf, für deinen Sohn, deine Tochter, deine Freunde! Sie können dir jetzt nicht helfen. Gehe nun zum blauen Licht der Menschenwelt und zum weißen Licht der Götter! Gehe zum wunderschönen Juwelenhaus und zum Lustgarten!

Nachdem du dies siebenmal gesprochen hast, bete zu den Buddhas und Bodhisattvas und lies das »Gebet um Zuflucht vor allen Schrecken«, die »Wurzelverse der sechs Zwischenzustände« und das »Gebet um Erlösung von den Nöten des Zwischenzustands«. Danach lies laut und deutlich die »Befreiung durch Tragen, die Natürliche Befreiung des Körpers«. Lies ebenfalls die »Dharma-Praxis der Natürlichen Befreiung der Instinkte«.

Das *Gebet um Zuflucht vor allen Schrecken,* die *Wurzelverse der sechs Zwischenzustände* und das *Gebet um Erlösung von den Nöten des Zwischenzustands* finden sich in diesem Buch am Anfang des 2. Teils in Kapitel 5 »Die Gebete für den Zwischenzustand«. Die *Befreiung durch Tragen, die Natürliche Befreiung des Körpers* ist in diesem Buch nicht übersetzt. Wie zuvor erwähnt, enthält dieser Text Mantras, die in Amulette gegeben und am Körper der Verstorbenen plaziert oder laut gelesen werden.

Wenn du diese Praktiken richtig ausführst, wird der Yogi oder die Yogini mit hoher Verwirklichung erfolgreich die Bewußtseinsübertragung im Todesmoment anwenden können, nicht in den Zwischenzustand geraten und auf dem großen, gerade nach oben führenden Pfad Befreiung erlangen. Einige weniger vollkommene, aber dennoch geübte Menschen werden das Klare Licht der Realität nach dem Zwischenzustand des Todesmoments erkennen und auf dem gerade nach oben führenden Pfad Erleuchtung erlangen. Andere, noch weniger Entwickelte werden im Verlauf der folgenden Sieben-Tage-Abschnitte, wenn die Visionen der Milden und Grimmigen Gottheiten im Zwischenzustand der Realität manifest werden, durch die eine oder andere Manifestation befreit, abhängig von ihrer spezifischen evolutionären Bestimmung und ihren intellektuellen Neigungen. Weil ihnen auf vielen Ebenen geeignete Praktiken angeboten werden, können sie die für sie geeignete erkennen und Befreiung erlangen.

Diejenigen jedoch, die eine schwache evolutionäre Bestimmung oder einen negativen evolutionären Impetus von Übeltaten und Verblendungen aufweisen, wandern weiter abwärts in den Zwischenzustand des Werdens. Wenn ihnen dort die eine Unterweisung nicht hilft, das Klare Licht zu erkennen und Befreiung zu finden, wird es eine andere tun, denn es gibt viele Orientierungen, wie Sprossen einer Leiter. Unter diesen wird es wiederum einige mit ganz schwacher Bestimmung geben, die das Klare Licht nicht erkennen und sich in Angst und Panik verlieren. Selbst in ihrem Fall gibt es wieder verschiedene Unterweisungen zum Verschließen sowie zum Auswählen des Mutterleib-Tores, so daß die eine oder die andere ihnen helfen wird, das Klare Licht zu erkennen. Sie können sich an ihre Leitvorsätze halten und die grenzenlosen guten Eigenschaften der höheren Stufen erlangen. Schließlich können, durch die Großartigkeit der Zufluchtnahme zu den Drei Kostbarkeiten, selbst die niedrigsten und unvollkommensten Menschen von den gräßlichen Bereichen abgehalten werden. Sie können eine kostbare, mit Freiheit und Chancen ausgestattete menschliche Wiedergeburt erlangen. In ihrem nächsten Leben können sie spirituellen Lehrern und Freunden begegnen, können spirituelle Unterweisungen erhalten, und so werden auch sie Befreiung erlangen.

Wenn diese Lehre im Zwischenzustand des Werdens zur Verfügung steht, kann die Unterweisung die Schwungkraft guter Evolution vervielfachen, so, wie man einen Bewässerungsgraben mit einem Wasserrohr verlängert. Es ist selbst für den größten Übeltäter unmöglich, von dieser Unterweisung nicht befreit zu werden. Warum? Im Zwischenzustand sind sowohl das Erbarmen der gesamten Schar der Milden und Grimmigen Buddha-Gottheiten als auch die negative Präsenz der Teufel und Dämonen ständige Begleiter des Bewußtseins der Verstorbenen. Daher kann das Verstehen dieser Lehre zu dieser Zeit ihre Wahrnehmung völlig verwandeln und sie zur Befreiung führen. Und weil darüber hinaus der mentale Körper des Zwischenzustandswesens ja keine Fleisch- und-Blut-Verkörperung besitzt, ist Transformation einfach. Im Zwischenzustand kann das Bewußtsein weit reisen, wohin immer es auch möchte, und seine feinstoffliche evolutionäre Hellsichtigkeit kann alles sehen und hören. Vom Gedächtnis getragen, kann sich das Gewahrsein des Wesens blitzschnell verwandeln. Die ganze Natur des Zwischenzustands ist äußerst günstig für spirituelle Entwicklung. Er gleicht einer Beschleunigungsmaschine. Das geistige Kontinuum eines Menschen gleicht im gewöhnlichen Leben einem riesigen Baumstamm, den hundert Männer nicht bewegen können. Im Zwischenzustand ist es, als schwämme dieser Baumstamm im Wasser. Er kann leicht an jeden Ort manövriert werden. Oder es gleicht dem Führen eines Pferdes am Zügel.

Daher sollten Freunde zu den Verstorbenen gehen, den Leichnam nicht stören und diese Unterweisung lesen und beten, bis Blut und Lymphe aus den Nasenlöchern laufen. Aus Ehrerbietung vor diesen Lehren sollten für den Toten keine Tiere geschlachtet werden. In der Nähe des Leichnams sollte es niemandem, weder Freunden noch Verwandten, gestattet sein, zu weinen, zu klagen oder zu lamentieren. Du mußt so viel Tugendhaftigkeit erzeugen wie nur möglich.

Darüber hinaus sollten alle Lehren im Zusammenhang mit dem »Großen Buch der Natürlichen Befreiung durch Verstehen im Zwischenzustand« nach Abschluß der Unterweisungen ebenfalls gelesen werden, denn auch sie sind hervorragend. Diese Lehre sollte andauernd rezitiert werden. Du solltest sie in Wort und Bedeutung pflegen. Wenn du dann an den Zeichen des Todes erkennst, daß die Stunde deines eigenen Sterbens sicher bevorsteht, solltest du, so deine Gesundheit es zuläßt, sie dir selbst laut vorlesen und darüber nachdenken. Wenn dein Zustand dies nicht gestattet, laß deine Freunde den Text vorlesen und bete. Du wirst ohne jeden Zweifel wirksam Befreiung finden.

Dies ist die Lehre, die keiner Meditation und ausführlichen Praxis bedarf. Es ist die tiefgründige Unterweisung, die durch Beachtung befreit, durch Hören befreit und durch Lesen befreit. Diese tiefgründige Unterweisung leitet selbst den größten Übeltäter auf den geheimen Pfad, solange er seine Worte und Bedeutungen nicht vergißt, auch wenn er von sieben Hunden gehetzt wird. Selbst wenn alle Buddhas der Vergangenheit, Gegenwart und Zukunft nach einer Unterweisung zum Erlangen der vollkommenen

Erleuchtung zum Zeitpunkt des Todes suchen würden, sie könnten keine geeignetere finden als diese.

Damit ist die Unterweisung über den Zwischenzustand, das Mittel, verkörperte Wesen zu befreien, die tiefgründige Quintessenz, das »Große Buch der Natürlichen Befreiung durch Verstehen im Zwischenzustand« abgeschlossen.

HAA THVA THVA GYA GHYAH

Wir haben unsere Reise beendet und hoffentlich der Verstorbenen geholfen, Befreiung zu finden oder – was wahrscheinlicher ist, wenn die Verstorbene sich nicht bereits zu Lebzeiten auf die Übergangsphase des Zwischenzustands vorbereitet hat – eine günstige Wiedergeburt zu erlangen. In beiden Fällen können wir, nach der Weltsicht des *Buches der Natürlichen Befreiung*, auf eine weitere Interaktion mit unserer Freundin zählen. Hat sie Befreiung erlangt, wird sie sich freiwillig reinkarnieren, um uns und den anderen »Mutterwesen« zu helfen, den Weg durch unsere Krisen zu finden und zur Freude der Freiheit, Weisheit und mitfühlenden Verbundenheit zu gelangen. Hat sie eine günstige Wiedergeburt erlangt, dann unter denselben Umständen, deren wir uns bereits jetzt erfreuen oder in unserem nächsten Leben erfreuen werden, und wir werden weiter an der Entwicklung der besten Seiten unserer Beziehung arbeiten, ob wir uns nun wiedererkennen oder nicht.

Nachdem wir uns auf die Kunst des Reisens im Zwischenzustand konzentriert haben, sollten wir unsere Entschlossenheit erneuern, uns für die Zeit vorzubereiten, zu der wir selbst dieser Kenntnisse bedürfen. Wir sollten uns Zeit nehmen, um den Text mit »Dharma-Freunden« in gewissen Abständen, monatlich oder zweimonatlich, wiederzulesen. Dabei sollten wir unsere Unterstützung mental allen anbieten, die während dieser Zeit gestorben sind, Bekannten wie Unbekannten. Wir sollten mehr über den *Drei-Körper-Guru-Yoga* und die *Natürliche Befreiung durch Nackte Schau, Aufzeigen der Urintelligenz* lernen. Wenn möglich sollten wir die Gebete auswendig lernen oder zumindest tief mit ihnen vertraut werden. Wir sollten die *Dharma-Praxis der*

Natürlichen Befreiung der Instinkte kontemplativ lesen, das Aussehen und die Anmutung der Buddha-Familien ergründen und ein Gefühl der Vertrautheit, ja der Familienzugehörigkeit zu den Milden und Grimmigen archetypischen Buddha-Gottheiten entwickeln. Wir sollten generell mehr von der weiteren buddhistischen Literatur lesen, besonders die Jatakas (Geschichten aus den früheren Leben des Buddha), die Beschreibungen der Buddha-Länder und die Biographien der erleuchteten Mystiker und Adepten. Wenn wir einer anderen Religion angehören als der buddhistischen, sollten wir selbst die Ikonographie ihrer Gottheiten, Engel und Heiligen erforschen und nicht auf verwässerte Traditionen hören, die glauben, es gäbe derartige Fürsprecher-Wesen in ihrer Religion nicht. Wir sollten ein Gefühl der Vertrautheit mit der Großen Mutter oder mit Abraham, Moses, Jesus, Mohammed, Konfuzius, Lao Tse, Rama, Krishna, Shiva oder irgendeinem ihrer großen heiligen Nachfolger entwickeln. Wenn wir nicht an etwas Immaterielles glauben können, sollten wir auf jeden Fall ein freundliches Wohlwollen gegenüber allen genannten göttlichen oder übermenschlichen Wesen aufrechterhalten, nur damit wir keine Angst bekommen, wenn wir, statt im erwarteten friedlichen Vergessen zu versinken, doch bewußt bleiben und anderen Wesen begegnen sollten.

Vor allem aber sollten wir die Anweisungen des *Buches der Natürlichen Befreiung* beherzigen und den Tod und die Begegnung mit ihm niemals als etwas Morbides empfinden. Wenn ein geliebter Mensch stirbt, müssen wir unsere Trauer in hilfreiche Aktivität kanalisieren, heiter und gutgelaunt bleiben und nicht in Jammern und Wehgeschrei schwelgen, weil wir uns entweder danach fühlen (ein Gefühl, das sowieso nichts anderes ist als eine kulturbestimmte, konventionelle Reaktion), Schuldgefühle wegen unseres Überlebens lindern wollen oder mit unserer plötzlichen Einsamkeit konfrontiert sind. Wir können dem Zeugnis des *Buches der Natürlichen Befreiung* glauben, daß wir das Bewußtsein der Verstorbenen damit nur beängstigen und verärgern und es davon ablenken, bestmöglich durch den Zwischenzustand zu manövrieren. Sie selbst ist der Ehrengast im Tod und beim Begräbnis, für sie ist dies der wichtigste Übergang ihres Lebenszyklus, und sowohl positive als auch negative Einflüsse haben gestaltenden Einfluß auf kommende Jahre und Leben. Laßt uns also im Umgang mit dem Tod den Geist des *Buches der Natürlichen Befreiung* ehren und zumindest versuchen, das Richtige zu tun, indem wir es uns gutgehen lassen! Mögen alle Wohlergehen und Glück genießen!

Dritter Teil

Ergänzende Übersetzungen

7. Die Dharma-Praxis der Natürlichen Befreiung der Instinkte

Diese ergänzende Übersetzung ist, zusammen mit der folgenden in Kapitel 8 (*Die Natürliche Befreiung durch Nackte Schau*), für diejenigen hier eingefügt, die eine langfristige, systematische Anstrengung unternehmen wollen, sich auf die Praxis des Zwischenzustands vorzubereiten.

Die *Dharma-Praxis* ist eine kontemplative Visualisation der gesamten Versammlung der einhundert Milden und Grimmigen Gottheiten im Innern des Körpers des Übenden. Sie muß häufig wiederholt werden, wobei man versucht, jede der Gottheiten in ihrer Erscheinung, mit ihren Ornamenten, ihrer Haltung und so weiter zu visualisieren. Mit der Zeit werden die Gottheiten immer vertrauter. Wer größere Fortschritte in dieser Praxis machen möchte, sollte sich an einen qualifizierten Meister wenden, um Initiation und weitere Erklärungen zu erhalten. Ich sehe in dieser Praxis auch ein Modell für die Anhänger anderer Religionen, nach dem sie ihre eigenen Gottheiten, Engel und Symbole anrufen, sie in eine ähnliche, dem feinstofflichen Muster des eigenen Körpers entsprechende Ordnung bringen und so eine lebendigere und tiefere Vertrautheit mit ihnen erreichen können.

Diese Praxis ist eine systematische Visualisation, eine imaginative Kontemplation, die auf die Entwicklung einer positiven Geneigtheit gegenüber den Milden und Grimmigen Gottheiten der Lehren der Natürlichen Befreiung abzielt. Die Vorstellung ist die, daß die negativen Instinkte von Gier, Haß, Verblendung und so weiter in der Meditation durch die positiven Instinkte von Großzügigkeit, Liebe und Weisheit ersetzt werden, welche durch die Personifizierung als archetypische Gottheiten noch verstärkt werden. Wer sich um seinen zukünftigen Tod sorgt und sich darauf vorbereiten möchte, das *Buch der Natürlichen Befreiung* mit größtmöglicher Wirkung zu verwenden, sollte diese Visualisierungen regelmäßig üben. Idealerweise sollte man natürlich einen Meister suchen und von ihm Initiation und detailliertere Unterweisungen zu dieser meditativen Praxis erhalten. Ohne davon auszugehen, daß der Leser diese Schritte bereits vollzogen hat, schließe ich diese Praxis hier ein, um eine gewisse Vorstellung davon zu vermitteln, wie man sich weitergehend auf die Verwendung des *Buches der Natürlichen Befreiung* vorbereiten kann. Der Text ist voll von Bezügen auf Gottheiten, ihre Erscheinungsformen und Gerätschaften. Wenn ich jede der symbolischen Bedeutungen kommentieren wollte, würde diese Praxis allein ein ganzes weiteres Buch füllen. Ich füge sie hier nur an, um einen Überblick zu geben. Präzises Verständnis der Einzelheiten kann nur Ergebnis einer weitergehenden Beschäftigung mit dieser Übung sein.

Durch die Verehrung der Schar der milden All-Guten
und der grimmigen Chemchok-Gottheiten
sowie der Schar der Vereinigung der hundert heiligen Familien
mögen alle Wesen im Zwischenzustand Befreiung finden
und in der Wirklichkeit der Drei Körper weilen!

Mögen die von glücklicher Evolution, die einem heiligen
Meister folgen,
diese erhabene Dharma-Praxis, die Vereinigung der Milden
und der Grimmigen,
stets ohne Vergeßlichkeit kontemplieren und rezitieren!

Die zehn Zweige der Ansammlung von Verdienst

Jede tibetische Kontemplationspraxis beginnt mit der einen oder anderen Version der zehn Zweige. Sie bestehen aus: 1) Zuflucht, 2) Anrufung, 3) Einladung, 4) Begrüßung, 5) Darbringung von

Gaben, 6) Bekenntnis, 7) freudige Anteilnahme, 8) Bitte um Unterweisung, 9) Bitte um weitere Anwesenheit und 10) Widmung. In diesen Kontemplationen übt sich der Meditierende imaginativ in diesen physischen Handlungen, um das entsprechende Verhaltensmuster seinem Bewußtseinsstrom tief einzuprägen. Geübt wird in der visualisierten Präsenz aller Gottheiten in einem weiten »Feld der Zuflucht« im Raum. Das vorgestellte Bild gleicht oft einem juwelenfrüchte-tragenden wunscherfüllenden Baum, der als »Zufluchtsbaum« bekannt ist.

Visualisiere vor dir im Raum das Feld der Zuflucht
mit den Drei Kostbarkeiten und den Hundert Gottheiten
der Buddha-Familien,
und sprich die folgenden Worte:

Zuflucht

OM AH HUM
Zu den wunderbaren Milden und Grimmigen glückseligen Siegern,
den Drei Kostbarkeiten und den archetypischen Gottheiten
zusammen mit den Ozeanen von Dakinis und den Scharen
der Eidgebundenen
in den wunderbaren Welten des gesamten Raumes
nehme ich voller Verehrung ununterbrochen Zuflucht,
bis ich die volle Erleuchtung erlangt habe!

OM AH HUM sind Keimsilben, die jeweils für Körper, Rede und Geist aller erleuchteten Wesen stehen. Die hier angerufenen Gottheiten sind bereits alle bekannt, außer der Schar der Eidgebundenen, bei denen es sich hauptsächlich um weltliche Gottheiten handelt, die einst bestimmte Stämme oder Landstriche beherrscht haben und von einem Buddha oder einem großen Adepten gezähmt und dann durch einen Eid gebunden wurden, als Schützer der Praktizierenden der Lehren von Weisheit und Erbarmen zu dienen.

Anrufung
Aus der gewaltigen und wunderbaren Tiefe des Raums der Wirklichkeit,
in körperlichen Emanationen von Weisheit, Kunstfertigkeit und Erbarmen,
mögen die wunderbaren Milden und Grimmigen Gottheiten der drei Zeiten
zum Wohle aller Wesen bitte hier erscheinen!

Einladung
In dieser reinen Weisheitssphäre offenbarer Möglichkeit,
auf Thronen von Juwelen, Löwen und so fort,
auf Sonnen und Monden makelloser Weisheit und Methode,
nehmt bitte Platz in ungetrübter großer Seligkeit!

Die Gottheiten werden eingeladen, auf Juwelenthronen auf Kissen aus Sonnen- und Mondscheiben von strahlender Energie Platz zu nehmen.

Begrüßung
In der geheimen Vulva der Mutter Allumfassende-Güte
erschafft die ausschweifungslose Seligkeit des Herrn Allumfassende-Güte
spielerisch die Schar der Milden und der Grimmigen.
Väter und Mütter mit euren Kindern,
vor euch allen verbeuge ich mich tief!

Als eine Möglichkeit, die erleuchteten Gottheiten zu preisen, wird das erleuchtete Universum hier als im Samentropfen des göttlichen Vaters, des Buddha Allumfassende-Güte, enthalten vorgestellt, der in vollkommenem Gleichgewicht in der Vulva der göttlichen Mutter, der Buddha-Mutter Allumfassende-Güte, steht und seine Kreativität in Form der einhundert Milden und Grimmigen Gottheiten ausstrahlt.

Darbringung von Gaben

> Unermeßliche äußere, innere und verborgene Gaben,
> tatsächlich aufgestellte und mental hervorgebrachte,
> bringe ich zum Wohle aller Wesen dem Siegreichen Ozean
> der Milden und Grimmigen glückseligen Herren dar –
> bitte nehmt sie an!

Hier legen wir den Gottheiten im Raum vor uns das ganze Universum zu Füßen, gefüllt mit riesigen Wolken von Opfergaben, süßen Gewässern, Düften, Weihrauch, Speisen im Überfluß, Juwelen, Kleidern, Lichtern, Elixieren und allem nur vorstellbaren Schönen. Die inneren und verborgenen Opfergaben bestehen aus unseren eigenen körperlichen und geistigen Gewohnheiten, die wir den erleuchteten Wesen darbringen.

Bekenntnis von Übeltaten

> Seit anfangloser Zeit unter dem Einfluß der drei Gifte,
> haben meine körperlichen, verbalen und mentalen Übeltaten
> und ihre Instinkte
> stets Ursachen geschaffen für das Kreisen in den gräßlichen
> Bereichen.
> Mit reuigem Bedauern bekenne ich sie alle von Herzen!

Die Übeltaten zu bereuen und sich von ihnen abzuwenden, wird als wichtige Methode gesehen, ihre evolutionäre Macht zu mindern. Es geht hier nicht darum, in Schuldgefühlen zu schwelgen, sondern den eigenen falschen Handlungen auf allen Ebenen ins Gesicht zu sehen und sich dann von ihnen zu befreien.

Freudige Anteilnahme

> An allem, was an altruistischen Handlungen, Verdienst und
> Erleuchtungsgeist,
> Erfolgen von Verdienst und Weisheit je entstanden ist
> in der großen Welt der Seligkeit, im ganzen Reich der
> Wahrheit,
> nehme ich mit großer Freude Anteil!

Bitte um Unterweisung
>Mögen die Lehrer, zahlreich wie die Atome in allen Universen,
>sich um des Wohls der Wesen willen aus ihren Samadhis erheben
>und bitte das heilige Rad des Dharma drehen,
>um die Welten bis zu den Enden des Raums mit Lehren zu füllen!

Bitte, nicht ins Nirvana einzugehen
>Mögen die zahllosen Buddha-Lehrer
>majestätisch verwirklichen, wonach alle Wesen streben,
>und bitte verweilen, bis die Welt zyklischer Existenz befreit ist,
>und nicht ins Nirvana eingehen!

Widmung
>Mögen kraft meiner Verdienste aus den drei Zeiten
>alle Wesen, die den ganzen Raum füllen,
>Gefäße des unübertrefflichen Mahayana werden
>und geschwind den Zustand der wunderbaren Buddhas, mild und grimmig, erlangen!

Erleuchten, Schützen und Reinigen

OM AH HUM BODHICHITTA MAHASUKHAJNANA DHARATU AH

Dieses Mantra leitet die folgende Visualisation des erleuchteten Universums ein, indem es rituell erklärt: »Durch Körper, Rede und Geist aller Buddhas (OM AH HUM) möge die große Glückseligkeits-Intuition (MAHASUKHAJNANA), der Erleuchtungsgeist (BODHICHITTA), stets hochgehalten werden (DHARATU) – möge es kreativ sein (AH)!« Das Mantra begleitet auch das Schmelzen des Zufluchtsfeldes in Licht, welches sich dann in uns selbst auflöst.

OM RULU RULU HUM BHYO HUM

Dieses Mantra ruft die grimmige Schützerin des Dharma, Shri Devi, an, die eine Schutzgrenze um den Platz unserer Kontemplation errichtet. Daraufhin fühlen wir uns sicher, so daß wir unsere gewöhnliche Identität in die Leerheit auflösen können, und aus der Leerheit erscheinen wir dann in den Formen der archetypischen Gottheiten. Die erste nun folgende Übung ist eine der vorbereitenden Übungen, die Reinigung durch Vajrasattva, in der wir uns als die archetypische Gottheit Vajrasattva visualisieren und das als »Hundertsilben-Mantra« bekannte Reinigungs-Mantra rezitieren.

Reinigung durch Vajrasattva

Aus dem ungeschaffenen reinen Universum der Wahrheit,
im Palast des unendlichen klaren, reinen Tropfens
auf einem Juwelenthron, Lotos-, Sonne- und Mondkissen sitzend,
erscheint aus ungekünstelter, freier Spontaneität mein Bewußtsein
als Vajrasattva, selbst-gewahr, strahlend, leer.
Ich habe ein lächelndes Gesicht von reinem Weiß und zwei Arme,
die rechte Hand hält das Vajra-Zepter Bewußtsein-Leere am Herzen,
die Linke die Gantha-Glocke Erscheinung-Leere an der Hüfte.
Mein Scheitel ist geschmückt von den vollkommenen Buddhas der fünf Familien.
Gekleidet in Seide und Schmuck des Seligkeitskörpers,
sitze ich in spielerischer Haltung, das rechte Bein ausgestreckt, das linke angezogen.
An meinem Herzen strahlt die Vajra-Silbe HUM
umgeben von den sich drehenden hundert Silben.

OMVAJRASATTVA SAMAYA – MANUPALAYA – VAJRASATTVENOPATISHTA – DRIDHO ME BHAVA – SUTOSHYO ME BHAVA – SUPOSHYO ME BHAVA – ANURAKTO ME BHAVA – SARVASIDDHI ME PRAYACCHA – SARVAKARMA SUCHAME – CHITTAM

SHRIYAM KURU HUM – HA HA HA HA HO – BHAGAVAN – SARVATATHAGATA – VAJRA MAME MUNCHA – VAJRIVHAVA – MAHASAMAYASATTVA – AH (HUM)

> [Während der Rezitation Lichtstrahlen] ausstrahlend und absorbierend, verwirkliche ich, wonach ich selbst und andere streben, und reinige Verblendungen. Ich wiederhole diese Quintessenz der hundert heiligen Buddha-Familien so oft wie möglich ohne Ablenkung, um emotionale und intellektuelle Hindernisse zu läutern.

Das Mantra ist zu lang, um es hier zu übersetzen. Es hat viele Bedeutungsebenen, von der einfachen Bitte um Reinigung der Übeltaten und Verblendungen bis hin zur Anrufung der Keim-Quintessenz der hundert Gottheiten des Mandala. Wir rezitieren es in jeder Sitzung mindestens einundzwanzigmal, während wir visualisieren, daß die strahlenden Silben sich als Energierad in unserem Herzzentrum drehen, reinigende Strahlen aus Regenbogenlicht zu allen Wesen ausstrahlen und dann, genährt durch die Freude, die die Wesen mit zunehmender Reinheit empfinden, noch hellere Strahlen wieder absorbieren.

Die eigentliche Visualisation

> Nachdem Übeltaten und Verblendungen auf diese Weise gereinigt sind, rufe die Schar der hundert Milden und Grimmigen Gottheiten-Familien im Körper-Mandala an, indem du das Gebet des Zwischenzustands wie folgt sprichst.

Selbst-Erschaffung
Ich selbst bin Vajrasattva. Im Palast meines spirituellen Juwelen-Herzens, lebendig im fünffarbig strahlenden Lichttropfen mit seinen fünf Energie-Essenzen, im Mandala klarer Brillanz mit fünf Weisheiten, erscheinen, auf Lotos-, Sonne- und Mondkissen, auf Löwen-, Elefanten-, Pferde-, Pfauen- und Adlerthronen die sechs-

unddreißig Milden Buddhas in leeren, strahlenden, unendlichen Körpern aus Regenbogenlicht.

Mit der stabilen Visualisation von uns selbst als Vajrasattva, visualisieren wir nun die strahlende Präsenz der Milden und Grimmigen Gottheiten innerhalb des Universums unseres eigenen Körpers. Unser »spirituelles Herz« ist der unendliche Raum innerhalb unseres Zentralkanals, lokalisiert im hinteren Teil des Körpers, nahe der Wirbelsäule, in Höhe der Brustwarzen. Das physische Herz in der linken Seite der Brust ist hier nicht gemeint. Wir stellen uns vor, daß unser Vajrasattva-Körper aus Licht besteht und nicht aus Fleisch, Blut und Knochen.

Das innere Mandala der Milden Gottheiten

Bevor wir die fünf Buddhas mit ihren Gefährtinnen im Zentrum und in den vier Richtungen des Herzens visualisieren (Osten ist vorn, Süden rechts von uns, Westen hinter uns und Norden links von uns), visualisieren wir den Urbuddha mit Gefährtin »im tiefen Raum des Zentrums«. Der All-Gute Buddha, Vater und Mutter, gehört nicht zu den fünf Buddhas, sondern ist die personifizierte Quintessenz des Wahrheitskörpers aller Buddhas, dessen Präsenz wir im Kern unseres Bewußtseins visualisieren, um damit unsere Einheit mit der endgültigen universellen Realität vollkommener Freiheit von der ursprünglichen Anfangslosigkeit jeglicher Zeit zu besiegeln.

OM AH HUM

Im tiefen Raum des Tropfens im Zentrum meines spirituellen Herzens sitzt die unwandelbare Lichtgestalt des Wahrheitskörpers, der ursprüngliche Retter Samantabhadra (Allumfassende-Güte), von blauer Farbe, die Beine verschränkt, in der Haltung der Ausgeglichenheit, in untrennbarer Einheit mit dem weißen Bereich der Wahrheit, Samantabhadri, auf strahlend leeren Lotos-, Sonne- und Mondkissen. Vor diesem großen Ahnen aller Buddhas der drei Zeiten verneige ich mich, ihm bringe ich Opfergaben dar, zu ihm nehme ich Zuflucht, und an ihn richte ich meine Bitten. Wenn ich und andere aus diesem Leben scheiden und nach dem Verlassen des Körpers das reine, klare Licht der Realität dämmert, möge der Vater Samantabhara mich von vorn geleiten, und möge die Mutter Samantabhadri mich von hinten stützen. Bitte führt mich in den Zustand untrennbarer All-Güte!

Wenn wir für einen Verstorbenen bitten, ersetzen wir das »ich und andere« durch »der/die Verstorbene namens Soundso«.

OM AH HUM

Im Zentrum sitzt – strahlend und leer – der klare, weiße Vairochana, mit verschränkten Beinen, in spielerischer Vereinigung mit seiner Gefährtin Datishvari, und hält Rad und Glocke. Vor dem Herrn der zentralen Buddha-Familie verneige ich mich, ihm bringe ich Opfergaben dar, zu ihm nehme ich Zuflucht und an ihn richte ich meine Bitten. Wenn ich und andere aus diesem Leben scheiden und nach dem Verlassen des Körpers die Visionen des Zwischenzustands der Realität dämmern, wenn ich durch die Gewalt machtvoller Verblendung im Rad des Lebens kreise, möge der Buddha Vairochana mich auf dem Lichtpfad der strahlenden Weisheit der Endgültigen Wirklichkeit führen! Möge die erhabene Mutter Datishvari mich von hinten stützen! Mögen sie mich von den Nöten der Schrecken des Zwischenzustands erlösen! Mögen sie mich zur vollkommenen Buddhaschaft tragen!

Von hier an visualisieren wir die fünf Buddhas mit ihren Gefährtinnen sowie dem Gefolge aus männlichen und weiblichen Bodhisattvas im Zentrum und in den vier Richtungen unseres Herzzentrums. Ihre Visualisation entspricht der Beschreibung der Gruppen der Milden Gottheiten im Zwischenzustand der Realität vom »ersten« bis zum »fünften« Tag auf den Seiten 196 bis 209.

OM AH HUM

Auf dem östlichen Blütenblatt meines spirituellen Herzens sitzt – strahlend und leer – im lichten Raum der strahlenden Spiegelgleichen Weisheit der strahlend blaue Vajrasattva mit verschränkten Beinen in spielerischer Vereinigung mit seiner Gefährtin Lochana und hält Vajra und Glocke. Zu seiner Rechten steht der weiße Kshitigarbha, Schößling und Glocke in Händen, zu seiner Linken der weiße Maitreya mit einer Blüte vom Naga-Baum und Glocke. Vor ihm tanzt die weiße Lasya, Spiegel und Glocke haltend, hinter ihm die weiße Pushpa mit einer Blume. Vor diesen sechs Mitgliedern der Vajra-Familie verneige ich mich, ihnen bringe ich Opfergaben dar, zu ihnen nehme ich Zuflucht, und an sie richte ich meine Bitten. Wenn ich und andere aus diesem Leben scheiden und nach dem Verlassen des Körpers die Visionen des Zwischenzustands der Realität dämmern, wenn ich durch die Gewalt machtvollen Hasses im Rad des Lebens kreise, möge der Buddha Vajrasattva mich auf dem Lichtpfad der strahlenden Spiegelgleichen Weisheit führen! Möge die erhabene Mutter Lochana mich von hinten stützen! Mögen sie mich von den Nöten der Schrecken des Zwischenzustands erlösen! Mögen sie mich zur vollkommenen Buddhaschaft tragen!

OM AH HUM
Auf dem südlichen Blütenblatt meines spirituellen Herzens sitzt – strahlend und leer – im lichten Raum der strahlenden Ausgleichenden Weisheit der gelbe Ratnasambhava mit verschränkten Beinen in spielerischer Vereinigung mit seiner Gefährtin Mamaki und hält Juwel und Glocke. Zu seiner Rechten steht der gelbe Samantabhadra, Girlande und Glocke in Händen, zu seiner Linken der gelbe Akashagarbha mit Schwert und Glocke. Vor ihm tanzt die gelbe Mala, einen Rosenkranz haltend, hinter ihm die weiße Dhupa mit Weihrauch. Vor diesen sechs Mitgliedern der Juwelen-Familie verneige ich mich, ihnen bringe ich Opfergaben dar, zu ihnen nehme ich Zuflucht, und an sie richte ich meine Bitten. Wenn ich und andere aus diesem Leben scheiden und nach dem Verlassen des Körpers die Visionen des Zwischenzustands der Realität dämmern, wenn ich durch die Gewalt machtvollen Stolzes im Rad des Lebens kreise, möge der Buddha Ratnasambhava mich auf dem Lichtpfad der strahlenden Ausgleichenden Weisheit führen! Möge die erhabene Mutter Mamaki mich von hinten stützen! Mögen sie mich von den Nöten der Schrecken des Zwischenzustands erlösen! Mögen sie mich zur vollkommenen Buddhaschaft tragen!

OM AH HUM

Auf dem westlichen Blütenblatt meines spirituellen Herzens sitzt – strahlend und leer – im lichten Raum der strahlenden Unterscheidenden Weisheit der rote Amitabha mit verschränkten Beinen in spielerischer Vereinigung mit seiner Gefährtin Pandaravasini und hält einen roten Lotos und Glocke. Zu seiner Rechten steht der rote Avalokiteshvara, Lotos und Glocke in Händen, zu seiner Linken der rote Manjushri mit Schwert und Glocke. Vor ihm tanzt die rote Gita, ein Rad haltend, hinter ihm die weiße Aloka mit einem Licht. Vor diesen sechs Mitgliedern der Lotos-Familie verneige ich mich, ihnen bringe ich Opfergaben dar, zu ihnen nehme ich Zuflucht, und an sie richte ich meine Bitten. Wenn ich und andere aus diesem Leben scheiden und nach dem Verlassen des Körpers die Visionen des Zwischenzustands der Realität dämmern, wenn ich durch die Gewalt machtvoller Begierde im Rad des Lebens kreise, möge der Buddha Amitabha mich auf dem Lichtpfad der strahlenden Unterscheidenden Weisheit führen! Möge die erhabene Mutter Pandaravasini mich von hinten stützen! Mögen sie mich von den Nöten der Schrecken des Zwischenzustands erlösen! Mögen sie mich zur vollkommenen Buddhaschaft tragen!

OM AH HUM

Auf dem nördlichen Blütenblatt meines spirituellen Herzens sitzt – strahlend und leer – im lichten Raum der strahlenden Allesvollendenden Weisheit der grüne Amoghasiddhi mit verschränkten Beinen in spielerischer Vereinigung mit seiner Gefährtin Tara und hält Vajra-Kreuz und Glocke. Zu seiner Rechten steht der grüne Sarvanivaranaviskambhin, Buch und Glocke in Händen, zu seiner Linken der grüne Vajrapani mit Vajra und Glocke. Vor ihm tanzt die grüne Gandha, eine Schädelschale haltend, hinter ihm die grüne Nartya mit Speisen. Vor diesen sechs Mitgliedern der Handlungs-Familie verneige ich mich, ihnen bringe ich Opfergaben dar, zu ihnen nehme ich Zuflucht, und an sie richte ich meine Bitten. Wenn ich und andere aus diesem Leben scheiden und nach dem Verlassen des Körpers die Visionen des Zwischenzustands der Realität dämmern, wenn ich durch die Gewalt machtvollen Neids im Rad des Lebens kreise, möge der Buddha Amoghasiddhi mich auf dem Lichtpfad der strahlenden Allesvollendenden Weisheit führen! Möge die erhabene Mutter Tara mich von hinten stützen! Mögen sie mich von den Nöten der Schrecken des Zwischenzustands erlösen! Mögen sie mich zur vollkommenen Buddhaschaft tragen!

OM AH HUM

Auf dem östlichen Blütenblatt-Tor meines spirituellen Herzens stehen in Vereinigung die weißen Vijaya und Anuksha in der Haltung der Krieger. Auf dem südlichen Blütenblatt-Tor meines spirituellen Herzens stehen in Vereinigung die gelben Yama und Pasha in der Haltung der Krieger. Auf dem westlichen Blütenblatt-Tor meines spirituellen Herzens stehen in Vereinigung die roten Hayagriva und Sphota in der Haltung der Krieger. Auf dem nördlichen Blütenblatt-Tor meines spirituellen Herzens stehen in Vereinigung die grünen Amritakundali und Ghanta in der Haltung der Krieger. Vor diesen acht emanierten Torhütern verneige ich mich, ihnen bringe ich Opfergaben dar, zu ihnen nehme ich Zuflucht, und an sie richte ich meine Bitten. Wenn ich und andere aus diesem Leben scheiden und nach dem Verlassen des Körpers die Visionen des Zwischenzustands der Realität dämmern, wenn ich durch die Gewalt machtvoller Instinkte im Rad des Lebens kreise, mögen die vier grimmigen Wächter mich auf dem Lichtpfad der strahlenden vier Weisheiten in Vereinigung führen! Mögen die großen Wächter-Mütter mich von hinten stützen! Mögen sie mich von den Nöten der Schrecken des Zwischenzustands erlösen! Mögen sie mich zur vollkommenen Buddhaschaft tragen!

OM AH HUM

In der lichten Tiefe des großen Lotos der Glückseligkeit an meinem Scheitel, im Mandala der klaren Brillanz des strahlend weißen Tropfens, steht der weiße Buddha der Götter, Indra, mit seiner Laute. Möge er den Stolz abschneiden, das Tor zur Wiedergeburt unter Göttern. In der lichten Tiefe meines Halses, im Mandala der klaren Brillanz des strahlend grünen Tropfens, steht der grüne Buddha der Titanen, Vemachitra, mit seiner Waffe. Möge er den Neid abschneiden, das Tor zur Wiedergeburt unter Titanen. In der lichten Tiefe des kristallenen Loches meines Lebenskanals im Herzen, im Mandala der klaren Brillanz des strahlend gelben Tropfens, steht der gelbe Buddha der Menschen, Shakyamuni, mit seinem Stab des Bettelmönchs. Möge er die sinnliche Begierde abschneiden, das Tor zur Wiedergeburt unter Menschen. In der lichten Tiefe des gewundenen Nervenrades an meinem Nabel, im Mandala der klaren Brillanz des strahlend blauen Tropfens, steht der blaue Buddha der Tiere, Simha, mit seinem Buch. Möge er die Verblendung abschneiden, das Tor zur Wiedergeburt unter Tieren. In der lichten Tiefe der Quelle-der-Seligkeit-Lotos an meinem geheimen Ort, im Mandala der klaren Brillanz des strahlend orangefarbenen Tropfens, steht der rote Buddha der Pretas, Jvalamukha, mit seinem Kasten. Möge er die Gier abschneiden, das Tor zur Wiedergeburt unter Pretas. In der lichten Tiefe der gewundenen Nervenräder an meinen Fußsohlen, im Mandala der klaren Brillanz des strahlend schwarzen Tropfens, steht der schwarze Buddha der Höllen, Dharmaraja, mit seinem Feuer-Wasser. Möge er den Haß abschneiden, das Tor zur Wiedergeburt in den Höllen. Vor den sechs Buddhas, Emanationskörpern zur Erfüllung dessen, wonach alle Wesen streben, verneige ich mich, ihnen bringe ich Opfergaben dar, zu ihnen nehme ich Zuflucht, und an sie richte ich meine Bitten. Wenn ich und andere aus diesem Leben scheiden und nach dem Verlassen des Körpers die Visionen des Zwischenzustands der Realität dämmern, wenn ich durch die Gewalt machtvoller Instinkte im Rad des Lebens kreise, mögen die vier oberen Buddhas mich auf dem Lichtpfad der strahlenden vier Weisheiten in Vereinigung führen! Mögen die drei unteren Buddhas mich von hinten stützen! Mögen sie mich von den Nöten der Schrecken des Zwischenzustands erlösen! Mögen sie mich zur vollkommenen Buddhaschaft tragen!

OM AH HUM

Die zweiundvierzig Milden Gottheiten blitzen mit den Lichtstrahlen der unmittelbaren Energie klarer Brillanz; ihre Körper sind mild und jugendlich, weich, geschmeidig, zärtlich, verführerisch, schön, geschmückt mit Zeichen und Merkmalen. Vor dieser Schar der Milden Gottheiten des Vajra-Reichs verneige ich mich, ihnen bringe ich Opfergaben dar, zu ihnen nehme ich Zuflucht, und an sie richte ich meine Bitten. Wenn ich und andere aus diesem Leben scheiden und nach dem Verlassen des Körpers die Visionen des Zwischenzustands der Realität dämmern, wenn ich durch die Gewalt der machtvollen fünf Gifte im Rad des Lebens kreise, mögen die milden Väter mich auf dem Lichtpfad der strahlenden Fünf Weisheiten führen! Mögen die Mütter-Gefährtinnen mich von hinten stützen! Mögen die männlichen und weiblichen Wächter mich von den Grenzen her beschützen! Mögen sie mich von den Nöten der Schrecken des Zwischenzustands erlösen! Mögen sie mich zur vollkommenen Buddhaschaft tragen!

Das innere Mandala der Wissenshalter-Gottheiten

OM AH HUM

Zur Zeit des Aufenthalts im Zwischenzustand sitzen die zweiundvierzig Milden Gottheiten lebendig, in Körpern aus fünffarbigem Licht, im Palast des spirituellen Herzens meines Körpers. Wenn ich aus diesem Leben scheide, mögen die Milden Gottheiten gleich nach Verlassen des Körpers aus dem Innern meines Herzens hervortreten. Mögen sie erscheinen und den Raum vor mir füllen. Die zahllosen Herren und Gefährtinnen, in ihren strahlenden, leeren Körpern aus Regenbogenlicht mit der durchdringenden Brillanz des Lichtpfads fünffacher Weisheit und mit fünffarbigen Lichttropfen, stehen mit Schmuck und Gegenständen in einer unendlichen Fülle von Regenbogenlicht und strahlen Klänge und Licht aus. Von natürlicher Schönheit, klar, brillant, schimmernd, schwingend – mögen sie erscheinen, als durchdrängen sie mein Herz. Zusammen mit diesen Lichtern der Fünf Weisheiten erscheinen die sechs unreinen Lichtpfade der sechs unreinen, irrigen, gewöhnlichen Daseinsbereiche. Wenn sie vor mir erscheinen, mögen die erbarmungsvollen Herren der Schar der Milden Gottheiten mich, empfindsam und in ihrer Liebe nicht geschwächt, auf den Pfad der vier Weisheiten in Verbindung leiten. Mögen sie mich vom Pfad der sechs unreinen Bereiche zurückholen!

In den sieben folgenden Abschnitten schließen wir die Visualisation der Milden Gottheiten ab, indem wir uns auf die Fünf Wissenshalter-Gottheiten und ihre Gefährtinnen im Zentrum und in den vier Richtungen im Raum unseres Kehlzentrums konzentrieren. Bitte greifen Sie auf die Beschreibungen im Zwischenzustand der Realität für den siebten Tag auf den Seiten 215 bis 219 zurück.

OM AH HUM

Im Palast des Seligkeitskörper-Rades im Zentrum meiner physischen Kehle befinden sich in einer riesigen Sphäre, in Regenbogen und Lichter getaucht, im Zentrum des glückseligen Rad-Lotos der klare rote Große Wissenshalter der Evolution, Padmanarteshvara, in fünffarbiger Lichtstrahlen-Billanz, selig-leer vereint mit der roten Weisheits-Dakini, im Raum manifest, Hackmesser und Schädelschale haltend. Möge die Schar der Körper-Wissenshalter alle Wesen schützen!

OM AH HUM

Auf dem östlichen Blütenblatt des Seligkeitsrades in meiner Kehle befindet sich der klare weiße Große Wissenshalter, Erdbewohner, vereint mit der weißen lächelnden Dakini, im Raum manifest, Hackmesser und Schädelschale haltend. Möge die Schar der Geist-Wissenshalter alle Wesen schützen!

OM AH HUM

Auf dem südlichen Blütenblatt des Seligkeitsrades in meiner Kehle befindet sich der klare gelbe Große Wissenshalter, Herr des Lebens, vereint mit der weißen lächelnden Dakini, im Raum manifest, Hackmesser und Schädelschale haltend. Möge die Schar der Wissenshalter des Hervorragenden alle Wesen schützen!

OM AH HUM

Auf dem westlichen Blütenblatt des Seligkeitsrades in meiner Kehle befindet sich der klare rote Große Wissenshalter des Großen Siegels, vereint mit der roten lächelnden Dakini, im Raum manifest, Hackmesser und Schädelschale haltend. Möge die Schar der Sprach-Wissenshalter alle Wesen schützen!

OM AH HUM

Auf dem nördlichen Blütenblatt des Seligkeitsrades in meiner Kehle befindet sich der klare grüne Große Wissenshalter der Mühelosigkeit, vereint mit der grünen, grimmigen, lächelnden Dakini, im Raum manifest, Hackmesser und Schädelschale haltend. Möge die Schar der Wissenshalter des Wunderbaren alle Wesen schützen!

OM AH HUM

Vor der gesamten Schar der Helden und Dakinis der Wissenshalter verneige ich mich, ihnen bringe ich Opfergaben dar, zu ihnen nehme ich Zuflucht, und an sie richte ich meine Bitten. Wenn ich und andere aus diesem Leben scheiden und nach dem Verlassen des Körpers die Visionen des Zwischenzustands der Realität dämmern, wenn ich durch die Gewalt machtvoller Instinkte im Rad des Lebens kreise, mögen die Helden Wissenshalter mich auf dem Lichtpfad klarer orgasmischer Weisheit führen! Möge die Schar der Dakini-Mütter mich von hinten stützen! Mögen sie mich von den Nöten der Schrecken des Zwischenzustands erlösen! Mögen sie mich in die reinen Dakini-Welten tragen!

OM AH HUM

Zur Zeit des Aufenthalts im Zwischenzustand sitzen die Wissenshalter Helden und Dakinis lebendig, in Körpern aus fünffarbigem Licht, im Palast des Seligkeits-Rades in der Kehle meines Körpers. Wenn ich und andere aus diesem Leben scheiden, möge die Schar der Wissenshalter-Gottheiten gleich nach Verlassen des Körpers aus dem Innern meiner Kehle hervortreten. Mögen sie erscheinen und den Raum vor mir füllen. Mögen sie tanzen und musizieren. Mögen sie das ganze Universum erschüttern und mit Energie füllen. Mit ihrem Lichtpfad orgasmischer Weisheit, blitzender, durchdringender Strahlen, möge das Erbarmen der Schar der Wissenshalter-Gottheiten nicht schwach sein, wenn der Pfad tierischer Verblendung erscheint! Mögen sie die Wesen auf den Pfad orgasmischer Weisheit führen! Mögen sie mitfühlend dafür sorgen, daß ich die Wirklichkeit des Zwischenzustands erkenne! Mögen sie mich segnen, so daß ich ein Wissenshalter-Bodhisattva werde!

Das Innere Mandala der Grimmigen Gottheiten
In der Folge visualisieren wir die Grimmigen Gottheiten im Zentrum und den vier Richtungen unseres Hirnzentrums. Wir beginnen mit dem dunkelbraunen Chemchok Heruka und seiner Gefährtin Krodhishvari, die eine grimmige Form des Buddha Samantbhadra mit seiner Gefährtin und damit die essentielle Verkörperung sämtlicher Grimmigen Buddha-Gottheiten darstellen. Für weitere Beschreibungen der Grimmigen Gottheiten, schlagen Sie bitte in den Beschreibungen des Zwischenzustands der Grimmigen Gottheiten, achter bis zwölfter Tag, auf den Seiten 220 bis 242 nach.

OM AH HUM

In meinem Vajrasattva-Scheitel im Schädelpalast meines Gehirns, in der strahlenden Weite des Regenbogen-Flammen-Tropfens, befinden sich die Körper der Heruka-Gottheiten.

OM AH HUM

Im zentralen Blütenblatt des Schädelpalastes meines Gehirns steht, in der strahlenden Weite des Regenbogen-Flammen-Tropfens, der All-Gute Chemchok Heruka mit drei Gesichtern – dunkelbraun, weiß und rot – und sechs Armen. In den drei rechten Händen hält er Vajra, Khatvanga und kleinen Speer, in den drei linken Händen Glocke, blutigen Speer und Eingeweide-Schlinge. In untrennbarer Seligkeit ist er mit Krodishvari vereint. Möge der Buddha, Vater und Mutter, alle Wesen leiten!

OM AH HUM

Auf einem Thron auf dem zentralen Blütenblatt des Schädelpalastes meines Gehirns steht, in der strahlenden Weite des Regenbogen-Flammen-Tropfens, der Buddha-Heruka Vairochana mit drei Gesichtern – dunkelbraun, weiß und rot – und sechs Armen. In den drei rechten Händen hält er Rad, Axt und Schwert, in den drei linken Händen Glocke, Spiegel und blutigen Speer. In untrennbarer Seligkeit ist er mit Buddha Krodhi vereint. Möge die glückselige Heruka-Familie alle Wesen leiten!

OM AH HUM

Auf einem Thron auf dem östlichen Blütenblatt des Schädelpalastes meines Gehirns steht, in der strahlenden Weite des Regenbogen-Flammen-Tropfens, der Vajra-Heruka Vajrasattva mit drei Gesichtern – dunkelblau, weiß und rot – und sechs Armen. In den drei rechten Händen hält er Vajra, Speer und Axt, in den drei linken Händen Glocke, blutigen Speer und Spiegel. In untrennbarer Seligkeit ist er mit Vajra Krodhishvari vereint. Möge die Vajra-Heruka-Familie alle Wesen leiten!

OM AH HUM

Auf einem Thron auf dem südlichen Blütenblatt des Schädelpalastes meines Gehirns steht, in der strahlenden Weite des Regenbogen-Flammen-Tropfens, der Ratna-Heruka Ratnasambhava mit drei Gesichtern – dunkelgelb, weiß und rot – und sechs Armen. In den drei rechten Händen hält er Juwel, Khatvanga und Keule, in den drei linken Händen Glocke, blutigen Speer und Dreizack. In untrennbarer Seligkeit ist er mit Ratna Krodhishvari vereint. Möge die Ratna-Heruka-Familie alle Wesen leiten!

OM AH HUM

Auf einem Thron auf dem westlichen Blütenblatt des Schädelpalastes meines Gehirns steht, in der strahlenden Weite des Regenbogen-Flammen-Tropfens, der Padma-Heruka Amitabha mit drei Gesichtern – dunkelrot, weiß und blau – und sechs Armen. In den drei rechten Händen hält er Lotos, Khatvanga und Rute, in den drei linken Händen Glocke, blutigen Speer und Pfeil. In untrennbarer Seligkeit ist er mit Padma Krodhishvari vereint. Möge die Padma-Heruka-Familie alle Wesen leiten!

OM AH HUM
Auf einem Thron auf dem nördlichen Blütenblatt des Schädelpalastes meines Gehirns steht, in der strahlenden Weite des Regenbogen-Flammen-Tropfens, der Karma-Heruka Amoghasiddhi mit drei Gesichtern – dunkelgrün, weiß und rot – und sechs Armen. In den drei rechten Händen hält er Schwert, Khatvanga und Rute, in den drei linken Händen Glocke, blutigen Speer und Spiegel. In untrennbarer Seligkeit ist er mit Karma Krodhishvari vereint. Möge die Karma-Heruka-Familie alle Wesen leiten!

Vor den zwölf Herukas Vater-und-Mutter verneige ich mich, ihnen bringe ich Opfergaben dar, zu ihnen nehme ich Zuflucht, und an sie richte ich meine Bitten. Wenn ich und andere aus diesem Leben scheiden und nach dem Verlassen des Körpers die Visionen des Zwischenzustands der Realität dämmern, wenn ich durch die Gewalt machtvoller Fehlwahrnehmungen im Rad des Lebens kreise, mögen die rasenden Heruka-Könige mich auf dem Lichtpfad der klaren, vollen fünf Weisheiten führen! Möge die Schar der rasenden Raum-Göttinnen mich von hinten stützen! Mögen sie mich von den Nöten der Schrecken des Zwischenzustands erlösen! Mögen sie mich zur vollkommenen Buddhaschaft tragen!
In der lichten Weite des östlichen Blütenblatts meines Schädelpalasts steht eine weiße Gauri mit Skelett-Keule und Schädelschale. In der lichten Weite des südlichen Blütenblatts meines Schädelpalasts steht eine gelbe Chauri, die Pfeil und Bogen hält und einen Pfählungsstab schwingt. In der lichten Weite des westlichen Blütenblatts meines Schädelpalasts steht eine rote Pramoha mit einem Seeungeheuer-Siegesbanner. In der lichten Weite des nördlichen Blütenblatts meines Schädelpalasts steht eine schwarze Vetali mit Vajra und Schädelschale. In der lichten Weite des

südöstlichen Blütenblatts meines Schädelpalasts steht eine orangefarbene Pukkasi und verschlingt frische Eingeweide. In der lichten Weite des südwestlichen Blütenblatts meines Schädelpalasts schüttelt eine dunkelgrüne Ghasmari Vajra und Schädelschale. In der lichten Weite des nordwestlichen Blütenblatts meines Schädelpalasts verschlingt eine hellgelbe Chandali ein Herz und hält einen kopflosen Leichnam. In der lichten Weite des nordöstlichen Blütenblatts meines Schädelpalasts hält eine blaue Shmashani einen kopflosen Körper, von dem sie ißt.

OM AH HUM

Vor den acht Gauri-Gottheiten der heiligen Gründe verneige ich mich, ihnen bringe ich Opfergaben dar, zu ihnen nehme ich Zuflucht, und an sie richte ich meine Bitten. Wenn ich und andere aus diesem Leben scheiden und nach dem Verlassen des Körpers die Visionen des Zwischenzustands der Realität dämmern, wenn ich durch die Gewalt machtvoller Fehlwahrnehmungen im Rad des Lebens kreise, mögen die vier Gauri-Göttinnen mich auf den Lichtpfad der klaren Klänge, Lichter und Strahlen führen! Mögen die vier Pukkasi-Göttinnen mich von hinten stützen! Mögen sie mich von den Nöten der Schrecken des Zwischenzustands erlösen! Mögen sie mich zur vollkommenen Buddhaschaft tragen!

OM AH HUM

Auf dem äußeren östlichen Blütenblatt meines Schädelpalasts hält eine dunkelbraune, löwengesichtige Simhasya einen Leichnam im Maul. Auf dem äußeren südlichen Blütenblatt meines Schädelpalasts steht eine rote, tigergesichtige Vyaghrasya mit verschränkten Armen. Auf dem äußeren westlichen Blütenblatt meines Schädelpalasts verschlingt eine schwarze, schakalgesichtige Shrigalasya Eingeweide. Auf dem äußeren nördlichen Blütenblatt meines Schädelpalasts zerfetzt eine dunkelblaue, wolfsgesichtige Shvanasya einen Leichnam. Auf dem äußeren südöstlichen Blütenblatt meines Schädelpalasts verschlingt eine fahlgelbe, geiergesichtige Gridhrasya einen Leichnam, den sie

über der Schulter trägt. Auf dem äußeren südwestlichen Blütenblatt meines Schädelpalasts trägt eine dunkelrote, falkengesichtige Kankhasya eine abgezogene Menschenhaut. Auf dem äußeren nordwestlichen Blütenblatt meines Schädelpalasts hält eine schwarze, krähengesichtige Kakasya Schädelschale und Messer. Auf dem äußeren nordöstlichen Blütenblatt meines Schädelpalasts hält eine hellblaue, eulengesichtige Ulukasya einen Vajra.
Vor den acht Simha-Menschenfresserinnen der heiligen Gründe verneige ich mich, ihnen bringe ich Opfergaben dar, zu ihnen nehme ich Zuflucht, und an sie richte ich meine Bitten. Wenn ich und andere aus diesem Leben scheiden und nach dem Verlassen des Körpers die Visionen des Zwischenzustands der Realität dämmern, wenn ich durch die Gewalt machtvoller Fehlwahrnehmungen im Rad des Lebens kreise, mögen die vier Simha-Menschenfresserinnen mich auf dem Lichtpfad des Erkennens aller Visionen als die acht heiligen Gründe führen! Mögen die vier Gridhra-Menschenfresserinnen mich von hinten stützen! Mögen sie mich von den Nöten der Schrecken des Zwischenzustands erlösen! Mögen sie mich zur vollkommenen Buddhaschaft tragen!

OM AH HUM

Auf dem östlichen Blütenblatt-Tor meines Schädelpalasts hält die weiße, pferdegesichtige Ankusha einen Stachelstock und eine Schädelschale. Auf dem südlichen Blütenblatt-Tor meines Schädelpalastes hält die gelbe, schweinsgesichtige Pasha eine Schlinge und eine Schädelschale. Auf dem westlichen Blütenblatt-Tor meines Schädelpalasts hält die rote, löwengesichtige Shernkala eine Kette und eine Schädelschale. Auf dem nördlichen Blütenblatt-Tor meines Schädelpalasts hält die grüne, schlangengesichtige Ghanta eine Glocke und eine Schädelschale. Vor den vier Weisheitsemanationen der weiblichen Torhüter verneige ich mich, ihnen bringe ich Opfergaben dar, zu ihnen nehme ich Zuflucht, und an sie richte ich meine Bitten. Wenn ich und andere aus diesem Leben scheiden und nach dem Verlassen des Körpers die Visionen des Zwischenzustands der Realität dämmern, wenn ich durch die

Gewalt machtvoller Fehlwahrnehmungen im Rad des Lebenskreise, mögen sie, um die Tore der fehlgeleiteten vier Arten von Wiedergeburt zu verschließen, die Tore der vier wunderbaren Aktivitäten öffnen! Mögen Ankusha und Pasha über meinen Weg wachen! Mögen Shernkala und Ghanta mich von hinten stützen! Mögen sie mich von den Nöten der Schrecken des Zwischenzustands erlösen! Mögen sie mich zur vollkommenen Buddhaschaft tragen!

OM AH HUM

In den kleinen Kanälen außerhalb des östlichen Tores meines Schädelpalasts erscheinen die sechs machtvollen, befriedenden Yoginis: die weiße, yakgesichtige Rakshasi, die einen Vajra hält, die fahlgelbe, schlangengesichtige Brahmi, die einen Lotos hält, die fahlgrüne, leopardengesichtige Maheshvari, die einen Dreizack hält, die fahlblaue, affengesichtige Lobha, die ein Rad hält, die rosafarbene, maultiergesichtige Kumari, die eine Lanze hält, und die weiße, bärengesichtige Indrani, die eine Eingeweideschlinge hält. Mögen diese sechs Yoginis von Osten erscheinen, befrieden und die Aktivitäten des Beseitigens der Schrecken des Zwischenzustands vollenden.

OM AH HUM

In den kleinen Kanälen außerhalb des südlichen Tores meines Schädelpalasts erscheinen die sechs machtvollen vermehrenden Yoginis: die gelbe, fledermausgesichtige Vajra, die ein Rasiermesser hält, die orangefarbene, seeungeheuergesichtige Shanti, die eine Vase hält, die orangefarbene, skorpiongesichtige Amrita, die einen Lotos hält, die fahlgelbe, falkengesichtige Chandra, die einen Vajra hält, die gelbgrüne, fuchsgesichtige Gada, die eine Rute hält, die gelbschwarze, tigergesichtige Rakshasi, die Blut aus einer Schädelschale trinkt. Mögen diese sechs vermehrenden Yoginis von Süden erscheinen und die Aktivitäten des Vermehrens von Weisheit im Zwischenzustand vollenden!

OM AH HUM

In den kleinen Kanälen außerhalb des westlichen Tores meines Schädelpalasts erscheinen die machtvollen dominierenden Yoginis: die rotgrüne, geiergesichtige Bhakshasi, die eine Keule hält, die rote, pferdegesichtige Rati, die den Rumpf eines menschlichen Leichnams hält, die rosafarbene, adlergesichtige Mahabali, die eine Rute hält, die rote, hundegesichtige Rakshasi, die einen Vajra hält, die rote, wiedehopfgesichtige Kama, die mit Pfeil und Bogen schießt, und die rotgrüne, hirschköpfige Vasuraksha, die eine Vase hält. Mögen diese sechs dominierenden Yoginis von Westen erscheinen und die Aktivitäten des Erleichterns der Befreiung im Zwischenzustand vollenden!

OM AH HUM

In den kleinen Kanälen außerhalb des nördlichen Tores meines Schädelpalasts erscheinen die sechs machtvollen zerstörenden Yoginis: die blaugrüne, wolfsgesichtige Vayavi, die ein Banner schwenkt, die grünrote, steinbockköpfige Narini, die einen Pfählungsstock hält, die dunkelgrüne, schweinsgesichtige Varahi, die eine Schlinge aus Stoßzähnen hält, die grünrote, krähengesichtige Rati, die die abgezogene Haut eines Kindes hält, die dunkelgrüne, elefantengesichtige Mahanasi, die einen menschlichen Leichnam hält, und die blaugrüne, schlangengesichtige Varuni, die eine Schlangenschlinge hält. Mögen diese sechs erschreckenden Yoginis von Norden erscheinen und die Aktivitäten des Zerstörens von Fehlwahrnehmungen im Zwischenzustand vollenden!

OM AH HUM

Am östlichen Tor meines Schädelpalasts hält die weiße, kuckucksgesichtige Vajra einen Stachelstock. Am südlichen Tor hält die gelbe, ziegengesichtige Vajra eine Schlinge. Am westlichen Tor hält die rote, löwengesichtige Vajra eine Kette. Am nördlichen Tor hält die grüne, schlangengesichtige Vajra eine Glocke. Mögen diese vier machtvollen weiblichen Schützer die Arbeit der Emanation ausführen und das Verschließen der Wiedergeburtstore vollenden!

OM AH HUM

Vor den achtundzwanzig machtvollen Yoginis verneige ich mich, ihnen bringe ich Opfergaben dar, zu ihnen nehme ich Zuflucht, und an sie richte ich meine Bitten. Wenn ich und andere aus diesem Leben scheiden und nach dem Verlassen des Körpers die Visionen des Zwischenzustands der Realität dämmern, wenn ich durch die Gewalt machtvoller Fehlwahrnehmungen im Rad des Lebens kreise, mögen die sieben östlichen Göttinnen mich auf dem Lichtpfad der brillanten Klänge, Lichter und Strahlen führen! Mögen die sieben südlichen Göttinnen mich von hinten stützen! Mögen die sieben westlichen Göttinnen mich von den Grenzen her schützen! Mögen die sieben nördlichen Göttinnen zerstören und befreien! Mögen sie mich von den Nöten der Schrecken des Zwischenzustands erlösen! Mögen sie mich zur vollkommenen Buddhaschaft tragen!

OM AH HUM

Zur Zeit des Aufenthalts im Zwischenzustand stehen die sechzig Heruka-Gottheiten lebendig, in Körpern aus fünffarbigem Licht, im Schädelpalast meines Gehirns und an meinem Scheitel. Wenn ich aus diesem Leben scheide, mögen die Heruka-Gottheiten gleich nach Verlassen des Körpers aus dem Innern meines Gehirns hervortreten. Mögen sie erscheinen und die gesamte Welt der dreimilliarden Universen füllen. Wohlgeschmückt und gutausgestattet, stehen die Herren und Gefährtinnen von erschreckendem Benehmen mit ihren grimmigen Körpern in einer unendlichen Fülle von Klängen, Licht und Strahlen, mit Ausrüstungen des Zaubers, der Tapferkeit und des Schreckens. Sie lassen wildes, todbringendes und zorniges Gebrüll erschallen, sie lodern vor Zorn des Mitgefühls, vor Wildheit und Raserei. Zum Schmuck sind sie mit Knochenasche, Blut und Fett eingeschmiert. Sie tragen bluttropfende Häute und Schurze aus Tigerfell. Geschmückt mit Schädelgirlanden, Schlangenschärpen und lodernden Flammen, brüllen sie wie tausend Donnerschläge: »HA HA HUM PHAT! Schlagt! Tötet!« So laufen sie umher mit mehreren Köpfen und vielen Gerätschaften.

Sie erschüttern die milliarden Welten auf vielerlei Weise. All ihre Klänge, Lichtstrahlen und Energien sind von schrecklicher Erscheinung. Wenn diese alle vor mir erscheinen, möge die mitfühlende Schar der grimmigen Heruka-Gottheiten mit ihrem Mitgefühl nicht sparsam sein. Wenn ich durch die Gewalt machtvoller Instinkte im Rad des Lebens kreise, mögen mich die grimmigen Herukas auf dem Pfad des Aufgebens der ängstlichen, panischen und schrecklichen Visionen leiten! Mögen die grimmigen Göttinnen mich von hinten stützen! Mögen die Gauri- und Simha-Torwächterinnen mich von den Grenzen her schützen! Mögen die acht erhebenden Göttinnen mich von den heiligen Orten hervorheben! Mögen die tiergesichtigen Göttinnen Hindernisse beseitigen! Mögen die vier großen Torhüterinnen die Tore der Wiedergeburt verschließen! Mögen sie mich von den Nöten der Schrecken des Zwischenzustands erlösen! Mögen sie mich zur vollkommenen Buddhaschaft führen!

OM AH HUM

Wenn ich meine Lieben verlasse und einsam wandern muß und leere Formen in meiner Wahrnehmung erscheinen, mögen die Buddhas die Kraft ihres Erbarmens aufbieten und die lähmenden Schrecken des Zwischenzustands abwenden! Wenn der strahlende Pfad des Weisheitslichts dämmert, möge ich ihn, frei von Panik und Furcht, als meine eigene Wirklichkeit erkennen! Wenn die milden und rasenden Körperformen erscheinen, möge ich mit furchtlosem Vertrauen die Wirklichkeit des Zwischenzustands erkennen! Wenn ich unter dem Einfluß negativer Evolution Leiden erfahre, möge die archetypische Gottheit alles Elend beseitigen! Wenn der natürliche Klang der Wirklichkeit wie tausend Drachen donnert, möge der Krach zum Klang des Mahayana-Dharma wenden! Wenn ich der Evolution ohne Zuflucht folgen muß, möge der Herr des Großen Erbarmens mir und anderen Zuflucht gewähren! Wenn der Instinktkörper leidet, möge der Samadhi der Glückseligkeit Klaren Lichts entstehen! Möge ich die Reiche der fünf Elemente nicht als feindlich hassen, sondern sie als die reinen Reiche der fünf

Buddha-Familien erleben! Durch die Kraft des Segens der Meister der esoterischen Tradition, durch das Erbarmen der wunderbaren Milden und Grimmigen Gottheiten und durch meinen eigenen reinen hohen Entschluß – möge alles, wofür ich gebetet habe, in Erfüllung gehen!

Ideal wäre es, wenn Sie, bevor Sie mit diesem Text zu arbeiten beginnen, bereits einen qualifizierten Lama als Lehrer gefunden, einige grundlegende Vorbereitungen absolviert und Erlaubnis oder Initiation zur Anwendung dieser Visualisationen erhalten hätten. Unter Bedingungen, in denen das noch nicht möglich ist, und wenn man eine grundlegend respektvolle und positive Einstellung hat, ist es in Ordnung, auf sich selbst gestellt zu arbeiten, um die Gottheiten des Zwischenzustands kennenzulernen und sich auf die Erfahrungen des Zwischenzustands vorzubereiten. Der Schlüssel für eine erfolgreiche Anwendung der *Dharma-Praxis* liegt in ihrer dauernden Wiederholung. Wenn Sie diesen Text zum ersten Mal rezitieren und zu visualisieren versuchen, werden Sie sich verloren und unbehaglich vorkommen. Sie werden es schwierig finden, überhaupt etwas zu visualisieren. Die Namen und Gottheiten werden Ihnen exotisch vorkommen. Ihre Aufmerksamkeit wird von Ihrem Herz-, Kehl- und Hirn-Zentrum abschweifen. Sie werden sich unbehaglich, unzulänglich, verwirrt und vielleicht auch irritiert fühlen.

Entspannen Sie sich. Machen Sie sich Farbkopien von den Abbildungen und stellen Sie sie an einem für die Meditation gut geeigneten Ort auf. Nehmen Sie sich vor, den Text immer wieder leise zu lesen. Denken Sie, daß die Gottheiten einfach da sind, gleichgültig ob Sie sie wahrnehmen oder nicht. Schließlich ist ja auch Ihr Brustkorb immer da, und wie oft denken Sie an ihn, Rippe für Rippe? Während Sie jeden Abschnitt lesen, schauen Sie sich die entsprechenden Bilder an, und versuchen Sie sich vorzustellen, daß Ihr Vajrasattva-Lichtkörper die entsprechende Gottheit an der jeweiligen Stelle enthält. Selbst ein vorübergehender Farbeindruck, eine vage Vorstellung von Form ist bereits ein Fortschritt. Wenn Sie nur beharrlich bleiben, werden Sie sich in der Praxis allmählich immer mehr zu Hause fühlen, und, was noch wichtiger ist, die verschiedenen Gottheiten werden Ihnen immer vertrauter.

Setzen Sie sich keine strikten Ziele. Hoffen Sie nicht auf Durchbruchserfahrungen oder phantastische Visionen – und kleben Sie nicht an eventuellen angenehmen Erfahrungen. Die große Durchbruchserfahrung erwartet uns alle nach unserem Tod, im Zwischenzustand – es geht darum, für sie bereit zu sein. Versuchen Sie jeweils immer nur ein wenig zu üben. Das Geheimnis liegt darin, zu einem Zeitpunkt aufzuhören, wo die Praxis noch Freude macht. Erschöpfen Sie sich nicht mit dem Vorsatz, immer sehr lange Sitzungen zu machen, sonst werden Sie schon zu Beginn der nächsten Sitzung einen leichten Widerstand spüren. Wenn Sie auf diese Weise allmählich und beständig üben, werden Sie sich im Laufe der Zeit immer besser vorbereitet fühlen. Versuchen Sie ebenfalls, die Gebete und Verse für den Zwischenzustand auswendig zu lernen oder gut mit ihnen vertraut zu werden. Studieren Sie alle Teile der Natürlichen Befreiung, und lernen Sie soviel wie möglich über den Buddhismus und die tibetische Zivilisation. Es wird Ihnen Freude machen und nützen. Möge dies allen Wesen Wohlergehen und Glück bringen!

8. Die Natürliche Befreiung durch Nackte Schau, Aufzeigen der Urintelligenz

Die *Nackte Schau* ist eine Zusammenfassung der philosophischen und kontemplativen Doktrinen der Großen Vollkommenheit, die die erhabenste und höchste Lehre der Nyingma-Tradition darstellt und den Lehren des *Buches der Natürlichen Befreiung* zugrunde liegt. Ich füge diesen Text, obwohl er bereits übersetzt wurde, hier an, weil er von so großer Schönheit ist, weil sein Studium das Verständnis des Lesers für die ganze Natürliche Befreiung vertiefen kann und weil ich ihn einfach sehr mag. Obwohl er die höchste und fortgeschrittenste Lehre zum Ausdruck bringt, besitzt er den besonderen Vorteil, daß er die metaphysische Sicht des Buddhismus auch dem gewöhnlichen Leser zugänglich macht.

Dieser Text ist eher philosophisch und nicht so erfahrungsbezogen wie das meiste im *Buch der Natürlichen Befreiung*. Er beschäftigt sich mit der tiefgründigen Realität, die den Lehren zugrunde liegt, ja letztlich Befreiung überhaupt ermöglicht. Der Text lehrt radikale Nichtdualität, die unmittelbare und befreiende Präsenz der endgültigen Wirklichkeit im Hier und Jetzt sowie die Aktualität von Frieden, Sicherheit, Wohlwollen und Glückseligkeit. Damit ist er für unsere moderne Kultur, in der viele religiöse Interpretationen eine Tendenz aufweisen, unsere unmittelbare Lebenserfahrung zu entwerten, und der Säkularismus alles auf sinnlose Materie reduziert, ganz besonders heilsam. Das Studium der *Nackten Schau* wird das Verständnis des Lesers für alle anderen Unterweisungen des *Buches der Natürlichen Befreiung* vertiefen. Der Text vermittelt die reinste Weisheit, etwas, das für die Verwirklichung wahrer Freiheit letztlich unverzichtbar ist.

Verehrung der Drei-Körper-Gottheit, der natürlichen Klarheit reiner Intelligenz!

»Nackte Schau« ist befreite Intuition – unvermittelte Erfahrung. Es kann dazu kommen, wenn jegliche konzeptuelle Ausrichtung, sowohl die bewußte Gedankenorientierung als auch die unbewußt eingewurzelten Vorurteile, vollständig aufgegeben wurden. Die zentrale Vorstellung ist die, daß jede Gottheit die natürliche Klarheit der reinen Intelligenz selbst ist. Alles reine Gewahrsein, Liebe, Vertrauen, Stabilität, Kraft, Klarheit und Güte – die »Starke Kraft« des Universums – *ist* unsere nackte Intelligenz *selbst*. Unser Ziel ist es also, alle Verwirrungen und verzerrten Programmierungen abzustreifen und einfach unsere natürliche Gutheit fließen zu lassen, unsere natürliche Sicherheit in unserer tatsächlichen tiefsten Wirklichkeit zu entdecken.

Hier wird übermittelt die *Natürliche Befreiung durch Nackte Schau, Aufzeigen der Urintelligenz* aus *Die tiefgründige Lehre der Natürlichen Befreiung durch Kontemplation der Milden und Grimmigen Buddha-Gottheiten.* Um das eigene innewohnende Gewahrsein zu erkennen, kontempliere es wohl, o vom Glück gesegnetes Kind!

SAMAYA GYA GYA GYAH!

Dieser Ausdruck macht uns darauf aufmerksam, daß es sich hier um eine esoterische Lehre handelt, die durch einen Eid besiegelt ist und unter dem Schutz von Geistwesen steht. Der Grund, warum diese Lehren traditionell geheimgehalten wurden, ist nicht Elitedenken oder Geiz seitens der erleuchteten Lehrer. Sie wurden vielmehr geheimgehalten, weil Ungebildete sie allzu leicht dahingehend mißverstehen können, daß zum Erlangen der Befreiung keinerlei Anstrengung nötig sei, daß alle ethische Beschränkung sowie Bemühung um Tugendhaftigkeit und geistige Entwicklung in Wirklichkeit überflüssig seien, und daß man tun könne, was immer man wolle. Fühlte der krasse Egoist sich somit bestätigt, daß er den Impulsen seiner Launen ungehindert freien Lauf lassen könne, so würde dieser Mensch zu einer Gefahr für sich selbst und andere. Nachdem ein Mensch sich jedoch von blinder Leidenschaft freigemacht, Freiheit von reaktivem Haß erreicht und Einsicht in die Relativität aller Haltungen und Zustände der Persönlichkeit gewonnen hat, muß diese einfache Lehre nicht mehr von den Geistwesen unter Verschluß gehalten werden. Sie steht bereitwillig zur Verfügung. In der modernen Gesellschaft, besonders in Zivilisationen, deren Ideologien lehren, die Wirklichkeit sei entweder böse und beängstigend oder neutral und letztlich sinnlos, steht es dem lesenden Publikum zu, diese radikal positive Lehre zu vernehmen.

Die Quintessenz

EMA HOH!

Ein Ausruf der Verwunderung und der Freude!
>Es ist der Eine Geist, der Leben und Befreiung ganz umfaßt.
>Obwohl er die ursprüngliche Natur ist, ist er dennoch unerkannt.
>Obwohl seine strahlende Intelligenz ununterbrochen ist, hat niemand sein Gesicht gesehen.
>Obwohl er unaufhörlich überall erscheint, ist er dennoch unbekannt.
>Um diese objektive Natur kenntlich zu machen,
>haben die Sieger der drei Zeiten
>die vierundachtzigtausend Dharma-Lehren verkündet,
>die nichts enthalten als diese Erkenntnis.
>Obwohl die Lehren endlos sind wie der Himmel,
>ist ihrer aller Bedeutung in den drei Worten
>des Aufzeigens der Urintelligenz enthalten.
>Diese direkte Einführung in die Absicht der Sieger –
>ebendies ist der Eingang in die Freiheit vom Fortschreiten.

Diese einfache Lehre – die drei Worte »Dies ist Es!« – ist der letztendliche Sinn aller anderen Lehren sämtlicher Buddhas. Ihr unermeßliches Erbarmen antwortet mit jeder erdenklichen Varietät und Vielschichtigkeit an Heilmitteln auf die Varietät und Vielschichtigkeit menschlicher Verstrickungen. Aber die Grundaussage ist stets, daß alles Gute, alle Weisheit und aller Friede stets hier und jetzt in jedem Atem und Augenblick des Seins vorhanden ist.

Die Notwendigkeit für diese Einführung

>   KAYI HO!

Ein Aufruf zu Aufmerksamkeit und freudiger Wachheit.
> Vom Glück begünstigte Kinder, höret!
> Obwohl das, was gemeinhin »Geist« genannt wird,
> allgemein geachtet und viel diskutiert wird,
> ist er dennoch nicht verstanden oder falsch verstanden oder
> nur einseitig verstanden worden.
> Und weil er nicht korrekt verstanden wurde,
> entsteht die unermeßliche Anzahl philosophischer Thesen.
> Da die gewöhnlichen entfremdeten Menschen ihn nicht verstehen,
> erkennen sie auch nicht ihre eigene Natur
> und kreisen, unaufhörlich leidend, in den sechs Daseinsbereichen der drei Welten.
> Die Wirklichkeit des eigenen Geistes nicht zu verstehen,
> ist daher ein tragischer Fehler.

Wir verbringen unser ganzes Leben mit dem Versuch, lose Enden zusammenzufügen, uns das Wissen anzueignen, das wir für die Aufgabe unseres Überlebens für so wesentlich halten. Aber zahllose Leben haben wir immer und immer wieder den völligen Verlust all dessen erlitten, nur weil wir nicht erkannt haben, wer oder was wir eigentlich sind. Wir haben geglaubt, absolute Lebenszentren zu sein, und versucht, im Kampf gegen eine feindliche Umwelt, unsere Existenz gegen alle Widerstände zu verlängern. Niemals haben wir erkannt, daß unsere innewohnende Intelligenz selbst jene Starke Kraft ist, die alle Dinge zusammenhält, daß wir seit jeher essentiell mit unserer höchsten Erfüllung, unserem höchstmöglichen Ziel eins gewesen sind. Aus diesem Grund haben wir stets gekämpft, gefürchtet, gelitten und unsere Anstrengung in genau die entgegengesetzte Richtung gelenkt.

> Schüler und Einsiedler-Buddhas sprechen von Erkenntnis
> einer teilweisen Selbst-losigkeit, erkennen dieses jedoch
> nicht genau.
> Gefesselt von den Aussagen ihrer Abhandlungen und Theorien,
> erblicken sie nicht die Theorie des Klaren Lichts.

Schüler und Einsiedler-Buddhas (Sravakas und Pratyekabuddhas) sind die zwei Arten von Heiligen des Individuellen Fahrzeugs. Von einer bestimmten Ebene falscher Selbstsucht sind sie gültig befreit. Sie haben gültige Einsicht in die Wirklichkeit gewonnen. Allerdings ist ihre Einsicht nicht vollständig. Ihre Instinkte sind immer noch gestört, und sie können ihre groben und subtilen Strukturen nicht völlig in die Transparenz der endgültigen Wirklichkeit auflösen.

> Schüler und Einsiedler sind durch Haften an Subjekt und
> Objekt behindert.
> Zentristen sind von extremer Sicht der zwei Wirklichkeiten
> behindert,
> Ritual- und Ausübungs-Tantriker durch Extremismus in Dienst
> und Übung,
> die Anhänger des Großen (Maha) und Umfassenden (Anu)
> Tantra
> durch Haften an der Zweiheit von Raum und Gewahrsein.
> Sie irren, weil sie im Nichtdualen dualistisch bleiben,
> und weil sie beides nicht als eins erkennen, können sie nicht
> erwachen.

> Die Gesamtheit von Leben und Befreiung ist untrennbar
> von ihrem eigenen Geist;
> dennoch kreisen sie, von Vorliebe und Abneigung getrieben,
> weiter im Rad des Lebens.

Padmasambhava kritisiert die Individualisten (Hinayanisten) für ihren Dualismus in der Wahrnehmung von Subjekt und Objekt. Er kritisiert die Universalisten (Mahayanisten), die der von Nagarjuna begründeten Philosophie des Zentrismus anhängen, für ihre Überbetonung entweder der relativen oder der absoluten Wirklichkeit, oder sogar für ihre Überschätzung des Schemas zweier Wirklichkeiten selbst. Er kritisiert die Praktizierenden des ritualistischen Tantra für ihre dualistische Haltung bezüglich der Trennung, die sie zwischen sich selbst und den Gottheiten machen, die sie in ihren Ritualen und Visualisationen anrufen. Er kritisiert die höheren, eher yogisch eingestellten Tantriker für ihr Festhalten an einem Unterschied zwischen ihrem eigenen Geist und dem diamantenen Reich der Vollkommenheit der großen Mandalas oder Reinen Bereiche.

> Darum, indem du alles Geschaffene in freiem Nicht-Tun
> aufgehen läßt,
> erkenne die große natürliche Befreiung aller Dinge durch
> die Lehre
> der natürlichen Befreiung durch Nackte Schau deiner eigenen
> Intelligenz!
> So ist in der Großen Vollkommenheit alles vollkommen!

Hier stellt er die Anhänger des Ati-(Endgültigen-)Tantra an die Spitze aller Fahrzeuge, weil sie sich mit der subtilsten Praxis, der Nicht-Praxis des Erlangens der Nichtdualität durch radikales Eintauchen in die Unmittelbarkeit ohne dualistische Anstrengung, beschäftigen. Solcherart ist die Lehre der Großen Vollkommenheit.

SAMAYA GYA GYA GYA!

Die detaillierte Einführung

> »Geist«, der strahlende Prozeß der reinen Intelligenz –
> einerseits existiert er, andererseits jedoch nicht.
> Er ist Ursprung der Freude und des Leids von Leben und
> Befreiung.
> Er gilt als wesentlich für die elf Fahrzeuge der Befreiung.

Noch einmal, der Geist existiert als die grundlegende Intelligenz der Wirklichkeit, die essentiell leere Transparenz, welche die unbewegliche Starke Kraft des Multiversums darstellt. Andererseits kann man jedoch nicht sagen, er »existiere«, weil es letztlich nichts anderes gibt –, er hebt sich nicht von etwas anderem, Nichtexistenten ab. Er ist die universelle Einheit der endgültigen Wirklichkeit. Die »elf Fahrzeuge« haben nichts mit den gewöhnlichen »neun Fahrzeugen« zu tun, die von Padmasambhava erwähnt werden und die drei exoterischen Fahrzeuge, die drei niederen Tantras und die drei höchsten Tantras beinhalten. Der Begriff bezieht sich, als verallgemeinernde Zahl, auf die vielen Fahrzeuge, buddhistischer und nichtbuddhistischer Art, die zur Befreiung führen. Im Anschluß folgen elf Namen für den Geist, die in verschiedenen indischen philosophischen Systemen Verwendung finden. Jeder dieser Namen wird von einer anderen Schule gebraucht.

> Seine Namen variieren endlos in unterschiedlichem
> Zusammenhang.
> Einige nennen den Geist »die Geist-Wirklichkeit«.
> Fundamentalisten nennen ihn »Selbst« (Atman).
> Schüler nennen ihn »Selbst-losigkeit« (Anatman).
> Idealisten nennen ihn »Geist«.
> Einige nennen ihn »transzendente Weisheit« (Prajnaparamita).
> Einige nennen ihn »Buddha-Natur« (Tathagatagarbha).
> Einige nennen ihn »das Große Siegel« (Mahamudra).
> Einige nennen ihn »den Seelen-Tropfen«.
> Einige nennen ihn »Raum der Wahrheit« (Dharmadhatu).

Einige nennen ihn »die Grundlage« (Alaya).
Einige nennen ihn »das Gewöhnliche«.

Es ist nicht einfach, diese elf Typen genau zu identifizieren. Sie scheinen sich zu beziehen auf: den Autor, Hindu-Philosophen, buddhistische Individualisten, Idealisten, Zentristen, Immanentisten, drei Schulen tantrischer Adepten, idealistische Tantriker und wieder den Autor.

Der dreifache Zugang
Dies als Einführung in den dreifachen Zugang zu diesem Dies-Selbst:
Erkenne den vergangenen Geist als spurlos, klar und leer, den zukünftigen Geist als ungeschaffen und neu und das gegenwärtige Gewahrsein als natürlich bleibend, unverfälscht.

Mit »dreifach« ist hier anscheinend die dreifache Dekonstruktion der drei Zeiten (Vergangenheit, Gegenwart und Zukunft) gemeint, durch die wir uns von der Verdinglichung einer zeitlichen Abfolge befreien, um Zugang zu zeitlosem Gewahrsein zu gewinnen.

So erkenne Zeit in ihrer ganz gewöhnlichen Weise.
Wenn du nackt dich selbst betrachtest,
ist dein Schauen transparent, und nichts ist zu sehen.
Dies ist nackte, unmittelbare, klare Urintelligenz.

Das ist die schnelle Auflösung des paradoxen Prozesses einer Meditation, in der man nach dem Selbst sucht, welches nach dem Selbst sucht. Hiermit wird in der Einsichtsmeditation eine innere Kreiselbewegung erzeugt, welche zum Diamantbohrer kritischer Weisheit wird, der alle scheinbare Substantialität eines dem Anschein nach wesenhaft identifizierbaren Selbst durchschneidet und so zur Erkenntnis von Leerheit und zur Erfahrung von Freiheit führt.

> Es ist klare Leerheit ohne Festlegungen.
> Reinheit der nichtdualen Klarheit-Leerheit;
> nicht-dauerhaft, frei von jedem wesenhaften Status,
> nicht-vernichtet, strahlend und erkennbar,
> keine Einheit, vielfältig unterscheidende Klarheit,
> ohne Vielheit, unteilbar, von einem einzigen Geschmack,
> nicht-abgeleitet, selbst-gewahr, ist es eben diese Wirklichkeit.

Diese Passage ruft Nagarjunas berühmten Eingangsvers seines Werkes »Weisheit« in Erinnerung, in dem er die acht besonderen Merkmale endgültiger Wirklichkeit aufstellt: nicht-erloschen, nicht-geschaffen, nicht-dauerhaft, nicht-vernichtet und so weiter.

> Diese objektive Identifikation der Aktualität der Dinge
> enthält die Drei Körper vollständig in einem:
> den Wahrheitskörper, die Leerheit, frei von wesenhaftem Status;
> den Seligkeitskörper, strahlend von der natürlichen Energie der Freiheit;
> den Emanationskörper, unaufhörlich überall erscheinend.
> Ihre Wirklichkeit ist diese drei vollständig in einem.

Hier zeigt Padmasambhava, wie die Drei Körper vollkommener Buddhaschaft in allem präsent sind und niemals von der Transparenz, von der unendlichen Nichtdualität universeller Vollkommenheit ausgeschlossen werden können. Daher ist der Eintritt in diese Wirklichkeit nicht bloß ein geistiger Sprung in einen subtilen Bereich seliger Abgehobenheit, sondern reine Unmittelbarkeit, völlige Präsenz, die unendlich in den Kontakt mit aller Realität hineinreicht, jenseits der Dualität von Einfachheit und Vielschichtigkeit.

Die kraftvolle Methode

> Dies als Einführung in die kraftvolle Methode, in eben diese
> Wirklichkeit einzutreten:
> Dein eigenes Gewahrsein, gerade jetzt, ist eben dies!
> Da es einfach diese unverfälschte, natürliche Klarheit ist,

warum sagst du: »Ich verstehe die Natur des Geistes nicht«?
Da es in dieser ununterbrochenen, klaren Intelligenz
nichts zu meditieren gibt,
warum sagst du: »Ich erkenne die Aktualität des Geistes
nicht«?
Da es einfach der Denker im Geist ist,
warum sagst du: »Selbst wenn ich suche,
kann ich es nicht finden«?
Da es nichts zu tun gibt,
warum sagst du: »Was ich auch tue, es hat keinen Erfolg«?
Da es genügt, unverfälscht zu bleiben,
warum sagst du: »Ich kann nicht stillhalten«?
Da es in Ordnung ist, mit Nichtaktivität zufrieden zu sein,
warum sagst du: »Ich kann es nicht tun«?
Da klar, gewahr und leer automatisch untrennbar sind,
warum sagst du: »Übung ist nicht wirksam«?
Da es natürlich, spontan, frei von Ursache und Bedingung ist,
warum sagst du: »In der Suche ist es nicht zu finden«?
Da Gedanken und natürliche Befreiung gleichzeitig sind,
warum sagst du: »Heilmittel sind wirkungslos«?
Da deine eigene Intelligenz eben dies ist,
warum sagst du: »Ich kenne Dies nicht«?

Diese Worte sind recht einfach, doch ihre Konsequenzen sind tiefgreifend. Padmasambhava fordert die gewöhnlichen Denkgewohnheiten heraus, durch die wir uns von der Erfahrung und Verantwortung des einfachen Verstehens unseres So-Seins und der sich daraus ergebenden Einladung zu einem freien Leben im Einklang mit diesem Verständnis abschneiden.

Sei gewiß, daß die Natur des Geistes bodenlose Leerheit ist.
Dein Geist ist ohne Substanz, wie der leere Raum –
ob es sich so verhält oder nicht, erforsche im eigenen Geist!
Dich nicht an die Sicht einer vernichtenden Leere bindend,
sei gewiß, daß spontane Weisheit seit jeher deutlich
gewesen ist,
spontan aus sich selbst heraus, wie die Essenz der Sonne –

ob es sich so verhält oder nicht, erforsche im eigenen Geist!
Sei gewiß, daß intelligente Weisheit ununterbrochen ist
wie das dauernde Strömen eines Flusses –
ob es sich so verhält oder nicht, erforsche im eigenen Geist!
Sei gewiß, daß sie nicht durch logisches Argumentieren
erdenkbar ist,
ihre Bewegungen substanzlos, wie ein Lufthauch im
Firmament –
ob es sich so verhält oder nicht, erforsche im eigenen Geist!
Sei gewiß, daß alles, was erscheint, deine eigene Wahrnehmung ist.
Erscheinung ist natürliche Wahrnehmung, wie eine Reflexion
im Spiegel –
ob es sich so verhält oder nicht, erforsche im eigenen Geist!
Sei gewiß, daß alle Merkmale auf der Stelle befreit sind,
selbstentstanden, selbstbefreit, wie Wolken am Himmel –
ob es sich so verhält oder nicht, erforsche im eigenen Geist!
Es gibt nichts, was nicht im Geist enthalten wäre,
wo sonst ist Meditation, außer im Geist?
Es gibt nichts, was nicht im Geist enthalten wäre,
es gibt keine Lehren, die zu üben wären, außer der
Geist-Übung.
Es gibt nichts, was nicht im Geist enthalten wäre,
es ist keine Verpflichtung zu halten, außer im Geist.
Es gibt nichts, was nicht im Geist enthalten wäre,
es gibt kein Ziel zu erreichen, außer im Geist.
Schau wieder! Schau wieder! Erforsche deinen eigenen Geist!
Wenn du nach außen schaust, in die Welt des Raumes,
wird der Geist seine Spiegelungen nicht zeigen.
Blicke hierhin, in deinen Geist,
es gibt keinen Erzeuger für die Emanationen des Geistes.
Dein Geist ist Klarheit ohne Halluzinationen.
Es ist der Wahrheitskörper, selbst-gewahre, klare, lichte
Leerheit,
wolkenlos und durchscheinend wie ein Sonnenaufgang,

ungehindert durch Form ist er tatsächlich überall deutlich erkennbar.
Ob du diesen Punkt verstehst oder nicht, macht einen gewaltigen Unterschied.

Dies ursprünglich ungeschaffene, unmittelbare Klare Licht, dies Gewahrseins-Kind hat wunderbarerweise keine Eltern!
Diese unmittelbare Weisheit hat wunderbarerweise niemand geschaffen!
Niemals geboren, kann es wunderbarerweise niemals sterben!
Obwohl offensichtlich deutlich, gibt es wunderbarerweise niemanden, der es sieht!
Obwohl es im Rad des Lebens kreist, ist es wunderbarerweise nicht schlecht!
Obwohl es die Buddhaschaft erblickt, ist es wunderbarerweise nicht gut!
Obwohl es überall in jedem ist, blieb es wunderbarerweise unerkannt!
Jenseits dieser Wirklichkeit versuchst du wunderbarerweise andere Früchte zu gewinnen!
Obwohl du selbst es bist, versuchst du es wunderbarerweise anderswo zu finden!
Ema! Dies strahlende, dinglose Jetzt-Gewahrsein
ist der Gipfel aller Sichtweisen!
Diese nichtwahrnehmende, universelle, völlige Freiheit
ist der Gipfel jeder Meditation!
Diese unverfälschte, gelassene Lebensart
ist der Gipfel aller Lebensführung!
Diese nichterstrebte, ursprüngliche, mühelose Errungenschaft,
ist der Gipfel jeglicher Vollendung!

Die vier Untrüglichkeiten und die vier Nägel
Die Lehre der vier Untrüglichkeiten des Universellen Fahrzeugs:
Dies große Fahrzeug ist untrüglich in der Sicht.

Da es strahlendes Jetzt-Gewahrsein ist,
wird es »Fahrzeug« genannt, weil klar und untrüglich.
Dies große Fahrzeug ist untrüglich in der Meditation.
Da es strahlendes Jetzt-Gewahrsein ist,
wird es »Fahrzeug« genannt, weil klar und untrüglich.
Dies große Fahrzeug ist untrüglich in der Lebensführung.
Da es strahlendes Jetzt-Gewahrsein ist,
wird es »Fahrzeug« genannt, weil klar und untrüglich.
Dies große Fahrzeug ist untrüglich in seiner Frucht.
Da es strahlendes Jetzt-Gewahrsein ist,
wird es »Fahrzeug« genannt, weil klar und untrüglich.

Die Lehre der vier großen Nägel der Unerschütterlichkeit:
Der große Nagel der unerschütterlichen Sicht
ist einfach dieses strahlend bewußte Jetzt-Gewahrsein,
»Nagel« genannt, weil fest in den drei Zeiten.
Der große Nagel der unerschütterlichen Meditation
ist einfach dieses strahlend bewußte Jetzt-Gewahrsein,
»Nagel« genannt, weil fest in den drei Zeiten.
Der große Nagel der unerschütterlichen Lebensführung
ist einfach dieses strahlend bewußte Jetzt-Gewahrsein,
»Nagel« genannt, weil fest in den drei Zeiten.
Der große Nagel der unerschütterlichen Frucht
ist einfach dieses strahlend bewußte Jetzt-Gewahrsein,
»Nagel« genannt, weil fest in den drei Zeiten.

Die Einheit der Zeiten

Die Unterweisung zur Einheit der drei Zeiten:
Gib die Vorstellung einer »Vergangenheit« auf, und folge nicht früheren Spuren;
schneide mentale Verbindungen ab, und folge nicht künftigen Plänen;
halte das Jetzt nicht fest, und bleibe in der Erfahrung des Raums.
Frei von Meditation, meditiere nicht über etwas,

stütze dich auf Achtsamkeit, unabgelenkt, ohne daß es
Ablenkung gäbe,
frei von Konzentration und Ablenkung, schaue einfach nackt.
Selbstgewahre, selbsterkennende, selbstdeutliche Brillanz,
einfach erscheinend, ist der »Erleuchtungsgeist«,
man kann nicht darüber meditieren, er kann nicht Objekt der
Erkenntnis sein.
Unablenkbare, natürliche lichte Klarheit.
Erscheinung-Leerheit natürliche Befreiung
ist der strahlend leere Körper der Wahrheit.
In der Erkenntnis, daß Buddhaschaft nicht über Pfade zu
erlangen ist,
wird Vajrasattva eben jetzt geschaut.

Sicht, Meditation, Ethik, Frucht

Die Unterweisung zum Beenden der sechs Extreme:
Obwohl es eine Vielzahl sich widersprechender Sichtweisen gibt,
ist doch in diesem selbstgewahrenden Geist, dieser selbst-
entsprungenen Weisheit
keinerlei Dualität von Sehendem und Sicht vorhanden.
Suche den Sehenden im Sehen und im Nichtsehen.
Wird der Sehende gesucht, kann man ihn nicht finden,
und damit ist das Ende aller Sichtweisen erreicht.
Auf eben dies läuft die Auswirkung der Sicht hinaus!
Im schieren Fehlen jeder zu haltenden Sicht
ergib dich nicht der falschen Leere eines völligen Nichts.
Die deutliche Brillanz des selbstgewahren Jetzt-Bewußtseins –
eben dies ist die Sicht der Großen Vollkommenheit!
Hier ist für die Dualität von Erkennen und Nichterkennen kein
Platz.

Obwohl es eine Vielzahl sich widersprechender Meditationen
gibt,
ist doch im aufrechten Pfad des selbstgewahren alltäglichen
Bewußtseins

keinerlei Dualität von Meditation und Meditierendem vorhanden.
Suche den Handelnden im Meditieren und im Nichtmeditieren.
Wenn du den Meditierenden suchst und ihn nicht findest,
ist das Ende aller Meditation erreicht.
Auf eben dies läuft die Auswirkung der Meditation hinaus!
Im schieren Fehlen von Meditation und zu Meditierendem
ergib dich nicht der wilden Schwärze der Verblendung.
Die deutliche Brillanz des unverfälschten Jetzt-Bewußtseins –
eben dies ist die unverfälschte und ausgewogene Kontemplation!
Hier ist für die Dualität von Verweilen und Nichtverweilen kein Platz.

Obwohl es eine Vielzahl sich widersprechender ethischer Verhaltensweisen gibt,
ist doch im ausschließlichen Tropfen selbstgewahrer Weisheit
keinerlei Dualität von Handelndem und Handlung vorhanden.
Suche den Täter im Handeln und im Nichthandeln.
Wenn du den Handelnden suchst und ihn nicht findest,
ist das Ende jeglicher Ethik erreicht.
Auf eben dies läuft die Auswirkung der Ethik hinaus!
Im schieren Fehlen von Handlung und Handelndem
ergib dich nicht den Irrungen impulsiver Instinkte.
Die deutliche Brillanz des unverfälschten Jetzt-Bewußtseins,
ohne zu wählen und sich durch Künstlichkeit täuschen zu lassen –
eben dies ist das vollkommene ethische Verhalten!
Hier ist für die Dualität von Vollkommenheit und Unvollkommenheit kein Platz.

Obwohl es eine Vielzahl sich widersprechender Ergebnisse gibt,
ist doch im selbstgewahren Geist, der ohne Mühe die

Drei Körper ist,
keinerlei Dualität von Erlangen und Nichterlangen vorhanden.
Suche den Verwirklicher der Frucht selbst.
Wenn du den Verwirklicher suchst und ihn nicht findest,
ist das Ende jeder projizierenden Frucht erreicht.
Auf eben dies läuft die Essenz der Frucht hinaus!
Im schieren Fehlen einer zu erlangenden Frucht
ergib dich nicht den Sorgen um das Aufgeben und Annehmen.
Die deutliche Brillanz des unverfälschten Jetzt-Bewußtseins –
eben dies ist die Verwirklichung der manifesten Drei Körper.
Dies selbst ist die Frucht ursprünglicher Buddhaschaft!

Dies Erkennen

Dies Erkennen, frei von den acht Extremen wie Sein und Nichts,
nennt man das Zentrum, nicht kollabiert in einem Extrem.
Man nennt es ununterbrochen achtsame, gewahre Urintelligenz.
Da es die Essenz von Leerheit und Gewahrsein besitzt,
heißt es »Essenz der Glückseligen Buddhas«.
Wer diese Bedeutung kennt, überschreitet alles;
darum heißt es Transzendente Weisheit.
Da es den Geist überschreitet, frei von Grenze und Ursprung,
heißt es das Große Siegel!
Ob dies erkannt wird oder nicht,
darin liegt der Grund für Befreiung oder Leben in Grenzen,
Glück oder Leiden –
darum heißt es die universelle Grundlage.
Da es in nichts Besonderem weilt, wurde dem inneren Raum des Gewöhnlichen,
diesem eindeutigen, brillanten Bewußtsein selbst,
der Name gewöhnliches Bewußtsein gegeben.
Welchen wohlerwogenen poetischen Namen man ihm auch geben mag,

wer würde mehr wollen als einfach dieses selbstgewahre
Jetzt-Bewußtsein?
Wie bei der Suche nach den Spuren des Elefanten, den man zu
Hause hält,
könnte man das ganze Universum nach ihm durchkämmen
und würde ihn nicht finden.
Außer durch den Geist ist Buddhaschaft unmöglich zu
erreichen.
Wenn du dies nicht erkennst und außen nach dem Geist
suchst,
wie kann er, auf der Suche nach etwas anderem, sich selbst
finden?
Es ist wie bei einem Tölpel, der eine Menschenmenge angafft
und sich in den anderen verliert.
Sich nicht mehr erkennend und sich suchend,
hält er nun fälschlich andere für sich selbst.
Wenn du die grundlegende Wirklichkeit der Dinge nicht siehst,
deine Wahrnehmung nicht als deinen Geist erkennst, lieferst
du dich dem Rad des Lebens aus.
Indem du deinen eigenen Geist nicht als Buddha erkennst,
verhinderst du Nirvana.
Leben oder Befreiung, durch Nichtwissen oder Wissen –
in einem Augenblick sind sie ununterscheidbar.

Den eigenen Geist woanders zu sehen, ist ein Irrtum.
Doch sind Irren und Nichtirren eigentlich dasselbe.
Ein Wesen hat kein zweites Geistkontinuum.
Und Geist, ohne Tun in sich selbst gelassen, ist frei.
Erkennst du den Irrtum selbst nicht als Geist,
begreifst du niemals die Tiefe der Wirklichkeit,
selbstentstanden, selbstgeschaffen, schaut das Selbst auf sich
selbst.
Wo kommt das Wahrgenommene ursprünglich her?
Wo hält es sich zwischenzeitlich auf?
Und wohin geht es schließlich?

Es verhält sich wie bei der Spiegelung einer Krähe in einer Pfütze.
Sie fliegt von der Pfütze auf, die Reflexion aber verläßt die Pfütze nicht.
So erscheinen die Wahrnehmungen aus dem Geist,
und aus dem Geist erscheinend, sind sie im Geist befreit.

Geist ist alles
Der Geist selbst, dieser klare Allwissende, Allgewahre,
ist wie der Himmel, ursprüngliche Klarheit-Leerheit, untrennbar.
In der Klarheit ursprünglicher intuitiver Weisheit
ist einfach diese Festlegung die Wirklichkeit.
Der Grund ist, daß alle Erscheinung und Existenz
als der eigene Geist gesehen wird und daß dieser Geist selbst
in seiner Intelligenz und Klarheit raumgleich erkannt wird.

Obwohl das Beispiel vom Himmel die Wirklichkeit beschreiben soll,
ist es doch bloß eine Metapher und wird ihr nur zum Teil gerecht.
Der Geist selbst ist universell klar, leer und intelligent.
Der Himmel jedoch ist unintelligent leer, nur frei von festen Objekten.
Daher kann der Himmel die Bedeutung des Geistes nicht völlig vermitteln –
zaudere nicht, sondern konzentriere dich auf die eigentliche Wirklichkeit des Geistes.

Alle oberflächlichen Erscheinungen
sind ausnahmslos ohne den Status der Wahrheit, wie die Furcht.
So wird zum Beispiel alle Erscheinung und Existenz, Leben und Befreiung,
ausschließlich als dein eigener natürlicher Geist erblickt.

Indem du den Prozeß deines Geistes verwandelst,
kannst du die Verwandlung der äußeren Welt beobachten.
Alles ist daher die Wahrnehmung des Geistes,
die Wesen der sechs Daseinsbereiche nehmen jeweils auf ihre
eigene Weise wahr,
die Außenseiter-Fundamentalisten pflegen ihre Absolutismen
und Nihilismen.
Die neun Fahrzeuge haben jeweils eigene Ansichten.
Sie sehen Verschiedenheit, unterscheiden Verschiedenheit
und irren im Aufrechterhalten von Dichotomien und Haften an
Unterscheidungen.
Wer alle Erscheinungen als Geist versteht
und alles ohne Haften sieht, der erwacht.

Man irrt nicht im Wahrnehmen, man irrt im Anhaften.
Doch erkennt man auch das Haften als Geist, befreit es sich
von selbst.
Alles, was du wahrnimmst, ist die Wahrnehmung des Geistes,
augenscheinlich unbelebte Objekte der Umgebung sind Geist.
Augenscheinlich belebte sechs Arten von Wesen sind Geist.
Augenscheinliches Glück der höheren Welten von Göttern und
Menschen ist Geist.
Augenscheinliches Leid der gräßlichen Bereiche ist Geist.
Augenscheinlich mißverstehende fünf instinktive Gifte sind
Geist.
Augenscheinlich ursprüngliche Weisheits-Intelligenz ist Geist.
Augenscheinliche Verwirklichung von Gutheit und Befreiung
ist Geist.
Augenscheinliche Hindernisse durch Dämonen und Gespenster
sind Geist.
Augenscheinliche Wohltaten durch Gottheiten und Verwirk-
lichungen sind Geist.
Augenscheinliche unterschiedliche Reinheiten sind Geist.
Augenscheinliche nichtbegriffliche, eingerichtete Achtsam-
keit ist Geist.

Augenscheinliche Merkmale und Farben der Dinge sind Geist.
Augenscheinliche merkmalslose Nichterzeugung ist Geist.
Augenscheinliche Nichtdualität von Einem und Vielen ist Geist.
Augenscheinliche Abwesenheit von Sein und Nicht-Sein ist Geist.

Nichts erscheint außerhalb des Geistes.
Geistwirklichkeit dämmert unaufhörlich als alle Erscheinungen.
Und erscheinend sind sie, nichtdual, wie Wasser und Wogen des Ozeans,
in der erfahrenen Wirklichkeit des Geistes befreit.
Obwohl unaufhörlich Namen für Bezugspunkte erfunden werden,
existiert objektiv nichts außerhalb der Einheit des Geistes.
Diese Einheit ist grundlos und wurzellos frei.
Sie kann in keiner Richtung erblickt werden.
Sie kann nicht als Etwas betrachtet werden, weil sie bar jeden Status ist.
Sie kann nicht als Leere betrachtet werden, weil sie als intelligente Klarheit strahlt.
Und sie kann nicht als Entweder-Oder betrachtet werden,
denn Leere und Klarheit sind nichtdual.

Dein eigenes Gewahrsein ist also klar und eindeutig,
obwohl es so handelt, ist ein Handelnder unbekannt.
Obwohl frei von wesenhafter Wirklichkeit, werden Erfahrungen wahrgenommen.
Wenn du dies übst, wirst du völlig befreit.
Du wirst erkennen, gleich wie scharf deine Fähigkeiten sind.
Obwohl man aus Sesam und Milch Öl oder Butter gewinnen kann,
geht es doch nicht ohne Pressen und Schlagen ab.
Obwohl alle Wesen die eigentliche Essenz der Buddhaschaft sind,

können sie doch ohne Übung nicht erwachen.
Durch Übung wird selbst ein Kuhhirt erwachen,
er kann zwar nichts erklären, aber sich sehr wohl entscheiden.
Mit dem Geschmack des Zuckers auf der Zunge,
brauchst du niemanden, der ihn dir erklärt.
Verstehen sie diese Wahrheit nicht, irren selbst die Gelehrten.
Selbst wenn sie die neun Fahrzeuge fachmännisch zu erkären wissen,
ist es so, als wiesen sie nach Hörensagen den Weg zu einem Ort, an dem sie selbst nie gewesen sind –
sie waren der Buddhaschaft nicht einen Moment auch nur nah.
Wenn du diese Wahrheit erkennst, bist du natürlich frei von Tugend und Übelwollen.
Wenn nicht, führen sämtliche Tugenden und Bösartigkeiten zu nichts als Leben in Himmeln oder Höllen.
Wenn du nur deinen eigenen Geist als leere intuitive Weisheit erkennst,
können Tugend und Übelwollen ihre Wirkung nicht mehr verstärken.
Wie aus dem leeren Himmel nie eine Quelle entspringt,
so sind Tugend und Übelwollen in Leerheit nicht objektivierbar.

Auf daß du deine eigene nackte Urintelligenz intuitiv schaust,
ist die *Natürliche Befreiung durch Nackte Schau* äußerst tiefgründig.
Erforsche also die Wirklichkeit deiner eigenen Intelligenz.

Tiefgründig! Gesiegelt!

EMA! Wie wunderbar, das *Aufzeigen der Urintelligenz,
die Natürliche Befreiung durch Nackte Schau*,
ist für das Wohl von späteren Generationen in dekadenter Zeit verfaßt
so wie alle meine Tantras, Schriften und Unterweisungen,

wie wenige und wie kurz auch immer, sämtlich zu ihrem Wohl
entstanden sind.
Obwohl ich sie jetzt lehre, verberge ich sie als Schätze –
mögen die mit einer guten Evolution sie finden!

SAMAYA GAY GYA GYA

Diese Abhandlung, die die Urintelligenz wahrhaftig aufzeigt,
genannt *Natürliche Befreiung durch Nackte Schau*, wurde
verfaßt vom Abt aus Udyana, Padmasambhava. Möge sie nie
verlorengehen, bis das Lebensrad erschöpft ist!

Glossar

Adept, mit »Adept« habe ich das Sanskrit-Wort *siddha* übersetzt. Es bezeichnet einen Praktizierenden des Tantra, der in seinem gewöhnlichen Körper Buddhaschaft erlangt und damit Leben, Tod und Zwischenzustand überschritten hat, der aber dennoch in Verbindung mit seinem groben Körper bleibt, um befreiend unter den Wesen zu wirken.

Äußerst subtiler Körper-Geist, diese nichtduale Verbindung des unzerstörbaren Tropfens, der sich aus den subtilsten Windenergien zusammensetzt, mit dem erleuchteten Gewahrsein des Klaren Lichts ist sozusagen die buddhistische Seele, die Entität oder das Kontinuum, das von Leben zu Leben reist und das sich aus dem Leiden zyklischer Existenz zur Erleuchtung entwickelt. Siehe **Körper-Geist-Komplex.**

Aggregate, steht für den Sanskrit-Begriff *skandha*, der wörtlich »Haufen« bedeutet. Es gibt fünf Aggregate, die den normalen Körper-Geist-Komplex eines gewöhnlichen Wesens ausmachen, nämlich Form (Materie), Gefühle, Konzepte, Willensregungen und Bewußtsein. Sie werden Aggregate genannt, um auf das Fehlen einer festgelegten Struktur hinzuweisen, auf die Tatsache, daß es sich um eine lockere Ansammlung von Dingen in jeweiligen Kategorien handelt, die sämtlich bloß heuristischer Natur sind. Der nach dem Selbst Suchende nutzt dieses System, um dadurch schließlich seine Wirklichkeit der Freiheit von einem rigiden Selbst zu entdecken.

AH, eine mantrische Keimsilbe, die die Rede aller Buddhas symbolisiert und daher »Rede-Vajra aller Buddhas« genannt wird. Der Laut steht mit dem Seligkeitskörper, der Farbe Rot und dem Kehlkomplex des das Tantra Übenden in Verbindung.

Akshobhya, einer der fünf Milden archetypischen Buddhas, Herr der Vajra-Buddha-Familie, die mit der Himmelsrichtung Osten und dem Buddha-Land Abhirati verbunden ist. In der Natürlichen Befreiung repräsentiert er die Spiegelgleiche Weisheit, die Transmutation des Geistesgifts Verblendung, die Farbe Blau und das Aggregat Form. Seine Buddha-Gefährtin ist Buddhalochana. Die männlichen Bodhisattvas aus seinem Gefolge sind Kshitigarbha und Maitreya, die weiblichen Bodhisattvas Lasya und Pushpa. In der Natürlichen Befreiung wird er manchmal als Vajrasattva angesprochen, vielleicht, weil er der Buddha der Vajra-Familie ist.

Allesvollendende Weisheit, eine der fünf Weisheiten. Ergebnis der Transmutation des Neids. Sie wird mit dem Smaragd und der Farbe Grün assoziiert und »allesvollendend« oder auch »wunderwirkend« genannt, weil es sich um die Weisheit handelt, die die Bemühungen vieler Wesen koordinieren kann, im Gegensatz zum Neid, der die Wesen im Zustand des Konflikts hält. Dahinter steht die Vorstellung, daß es nichts gibt, was nicht erreicht werden kann – Wunder eingeschlossen –, sobald die Energien der Wesen zusammenwirken, statt gegeneinander zu arbeiten.

Allumfassende Güte, in der Natürlichen Befreiung und in den Lehren der Nyingma-Schule im allgemeinen repräsentiert der Buddha Samanthabhadra in männlicher und weiblicher Form eine Art Ur-Buddha, eine Buddha-Form, die der absoluten Wirklichkeit sehr nahe kommt. Sein/ihr Name bedeutet »Allumfassende Güte«, was darauf hindeutet, daß die tiefste Wirklichkeit von allem die Freiheit selbst ist, das, was das Glück der Wesen ermöglicht, und daher das, was sie als schiere Güte erleben. In anderem Zusammenhang kann auch ein Bodhisattva gleichen Namens gemeint sein.

Amitabha, einer der fünf Milden archetypischen Buddhas, Herr der Lotos-Familie der Buddhas, verbunden mit der Himmelsrichtung Westen und dem Buddha-Land Sukhavati. In der Natürlichen Befreiung repräsentiert er die Unterscheidende

Weisheit, die Transmutation des Geistesgifts Sinnliche Begierde, die Farbe Rot und das Aggregat der Konzepte. Seine Buddha-Gefährtin ist Pandaravasini. Amitabha ist in ganz Asien besonders durch das »Sutra vom Reinen Land« (*Sukhavativyuha*) bekannt, in dem eine Methode gelehrt wird, wie der gewöhnliche Mensch, indem er auf das Erbarmen Amitabhas vertraut, Wiedergeburt in dessen Reinem Land erlangen kann. Das wurde zur Basis für die Reines-Land-Schulen des Volksbuddhismus, die in der gesamten buddhistischen Welt viele Anhänger gewonnen haben.

Amoghasiddhi, einer der fünf Milden archetypischen Buddhas, Herr der Karma-Familie, verbunden mit der Himmelsrichtung Norden und dem Buddha-Land Prakuta, auch Karmasampat, »Evolutionärer Erfolg«, genannt. In der Natürlichen Befreiung repräsentiert er die Allesvollendende Weisheit, die Transmutation des Geistesgifts Neid, die Farbe Grün und das Aggregat Willensregungen. Seine Buddha-Gefährtin ist Tara, manchmal auch Samayatara genannt.

Archetypischer Buddha oder archetypische Gottheit, damit übersetze ich das Tibetische *yi dam* (Sanskrit: *ishtadevata*), eine göttliche Form der Erleuchtung, die von einem das Tantra Praktizierenden als Modell für sein oder ihr Ideal der verkörperten Erleuchtung gewählt wird. Der archetypische Buddha oder die archetypische Gottheit kann rituell, kontemplativ und narrativ als eigenständiges Wesen verehrt werden, kann aber auch als kontemplatives Rollenmodell in Praktiken dienen, in denen der Yogi oder die Yogini sich selbst mit der Gottheit identifiziert und die Gottheit zu werden versucht. Auf diese Weise wird die Form der Gottheit zur idealen oder archetypischen Struktur der Erleuchtung, wie sie der Praktizierende anstrebt.

Ausgleichende Weisheit, eine der fünf Weisheiten; sie ist mit dem Buddha Ratnasambhava, der Farbe Gelb, der Transmutation von Stolz und Geiz und dem Aggregat Gefühl verbunden.

Avalokiteshvara, der »Herr, der seinen Blick nicht vom Leiden abwendet«, ist ein himmlischer Bodhisattva (ein der Suche nach Erleuchtung Verpflichteter) und gilt als der Archetyp universellen Erbarmens in der gesamten buddhistischen Welt. Tatsächlich ist er bereits vor Millionen von Äonen zum Buddha geworden, hat aber gelobt, sich auch nach dem Erlangen seiner Erleuchtung weiterhin millionenfach als Bodhisattva zu reinkarnieren, um dem Leiden der Wesen nahe zu bleiben und ihnen zu helfen, Freiheit und Glück zu finden. In seiner himmlischen Form ist er mit Buddha Amitabha verbunden und damit Mitglied der Lotos-Familie der Buddhas. In seinen männlichen Formen wird er im buddhistischen Asien mit wohlwollendem Herrschertum assoziiert (Seine Heiligkeit der Dalai Lama gilt als Emanation des Avalokiteshvara). Gleichzeitig steht er hinter grimmigen Gottheiten, die die Wesen beschützen, zum Beispiel dem von einem Pferdekopf gekrönten Hayagriva (Padmasambhava selbst gilt als eine Emanation des Avalokiteshvara). In seinen weiblichen Formen assoziiert man ihn mit den nährenden Mutter-Figuren, wie der Weißen Tara oder Kuanyin, und mit den grimmigen Retterinnen, wie der Grünen Tara, Shri Devi und anderen. Im *Buch der Natürlichen Befreiung* wird Avalokiteshvara häufig als »Herr des Großen Erbarmens« angerufen.

Bevorstehen, dies ist der tiefste Zustand des subtilen Geistes, ganz nahe dem äußerst subtilen Geist der Weisheit Klaren Lichts. Er wird in zwei Hälften geteilt, einen anfänglichen Moment, wo es eine Wahrnehmung intensiver Dunkelheit gibt, und einen folgenden Moment völliger Unbewußtheit. Er wird »Bevorstehen« (Sanskrit: *upalabdhi*, tibetisch: *nyer thob*) genannt, weil es der Zustand ist, in dem die Wirklichkeit des Klaren Lichts im Begriff ist, dem Bewußtsein zu erscheinen. Siehe **Dunkelheit**.

Bodhisattva, das Sanskrit-Wort *bodhisattva* setzt sich zusammen aus *bodhi*, was Erleuchtung bedeutet (Weisheit der Selbst-losigkeit, selbstloses Erbarmen) und *sattva*, was Wesen oder Held/Heldin bedeutet. Es bezeichnet also ganz einfach jemanden, der sich ganz und gar dem Erlangen vollkommener Erleuchtung verschrieben hat, um alle Wesen retten zu können, gleichgültig wie viele Mühen in wie vielen Leben dafür erforderlich sein mögen. Ein Lebewesen wird zu einem Bodhisattva, indem es den »Erleuchtungsgeist« hervorbringt; das geschieht, indem es: 1. sich vorstellt, daß es ihm möglich ist, erleuchtetes Bewußtsein zu verwirklichen; 2. erkennt, daß nur durch die Erleuchtung die Fähigkeit erworben wird, anderen zu ihrem Glück zu verhelfen; 3. erkennt, daß der einzig vernünftige Lebenssinn darin besteht, sich ganz diesem Ziel zu verschreiben; 4. den Entschluß faßt, diese universelle Verantwortung selbst auf sich zu nehmen. Diese Verwandlung von einem gewöhnlichen Wesen zu einem »Helden oder einer Heldin der Erleuchtung« wird formell durch das ernstgemeinte Bodhisattva-Gelübde besiegelt. Ein Anfänger-Bodhisattva muß also nicht unbedingt weit auf dem Weg zur Erleuchtung fortgeschritten sein; er braucht bloß der universellen Liebe und dem universellen Erbarmen stark verbunden zu sein. Im modernen Zusammenhang muß gesagt werden, daß die Bodhisattva-Gelübde nur für diejenigen sinnvoll sind, die davon überzeugt sind, daß sie ohnehin unendlich lange im Lebensprozeß verweilen werden und somit auch die Rettung aller Wesen ins Auge fassen können. Ein derartiger Rettungsanspruch wäre absurd für diejenigen, die glauben, ihre Existenz dauere nur ein einziges Leben. Damit gäbe es niemals genug Zeit, die universale Rettung aller Wesen zu verwirklichen, und ein derartiger Anspruch wäre sinnlos.

Buddha, ein erwachtes oder erleuchtetes Wesen, definiert als jemand, der den Gipfel der Evolution erreicht hat, indem er seine Weisheit und sein Erbarmen über zahllose Leben hinweg bis zur Vollkommenheit entwickelt hat. Weisheit ist vollkommen, wenn alles von ihr verstanden wird, und Erbarmen ist vollkommen, wenn alle Wesen durch es befreit sind. Ein Buddha ist also jemand, der sowohl sein eigenes Interesse als auch altruistisch das Interesse aller Wesen erfüllt hat. Ein Buddha besitzt drei Körper, den Körper der Wahrheit, der Glückseligkeit und der Emanation (siehe **Körper**). Shakyamuni, der vor etwa 2500 Jahren in Indien lebte, ist der historische Buddha unserer Zeit auf diesem Planeten. Er wird zwar manchmal »der Buddha« oder »Buddha« genannt, dies ist jedoch nicht sein persönlicher Name. Im absoluten Sinne gibt es nur einen Buddha, da die Wahrheitskörper verschiedener Buddhas sich nicht voneinander unterscheiden. Im relativen Sinn gibt es jedoch zahllose Buddhas, da jedes Wesen, das die Evolution vollendet, sich seiner speziellen Seligkeit erfreut und seine oder ihre Manifestationen zum Wohle der anderen Wesen ausstrahlt. Ein Buddha kann sowohl in männlicher als auch in weiblicher Form manifest werden, aber auch als männliche und weibliche Form in Vereinigung.

Buddha-Familie, siehe **Familie**.

Buddha-Paar, siehe **Paar**.

Buddha-Gottheit, siehe **Archetypischer Buddha**.

Buddha-Land, Sanskrit: *buddhakshetra*, bezieht sich auf die Umgebung eines Buddha und weist darauf hin, daß die evolutionäre Transmutation eines endlichen Wesens in einen unendlichen Körper des Gewahrseins sozusagen die Umgebung mitnimmt. Da Wesen relationale Nexi eines relativen Selbst und der Umgebung darstellen, beinhaltet die erleuchtete Transformation des einen automatisch die Transformation des anderen. Im populären Buddhismus wird diese Tatsache höchst anschaulich in den Beschreibungen der himmlischen Buddha-Länder der archetypischen Buddhas zum Ausdruck gebracht. Diese Welten sind ebenso außerweltlich und unirdisch wie strahlend und exquisit. Mein persönlicher Begriff für Buddha-Land ist das »Buddhaversum«, das ich dem »Universum« gegenüberstelle. Letzteres ist eine Welt, die sich um das einzelne, selbstzentrierte Individuum dreht, ersteres eine Welt, die sich um erleuchtete Weisheit dreht, in der Selbst und andere letztlich ununterscheidbar sind.

Chemchock oder **Chemchok Heruka,** dies ist die zentrale archetypische Buddha-Gottheit des »Tantra der Verborgenen Essenz« (*Guhyagarbha*), das in Nyingma-Schulen des tibetischen Buddhismus höchst populär und in der Natürlichen Befreiung von hervorstechender Bedeutung ist. Chemchock Heruka nimmt unter den Grimmigen Gottheiten dieselbe Führungsposition ein wie Samantabhadra unter den Milden. Als »Heruka« ist er eine »bluttrinkende« männliche Gottheit von herkuleanischem Typ, welche die diamantene Kraft der Erleuchtung symbolisiert, alles Üble und Negative der Welt überwinden zu können. Das kritische Feuer der Weisheit verwandelt das »Blut« – die essentielle konstitutive Energie des leidendurchtränkten Lebenszyklus – in das Elixier der Dynamik der Befreiung, die Kraft des Erbarmens. Er hat viele Formen, von einer einfachen mit einem Gesicht und zwei Armen bis hin zu hochkomplexen tausendgesichtigen und tausendarmigen Erscheinungen.

Dakini, eine grimmige und gleichzeitig erotische weibliche Gottheit, die einem das Tantra Praktizierenden erscheint, um ihn zu lehren, zu inspirieren, zu unterstützen und zu ermahnen. Die Vajradakini oder »Diamant-Dakini« ist eine weibliche Form vollkommener Buddhaschaft, das weibliche Äquivalent eines Heruka, einer männlichen herkuleanischen Buddha-Gottheit. In einigen Aspekten ist die Dakini vage dem abendländischen Konzept eines Engels vergleichbar.

Dharma, eine der Drei Kostbarkeiten, das Juwel der Lehren des Buddha. Damit kann ebenso die endgültige Wirklichkeit selbst, wie sie in den Lehren beschrieben wird, der Pfad, der zu ihrer Erkenntnis führt, die Eigenschaften, die sich daraus ergeben, und so weiter gemeint sein. In der indischen Umgangssprache zur Zeit des Buddha bezeichnete das Wort *dharma* »Religion«, »Gesetz«, »Pflicht« und »Brauch«, Muster also, die menschliches Verhalten und Denken unter Kontrolle hielten. Diese »musterbewahrende« Bedeutung steht auch heute noch im Sanskrit und anderen buddhistischen Sprachen neben Buddhas eher befreiender »musterüberschreitender« Bedeutung und stellt für Übersetzer in gewissen Zusammenhängen eine ernstzunehmende Schwierigkeit dar.

Dhatishvari, wörtlich: »Königin-Göttin des Raums (der Wahrheit)«; dieser Titel gebürt dem weiblichen Buddha, die entweder die weibliche Form des Buddha Vairochana ist oder seine Buddha-Gefährtin.

Diamant, diamanten, das Sanskrit-Wort *vajra* bedeutet »Donnerkeil«, »Diamant«, »diamanten« und so weiter. Es bezeichnet also stets Objekte, die für Unveränderlichkeit und Unzerstörbarkeit stehen. In den indischen Veden war der Vajra die Waffe des Vater-Gottes Indra, eine Art Donnerkeil-Granate, die er aus den Himmeln auf die Erde schleuderte, um die Zitadellen seiner Feinde zu zerschlagen. Die Buddhisten übernahmen dieses Symbol der Urenergie des Universums und verwandelten es in ein Symbol für universelle Liebe und universelles Erbarmen, um damit ihrer Ansicht Ausdruck zu verleihen, daß die Liebe die stärkste Kraft des Universums darstellt. Aus diesem Grunde wird das Wort Vajra häufig in Namen für Buddha-Gottheiten benutzt, um anzuzeigen, daß sie sich durch Weisheit in Kontakt mit dem Raum der endgültigen Wirklichkeit befinden und das natürliche universelle Erbarmen zum Ausdruck bringen.

Dunkelheit, dunkles Licht, dies ist das subjektive Zeichen, das beim Erreichen der tiefsten Ebene des subtilen Geistes erfahren wird, der Ebene des »Bevorstehens«, wo man eben im Begriff steht, in das Klare Licht des Letztendlichen einzutreten. Es wird mit einem wolkenlosen dunklen Himmel verglichen, ist also eine strahlende Schwärze, nicht die bloße Abwesenheit von Licht. Im ersten Abschnitt dieses Zustands ist man bewußtseinsmäßig verdunkelt, und im letzten Abschnitt verliert man das Bewußtsein ganz und tritt unvermittelt in den transparenten Zustand jenseits von Bewußtsein und Bewußtlosigkeit ein, wie es manchmal beschrieben wird.

Emanationskörper, siehe **Körper**.

Energie, dieser Begriff, manchmal auch »neurale Energie«, wird für die subtilen inneren Winde benutzt, die die Aktivität des subtilen Körpers antreiben und die Tropfen in den Kanälen bewegen. Sie erzeugen außerdem den äußerst subtilen Körper des unzerstörbaren Tropfens, der die Grundlage für das erleuchtete Gewahrsein Klaren Lichts im feinsten Bewußtsein darstellt. Es gibt fünf Haupt- und fünf Nebenenergien. Die fünf Hauptenergien sind das Leben, das Austreibende, das Artikulierende, die Verdauung und das Durchdringende, die jeweils mit einem spezifischen Kanal-Rad (*chakra*), einem spezifischen Buddha, einer Weisheit und so weiter assoziiert werden. Die Nebenenergien werden mit den Buddha-Gefährtinnen, den fünf Elementen und so weiter assoziiert. Diese Energien spielen auch in der buddhistischen Medizin eine große Rolle und liegen zum Beispiel dem System der Akupunktur sowie dem Verständnis der meisten mentalen und vieler physischer Krankheiten zugrunde.

Erbarmen, Sanskrit: *karuna*, bezeichnet den Willen, andere von Leiden befreien zu wollen, gegründet auf eine emphatische Empfindsamkeit dieses Leidens (Mitgefühl). Sein Gegenteil ist der Haß, der Wunsch, daß andere leiden mögen. Seine Ergänzung ist die Liebe, der Wunsch, daß andere glücklich sein mögen. Universelles Erbarmen wird als der automatische Reflex vollkommener Weisheit gesehen, da die Erkenntnis essentieller Selbst-losigkeit eine Erfahrung der letztendlichen Einheit von Selbst und anderen darstellt, die dazu führt, daß das Leiden der anderen das eigene wird und damit den Wunsch erzeugt, es unmittelbar und augenblicklich zu beseitigen.

Erzeugungsstufe, die erste Stufe der Praxis des Unübertroffenen Yoga-Tantra. Auf dieser Stufe wird, aus dem Raum der Leerheit heraus, durch Visualisation der reine Bereich der Erleuchtung in Form des Mandala-Palastes und seiner Umgebung und Verzierung sowie die reine Verkörperung der Erleuchtung in Form der archetypischen Gottheit erzeugt.

Esoterisch, der Buddha kritisierte häufig geistige Lehrer dafür, daß sie ihre besten Lehren aus Geiz oder Mangel an Mitgefühl ihren Schülern vorenthielten. Trotzdem hält auch der Buddhismus daran fest, daß einige Lehren besser verborgen oder esoterisch bleiben sollten, bis die Schüler sich weit genug entwickelt haben, um sie richtig verstehen zu können. Solcherart ist stets auch die Tradition der Tantras gewesen (und ist es in gewissem Maße bis heute). Oberflächlich betrachtet, stellt allein schon die esoterische und phantastische Bildersprache der Texte und Künste, die für die Erforschung des Unbewußten eingesetzt werden, einen guten Grund für ihre Geheimhaltung dar, weil derartige Bilder sehr leicht zu allen möglichen Mißverständnissen führen. Aber viel wichtiger ist die Geheimhaltung zum Schutz der Praktizierenden selbst. Sie soll allzu ambitionierte Übende davor bewahren, ihrer jeweiligen Entwicklung vorauszueilen und sich mit dem vorschnellen Versuch, die Tiefen der Psyche auszuloten, Schaden zuzufügen. Bevor man die Leidenschaften erforschen und für den Weg nutzbar machen kann, muß man zuerst eine sichere Grundlage im Loslassen und in Entsagung erwerben. Bevor man sich den wilden und großartigen Kräften der Psyche stellen kann, muß man eine so tiefe Verpflichtung zu universeller Liebe und universellem Erbarmen eingegangen sein, daß sie der Konfrontation mit dem Dämonischen standhält. Und am allerwichtigsten, bevor man in der Übung des Gefühls einer erleuchteten Identität Buddha-Würde und göttliches Selbstvertrauen entwickeln kann, muß man eine rigorose Einsicht in die Identitätslosigkeit gewonnen haben, um ein Steckenbleiben in verblendetem Größenwahn zu vermeiden. Obwohl also *Das Buch der Natürlichen Befreiung* bewußt den Schatz der tiefgründigen Psychologie der tantrischen Tradition zum Wohle der gewöhnlichen Menschen eröffnet, um ihnen durch ihre tiefsten Krisen zu helfen, bleiben einige Aspekte des Pfades doch im verborgenen, bleiben bewußt esoterisch.

Evolution, evolutionär, ich übersetze den Sanskrit-Begriff *karma* auf diese Weise, weil ich die übliche Übersetzung mit »Handlung« als zu allgemein und daher zu vage empfinde. Karma bezieht sich spezifisch auf mentale, verbale und physische Handlungen mit Auswirkungen auf das Leben und die Konstituierung von Leben. Die moderne materialistische Weltsicht hält die Strukturen unseres gegenwärtigen Lebens für das Ergebnis der materiell-genetischen Wiederverkörperung der subtil kodierten Erfahrung von Millionen von früheren Repräsentanten unserer Spezies durch die Entwicklung biologischer Evolution. Die buddhistische Weltsicht hält die Strukturen unseres gegenwärtigen Lebens für das Ergebnis der spirituell-genetischen Wiederverkörperung unserer eigenen Erfahrungen aus Millionen früherer Leben, subtil kodiert in einem spirituellen Gen, das wir mit uns führen, und kombiniert mit den physischen Genen, die wir von unseren Eltern erhalten, in einem komplexen Prozeß spiritueller und biologischer Evolution.

Exoterisch, das Gegenteil von esoterisch, die Art von Lehre und Praxis, die man ohne Gefahr restlos veröffentlichen kann.

Familie (die fünf Buddha-Familien), der Sanskrit-Begriff *kula* wird meist mit »Familie« übersetzt. In der Natürlichen Befreiung sind die fünf Familien die Buddha-, Vajra-, Juwelen-, Lotos- und Karma-Familie. Ihre Väter sind jeweils die fünf Buddhas: Vairochana, Akshobhya, Ratnasambhava, Amitabha und Amoghasiddhi. Ihre Mütter sind die fünf weiblichen Buddhas: Vajra Dhatishvari, Lochana, Mamaki, Pandaravasini und Tara. Jede der Familien beinhaltet darüber hinaus noch männliche und weibliche Bodhisattvas, Grimmige Gottheiten und Adepten, Helden und Heldinnen.

Form-Körper, der altruistische Aspekt der Erleuchtung, entwickelt aus Körper und Rede des Individuums, unterteilt in den Seligkeits- und Emanationskörper. Siehe **Körper**.

Fünf Aggregate, siehe **Aggregate**.

Fünf Buddhas, archetypische Gottheiten, die fünf Weisheiten repräsentieren: Vairochana die Weisheit der Endgültigen Wirklichkeit, Akshobya die Spiegelgleiche Weisheit, Ratnasambhava die Ausgleichende Weisheit, Amitabha die Unterscheidende Weisheit und Amoghasiddhi die Allesvollendende Weisheit. Sie repräsentieren außerdem die Transmutation der Fünf Aggregate und die Transmutation der Fünf Gifte.

Fünf (Geistes-)Gifte, Verblendung, Haß, Stolz, Begierde und Neid.

Fünf Weisheiten, die oben genannten fünf Gifte werden in die folgenden Weisheiten verwandelt: Weisheit der Endgültigen Wirklichkeit, Spiegelgleiche Weisheit, Ausgleichende Weisheit, Unterscheidende Weisheit und Allesvollendende Weisheit.

Gefährte, Gefährtin, bezieht sich auf den Partner bzw. die Partnerin in einem Buddha-Paar. Gewöhnlich ist die weibliche Form gebräuchlicher. Manchmal werden der Vater und die Mutter in einem Vater-Mutter-Buddha-Paar als unterschiedliche Gottheiten angesehen, manchmal nur als Doppelmanifestation eines einzigen Wesens. Die Buddhisten glauben, daß alle Wesen, unabhängig von ihrer sexuellen Identität, potentiell sowohl männlich als auch weiblich sind – jedes Wesen vereint sowohl männliche als auch weibliche Aspekte und Energien in sich. Die Fähigkeit, die sexuelle Identität zu transzendieren, wird in der tantrischen Visualisation von Archetypen kultiviert, in der ein Mann sich als weiblichen Archetypen visualisiert, eine Frau als männlichen Archetypen, und beide visualisieren sich als männliches und weibliches Buddha-Paar in Vereinigung. Siehe **Paar**.

Geluk-Schule, die jüngste der monastischen Traditionen Tibets, gegründet um 1400 von Lama Tsongkhapa (1357–1419) auf der Grundlage der älteren, von Atisha (982–1054) begründeten Kadam-Tradition. Diese Schule ist berühmt für ihre weite Verbreitung des Mönchtums in Tibet, ihre Gelehrsamkeit hat die Dalai Lamas und Tibets einzigartiges monastisches Regierungssystem hervorgebracht.

Gen, spirituelles, der Sanskrit-Begriff *gotra* bezeichnet den Samen der Triebe, Strukturen und Affinitäten, entwickelt über einen evolutionären Prozeß vergangener Leben. Es ist ein Gen, das den Geist und die Haltungen eines Wesens ebenso bestimmt wie die Gene von Vater und Mutter den Körper eines Wesens formen.

Glückseligkeit, Sanskrit: *sukha*, bedeutet »Glück« im Gegensatz zu *dukha*, »Leiden«, in einer Bandbreite von mäßiger Erleichterung bis hin zu physischer orgasmischer Ekstase und höchster spiritueller Seligkeit. Im tantrischen Zusammenhang verwandelt sich die Betonung des Erbarmens – des Strebens nach Beseitigung der Leiden der anderen – in die Anwendung von Liebe – das Streben nach Verwirklichung des Glücks anderer –, und damit rückt die Entwicklung von Seligkeit in den Brennpunkt des technischen Interesses. Um nämlich anderen Glück vermitteln zu können, muß man zuerst das eigene Glück bis zum Überfließen entwickeln.

Gottheit, eine Gottheit, Sanskrit: *devata*, ist die indo-europäische Variante des lateinischen *deus*, die Wahl der Übersetzung also offensichtlich. Der Buddhismus wurde von den frühen europäischen Gelehrten als »atheistisch« mißverstanden im Sinne einer Rückprojektion des im neunzehnten Jahrhundert vorherrschenden säkularistischen Naturalismus auf das buddhistische Asien. Tatsächlich akzeptiert der Buddhismus die Vorstellung eines allmächtigen Weltenschöpfers nicht, aber viele glauben an ein Pantheon von Gottheiten in einem komplexen System von Himmeln. In diesen Himmeln wohnen Millionen von Gottheiten in allen möglichen Formen bis hin zu den ganz subtilen vollständig entkörperlichten Gottheiten der formlosen Bereiche. Im Rahmen der Lehren der Universalisten und Tantriker kann man sich die Buddhas und Bodhisattvas ebenfalls in solchen Gottheitenformen vorstellen, gewöhnlich in der eher engelgleichen Juwelenform von Göttern des Begierde-Bereichs. Der Zweck des Konzepts der Gottheiten ist die Vorstellung leidender Wesen für die erweiterte Kraft erleuchteter Wesen zu öffnen oder als Rollenmodelle für tätiges Mitgefühl nach unserer eigenen Erleuchtung zu dienen. Die Gottheiten werden im *Buch der Natürlichen Befreiung* daher in diesem Zusammenhang Buddhas oder archetypische Gottheiten genannt.

Grimmige Gottheiten, hiervon gibt es mehrere Arten: 1. die grimmigen Buddha-Formen, die Weisheit und Erbarmen auf eine Art und Weise manifestieren, die nötig ist, um die gewohnheitsmäßige Wildheit egoistischer Triebe und egoistischer Wesen zu überwinden; 2. die grimmigen Bodhisattva-Formen, die als Schützer spiritueller Menschen dienen und sie gegen alle Widersacher verteidigen; 3. die zornigen, blutdürstigen weltlichen Gottheiten und Geister, die sich dem Haß und dem Zorn ergeben haben und dadurch dämonisch und schädlich geworden sind. Die Grimmigen Gottheiten der Natürlichen Befreiung gehören hauptsächlich der ersten Kategorie an, wenn auch einige wenige Bodhisattva-Schützer Erwähnung finden, z. B. Mahakala. So grimmig diese Gottheiten auch erscheinen mögen, sie tragen doch nicht den geringsten Haß in sich, nicht einmal gerechten Zorn gegen Übeltäter. Ihr Grimm ist »kraftvolle Liebe«, kraftvolles Erbarmen, wie der Grimm einer Mutter, die ihr Kind ausschimpft, damit es den Finger nicht in die Steckdose hält. Daher ist die Übersetzung »zornige Gottheit« irreleitend, weil sie nahelegt, daß diese Gottheiten von Zorn bewegt würden. »Grimmig« oder »rasend« bezieht sich auf ihre Manifestation und ist keine Beurteilung des begleitenden Geisteszustands.

Großes Siegel, der Sanskrit-Begriff *mahamudra* bezeichnet dasselbe radikale und direkte Herangehen an die endgültige Verwirklichung wie der Begriff »Große Vollkommenheit« (s. u.). Es handelt sich um einen Begriff, der in der Kagyu-Schule des tibetischen Buddhismus verbreitet ist und die Realität als Siegel der Erfahrung beschreibt. Endgültige Wirklichkeit ist demnach das höchste Siegel der Einsicht der Weisheit.

Große Vollkommenheit, tibetisch: *rdzogs chen,* steht für die

Lehre und Praxis der höchsten Form des Unübertroffenen Yoga-Tantra namens Atiyoga in der Nyingma-Schule des tibetischen Buddhismus. Sie kommt in der *Natürlichen Befreiung durch Nackte Schau* (Kapitel 8) sehr treffend zum Ausdruck und ist grundlegend für alle Lehren des Zwischenzustands im *Buch der Natürlichen Befreiung*, die ja tatsächlich nur dann wirksam sein können, wenn es zutrifft, daß die natürliche Realität von allem tatsächlich Befreiung, Freiheit, Seligkeit und Erleuchtung ist. Die Große Vollkommenheit betont eine plötzliche Methode kraftvollen Eintretens in das Gewahrsein dieser Realität, die Art radikalen Wandels im gewohnheitsmäßigen Bewußtsein, die ein Wesen im Zwischenzustand des Todesmoments ebenfalls aufbringen muß, wenn es darum geht, die gewohnheitsmäßig progressive Orientierung an der nächsten Erfahrung umzudrehen und aus der subtilsten Ebene der Subjektivität heraus der Unmittelbarkeit der Freiheit zu begegnen. Die Große Vollkommenheit gilt – gemäß der Art, wie Nyingma-Gelehrte die Vollendungsstufe beschreiben – als der Schritt über die Vollendungsstufe des Unübertroffenen Yoga-Tantra hinaus. Gemäß Tsongkhapas Definition der Vollendungsstufe entspricht die Große Vollkommenheit ihrer vierten und fünften Stufe, Erleuchtung und Integration, die wiederum mit der vierten Einweihung, der »Großen Wort-Initiation« korrespondieren (die, wie die Lehre der Großen Vollkommenheit, eine radikale Affirmation der Unmittelbarkeit vollständiger Erleuchtung darstellt).

Guru, das Sanskritwort für Lehrer oder Meister bedeutet wörtlich »gewichtig« und beschreibt die Autorität, die dem Lehrer in der konservativen Kultur der Brahmanen eigen war. Die Tibeter haben es mit *lama* übersetzt, was »unübertroffen« bedeutet.

Hackmesser, dabei handelt es sich um das *kartari*, das gerundete Messer mit Vajra-Griff, das viele grimmige Gottheiten in ihrer rechten Hand halten, besonders die weiblichen. Es symbolisiert kritische, analytische, erkennende Weisheit, die alle verblendeten Erscheinungen wesenhafter Substantialität durchschneidet und alle Dinge auf Leerheit reduziert und damit zur Weisheitsmanifestation von befreiender Schönheit befähigt.

Hayagriva, die grimmige Form des Avalokiteshvara, kenntlich an einem kleinen Pferdekopf, der aus seinem Scheitel ragt. Hayagriva steht in enger Beziehung zu Padmasambhava selbst, dem Autor des *Buches der Natürlichen Befreiung*.

Held, Heldin, Helden und Heldinnen (Sanskrit: *virayogin[i]*) sind männliche und weibliche Adepten, die auf dem Pfad des Unübertroffenen Yoga-Tantra Buddhaschaft erlangt haben und sich nun als Gottheiten manifestieren, um Praktizierenden zu helfen.

Heruka (Vajra Heruka), ein Heruka ist eine herkuleanische, »bluttrinkende« männliche Buddha-Gottheit, die die diamantene Macht der Erleuchtung zur Überwindung aller Negativität der Welt symbolisiert. Siehe **Chemchok.**

HUM, diese mantrische Keimsilbe ist bekannt als »Geist-Vajra« aller Buddhas. Sie symbolisiert die Integration des Universellen, des Absoluten und des Göttlichen in einem Individuum. Daher steht sie häufig am Ende eines Mantra, um anzudeuten, daß die angerufene spirituelle Errungenschaft, Gottheit oder positive Energie im Individuum integriert wurde. Das HUM könnte in dieser Hinsicht mit dem christlichen »Amen« verglichen werden.

Individuelles Fahrzeug, meine Übersetzung für den vom Universellen Fahrzeug (Mahayana) geprägten Begriff für die Grundlagenform des Buddhismus (Hinayana), die ich auch individuellen oder monastischen Buddhismus nenne. Der Begriff war ursprünglich herabmindernd gemeint und bezog sich auf den engstirnigen Widerstand der frühen monastischen Buddhisten, die die Möglichkeit nicht akzeptieren wollten, daß der Buddha auch eine universelle, messianische Form des Buddhismus gelehrt hat. In den späteren Entwicklungen hat der Begriff dann eher eine beschreibende denn herabmindernde Bedeutung angenommen, welche den grundlegenden

Aspekt des monastischen Buddhismus respektvoll akzeptiert. Wenn der Begriff heute im tibetischen Buddhismus gebraucht wird, beschreibt er ein Fahrzeug, das geeignet ist, den einzelnen zur Befreiung und Erleuchtung zu tragen.

Initiation, Sanskrit: *abhisheka*, tibetisch: *dbang bskur ba*, bedeutet wörtlich »Salbung« wie in der Krönungszeremonie eines Königs oder einer Königin; es bezeichnet die rituelle Anerkennung der Übernahme einer speziellen Praxis der Transformation, Autorität und Verantwortung.

Integration, Sanskrit: *yuganaddha*, ist im Unübertroffenen Yoga-Tantra der Name für die Buddhaschaft. Er deutet an, daß das Relative und das Absolute, Individuum und Universum, Körper und Geist, Seligkeit und Weisheit, männlich und weiblich – alle Dualitäten – in der Erfahrung der Erfüllung integriert sind.

Ishvari, Sanskrit: *ishvari*, bedeutet »Göttin« im Sinne einer machtvollen, übermenschlichen weiblichen Form, in der sich erleuchtete Wesen zum Wohle leidender Wesen manifestieren, besonders der Wesen, die die subtilen Welten des Zwischenzustands durchqueren.

Kadam-Tradition, eine wichtige monastische Schule in Tibet, gegründet von Atisha (982–1054) und seinem Hauptschüler Dromtonpa. Hauptanliegen dieser Schule waren die zentralen erlösenden Lehren des Erleuchtungsgeistes von Liebe und Erbarmen für alle Wesen. Lehren zu Entsagung, Weisheit und Esoterik wurden von ihr zu einem systematischen Pfad vereint. Tsongkhapa belebte diese Tradition später neu, und sie wurde als Geluk-Tradition bekannt.

Kagyu-Tradition, eine wichtige monastische Schule in Tibet. Auf den Buddha Vajradhara zurückgehend, kam sie über die großen indischen Adepten Tilopa und Naropa zu Marpa, Milarepa und Gampopa, die tibetischen Gründer. Marpa, ein Laie, war einer der Schlüsselübersetzer, die die esoterischen indischen Lehren in die tibetische Praxis einbrachten. Milarepa war der Schlüsselpraktizierende, der sein ganzes Leben damit zubrachte, die Lehren zu integrieren. Er wird manchmal als der erste gewöhnliche Tibeter (d. h. nicht schon die Inkarnation eines Buddha oder Bodhisattva) bezeichnet, der in einem einzigen Leben vollkommene Buddhaschaft erlangte. Gampopa war der Hauptorganisator. Er war Mönch, Gelehrter in den Lehren der Kadam-Tradition. Er verband die yogischen und tantrischen Lehren Marpas und Milarepas mit den ethischen und intellektuellen Disziplinen, die für eine dauerhafte Institutionalisierung nötig waren. Die Karmapa-Lamas waren wichtige Repräsentanten eines Zweigs dieser Tradition, die dem gesamten tibetischen Buddhismus bis zum heutigen Tage sehr genutzt haben.

Kanäle, Sanskrit: *nadi*, tibetisch: *rtsa*, bezieht sich auf die Bahnen der neuralen Energien im feinstofflichen Nervensystem des tantrischen Yogi, der tantrischen Yogini. Sie werden als physisch angesehen und sind in gewisser Hinsicht analog dem zentralen Nervensystem der modernen Physiologie. Allerdings konstituieren sie die Struktur des feinstofflichen Körpers und sind deshalb in Menschen, die sie nicht mit Hilfe einer systematischen Schulung, mit Hilfe von Visualisation und Meditation geöffnet haben, verschlossen, d. h. in gewisser Hinsicht nicht vorhanden. Ich stelle sie mir am liebsten wie ein holografisches Muster vor, das dem Zentralnervensystem durch stabilisierte und geschulte Imagination aufgesetzt werden kann – in etwa wie die Softwareformatierung, d. h. die Aufgliederung der Festplatte eines Computers in magnetische Strukturen. Die Kanäle, mit denen der Yogi im Rahmen der Natürlichen Befreiung arbeitet, bestehen aus dem Zentralkanal, *avadhuti*, mit einem rechten und einem linken Seitenkanal, *rasana* und *lalana*, die durch das Zentrum von fünf Nexi oder Rädern in Kopf, Kehle, Herz, Nabel und Genitalbereich laufen. Jedes dieser Räder besitzt eine individuelle Struktur.

Karma, siehe Evolution.

Klares Licht (Transparenz), Sanskrit: *prabhasvara*, bezeichnet das subtilste Licht, das die tiefste Wirklichkeit des Universums erhellt. Es ist ein Licht wie Glas, wie Diamant, wie Zwielicht vor Sonnenaufgang, verschieden vom Licht der Sonne und des Mondes. Es ist ein unvorstellbares Licht, jenseits der Dualität von hell und dunkel, das Licht der Selbst-Strahlung aller Dinge. Daher ist »Transparenz« ein guter Ausdruck, wie auch »Klares Licht«, solange »klar« als »transparent« und nicht als »hell« verstanden wird.

Körper, Rede und Geist, diese Triade ist wesentlich für das buddhistische Denken. Sie beschreibt die drei Ebenen evolutionärer Existenz. Die buddhistische Ethik unterteilt ihre zehn grundlegenden Regeln in drei des Körpers – nicht töten, nicht stehlen und kein sexuelles Fehlverhalten begehen –, vier der Rede – nicht lügen, nicht verleumden, nicht klatschen und nicht fluchen – und drei des Geistes – keine bösen Absichten hegen, nicht begehren und keine falschen Sichtweisen pflegen. Ein Mensch muß auf allen drei Ebenen Verantwortung für sein Handeln übernehmen. In der Buddhaschaft wird diese Dreiheit zu den Drei Buddha-Körpern. Der gewöhnliche Körper wird der Emanationskörper, die Rede wird der Seligkeitskörper, und der Geist wird der Wahrheitskörper.

Körper (Die drei Buddha-Körper), ein Buddha ist nicht länger ein gewöhnliches Wesen, ein in seiner Haut gefangenes, von der Selbst-Gewohnheit getriebenes Individuum. Die Buddhisten haben daher verschiedene Weisen entwickelt, die besonderen Eigenschaften der Erleuchtung wiederzugeben; die Drei Körper sind eine der wichtigsten. In der Erleuchtung weitet sich der Geist zu einer Erfahrung der Einheit mit der Unendlichkeit der Wesen und Dinge. Diese Erfahrung wird zu einem dauerhaften Gewahrsein, das Wahrheitskörper oder Körper der Wirklichkeit genannt wird. Es ist die höchste Frucht der Weisheit, ein Zustand praktischer Allwissenheit, Nirvana, eine vollkommene, endgültige Freiheit und die höchstmögliche Erfüllung aller eigenen Bedürfnisse. Gleichzeitig verlieren die gewöhnliche Rede und der gewöhnliche Körper nicht ihr Lebenskontinuum. Körper und Rede werden von Buddhisten ohnehin interaktiv gesehen – der Körper reicht aus der Selbstzentriertheit nach außen, um andere Personen und Dinge zu berühren, und die Rede kommuniziert die Inhalte des Geistes anderen, verbindet Geist mit Geist. Daher erweitert das Kontinuum der Rede das Fest der Erfahrung unendlicher Einheit des Geistes und wird zu einer vollendeten und unendlichen Freude, die als Körper der Seligkeit erfahren wird – eine Art feinstofflicher Körperlichkeit, die aus schierer Freude über das Freisein vom Leiden und über die Erkenntnis der absoluten Natur der Wirklichkeit besteht. Der Seligkeitskörper ist so unendlich wie die Wirklichkeit, eine subtil strahlende Omnipräsenz der Freude eines Buddha, die alle Dinge durchdringt. Der gewöhnliche Körper schließlich erweitert sich in der Erleuchtung in den Emanationskörper, eine grenzenlose Anzahl individueller Manifestationen, die aus der Hintergrundenergie des Seligkeitskörpers ausstrahlen, sobald ein Buddha mit gewöhnlichen Wesen zu interagieren wünscht, welche ihre Einheit mit der seligen Präsenz in sich selbst und um sie herum nicht wahrnehmen können und deshalb noch im mißverstandenen individuellen Drama von Leiden und Entfremdung gefangen sind. Zum Wohl dieser Wesen schaffen der unendliche Geist und die grenzenlose Rede auf magische Weise jede grobe Verkörperung, die geeignet ist, mit ihnen zu kommunizieren, sie von ihrem Leiden zu befreien und sie letztlich zur Entdeckung ihrer eigenen Erleuchtung und Seligkeit zu inspirieren. Diese Drei Buddha-Körper stehen ebenso in Beziehung zu den gewöhnlichen Prozessen von Tod, Zwischenzustand und Leben, zu Schlaf, Traum und Wachzustand wie zu Körper, Rede und Geist. (Siehe Die drei Buddha-Körper in Kap. 2, S. 63 ff).

Körper-Geist-Komplex, die kontemplativen Wissenschaften des Buddhismus schematisieren diesen Komplex unterschiedlich. Die früher erwähnten fünf Aggregate sind eines dieser Schemata. Im tantrischen Kontext ist das Schema von grob, subtil und äußerst subtil wichtig in der Analyse der Prozesse von Tod, Zwischenzustand und Wiedergeburt. Mit grob wird der gewöhnliche Körper-Geist bezeichnet, der Körper der Elemente als Nexus der fünf Sinnesorgane in Koordination mit den sechs Sinnen. Der subtile Körper ist der »Diamantkörper« der neuralen Kanäle, Winde und Tropfen in Koordination mit den drei subtilen Intuitionen, Leuchten, Strahlen und Bevorstehen. Mit äußerst subtil wird der unzerstörbare Tropfen bezeichnet, der aus den subtilsten Wind-Energien besteht in Koordination mit der Intuition der Transparenz des Klaren Lichts, dem subtilsten Geist und Samen der Erleuchtung. (Siehe Der Körper-Geist Komplex in Kap. 2, S. 66 ff.)

Kontinuum, Lebens-Kontinuum, Sanskrit: *samtana*, bezieht sich auf das Energie-Kontinuum eines Lebewesens, das sich von Augenblick zu Augenblick in einem Leben und von einem Leben zu einem anderen fortsetzt. Dies ist ein wichtiges Konzept, weil die buddhistische Kritik eines festgelegten »Selbst« den Gebrauch von Worten wie »Seele« und »Essenz« in den meisten Zusammenhängen schwierig macht.

Kostbarkeiten, Drei, Buddha, Dharma und Sangha: der Meister oder Lehrer; die Lehre und die Wirklichkeit der Freiheit, die sie lehrt; und die Gemeinschaft derer, die Lehre und Wirklichkeit erkennen – das sind die drei kostbarsten Dinge für einen Buddhisten, zu denen er oder sie »Zuflucht nimmt«. In dieser Zuflucht findet man Schutz vor den extremen Gefahren des leidensdurchtränkten Lebenszyklus und versichert sich der positiven evolutionären Richtung in der weiteren Abfolge der eigenen Leben.

Krodhishvari, die Grimmigen weiblichen Gottheiten. Siehe **Grimmige Gottheiten**.

Lama, bedeutet auf tibetisch einfach »spiritueller Lehrer«. Der Begriff bezeichnet eine höchst angesehene Profession, da der Lama der unverzichtbare Zugang zum Studium und zur Praxis des Tantra ist. Hier wechselweise mit (spiritueller) Lehrer oder Meister übersetzt.

Leuchten, die oberflächlichste Ebene des subtilen Geistes (Sanskrit: *aloka*). Korrespondiert mit den begierdeorientierten instinkthaften Naturen und dem inneren Zeichen eines von Mondlicht erhellten Herbsthimmels, das während der Auflösungen im Todes- und Wiedergeburtsprozeß auftritt.

Magischer Körper, der vom Geist durch Imagination erzeugte Körper, der auf der dritten der Vollendungsstufen erzeugt wird. Es ist die höchste, esoterische, bewußt erzeugte Form eines feinstofflichen Körpers, wie er normalerweise auch im Traum oder in den Zwischenzuständen erfahren wird.

Mahakala, eine grimmige Gottheit, die den Praktizierenden auf seiner oder ihrer Reise zur Erleuchtung schützt. Einst soll er ein machtvoller Dämon gewesen sein, der selbst die größten Götter unterworfen hatte. Schließlich wurde er von den Bodhisattvas Manjushri und Avalokiteshvara gemeinsam besiegt, worauf er seine Kräfte dem Dharma zur Verfügung stellte.

Mahayana, siehe **Universelles Fahrzeug.**

Maitreya, ein großer Bodhisattva, dessen Name »Liebender« bedeutet. Gegenwärtig weilt er in seiner Hauptverkörperung im Tushita-Himmel. Nach der buddhistischen Mythologie ist er es, der als nächster die höchsten Buddha-Taten auf der Erde manifest werde läßt.

Mandala, bedeutet wörtlich eine »die Essenz schützende Umgebung«. Mandalas sind recht bekannt als geometrische Bilder oder Zeichnungen, die wie der Grundriß von Gebäuden oder die Darstellung von Planetenbahnen aussehen. Tatsächlich sind es dreidimensionale vollkommene Buddha-Länder, die von der Erleuchtung eines Individuums als Ort geschaffen werden, der seine oder ihre Erleuchtung zum Ausdruck bringt. Es sind Welten, in denen andere Wesen in die Erleuchtungsperspektive einbezogen werden können. Ein Praktizierender des Tantra macht sich mit der Mandala-Architektur einer spezifischen Form von Erleuchtung vertraut, indem er in eine tantrische Yoga-Praxis initiiert wird. Die Erzeugungsphase besteht zu einem großen Teil aus der Entwicklung der Fähigkeit, jedes Detail des gesamten Mandala zu visualisieren

– bis zu einem Grad, wo sich der Yogi in dieser göttlichen Umgebung völlig heimisch fühlen kann. Mandalas enthalten häufig einen zentralen Platz für die göttliche Buddha-Verkörperung des Praktizierenden, einen Palast von höchst komplexer und schöner Architektur.

MANI, das Sanskritwort für »Juwel«. Es findet sich im bekannten Mantra von Avalokiteshvara, dem Herrn des Großen Erbarmens, OM MANI PADME HUM (»OM – Juwel (im) Lotos – HUM«). Das Juwel symbolisiert Erbarmen, wie der Lotos Weisheit symbolisiert, obwohl es noch weitere Ebenen an Symbolismus enthält.

Mantra, bedeutet wörtlich »den Geist schützen«. Ein Mantra ist ein kreativer Klang, der die tiefste Essenz der Dinge ausdrückt. Seine Wiederholung kann, auf formelhafte oder sogar magische Weise, einen Zustand der Erleuchtung oder positiven Energie auslösen. Einige Mantras haben Satzstruktur und drücken einen Wunsch, eine Vision oder Affirmation aus, während andere bloß aus einem oder zwei Lauten bestehen und den Keim einer Gottheit, eines Bereichs oder einer Konzentration darstellen.

Meru, der Achsenberg der alten buddhistischen und altindischen Kosmologie, die die Erde als eine in einem großen Ozean schwimmende flache Scheibe mit vier Kontinenten sieht, die vom kosmischen Berg Meru ausstrahlen. Sonne und Mond kreisen um diesen Berg und sind hinter ihm verborgen, wenn sie der Sicht entzogen sind.

Milde Gottheit, »mild« ist meine Version der früheren Übersetzung »friedvoll«, das Gegenteil von »grimmig«, meiner Version der früheren Übersetzung »zornvoll«. Diese Begriffe sollen Vorurteile bezüglich des inneren Zustands dieser Gottheiten vermeiden helfen, die ja alle untrennbar aus einem Zustand absoluter innerer Ruhe und Freude aktiv werden, ob sie nun als milde oder grimmige Formen erscheinen.

Nirvana, der Zustand höchster Freiheit vom Leiden, das Ziel jeder buddhistischen Praxis. Es ist für alle Wesen erreichbar, weil es sich um die endgültige Wirklichkeit ihres Zustands handelt. In einigen Formen des Buddhismus wird Nirvana als überweltlicher Zustand beschrieben, aber im Mahayana-Buddhismus Tibets und Ostasiens wird es als ungeschieden von der gewöhnlichen Welt der Relativität gesehen. Tatsächlich transformiert die Verwirklichung von Nirvana die gewöhnliche relative Welt in einen außerordentlichen Buddha-Bereich, ein Buddhaversum.

Nyingma-Tradition, eine der vier Schulen des tibetischen Buddhismus, Übermittler der ursprünglichen Literatur der Natürliche Befreiung. Die Tradition begann während der Ära des tibetischen Reichs mit der Gründung des Samye-Klosters im achten Jahrhundert durch die Bemühungen des Abtes Shantarakshita, des Adepten Padmasambhava und des Königs Trisong Detsen. Zu dieser Zeit handelte es sich nicht um eine von mehreren Traditionslinien, sondern um die erste vollständig buddhistische Institution Tibets. Als später im elften Jahrhundert die anderen tibetischen Schulrichtungen gegründet wurden, beriefen sich die Nyingmas auf ihr eigenständiges Fundament: die älteren Übersetzungen und Lehren. Daher auch ihr Name, Nyingma, die »Älteren«. Ihre Lehre ist im allgemeinen dieselbe wie die aller buddhistischen Schulen Tibets. Ihre Besonderheit ist die Lehre der Großen Vollkommenheit, der innewohnenden Erleuchtung. Im Tibet vor der Zerstörung stellte die Nyingma-Tradition die zweitgrößte Zahl monastischer Gemeinschaften, ungefähr 1500. In diesen Gemeinschaften wurde nach einem ausgefeilten Lehrplan studiert und praktiziert; außerdem dienten sie der umgebenden Gesellschaft in vielfacher Weise.

OM, diese mantrische Keimsilbe wird »Körper-Vajra aller Buddhas« genannt. Sie ruft die Kraft des Göttlichen und Universellen an, ist die Schwingung seiner Omnipräsenz und steht daher am Anfang der meisten anderen Mantras.

OM AH HUM, diese drei Silben rufen Körper, Rede und Geist aller Buddhas an, sind die Schwingung des Emanations-, Seligkeits- und Wahrheitskörpers der Buddhas und enthalten so die Totalität erleuchteter Präsenz,

OM MANI PADME HUM, dieses Mantra ist das heilige Herz des Bodhisattva universellen Erbarmens, Avalokiteshvara. Es bedeutet »OM – Juwel (im) Lotos – HUM«. Das Juwel ist liebevolles Mitgefühl und der Lotos die Weisheit der endgültigen Wirklichkeit. Das Mantra ist in Tibet besonders populär und praktisch allgegenwärtig. Die Tibeter glauben, daß der Bodhisattva stets um ihr Wohl besorgt ist, und sie wiederholen das Mantra ständig, um ihre eigene Hingabe und Solidarität mit dem Bodhisattva des Mitgefühls zu stärken. Sie glauben auch, daß er sich in ihrem Führer, Seiner Heiligkeit dem Dalai Lama, verkörpert. Das erklärt ihre Liebe und Hingabe ihm gegenüber.

Paar, Buddha-Paar, tibetisch: *sangs rgyas yab yum*, bedeutet wörtlich »Buddha Vater-Mutter« und bezieht sich auf ein einzelnes erleuchtetes Wesen in Form von zwei Personen, männlich und weiblich, in Vereinigung. Das ist gar nicht so ungewöhnlich, wie es scheinen mag, wenn wir uns daran erinnern, daß die Erleuchtung ein Übergang von einer gebundenen, singulären, selbstzentrierten Individualexistenz in ein unendliches, vielgestaltiges, omnipräsentes, universalisiertes Individuum darstellt, das fähig ist, jede beliebige Verkörperung zu manifestieren, die zur Interaktion mit Lebewesen nötig sein mag. Die Manifestation als Paar in sexueller Vereinigung beabsichtigt die Einheit von Weisheit (Mutter) und Erbarmen (Vater) zu demonstrieren und damit die Fähigkeit, alle Wesen zu adoptieren, ihnen aus dem Kreislauf des Leidens herauszuhelfen und ihnen ein neues Leben im Glück eines Buddhaversums zu geben.

Padmasambhava, der »Lotosgeborene«, einer der größten Adepten und Autor des *Buches der Natürlichen Befreiung*. Gemäß seiner mystischen Biographie schoß er in Form eines Meteors aus dem Mund des kosmischen Buddha Amitabha zur Erde in den See Danakosha im alten Indien. Daraufhin erblühte in diesem See ein Juwelenlotos, in dem ein strahlendes Kind erschien, das vom König dieses Landes, Udyana, adoptiert wurde. Nachdem er über Jahrhunderte hinweg unvorstellbare Weisheit und Fähigkeiten entwickelt hatte, reiste er nach Tibet, um die wilden Stammesgottheiten dieses Berglandes zu zähmen, viele tiefgründige Texte zu verfassen und sie als versiegelte Schätze für zukünftige Generationen zu verbergen. Nachdem er Tibet gezähmt oder zivilisiert hatte, machte er sich in sein eigenes Reines Land, das Kupferberg-Paradies, irgendwo in den Dschungeln Madagaskars, Afrikas oder Südamerikas auf, wo ihn einige Tibeter bis zum heutigen Tag vermuten.

Preta, der Sanskrit-Begriff *preta* bezieht sich auf die Lebensform, die auf dem buddhistischen Lebensrad zwischen den Höllenwesen und den Tieren angesiedelt ist. Er wurde oft mit »Hungergeist« übersetzt, was die buchstäbliche Übertragung der chinesischen Schriftzeichen der entsprechenden Übersetzung darstellt. Pretas sind jedoch keine Geister, sondern eine wirklich lebendige Verkörperung, und sind nicht im Zwischenzutand in der Umgebung ihrer früheren Existenz hängengeblieben, was der buddhistischen Interpretation des Begriffes »Geist« entspräche. Sie leiden jedoch zweifellos Hunger und Durst, da ihre Existenz das Ergebnis extremen Unbefriedigtseins und frustrierten Greifens ist.

Psychonaut, ein Reisender in die Innenwelten des Bewußtseins, ein geeigneter Ausdruck für einen buddhistischen Adepten, der freiwillig die Pseudosicherheit dieses Planeten der Illusion mit seinem festen Boden gewöhnlichen individuellen Leidens verläßt, um sich durch die Auflösungen des Todesprozesses in die subtilen Zwischenzustände zu katapultieren und seine Weisheit durch die Erforschung des Unbewußten zu vertiefen. Dadurch kann er sein mitfühlendes Heldentum durch den Dienst an unzähligen Wesen auf der subtilen Ebene verstärken, und, in seinen gewöhnlichen Körper zurückgekehrt, seine Zeitgenossen unterstützen.

Ratnasambhava, einer der fünf archetypischen Milden Buddhas, Herr der Juwelen-Familie der Buddhas, verbunden mit der Himmelsrichtung Süden und dem Buddha-Land Shrimat. In der Natürlichen Befreiung repräsentiert er die Ausgleichende Weisheit, die Transformation des Aggregats Gefühl, die Transmutation des Geistesgifts Stolz und die Farbe Gelb. Seine Buddha-Gefährtin ist Mamaki.

Realität (Wirklichkeit), Übersetzung der Sanskrit-Begriffe *dharmata*, *satya* und sogar *dharma* und ein wichtiges Wort im Buddhismus, da Erleuchtung die vollkommene Erkenntnis des tatsächlichen Zustands der Dinge beinhaltet. Die Möglichkeit der Befreiung vom Leiden ist auf die Wahrheit eben dieses Zustandes und die Unwahrheit des gewöhnlichen Zustands des Leidens gegründet.

Sakya-Tradition, eine der vier Schulen des tibetischen Buddhismus. Sie entstand im elften Jahrhundert mit Gründung des Sakya-Klosters im Jahre 1073. Sie hat die grundlegenden buddhistischen Lehren mit allen anderen Schulen gemein. Ihre besondere Lehre ist das Hevajra-Tantra und, in Verbindung damit, eine spezielle Version des Pfades, namens »Pfad und Frucht«.

Samadhi, ein wichtiges Sanskrit-Wort für die Meditationspraxis und ihre Ergebnisse. Gewöhnlich als »Einsgerichtetheit des Geistes« definiert, kann es sich auch auf kreative Geisteszustände nach der Erleuchtung beziehen, mentale Konzentrationen, die besondere Strahlen, befreiende Umgebungen für Schüler und so weiter hervorbringen.

Samantabhadra, siehe **Allumfassende Güte.**

Samaya, ein Sanskrit-Wort, das gewöhnlich »Schwur« oder »Gelübde« bedeutet. Im *Buch der Natürlichen Befreiung* taucht es als abschließender mantrischer Ausruf auf und weist darauf hin, daß diese Lehre durch Schwüre gesiegelt ist und nicht für andere als spirituelle Zwecke verwendet werden darf.

Sangha, siehe **Kostbarkeiten, Drei.**

Schädelschale, ein symbolischer Gegenstand tantrischer Gottheiten, der ihre Einsicht in ihren eigenen Tod und seine Verwandlung in ein Gefäß für befreiende Aktivität versinnbildlicht.

Schatztext, die großen Meister alter Zeiten haben manchmal Lehren verfaßt, die sie als zu fortgeschritten für ihre Zeitgenossen empfanden und daher in Höhlen, Tempeln, Seen und sogar im Unterbewußtsein von Wesen versteckten, damit sie in zukünftigen Zeiten von sogenannten Schatzfindern (tibetisch: *gter gton*) wiederentdeckt und den Menschen dieser Zeit zugänglich gemacht werden konnten. Das *Buch der Natürlichen Befreiung* ist ein solcher Schatztext, verfaßt und verborgen von Padmasambhava und wiederentdeckt von Karma Lingpa.

Selbst, Sanskrit: *atman*, steht für das Ich oder den Koordinator individueller Erfahrung. Die tiefste und einzigartigste Einsicht des Buddha wird »Selbst-losigkeit« genannt. Damit wird seine Einsicht bezeichnet, daß die gewohnheitsmäßige Überbewertung des Selbst, das für eine absolute fixierte, unveränderliche, wesenhaft identifizierbare Identität gehalten wird – eine Fehleinschätzung, die der Buddha Unwissenheit nannte –, die Quelle aller Leiden ist. Sie ist der Kern der Programmierung eines Lebewesens, die es in die unmögliche Situation versetzt, allein gegen das Universum zu stehen. Doch der Buddha bezog sich häufig auf das Selbst und leugnete nie die Existenz eines relativen, praktischen, veränderlichen, beweglichen Selbst. Auf ein solches beruft er sich, wenn er das Individuum zur Übernahme der Verantwortung für sein eigenes Schicksal aufruft. Stets kritisierte er die nihilistische Idee, daß es auch das relative Selbst nicht gebe und daß tatsächlich niemand existiere, als Kardinalfehler. Nach der Lehre des Buddhismus gibt es zwei fälschlicherweise autorisierte Arten des Selbst: das persönliche, innere oder subjektive Selbst und das objektive Selbst der äußeren Dinge und Prozesse. Dabei handelt es sich um durch die bewußte und unbewußte gewohnheitsmäßige Wahrnehmung eines Selbst fälschlicherweise verdinglichte Objekte, eine Sichtweise, die alles Leiden in der Welt verursacht.

Seligkeit, siehe **Glückseligkeit.**

Seligkeitskörper, siehe **Körper.**

Shakyamuni Buddha, der erhabene Emanationskörper unserer Zeit, die historische Figur (ca. 563–481 v. Chr.), deren Lebensgeschichte das Paradigma der Möglichkeit der Erleuchtung liefert.

Spiegelgleiche Weisheit, eine der fünf Weisheiten, die Transformation des Aggregats Form und die Transmutation der Verblendung, verbunden mit dem Buddha Akshohbhya, der Vajra-Familie der Buddhas, der Farbe Weiß und dem Gewahrsein, daß alle Dinge die endgültige Wirklichkeit spiegeln.

Strahlen, der mittlere, von Sonnenlicht erhellte Zustand des subtilen Geistes leuchtender Weisheit. In Verbindung mit den zornbezogenen instinktiven Naturen, liegt er zwischen den Zuständen von Leuchten und Bevorstehen.

Tantra, eine Form der Lehre im Buddhismus (auch im Hinduismus und Jainismus), die mehr Wert auf die spirituelle Technologie und die kontemplativen Künste legt als auf die philosophischen Inhalte. Das Sanskrit-Wort *tantra* bezeichnet ein »Kontinuum« und ist mit dem Verb für »weben« verwandt. Im Buddhismus befaßt sich das Tantra mit dem Aufbau des außergewöhnlichen Bereichs der Erleuchtung durch die Energien der Weisheit, nachdem die gewöhnliche Welt des Leidens, die von den Energien der Unwissenheit aufrechterhalten wird, zerstört wurde. Diese Lehre wird eher als esoterisch angesehen, da sie, wenn aus dem Zusammenhang gerissen, schnell als Leugnung der Welt des Leidens mißverstanden werden kann. Die Natürliche Befreiung ist aus den tantrischen Wissenschaften und ihrer Literatur entstanden, wurde aber so formuliert, daß sie auch einem weiteren Publikum zugänglich ist.

Tara, weiblicher Bodhisattva oder Buddha mitfühlender Energie. Sie wird in ganz Tibet und im ganzen mahayanistischen

Asien sehr geliebt. Als Bodhisattva gilt sie als untrennbar vom Bodhisattva Avalokiteshvara, dessen weibliche Ergänzung sie darstellt. Während Avalokiteshvara als die Manifestation des konzentrierten Erbarmens aller Buddhas gilt, ist Tara die Manifestation der konzentrierten mitfühlenden Dynamik aller Buddhas. Sie ist viel dynamischer als er. Als Buddha ist sie die Gefährtin Amoghasiddhis, des kontemplativen grünen Buddhas des Nordens, der die Allesvollendende Weisheit symbolisiert. Es gibt unzählige Manifestationen Taras; die bekanntesten sind die friedvolle weiße Tara, die Schutz, langes Leben und Frieden gewährt, und die dynamische grüne Tara, die Hindernisse überwindet und Wesen aus gefährlichen Umständen rettet.

Tropfen, Sanskrit: *bindu*, bezieht sich auf die chemischen Essenzen (ähnlich vielleicht den modernen Neurotransmittern), die das Gewahrsein im subtilen Nervensystem konzentrieren. Im feinstofflichen Körper bilden die Kanäle die Struktur, die Winde liefern die bewegende Energie und sind für die Transformationen der Erfahrung verantwortlich, und die Tropfen schließlich dienen als Knoten der Subjektivität, die das Gewahrsein in jenem Bereich konzentrieren, der sich öffnet, wenn das Bewußtsein von seiner Funktion des Empfangens und Koordinierens von Sinneseindrücken der groben Sinnesorgane abgezogen wird. Diese Tropfen werden auch mit dem genetischen Material assoziiert, das die Essenz der männlichen und weiblichen Sexualsekrete darstellt. Die yogische Meisterschaft über dieses subtile Potential repräsentiert die Sublimation der kreativen Energien, die gewöhnlich den leidvollen Lebenskreislauf bilden, in die Rekonstruktion des göttlichen Bereichs des Erleuchtungs-Mandalas. Die roten Tropfen beziehen sich auf die weibliche genetische Essenz, die sich u. a. im Blut befindet, und die weißen Tropfen beziehen sich auf die männliche genetische Essenz, die sich u. a. in der Samenflüssigkeit befindet. Insgesamt handelt es sich hier um ein schwieriges und vielschichtiges Thema; dieser Umriß kann vielleicht dennoch eine erste Andeutung geben, was mit »Tropfen« gemeint ist.

Tulku, das tibetische Wort für den Emanationskörper der Buddhas. Die tibetischen Lamas, die als Tulkus bezeichnet werden, gelten als bewußte Wiedergeburten von Lamas, die in einem früheren Leben Erleuchtung und die Kraft der bewußten Wahl ihrer Wiedergeburt erlangt haben. Sie werden als »Inkarnierte Emanationskörper« (Sanskrit: *janmanirmanakaya*) von Buddhas angesehen, die, wegen des verminderten Glücks der Wesen in späteren Zeitaltern, einen geringeren Status besitzen als Buddha Shakyamuni, der als »Höchster Emanationskörper« angesehen wird. Allerdings sind sie nicht weniger weise oder mitfühlend.

Udyana, tibetisch: *U rgyan,* das buddhistische Land im nordwestlichen Indien (etwa dem heutigen Pakistan oder Afghanistan entsprechend), wo Padmasambhava geboren wurde. Manchmal wird es noch heute für ein Paradies der Dakinis gehalten, das für die gewöhnlichen Einwohner dort allerdings unsichtbar ist.

Universelles Fahrzeug, das Mahayana oder die erlöserische Form des Buddhismus, die große Betonung auf die Lehren von Liebe und Erbarmen legt, die notwendige Schlußfolgerung der Weisheit von der Selbst-losigkeit. Als Soziallehre und als Fahrzeug, das alle Wesen zur Erleuchtung trägt, baut es auf der Grundlage des Individuellen oder Monastischen Fahrzeugs auf, das die Wesen eines nach dem anderen trägt.

Unterscheidende Weisheit, eine der fünf Weisheiten, die Transformation der Konzepte und die Transmutation von Gier, verbunden mit dem Buddha Amitabha der Lotos-Familie der Buddhas, der Farbe Rot und dem Gewahrsein der Unterscheidung zwischen den Dingen, ihrer Einzigartigkeit und Individualität.

Untrennbar, dieser häufig benutzte Begriff bezeichnet die nichtduale Natur der Wirklichkeit im Sinne relativer und endgültiger Perspektive. Die grundlegende Untrennbarkeit ist die von absolut und realtiv. In der tantrischen Terminologie finden sich jedoch häufig Bezüge auf die Untrennbarkeit von Erbarmen und Weisheit, Seligkeit und Leerheit, Klarheit und Leerheit, und Gewahrsein und Leerheit.

Unübertroffenes Yoga-Tantra, das fortgeschrittenste der vier Formen buddhistischer Tantras.

Unzerstörbarer Tropfen, ein Name für den äußerst subtilen Körper, der auf dieser extrem subtilen Ebene untrennbar vom Geist der Weisheit des Klaren Lichts ist. Es ist das Fahrzeug des subtilen Geist-Kontinuums, das durch den Tod und folgende Leben weitergeht und sich schließlich in den unvorstellbaren, omnipräsenten Wahrheitskörper-Geist aller Buddhas verwandelt.

Vairochana, einer der fünf archetypischen Milden Buddhas, Herr der Buddha-Familie des Verwirklichten Herrn, verbunden mit dem Zentrum und dem Buddha-Land Ghanavyuha. Im *Buch der Natürlichen Befreiung* repräsentiert er die Weisheit der Endgültigen Wirklichkeit, die Transmutation des Hasses, die Farbe Weiß und das Aggregat des Bewußtseins. Seine Buddha-Gefährtin ist Vajra Dhatishvari.

Vajra, siehe **Diamant**.

Vajrasattva, eine der archetypischen Milden Buddha-Gottheiten. Manchmal gilt er als Herr eine sechsten Buddha-Familie, manchmal wird er aber auch mit Askhobhya, dem Herrn der Vajra-Familie, verbunden. Im weitesten tantrischen Sinne ist er die archetypische männliche Form, die der Buddha annimmt, wenn er esoterische tantrische Unterweisungen gibt. Daher kann jede der tantrischen Buddha-Gottheiten Vajrasattva genannt werden.

Vier Edle Wahrheiten, die grundlegende Formel, die der Buddha benutzte, um seine Einsicht in die Natur des Leidens und den Weg zur Befreiung vom Leiden zu lehren. Die Wahrheiten werden als »edel« bezeichnet, weil sie für einen edlen Menschen die Wahrheit sind (edel beschreibt keinen Klassenunterschied, sondern einen Menschen, der durch die Erkenntnis der Selbst-losigkeit und die Überwindung des Egoismus sanft geworden ist), nicht aber für das entfremdete, egozentrische und verblendete Individuum. Die Wahrheiten lauten: 1. daß alles von Verblendung getriebene Leben Leiden ist; 2. daß die Ursachen für dieses Leiden Fehlwahrnehmung und Evolution sind; 3. daß es eine Freiheit von diesem Leiden gibt; und 4. daß der Pfad zu dieser Freiheit vom Leiden aus der Entwicklung von Ethik, Meditation und wissenschaftlicher Weisheit besteht. Die erste dieser Wahrheiten hat die meiste Aufmerksamkeit erregt, aber die dritte ist die wichtigste, da sie die Schlüsselerkenntnis des Buddha darstellt und sozusagen die »gute Botschaft«. Ziemlich viele Menschen haben erkannt, daß Leben Leiden bedeutet; doch nur ganz wenige haben einen praktischen und effektiven Weg zur Freiheit vom Leiden erkannt und ihn dann auch noch andere gelehrt.

Vollendungsstufe, dies ist die zweite Stufe des Unübertroffenen Yoga-Tantra, die auf die erfolgreiche Meisterung der Erzeugungsstufe folgt. Nachdem der Praktizierende die Fähigkeit entwickelt hat, seine Wahrnehmung völlig zu transformieren, bis er seine Umgebung stabil als das reine Mandala, seinen Körper als die Gottheit, seine Rede als Buddha-Mantra und seinen Geist als Buddha-Weisheit wahrnimmt und alle drei als getrennt von Gewöhnlichkeit, Unvollkommenheit und Unreinheit, ist er bereit und sicher genug, die Praxis des Probens des Todes, des Zwischenzustands und der Wiedergeburt aufzunehmen. So vermag er das evolutionäre Sammeln von Verdienst und Weisheit zu beschleunigen, um Buddhaschaft in einem einzigen Leben zu erlangen. Das *Buch der Natürlichen Befreiung* gibt zwar einige Unterweisungen zu diesem fortgeschrittenen Bereich, setzt sie jedoch geschickt in einen zugänglicheren Rahmen, damit auch der gewöhnliche Leser aus dieser ausgefeilten Wissenschaft und Technologie in der Krise des Todes und Zwischenzustands Nutzen ziehen kann.

Wahrheit, in den meisten Fällen ein Synonym für Realität oder Wirklichkeit.

Wahrheitskörper, siehe Körper.
Weisheiten, fünf Weisheiten, die Weisheit der Endgültigen Wirklichkeit, die Spiegelgleiche Weisheit, die Ausgleichende Weisheit, die Unterscheidende Weisheit und die Allesvollendende Weisheit. Sie sind verbunden mit den fünf Buddhas, den fünf Aggregaten, den fünf Giften, den fünf Farben und fünf Himmelsrichtungen (incl. Zentrum).
Wirklichkeit, siehe Realität.
Yama, der hinduistische und vedische Herr des Todes; gewöhnlich wird er als Richter der Toten an den Pforten der Hölle dargestellt, der ihre guten und bösen Taten abwiegt und über ihr Schicksal entscheidet. Seine Lakaien kommen im Tod, um die Seele abzuholen und zum Gerichtshof Yamas zu führen. Sie werden Yama-Gottheiten genannt.
Yogi(n), Yogini, ein Yogi ist ein männlicher Praktizierender des buddhistischen Yoga, des »Bindens« der eigenen Lebensenergien an Kenntnis und Verständnis. Yogini ist die weibliche Form.
Zwischenzustand, »Zwischenzustand« wird in mindestens dreierlei Bedeutung gebraucht: seiner allgemeinen umgangssprachlichen Bedeutung als die ganze Phase zwischen Tod und Wiedergeburt; seiner technischen Bedeutung in der Kategorisierung von sechs Zwischenzuständen von Leben, Traum, Meditation, Todesmoment, Realität und Werden; und im Sinne der »Phase eines Zwischenzustands«, wobei die Erfahrung einer speziellen Periode in einem dieser sechs Zwischenzustände selbst als Zwischenzustand bezeichnet wird.
Zwischenzustands-Wesen, ein Wesen, das den Tod durchlaufen und dessen Bewußtsein oder Geistkontinuum sich vom groben Körper des vergangenen Lebens gelöst hat und sich nun in einem feinstofflichen Körper aus subtiler Energie befindet. Dieser »Imaginationskörper« ähnelt dem simulierten Körper der Traumerfahrung, und mit diesem Körper macht man die Erfahrungen des Zwischenzustandes, des Prozesses des Wan-

derns auf der Suche nach Befreiung oder einer gewöhnlichen Wiedergeburt.

Zwischenzustand der Realität, einer der sechs Zwischenzustände; er wird so genannt, weil die Person, die ihn erfährt, so nah wie irgend möglich an der Erkenntnis der erlösenden Realität der Freiheit ist – entweder im ersten Abschnitt, dem Zwischenzustand des Todesmoments (der manchmal als eigenständiger Zwischenzustand dargestellt wird), oder in seiner Hauptphase, dem Zwischenzustand der Milden und Grimmigen Gottheiten.

Zwischenzustand des Todesmoments, er entspricht in der technischen Terminologie der Natürlichen Befreiung dem Tod. Der Zwischenzustand des Todesmoments ist die Grenze zwischen dem Zwischenzustand des Lebens und dem Zwischenzustand der Realität. Der Zwischenzustand des Todesmoments ist der flüchtige Augenblick, in dem alle Wesen ihrer eigenen höchsten Erleuchtung so nah sind wie nur möglich. Es ist der Punkt letztendlicher Freiheit, an dem die Wirklichkeit der Freiheit manifest wird. Wenn also ein Wesen vorbereitet, bereit und konzentriert ist, ist es der Augenblick, an dem alle Fesseln evolutionären Karmas zerbrochen und Befreiung und Erleuchtung erlangt werden können. Aus diesem Grund ist der Zwischenzustand des Todesmoments der Mittelpunkt der Lehren der Natürlichen Befreiung.

Zwischenzustand des Werdens. Einer der sechs Zwischenzustände, im Zyklus zwischen dem Zwischenzustand der Realität und dem Zwischenzustand des Lebens angesiedelt. Er wird im gleichnamigen Kapitel des *Buches der Natürlichen Befreiung* vollständig beschrieben.

Dalai Lama
Die Vier Edlen Wahrheiten
Die Grundlage buddhistischer Praxis
Aus dem Englischen von Marion B. Kroh

Band 14973

In seiner ersten Lehrrede hat Buddha die »Vier Edlen Wahrheiten« formuliert. Sie bilden die Grundlage für alle Formen des Buddhismus, angefangen vom Ur-Buddhismus des Theravada bis hin zum tibetischen und Zen-Buddhismus. Im eigentlichen Sinne sind sie Beschreibungen der Wirklichkeit, sie stellen fest, daß es in der Natur des Lebens liegt, daß alle Lebewesen leiden, d.h., daß das Leben schwierig, unbefriedigend, frustrierend ist. Von diesem Leid kann man sich jedoch durch ein von ethischen Grundsätzen geleitetes Leben befreien, um so zu einem erfüllten und innerlich freien Leben zu gelangen.

Tenzin Gyatso, der XIV. Dalai Lama, erläutert in diesem Buch in allgemeinverständlicher Form die Bedeutung der »Vier Edlen Wahrheiten« für den Buddhismus und deren Anwendung im heutigen Westen. Und er läßt keinen Zweifel daran, daß die »Vier Edlen Wahrheiten« das A und O jeder Auseinandersetzung mit dem Buddhismus sind: »Wer die »Vier Edlen Wahrheiten« nicht versteht und die Wahrheit dieser Lehre persönlich nicht erfahren hat, der kann unmöglich den Buddha-Dharma (die buddhistische Lehre) praktizieren.«

Fischer Taschenbuch Verlag

Stephen Batchelor
Buddhismus für Ungläubige
Aus dem Amerikanischen von Jochen Eggert
Band 14026

Batchelor zeigt in diesem Buch, daß der Buddhismus nicht etwas ist, woran man »glauben« soll oder muß, sondern daß er praktische Anleitung zu einem achtsameren und mitfühlenderen Denken und Handeln ist, welches den Menschen dazu führt, authentischer im Hier und Jetzt zu leben. Dazu ist kein Bezug auf »überweltliche Wahrheiten« nötig, kein Glaube an Wiedergeburt und andere Kategorien der fernöstlichen Religionen, die nicht zum Kern des Buddhismus, sondern zu seinem kulturellen Überbau gehören. Er stützt seine Erläuterungen ab mit Anleitungen zu grundlegenden Meditationsübungen, die den Nachvollzug der Lehren in eigener Erfahrung ermöglichen.

Fischer Taschenbuch Verlag

Jiddu Krishnamurti
Vollkommene Freiheit
Das große Krishnamurti-Buch
Aus dem Englischen von Anne Ruth Frank-Strauss
Band 15067

Vollkommene Freiheit – das war Jiddu Krishnamurtis Leitmotiv. Dieser Band versammelt seine wichtigsten Aufsätze, Reden und Gespräche aus fünfzig Jahren weltweiter Lehrtätigkeit – viele davon hier zum ersten Mal in deutscher Übersetzung.

Fischer Taschenbuch Verlag

Jiddu Krishnamurti
Die Zukunft ist jetzt
Letzte Gespräche
Aus dem Englischen von Anne Ruth Frank-Strauss
Deutsche Erstausgabe
Band 14636

Als Krishnamurti im November 1985 nach Indien kam, konnte niemand ahnen, daß er vier Monate später tot sein würde. Obgleich im 91. Lebensjahr und nicht mehr im Vollbesitz seiner körperlichen Kräfte, hielt er in verschiedenen Gegenden Indiens öffentliche Reden und nahm an Diskussionen teil. Er sprach über die Tatsachen des täglichen Lebens und erklärte dabei mit Nachdruck, daß der Mensch trotz der erstaunlichen technologischen Fortschritte psychologisch der Barbar geblieben sei, der er war, als er auf der Erde erschien. Jeder von uns, erklärte er, sei für die Brutalität, die Untaten und die gesellschaftlichen Widersprüche verantwortlich, denn sie seien nur eine Widerspiegelung unseres inneren Selbst, und die Welt könne nur durch eine »Mutation« in jeder menschlichen Psyche vor dem Chaos gerettet werden. Die Veränderung müsse jetzt geschehen, denn was wir heute sind, würden wir auch morgen sein.

Fischer Taschenbuch Verlag

Jacob Needleman
Das kleine Buch der großen Liebe
Aus dem Amerikanischen
von Heike Münnich
Band 14645

Natürlich glauben wir zu wissen, was Liebe ist. Doch: wissen wir es wirklich? Sehnen wir uns nicht vielmehr danach, die Liebe neu zu verstehen, zu begreifen, was es bedeutet, zusammenzuleben, an der Liebe zu arbeiten und nicht aufzugeben? Needleman fragt nach dem Potential eines Lebens in Liebe, das zwischen bloßem sexuellen Verlangen und hehren, aber meist unrealistischen Entwürfen »heiliger« Liebe angesiedelt ist.

»Das kleine Buch der großen Liebe« hilft uns, unsere eigene Liebesfähigkeit zu begreifen, zu entfalten und gemeinsam immer tiefere, intensivere Formen der Liebe zu erfahren. Denn: Welche Bedeutung unser Leben auch haben mag, es wäre sinnlos ohne die Liebe.

Fischer Taschenbuch Verlag

Ken Wilber
Einfach »Das«
Tagebuch eines ereignisreichen Jahres
Aus dem Amerikanischen von Clemens Wilhelm
Deutsche Erstausgabe
Band 15072

»Wenn dieses Tagebuch ein Thema hat, dann ist es
der Gedanke, dass Körper, Seele und Geist sich nicht
gegenseitig ausschließen. Die Begierden des Fleisches,
die Ideen des Geistes und die Erleuchtung der Seele
sind jeweils auf ihre Weise vollkommener Ausdruck
des strahlenden Geistes, der allein in der Welt wohnt,
sublime Gesten jener großen Vollkommenheit,
die allein über der Welt leuchtet.«
Ken Wilber

Fischer Taschenbuch Verlag

Ken Wilber
Eros, Kosmos, Logos
Eine Jahrtausend-Vision
Aus dem Amerikanischen von Jochen Eggert
unter Mitarbeit von Theo Kierdorf,
Gisela Merz-Busch und Ursula Schumann
Band 14974

»Mit Leidenschaft hat Wilber die Grenzflächen,
die oft unsichtbaren Überschneidungen von Denken,
Wissen, Intuition und Mystik begangen,
stets auf der Suche nach einer tieferen Ordnung
zwischen Eros, Kosmos, Logos.«
Hans-Jürgen Heinrichs

Fischer Taschenbuch Verlag

Hans Gruber
Kursbuch Vipassanā
Wege und Lehrer der Einsichtsmeditation
Originalausgabe
Band 14393

Vipassanā bezeichnet eine von kulturbedingten Formen weitgehend freie Methode der buddhistischen Meditation, die auch bei uns immer mehr Anhänger findet. »Kursbuch Vipassanā« gibt einen informativen Überblick über die wichtigsten Schulen und ermöglicht es so allen Interessierten, die für sie persönlich beste Form der Einsichtsmeditation zu finden.

Fischer Taschenbuch Verlag

Verena Reichle
Die Grundgedanken des Buddhismus
Originalausgabe
Band 12146

Der Buddhismus, eine geistige Strömung, die Asien in Jahrtausenden geprägt hat, findet heute im Westen zunehmendes Interesse. So unterschiedliche Disziplinen wie die moderne Physik, die Mathematik, die Psychotherapie und die Bewußtseinsforschung kommen alle zu einer Weltsicht, die den Erkenntnissen Buddhas sehr ähnlich ist. Das buddhistische Weltbild vermittelt eine ganzheitliche Sicht der Welt und der menschlichen Psyche. Als Ganzheitsschau hat er nicht nur eine intellektuell-wissenschaftliche und eine psychologisch-geistige Seite, sondern in erster Linie auch eine mystisch-spirituelle. Buddha ging es um praktische Hilfe bei der eigenen inneren Entwicklung, um die Evolution des Bewußtseins. In diesem Buch arbeitet Verena Reichle die Grundzüge des buddhistischen Weltbildes, den Kern dieses großen Gedankengebäudes heraus. Es geht hier also nicht um religiöse Überzeugungen, um Mythen, Sitten und Gebräuche, sondern um Einsichten, die nachvollziehbar sind.

Fischer Taschenbuch Verlag